国家出版基金项目
"十二五"国家重点图书出版规划项目

孙中山全集

第六卷

文 电

尚明轩 主编

人民出版社

总　目　录

第一卷　专论
　　　　前言
　　　　凡例
　　　　目录
　　　　正文

第二卷　文集
　　　　凡例
　　　　目录
　　　　　论著
　　　　　传记与回忆
　　　　　序跋
　　　　　祭悼
　　　　　祝词
　　　　　其他
　　　　　译著
　　　　　遗嘱
　　　　正文

第三卷　文告　规章
　　凡例
　　目录
　　　文告
　　　通电
　　　启事(含声明、讣告等)
　　　其他
　　　规章
　　正文

第四卷　函札(上)
　　凡例
　　目录
　　正文

第五卷　函札(下)
　　凡例
　　目录
　　正文

第六卷　文电
　　凡例
　　目录
　　正文

第七卷　演说

凡例
　　　目录
　　　正文

第八卷　谈话
　　　凡例
　　　目录
　　　正文

第九卷　公牍（上）
　　　凡例
　　　目录
　　　正文

第十卷　公牍（中）
　　　凡例
　　　目录
　　　正文

第十一卷　公牍（下）
　　　凡例
　　　目录
　　　正文

第十二卷　人事任免（上）
　　　凡例

目录
　　正文

第十三卷　人事任免（下）
　　凡例
　　目录
　　正文

第十四卷　外文著述
　　凡例
　　目录
　　正文

第十五卷　题词遗墨
　　凡例
　　目录
　　正文

第十六卷　索引　传略
　　凡例
　　目录
　　　索引
　　　传略
　　后记

凡 例

一、本全集共收录孙中山现有著述11500余篇,按文体性质分类(含有多种性质的,据其主要倾向归类),依时间顺序编次,据类别和篇幅列卷。

二、日期与编次。底本有写作日期的,按原日期。无写作日期的,按最后发表日期,或通过考证予以判明;写作日期无从考证的,列于该类之末。著述日期统一采用公历,标于标题下方圆括号内。各卷原则上按时间顺序编次;卷内存在分类的,按各类时间顺序编次。

三、分类与列卷。根据类别和篇幅,分22类,列15卷:第一卷,专论(收录集中反映孙中山政治思想的5种著述);第二卷,文集(含论著、传记与回忆、序跋、祭悼、祝词、译著、遗嘱等);第三卷,文告规章(含文告、通电、启事、规章等);第四、五卷,函札;第六卷,文电;第七卷,演说;第八卷,谈话;第九、十、十一卷,公牍;第十二、十三卷,人事任免;第十四卷,外文著述;第十五卷,题词遗墨。索引和传略单独列卷,为第十六卷。

四、底本的选择。优先采用原始文件、影印件和初刊本;充分吸收现有各种图书报刊的文献成果,如中国社会科学院近代史研究所中华民国史研究室、广东省社会科学院历史研究室(所)、中山大学历史系孙中山研究室合编《孙中山全集》(中华书局1981—1986年出版),秦孝仪主编《国父全集》(台北近代中国出版社1989年版)。发表在不同图书报刊的同内容文献,有歧义之处的,经考证后取其一说,其余在注释中简要介绍;诸说并存的,选择最佳版本;文字内容虽有出入但各具特色的,原则上选择底本来源较权威者为主文,其余作为"同题异文"附录于后。

五、标题。原有标题的,一般保留,个别编者酌改;原无标题的,编者酌拟。标题文字以国家现行文字规范为准。标题中的人名一律统一为现行惯称,文中不另做说明。

六、注释。每篇著述,文末均注明所据底本。文内酌加的注释,均为页下注。人物有多个字、号、别名的,地名有多种译法的,原则上在该卷首次出现时加注,其后不注。【 】内的文字,系编者为避免上下文表意脱节或缺省所加的说明。

七、校勘与标点。文内明显的错漏,编者均予以校勘:订正讹字,置于〔 〕内;增补脱字,置于〈 〉内;衍文加[ ];有疑误、难以确定的,用〔?〕表示;字句残缺或难以辨认的,用□表示。校勘、考释和外文翻译等,部分吸收前人成果,本全集一般不做具体说明。标点符号原则上执行国家现行规范。底本无标点或有标点但与国家现行规范不符的,均重新标点。

八、本全集中文为简体字横排,底本的繁体、古体和异体字,原则上统一为简体字,特殊含义者例外。第十四卷"外文著述",参考秦孝仪主编《国父全集》(台北近代中国出版社1989年版)编排。全集中插图及题词遗墨,一般据底本影印;质量较差的,适当修版或据原图重新绘制。

九、受时代局限,有的著述中使用的词语及字词用法和个别观点在今天看来欠妥,但因是原文固有,均不做改动。

目 录

复杨衢云电(一八九五年十月二十六日) ……………………………… 1

复平山周电(一九〇〇年六月二十五日) ……………………………… 1

致平山周电(一九〇〇年六月二十八日) ……………………………… 2

复内田良平电(译文)(一九〇〇年九月二十五日) …………………… 2

致郑士良电(一九〇〇年十月上旬) …………………………………… 2

给郑士良的电令(一九〇〇年十月上旬) ……………………………… 3

致宫崎寅藏电(一九〇〇年十月上旬) ………………………………… 3

致陈少白电(一九〇〇年十月中旬) …………………………………… 3

复宫崎寅藏电(一九〇〇年十月中下旬) ……………………………… 4

复许雪秋电(一九〇七年二月) ………………………………………… 4

致平山周电(一九〇七年六月七日) …………………………………… 4

致平山周电(一九〇七年六月十四日) ………………………………… 5

致汪精卫等电(一九〇七年十一月十二日) …………………………… 5

复汪精卫电(一九〇七年十一月下旬) ………………………………… 6

致汪精卫电(一九〇七年十一月下旬至十二月间) …………………… 6

复内田良平电(一九〇八年三月) ……………………………………… 6

致池亨吉电(译文)(一九〇八年五月一日) …………………………… 7

致池亨吉电(译文)(一九〇八年五月九日) …………………………… 7

致西贡法国总督电(一九〇八年) ……………………………………… 7

致河内法国总督电(一九〇八年) ……………………………………… 8

致池亨吉电(译文)(一九一○年六月九日) …………………… 8
致黄兴电(一九一一年一月二十三日) …………………………… 9
致胡汉民电(一九一一年四月二十八日) ………………………… 9
致咸马里电(译文)(一九一一年十月三十一日) ………………… 9
致张鸣岐电(一九一一年十月下旬至十一月上旬间) …………… 10
致咸马里电(译文)(一九一一年十一月一日) ………………… 10
致民国军政府电(一九一一年十一月十六日) …………………… 10
致宫崎寅藏电(译文)(一九一一年十一月二十八日) ………… 11
致上海《民立报》电(一九一一年十一月二十九日) …………… 11
致邓泽如电(一九一一年十二月十四日) ………………………… 12
致横滨华侨电(一九一一年十二月二十一日) …………………… 12
复孙眉电(一九一一年十二月二十九日) ………………………… 13
复广东社团电(一九一一年十二月二十九日) …………………… 13
复南京各省代表电(一九一一年十二月二十九日) ……………… 13
致袁世凯电(一九一一年十二月二十九日) ……………………… 14
致黎元洪电(一九一一年十二月二十九日) ……………………… 14
致各省都督军司令长电(一九一一年十二月二十九日) ………… 15
致邓泽如等电(一九一一年十二月三十日) ……………………… 15
复陈席儒等电(一九一一年底) …………………………………… 15
致各省都督电(一九一二年一月二日) …………………………… 16
致伍廷芳等电(一九一二年一月二日) …………………………… 16
致吴稚晖石瑛电(一九一二年一月二日) ………………………… 16
复旅港团体及亲友电(一九一二年一月二日) …………………… 17
复袁世凯电(一九一二年一月二日) ……………………………… 17
复王震电(一九一二年一月三日) ………………………………… 17
致黎元洪电(一九一二年一月三日) ……………………………… 18
致陈其美电(一九一二年一月三日) ……………………………… 18
致伍廷芳电(一九一二年一月四日) ……………………………… 19

致陈炯明电(一九一二年一月四日) …………………………… 19

复上海广肇公所等电(一九一二年一月五日) ……………… 19

致王云华电(一九一二年一月五日) …………………………… 20

致伍廷芳电(一九一二年一月六日) …………………………… 20

复黎元洪电(一九一二年一月七日) …………………………… 20

复广东省临时议会电(一九一二年一月七日) ……………… 21

致各省商民通电(一九一二年一月八日) …………………… 21

致阪谷芳郎电(译文)(一九一二年一月十日) ……………… 22

致庄蕴宽电(一九一二年一月十日) …………………………… 22

致陈其美等电(一九一二年一月十日) ………………………… 23

致张謇电(一九一二年一月十日) ……………………………… 23

致法国政府电(译文)(一九一二年一月十一日) …………… 23

致李平书电(一九一二年一月十二日) ………………………… 24

致蓝天蔚电(一九一二年一月十二日) ………………………… 24

致各省都督及军政分府电(一九一二年一月十四日) ……… 24

复直豫谘议局电(一九一二年一月十四日) ………………… 25

致孙毓筠电(一九一二年一月十四日) ………………………… 26

复扬州淮南运商电(一九一二年一月十四日) ……………… 26

致伍廷芳电(一九一二年一月十四日) ………………………… 27

致黎元洪电(一九一二年一月十四日) ………………………… 27

复伍廷芳电(一九一二年一月十五日) ………………………… 28

致陈其美电(一九一二年一月十五日) ………………………… 28

复张振武电(一九一二年一月十五日) ………………………… 29

致浙江都督府电(一九一二年一月十六日) ………………… 29

复黎元洪电(一九一二年一月十六日) ………………………… 30

复伍廷芳电(一九一二年一月十八日) ………………………… 30

致伍廷芳电(一九一二年一月十八日) ………………………… 30

致伍廷芳电(一九一二年一月十八日) ………………………… 31

复上海商务总会等电(一九一二年一月十八日) …………………… 31

复袁世凯电(一九一二年一月十九日) ………………………………… 32

致伍廷芳电(一九一二年一月十九日) ………………………………… 32

复伍廷芳电(一九一二年一月十九日) ………………………………… 33

致伍廷芳电(一九一二年一月二十日) ………………………………… 33

复伍廷芳电(一九一二年一月二十日) ………………………………… 34

复伍廷芳电(一九一二年一月二十日) ………………………………… 34

致黎元洪电(一九一二年一月二十日) ………………………………… 35

致陈炯明电(一九一二年一月二十日) ………………………………… 35

致伍廷芳电(一九一二年一月二十一日) ……………………………… 36

致伍廷芳电(一九一二年一月二十一日) ……………………………… 36

致邓泽如电(一九一二年一月二十一日) ……………………………… 37

致伍廷芳电(一九一二年一月二十二日) ……………………………… 37

致伍廷芳汪精卫电(一九一二年一月二十二日) ……………………… 37

致伍廷芳及各报馆电(一九一二年一月二十二日) …………………… 38

致伍廷芳电(一九一二年一月二十三日) ……………………………… 39

复伍廷芳电(一九一二年一月二十三日) ……………………………… 39

致庄蕴宽电(一九一二年一月二十四日) ……………………………… 40

致军政府及省议会电(一九一二年一月二十五日) …………………… 41

致朱执信电(一九一二年一月二十六日) ……………………………… 41

复四川资州军政分府电(一九一二年一月二十六日) ………………… 41

致陈炯明并广东省会及铁路公司电(一九一二年一月二十六日) …… 42

复杜潜并烟台各界电(一九一二年一月二十六日) …………………… 42

致蓝天蔚电(一九一二年一月二十六日) ……………………………… 43

致伍廷芳等电(一九一二年一月二十六日) …………………………… 43

致陈其美电(一九一二年一月二十六日) ……………………………… 43

致黎元洪电(一九一二年一月二十六日) ……………………………… 44

复招商总局电(一九一二年一月二十六日) …………………………… 44

致伍廷芳电(一九一二年一月二十七日) …… 44

复王勋电(一九一二年一月二十七日) …… 45

致陈炯明及中国同盟会电(一九一二年一月二十八日) …… 45

致陈炯明及各省都督电(一九一二年一月二十八日) …… 46

复陆荣廷电(一九一二年一月二十八日) …… 47

致姚雨平林震电(一九一二年一月二十八日) …… 47

致贡桑诺尔布等蒙古各王公电(一九一二年一月二十八日) …… 47

致黎元洪电(一九一二年一月二十八日) …… 48

致马毓宝电(一九一二年一月二十九日) …… 49

致伍廷芳电(一九一二年一月二十九日) …… 49

  附录　冯自由为更正大总统宣布袁世凯罪状特电致各报函
  (一九一二年一月三十日) …… 50

致王占元等北军将领电(一九一二年一月二十九日) …… 50

致黎元洪电(一九一二年一月二十九日) …… 51

复方翰周电(一九一二年一月下旬) …… 51

致各国公使电(译文)(一九一二年一月) …… 52

  附录　同题异文 …… 52

致山县有朋电(译文)(一九一二年一月) …… 53

复张怀芝电(一九一二年一月) …… 53

致黎元洪电(一九一二年二月一日) …… 54

致广东各社团电(一九一二年二月一日) …… 54

再致广东各社团电(一九一二年二月一日) …… 55

致汪精卫电(一九一二年二月一日) …… 55

致招商总局电(一九一二年二月二日) …… 55

致伍廷芳电(一九一二年二月二日) …… 56

复伍廷芳电(一九一二年二月二日) …… 56

致益田孝电(译文)(一九一二年二月三日) …… 57

致何宗莲电(一九一二年二月三日) …… 57

致烟台都督杜潜电(一九一二年二月三日) …… 58
致招商局电(一九一二年二月三日) …… 58
致井上馨电(译文)(一九一二年二月三日) …… 59
致森恪电(一九一二年二月五日) …… 59
复伍廷芳电(一九一二年二月五日) …… 59
致森恪电(一九一二年二月六日) …… 60
致伍廷芳电(一九一二年二月七日) …… 61
复伍廷芳电(一九一二年二月八日) …… 61
致陈炯明电(一九一二年二月九日) …… 61
复陆荣廷电(一九一二年二月九日) …… 62
复黎元洪电二件(一九一二年二月九日) …… 62
复谭人凤电(一九一二年二月十一日) …… 63
致甘作培等电(一九一二年二月十一日) …… 63
致伍廷芳电(一九一二年二月十二日) …… 64
致马毓宝电(一九一二年二月十三日) …… 64
致伍廷芳电(一九一二年二月十三日) …… 65
复袁世凯电(一九一二年二月十三日) …… 65
举行民国统一大典通电(一九一二年二月十三日) …… 66
复北京蒙古联合会蒙古王公电(一九一二年二月十三日) …… 66
致伍廷芳唐绍仪电(一九一二年二月十三日) …… 67
复黎元洪电(一九一二年二月十三日) …… 67
复谭人凤电(一九一二年二月十三日) …… 68
致黎元洪等电(一九一二年二月十三日) …… 68
致黎元洪电(一九一二年二月十四日) …… 69
致伍廷芳唐绍仪电(一九一二年二月十四日) …… 70
致袁世凯电(一九一二年二月十四日) …… 70
致袁世凯电(一九一二年二月十五日) …… 71
致袁世凯电(一九一二年二月十五日) …… 71

致黎元洪及各省都督电(一九一二年二月十五日) …… 72
致北方各将领电(一九一二年二月十五日) …… 72
致伍廷芳电(一九一二年二月十五日) …… 73
致黎元洪电(一九一二年二月十五日) …… 73
致招商总局电(一九一二年二月十六日) …… 74
复陈其美电(一九一二年二月十六日) …… 74
致伍廷芳唐绍仪电(一九一二年二月十六日) …… 75
致袁世凯电(一九一二年二月十七日) …… 75
复陆荣廷电(一九一二年二月十七日) …… 76
致陈其美电(一九一二年二月十七日) …… 76
复伍廷芳等电(一九一二年二月十七日) …… 77
复袁世凯电(一九一二年二月十七日) …… 77
复孙道仁电(一九一二年二月十七日) …… 78
致吴绍璘等电(一九一二年二月十七日) …… 78
复陈其美电(一九一二年二月十七日) …… 78
致黎元洪电(一九一二年二月十七日) …… 79
复袁世凯电(一九一二年二月十八日) …… 79
致袁世凯电(一九一二年二月十八日) …… 80
致唐绍仪电(一九一二年二月十九日) …… 80
复袁世凯电(一九一二年二月十九日) …… 80
复伍廷芳电(一九一二年二月十九日) …… 81
复马毓宝电(一九一二年二月十九日) …… 81
致胡瑛电(一九一二年二月十九日) …… 81
复谭人凤民立报馆电(一九一二年二月二十日) …… 82
复袁世凯电(一九一二年二月中旬) …… 82
致陈炯明及广东各团体电(一九一二年二月二十一日) …… 83
复五大洲华侨电(一九一二年二月二十一日) …… 84
复广东各团体并各报馆电(一九一二年二月二十一日) …… 84

致孙眉电(一九一二年二月二十一日) …………………………… 85
致张凤翙电(一九一二年二月二十一日) ………………………… 85
复陈锦涛电(一九一二年二月二十一日) ………………………… 86
复孙道仁彭寿松电(一九一二年二月二十二日) ………………… 86
致陈炯明等电(一九一二年二月二十二日) ……………………… 87
致各省都督电(一九一二年二月二十三日) ……………………… 87
致陈炯明及广东各界电(一九一二年二月二十三日) …………… 87
致袁世凯电(一九一二年二月二十三日) ………………………… 88
复黎元洪电(一九一二年二月二十三日) ………………………… 88
复南昌临时议会电(一九一二年二月二十三日) ………………… 89
致蔡锷电(一九一二年二月二十四日) …………………………… 89
致尹昌衡等电(一九一二年二月二十四日) ……………………… 90
致张凤翙电(一九一二年二月二十四日) ………………………… 90
致袁世凯电(一九一二年二月二十四日) ………………………… 90
致陈席儒等电(一九一二年二月二十六日) ……………………… 91
致陈炯明电(一九一二年二月二十六日) ………………………… 91
致袁世凯电(一九一二年二月二十六日) ………………………… 92
致陈其美电(一九一二年二月二十七日) ………………………… 92
复陈作霖等电(一九一二年二月二十八日) ……………………… 92
致鄂省同志电(一九一二年二月二十八日至二十九日间) ……… 93
复黎元洪电(一九一二年二月) …………………………………… 93
致陈炯明等电(一九一二年二月) ………………………………… 94
致陈炯明等电(一九一二年二月) ………………………………… 94
复张謇电(一九一二年二月) ……………………………………… 95
致袁世凯电(一九一二年三月二日) ……………………………… 95
致唐绍仪电(一九一二年三月二日) ……………………………… 95
致蔡元培等电(一九一二年三月三日) …………………………… 96
致陈其美电(一九一二年三月三日) ……………………………… 96

致庄蕴宽电(一九一二年三月三日) …………………………… 97
致蔡元培唐绍仪等电(一九一二年三月四日) ………………… 97
复马毓宝电(一九一二年三月四日) …………………………… 98
致陈其美电(一九一二年三月四日) …………………………… 98
致蔡元培等电(一九一二年三月五日) ………………………… 99
复章太炎电(一九一二年三月五日) …………………………… 100
致黎元洪电(一九一二年三月六日) …………………………… 100
致黎元洪及各省都督电(一九一二年三月六日) ……………… 102
复报界俱进会及各报馆电(一九一二年三月六日) …………… 102
复蔡元培等电(一九一二年三月七日) ………………………… 103
复袁世凯电(一九一二年三月七日) …………………………… 103
致黎元洪电(一九一二年三月七日) …………………………… 104
致蔡元培等电(一九一二年三月八日) ………………………… 104
致驻川滇军司令长电(一九一二年三月八日) ………………… 105
致蔡元培等电(一九一二年三月九日) ………………………… 105
复袁世凯电(一九一二年三月九日) …………………………… 106
复袁世凯电(一九一二年三月十一日) ………………………… 106
致袁世凯电(一九一二年三月十二日) ………………………… 106
致王和顺电(一九一二年三月十二日) ………………………… 107
致陈炯明电(一九一二年三月十三日) ………………………… 107
复奉天谘议局电(一九一二年三月十三日) …………………… 108
致南昌临时议会电(一九一二年三月十四日) ………………… 108
致唐绍仪电(一九一二年三月十四日) ………………………… 109
致袁世凯电(一九一二年三月十六日) ………………………… 109
复陈炯明电(一九一二年三月十九日) ………………………… 109
复上海各报馆电(一九一二年三月十九日) …………………… 110
致袁世凯电(一九一二年三月十九日) ………………………… 110
致袁世凯电(一九一二年三月二十日) ………………………… 111

复各政党电(一九一二年三月二十日) …………………………………… 111
复夏之时电(一九一二年三月二十一日) ………………………………… 112
致各省都督电(一九一二年三月二十三日) ……………………………… 112
致袁世凯电(一九一二年三月二十七日) ………………………………… 113
致黄兴电(一九一二年四月六日) ………………………………………… 113
复袁世凯电(一九一二年四月十二日) …………………………………… 114
致蒋尊簋电(一九一二年四月十七日) …………………………………… 114
致陈其美及上海各界电(一九一二年四月二十五日) …………………… 114
致旅邕粤东会馆电(一九一二年五月上旬) ……………………………… 115
致陆荣廷电(一九一二年五月上旬) ……………………………………… 115
致粤汉铁路股东电(一九一二年五月十七日) …………………………… 115
复袁世凯电(一九一二年五月中旬) ……………………………………… 116
致北京国务院电(一九一二年五月二十九日) …………………………… 116
致黄兴电(一九一二年五月二十九日) …………………………………… 116
复朱芾煌电(一九一二年五月下旬) ……………………………………… 117
  附录 朱芾煌致中国同盟会本部电 ……………………………… 117
复国民捐总会电(一九一二年六月一日) ………………………………… 118
倡议国民捐通电(一九一二年六月三日) ………………………………… 118
致唐绍仪电(一九一二年六月三日) ……………………………………… 119
致梧州总商会电(一九一二年六月十四日) ……………………………… 119
致国务院电(一九一二年六月二十四日) ………………………………… 119
  附录 同题异文 ……………………………………………………… 120
致袁世凯电(一九一二年六月二十四日) ………………………………… 120
致袁世凯等电(一九一二年六月二十九日) ……………………………… 120
与黄兴联名致袁世凯电(一九一二年八月二日) ………………………… 121
致同盟会各支部电(一九一二年八月十三日) …………………………… 121
致黄兴电(一九一二年八月二十四日) …………………………………… 122
复阎锡山电(一九一二年九月一日) ……………………………………… 122

致黄兴电(一九一二年九月六日)	123
复赵尔巽电(一九一二年九月十日)	123
复汪精卫电(一九一二年九月十五日)	123
复天津广东会馆电(一九一二年九月十九日)	124
致李烈钧电(一九一二年九月中旬)	124
致袁世凯电(一九一二年九月二十一日)	124
致山东省议会电(一九一二年九月二十四日)	125
致北京政府电(一九一二年九月二十九日)	125
致袁世凯电(一九一二年九月)	125
致北京交通部电(一九一二年十月三日)	126
致袁世凯电(一九一二年十月十三日)	126
致袁世凯电(一九一二年十月十四日)	127
致袁世凯电(一九一二年十月十四日)	127
致胡汉民并广州各界电(一九一二年十月十九日)	128
致袁世凯电(一九一二年十月十九日)	128
致北京政府电(一九一二年十月中旬)	129
致芜湖各界电(一九一二年十月二十七日)	129
致袁世凯电(一九一二年十月下旬)	129
致新加坡商务总会电(一九一二年十月)	130
致北京政府电(一九一二年十月)	130
通告各省都督议会电(一九一二年十月)	130
致袁世凯电(一九一二年十一月一日)	131
致袁世凯周学熙电(一九一二年十一月四日)	132
致袁世凯电(一九一二年十一月上旬)	132
致袁世凯电(一九一二年十一月十五日)	132
致袁世凯电(一九一二年十一月十六日)	133
致参议院电(一九一二年十一月十六日)	133
致北京政府电(一九一二年十一月十八日)	134

致梁士诒电(一九一二年十一月十九日) ……………………………… 134

复孙道仁电(一九一二年十一月二十七日) …………………………… 134

致宫崎寅藏电(一九一二年十一月) ……………………………………… 135

致梁士诒电(一九一二年十二月四日) …………………………………… 135

致袁世凯电(一九一二年十二月五日) …………………………………… 135

致胡汉民电(一九一二年十二月七日) …………………………………… 136

致胡汉民电(一九一二年十二月十三日) ………………………………… 136

致袁世凯等电(一九一二年十二月十七日) ……………………………… 137

致唐继尧电(一九一二年十二月十七日) ………………………………… 137

致王正廷徐谦电(一九一二年十二月二十日) …………………………… 138

致王正廷徐谦电(一九一二年十二月二十三日) ………………………… 138

致黄兴电(一九一二年十二月二十三日) ………………………………… 139

致王正廷电(一九一二年十二月二十四日) ……………………………… 139

致梁士诒电(一九一二年十二月二十七日) ……………………………… 139

复黄兴电(一九一二年十二月二十七日) ………………………………… 140

致袁世凯电(一九一二年) ………………………………………………… 140

致徐谦电(一九一三年一月二日) ………………………………………… 141

致陆文辉电(一九一三年一月十一日) …………………………………… 141

致北京政府电(节略)(一九一三年一月十二日) ……………………… 141

复袁世凯电(一九一三年一月十五日) …………………………………… 142

复陆文辉电(一九一三年一月十六日) …………………………………… 142

致陈武烈电(一九一三年一月二十三日) ………………………………… 142

致袁世凯电(一九一三年一月二十四日) ………………………………… 143

致袁世凯周学熙电(一九一三年一月二十九日) ………………………… 143

致北京政府电(节略)(一九一三年一月三十日) ……………………… 144

致袁世凯等电(一九一三年二月四日) …………………………………… 144

致朱启钤电(一九一三年二月四日) ……………………………………… 145

致胡汉民电(一九一三年二月四日) ……………………………………… 145

复袁世凯电(一九一三年二月七日) …… 146
致袁世凯电(一九一三年二月十日) …… 146
致北京政府电(一九一三年二月十八日) …… 147
致袁世凯电(一九一三年二月二十日) …… 147
致袁世凯电(一九一三年二月二十三日) …… 148
致胡汉民电(一九一三年二月下旬) …… 148
致小吕宋救国社电(一九一三年三月七日) …… 149
致袁世凯电(一九一三年三月八日) …… 149
致北京政府电(一九一三年三月十日) …… 149
致胡汉民电(一九一三年三月十一日) …… 150
致小吕宋救国社电(一九一三年三月十一日) …… 150
致北京政府电(一九一三年三月十二日) …… 151
致国民党本部及上海交通部电(一九一三年三月二十二日) …… 151
致国民党本部同人电(一九一三年三月二十三日) …… 151
致袁世凯电(一九一三年三月二十五日) …… 152
致袁世凯电(一九一三年三月三十日) …… 152
致北京参议院等电(一九一三年三月) …… 152
致孙毓筠电(一九一三年四月二日) …… 153
复柏文蔚电(一九一三年四月二日) …… 153
复袁世凯电(一九一三年四月六日) …… 153
致胡汉民陈炯明电(一九一三年四月十日) …… 154
复某君电(一九一三年四月十三日) …… 154
致国务院电(一九一三年四月二十日) …… 155
与黄兴联名致袁世凯周学熙电(一九一三年四月二十二日) …… 155
致各省议会政团报馆电(一九一三年四月二十六日) …… 156
致袁世凯周学熙电(一九一三年四月二十七日) …… 156
致袁世凯电(一九一三年四月二十七日) …… 157
致日本外务省电(一九一三年四月二十八日) …… 157

致藤濑电(一九一三年四月三十日) …………………………… 157
致狄哇西电(译文)(一九一三年四月下旬) ………………… 158
致各国政府和人民电(译文)(一九一三年四月下旬) ……… 159
复袁世凯电(一九一三年四月) ……………………………… 160
致胡汉民电(一九一三年五月一日) ………………………… 160
致康德黎电(译文)(一九一三年五月二日) ………………… 161
复丁义华电(一九一三年五月六日) ………………………… 162
致周学熙电(一九一三年五月六日) ………………………… 163
致袁世凯电(一九一三年五月上旬) ………………………… 163
复广东省官厅电(一九一三年六月二十六日) ……………… 164
致伍平一电(一九一三年七月九日) ………………………… 164
致袁世凯电(一九一三年七月二十二日) …………………… 165
致犬养毅等电(一九一三年八月四日) ……………………… 166
致富永电(一九一三年) ……………………………………… 166
致宋霭龄电(一九一四年一月二十二日) …………………… 166
致宋霭龄电(译文)(一九一四年一月二十六日) …………… 167
复马素电(一九一四年六月二十八日) ……………………… 167
促各埠火速筹款电(一九一四年七月五日) ………………… 168
致安南总督电(一九一四年九月下旬) ……………………… 168
致菲律宾中国青年会电(一九一四年十一月二十三日) …… 168
致威尔逊总统电(译文)(一九一四年十一月三十日) ……… 169
致摩尔根公司电(译文)(一九一四年十一月三十日) ……… 169
致三藩市《少年中国报》电(译文)(一九一四年十二月一日) … 170
致马尼拉《公理报》电(译文)(一九一四年十二月四日) …… 170
致河内法国总督电(译文)(一九一四年十二月五日) ……… 170
致霍洛吴平越电(一九一四年十二月五日) ………………… 171
致香港横滨硬币银行电(译文)(一九一四年十二月二十四日) … 171
复孙眉电(译文)(一九一四年十二月二十五日) …………… 171

致三藩市《少年中国报》电(译文)(一九一四年十二月二十八日)……… 172
致戴德律电(译文)(一九一四年十二月三十一日)……… 172
致某君电(一九一四年)……… 172
致戴德律电(译文)(一九一五年一月二十七日)……… 173
致三藩市《少年中国报》电(译文)(一九一五年二月十二日)……… 173
致某人电(一九一五年二月二十二日)……… 173
复宿务叶独醒电(一九一五年二月二十八日)……… 174
复周应时电(一九一五年三月十五日)……… 174
复钮永建等电(一九一五年三月)……… 174
致巴达维亚胡独波电(译文)(一九一五年五月二日)……… 175
致法国驻上海总领事电(译文)(一九一五年六月十七日)……… 175
致法国外交部长德尔卡塞电(译文)(一九一五年六月十七日)……… 176
致法国总统总理外交部长电(译文)(一九一五年十二月十九日)……… 176
致朱执信电(一九一五年十二月二十五日)……… 177
致林森电(一九一五年十二月二十五日)……… 177
致马尼拉薛汉英电(一九一五年十二月二十五日)……… 177
致旧金山革命党人电(一九一五年十二月二十六日)……… 178
致上海革命党人电(一九一五年十二月二十七日)……… 178
致上海革命党人电(一九一五年十二月二十八日)……… 179
致胡汉民电(一九一五年十二月二十九日)……… 179
致火奴鲁鲁革命党人电(一九一五年十二月二十九日)……… 179
致香港Yokashi电(译文)(一九一五年十二月二十九日)……… 180
致朱执信电(译文)(一九一五年十二月三十日)……… 180
致上海革命党人电(一九一五年十二月三十日)……… 180
致上海革命党人电(一九一六年一月一日)……… 181
复旧金山革命党人电(一九一六年一月二日)……… 181
复上海陈其美电(一九一六年一月三日)……… 181
复薛汉英电(一九一六年一月四日)……… 182

致上海革命党人电(一九一六年一月八日) …………………… 182
致马尼拉革命党人电(一九一六年一月八日) ………………… 182
复上海革命党人电(一九一六年一月九日) …………………… 183
复马尼拉革命党人电(一九一六年一月十一日) ……………… 183
致上海革命党人电(一九一六年一月十三日) ………………… 183
致上海革命党人电(一九一六年二月二日) …………………… 184
致河内法国总督电(译文)(一九一六年三月三日) ………… 184
致约翰内斯堡赖经电(译文)(一九一六年三月三日) ……… 185
致东北军革命党人电(一九一六年三月十日) ………………… 185
复上海革命党人电(一九一六年三月十二日) ………………… 185
复居正电(一九一六年三月十二日) …………………………… 186
复上海革命党人电(一九一六年三月十三日) ………………… 186
致上海革命党人电(一九一六年三月十六日) ………………… 186
致上海革命党人电(一九一六年三月十六日) ………………… 187
致《公理报》电(译文)(一九一六年三月十七日) ………… 187
致伦敦龙电(译文)(一九一六年三月十七日) ……………… 187
致新加坡陈达文电(译文)(一九一六年三月十七日) ……… 188
致上海革命党人电(一九一六年三月十八日) ………………… 188
致陈其美电(一九一六年三月十九日) ………………………… 188
致居正电(一九一六年三月十九日) …………………………… 189
致马尼拉革命党人电(一九一六年三月二十日) ……………… 189
复上海革命党人电(一九一六年三月二十日) ………………… 189
致居正电(一九一六年三月二十日) …………………………… 190
致旧金山《少年中国报》电(一九一六年三月二十一日) …… 190
复上海革命党人电(一九一六年三月二十三日) ……………… 190
复马尼拉革命党人电(一九一六年三月二十三日) …………… 191
致上海革命党人电(一九一六年三月二十三日) ……………… 191
致居正电(一九一六年三月二十三日) ………………………… 192

复汉口革命党人电(一九一六年三月二十四日) …………………… 192

致马尼拉革命党人电(一九一六年三月二十四日) ………………… 192

复陈其美电(一九一六年三月二十五日) …………………………… 193

复旧金山《少年中国报》电(一九一六年三月二十五日) ………… 193

致马尼拉革命党人电(一九一六年三月二十六日) ………………… 193

致上海革命党人电(一九一六年三月二十六日) …………………… 194

致马尼拉革命党人电(一九一六年三月二十七日) ………………… 194

复马尼拉革命党人电(一九一六年三月二十七日) ………………… 194

致上海革命党人电(一九一六年三月二十八日) …………………… 195

致上海革命党人电(一九一六年三月二十九日) …………………… 195

复居正电(一九一六年三月二十九日) ……………………………… 195

复上海革命党人电(一九一六年三月三十日) ……………………… 196

致槟榔屿吴世荣等电(一九一六年三月三十日) …………………… 196

复居正电(一九一六年三月三十日) ………………………………… 196

致上海革命党人电(一九一六年三月三十一日) …………………… 197

致上海革命党人电(一九一六年三月三十一日) …………………… 197

致上海革命党人电(一九一六年四月一日) ………………………… 197

致马尼拉革命党人电(一九一六年四月一日) ……………………… 198

致居正电(一九一六年四月一日) …………………………………… 198

致上海革命党人电(一九一六年四月四日) ………………………… 198

致汕头革命党人电(一九一六年四月四日) ………………………… 199

致居正电(一九一六年四月四日) …………………………………… 199

致上海革命党人电(一九一六年四月五日) ………………………… 199

复汕头革命党人电(一九一六年四月五日) ………………………… 200

致居正并转吴大洲电(一九一六年四月五日) ……………………… 200

致汕头革命党人电(一九一六年四月七日) ………………………… 201

致上海革命党人电(一九一六年四月七日) ………………………… 201

致汉口革命党人电(一九一六年四月七日) ………………………… 201

致居正电(一九一六年四月七日) …… 202
致上海革命党人电(一九一六年四月八日) …… 202
致居正电(一九一六年四月八日) …… 202
致上海革命党人电(一九一六年四月九日) …… 203
致旧金山《少年中国报》电(一九一六年四月九日) …… 203
致陈其美电(一九一六年四月十一日) …… 203
致居正电(一九一六年四月十二日) …… 204
致上海革命党人并转发周应时电(一九一六年四月十三日) …… 204
致马尼拉革命党人电(一九一六年四月十三日) …… 204
致 Iloilo 电(一九一六年四月十三日) …… 205
复汉口革命党人电(一九一六年四月十三日) …… 205
致上海革命党人电(一九一六年四月十三日) …… 205
致汉口革命党人电(一九一六年四月十四日) …… 206
致上海革命党人电(一九一六年四月十五日) …… 206
致汉口革命党人电(一九一六年四月十五日) …… 206
致陈其美王统一电(一九一六年四月十六日) …… 207
致田桐电(一九一六年四月十八日) …… 207
致上海革命党人电(一九一六年四月十八日) …… 207
致陈其美电(一九一六年四月十九日) …… 208
致上海革命党人电(一九一六年四月十九日) …… 208
致居正电(一九一六年四月二十日) …… 208
致居正电(一九一六年四月二十一日) …… 209
致上海革命党人电(一九一六年四月二十一日) …… 209
致旧金山《少年中国报》电(一九一六年四月二十二日) …… 209
致林森电(一九一六年四月二十二日) …… 210
致居正电(一九一六年四月二十二日) …… 210
致吴铁城密交黄兴邓家彦电(一九一六年四月二十四日) …… 210
致上海革命党人电(一九一六年四月二十四日) …… 211

致汉口革命党人电(一九一六年四月二十四日) ······ 211
致上海革命党人电(一九一六年四月二十四日) ······ 211
致居正电(一九一六年四月二十四日) ······ 212
致上海革命党人电(一九一六年四月二十六日) ······ 212
致居正电(一九一六年四月三十日) ······ 212
致岑春煊电(一九一六年五月上旬) ······ 213
致岑春煊等电(一九一六年五月十一日) ······ 213
致居正电(一九一六年五月十九日) ······ 214
致黄兴电(一九一六年五月二十一日) ······ 214
致田桐等电(一九一六年五月二十三日) ······ 215
致居正电(一九一六年五月二十五日) ······ 215
致居正电(一九一六年五月二十八日) ······ 216
致居正电(一九一六年五月三十日) ······ 216
致中华革命军东北军电二件(一九一六年六月三日) ······ 217
致居正电(一九一六年六月七日) ······ 217
致黎元洪电(一九一六年六月九日) ······ 218
致居正电(一九一六年六月九日) ······ 218
致朱执信电(一九一六年六月十日) ······ 218
致居正电(一九一六年六月十日) ······ 219
致吴大洲薄子明电(一九一六年六月十三日) ······ 219
致福建革命军电(一九一六年六月十三日) ······ 219
致黄兴电(一九一六年六月十三日) ······ 220
致居正电(一九一六年六月十五日) ······ 220
致黎元洪电(一九一六年六月十九日) ······ 220
致居正电(一九一六年六月二十日) ······ 221
复居正电(一九一六年六月二十一日) ······ 221
复居正电(一九一六年六月二十三日) ······ 222
致黎元洪电(一九一六年六月二十三日) ······ 222

致居正电(一九一六年六月二十四日) …………………………………… 222
致戴戡等转石青阳电(一九一六年六月二十六日) …………………… 223
致黎元洪电(一九一六年六月二十六日) ……………………………… 223
致居正电二件(一九一六年六月二十六日) …………………………… 224
致居正电(一九一六年七月四日) ……………………………………… 224
致居正电(一九一六年七月七日) ……………………………………… 225
致居正电(一九一六年七月十一日) …………………………………… 225
致居正电(一九一六年七月十三日) …………………………………… 225
致居正电(一九一六年七月十四日) …………………………………… 226
致居正电(一九一六年七月十九日) …………………………………… 226
致居正电(一九一六年八月四日) ……………………………………… 226
致冯国璋电(一九一六年八月四日) …………………………………… 227
致黎元洪电(一九一六年八月十一日) ………………………………… 227
致吕公望电(一九一六年八月十三日) ………………………………… 228
致陈中孚等电(一九一六年八月二十七日) …………………………… 228
致陈中孚等电(一九一六年九月三日) ………………………………… 229
致吕公望等电(一九一六年九月三日) ………………………………… 229
致居正电(一九一六年九月五日) ……………………………………… 230
致美洲中华会馆电(一九一六年十月三十一日) ……………………… 230
致新加坡转仰光曼谷等地友人电(译文)
  (一九一六年十月三十一日) ………………………………………… 230
致澳大利亚新西兰友人电(译文)(一九一六年十月三十一日) ……… 231
致梅屋庄吉电(一九一六年十一月一日) ……………………………… 231
与唐绍仪联名致邹鲁转粤省议员电(一九一六年十一月十四日) …… 231
致黎元洪等电(一九一六年十一月二十日) …………………………… 232
为黄兴出殡通电(一九一六年十一月二十八日) ……………………… 233
致吕公望电(一九一六年十一月二十八日) …………………………… 233
致黎元洪及国务院电(一九一六年十二月六日) ……………………… 234

致吕公望电(一九一六年十二月六日) …… 234

致赵恒惕范治焕电(一九一六年十二月六日) …… 234

致参众议员电(一九一六年十二月八日) …… 235

致黎元洪电(一九一六年十二月十日) …… 235

致黎元洪国务院电(一九一六年十二月十三日) …… 236

致泗水中华商会电(一九一七年一月三十日) …… 236

致英国首相劳合·乔治电(译文)(一九一七年三月九日) …… 237

  附录一 同题异文 …… 238

  附录二 同题异文 …… 240

  附录三 同题异文 …… 241

致北京参议院众议院电(一九一七年三月九日) …… 242

致蔡元培电(一九一七年四月十四日) …… 243

致黎元洪电(一九一七年五月十一日) …… 243

致黎元洪电(一九一七年五月十四日) …… 243

致北京民友会等电(一九一七年五月十六日) …… 244

致参众两院议员电(一九一七年五月二十二日) …… 244

致段祺瑞及参众两院议员电(一九一七年五月二十二日) …… 245

致黎元洪及参众两院议员电(一九一七年五月) …… 245

致唐继尧电(一九一七年五月) …… 246

致陆荣廷唐继尧等电(一九一七年六月六日) …… 246

致陈炳焜等电(一九一七年六月八日) …… 247

致美国总统威尔逊电(译文)(一九一七年六月八日) …… 247

致美国总统威尔逊电(译文)(一九一七年六月九日) …… 248

致陆荣廷等电(一九一七年六月十日) …… 248

致陈炯明电(一九一七年六月十日) …… 249

致黎元洪伍廷芳电(一九一七年六月十日) …… 250

致参众两院议员电(一九一七年七月四日) …… 251

致西南六省各界电(一九一七年七月四日) …… 251

致陆荣廷电(一九一七年七月十一日) ······ 252

复陈炳焜电(一九一七年七月十一日) ······ 252

通告抵粤电(一九一七年七月十八日) ······ 253

致岑春煊等电(一九一七年七月十八日) ······ 253

致陆荣廷电(一九一七年七月十八日) ······ 253

致段祺瑞电(一九一七年七月十九日) ······ 254

致津沪国会议员电(一九一七年七月十九日) ······ 255

复陆荣廷电(一九一七年七月二十四日) ······ 256

致西南各省将领及护法人士电(一九一七年七月二十四日) ······ 256

复唐继尧电(一九一七年八月十六日) ······ 257

与唐绍仪联名致民党上海同人电(一九一七年八月二十日) ······ 258

致日本寺内首相等电(一九一七年八月二十五日) ······ 258

号召川滇黔军事统一通电(一九一七年九月一日) ······ 259

致唐继尧电(一九一七年九月三日) ······ 260

致陆荣廷电(一九一七年九月三日) ······ 260

致黎元洪电(一九一七年九月三日) ······ 261

致唐继尧电(一九一七年九月十三日) ······ 261

致陆荣廷电(一九一七年九月十七日) ······ 262

复刘建藩等电(一九一七年九月二十一日) ······ 262

致唐继尧电(一九一七年九月二十四日) ······ 262

致陆荣廷电(一九一七年九月二十九日) ······ 263

致唐继尧电(一九一七年九月二十九日) ······ 263

致唐继尧电(一九一七年九月二十九日) ······ 263

反对北京政府另组新国会重开参议院通电(一九一七年十月三日) ······ 264

致唐继尧电(一九一七年十月五日) ······ 265

复林德轩电(一九一七年十月六日) ······ 265

复章炳麟电(一九一七年十月七日) ······ 266

致唐继尧电(一九一七年十月八日) ······ 266

致章炳麟电(一九一七年十月八日) …… 266

致程潜等电(一九一七年十月二十日) …… 267

复林镜台电(一九一七年十月二十二日) …… 267

复章炳麟电(一九一七年十月二十五日) …… 268

致张煦电(一九一七年十月二十七日) …… 268

复谭延闿程潜电(一九一七年十月三十日) …… 269

致杨庶堪电(一九一七年十月) …… 269

致黄复生等电(一九一七年十月) …… 270

致唐继尧电(一九一七年十一月十日) …… 270

致唐继尧电(一九一七年十一月十日) …… 270

致章炳麟等电(一九一七年十一月十一日) …… 271

复唐继尧电(一九一七年十一月十二日) …… 271

复张煦电(一九一七年十一月十三日) …… 272

致唐继尧陆荣廷电(一九一七年十一月十四日) …… 272

致李纯陈光远电(一九一七年十一月十四日) …… 273

复章炳麟电(一九一七年十一月十五日) …… 273

复金国治等电(一九一七年十一月十八日) …… 274

致孙洪伊电(一九一七年十一月十八日) …… 274

致日本寺内首相等电(一九一七年十一月二十日) …… 274

复唐继尧电(一九一七年十一月二十一日) …… 276

复金国治等电(一九一七年十一月二十一日) …… 276

复袁祖铭电(一九一七年十一月二十一日) …… 277

复张煦电(一九一七年十一月二十一日) …… 277

复王文华电(一九一七年十一月二十二日) …… 277

致林镜台电(一九一七年十一月二十二日) …… 278

复唐继尧电(一九一七年十一月二十五日) …… 278

致黎天才等电(一九一七年十一月二十六日) …… 279

复刘显世电(一九一七年十一月二十九日) …… 279

复唐继尧电(一九一七年十一月二十九日) …… 280

复李纯电(一九一七年十一月二十九日) …… 280

复章炳麟电(一九一七年十一月二十九日) …… 281

致刘显世电(一九一七年十一月) …… 281

致唐继尧电(一九一七年十一月) …… 282

致张煦电(一九一七年十一月) …… 282

复石青阳等电(一九一七年十一月) …… 283

致孙洪伊电(一九一七年十一月) …… 283

致谭延闿程潜电(一九一七年十二月三日) …… 284

致国会非常会议等电(一九一七年十二月五日) …… 284

复刘显世电(一九一七年十二月七日) …… 285

复章炳麟电(一九一七年十二月七日) …… 285

复唐继尧王文华电(一九一七年十二月八日) …… 286

复唐继尧等电(一九一七年十二月十日) …… 286

复黎天才等电(一九一七年十二月十一日) …… 287

致唐继尧章炳麟电(一九一七年十二月十一日) …… 287

致刘祖武唐继尧电(一九一七年十二月十五日) …… 288

复顾品珍电(一九一七年十二月十五日) …… 288

致唐继尧电(一九一七年十二月十八日) …… 289

复石青阳等电(一九一七年十二月十八日) …… 290

致刘祖武唐继尧电(一九一七年十二月十九日) …… 290

复熊克武等电(一九一七年十二月二十一日) …… 291

致章炳麟电(一九一七年十二月二十一日) …… 291

致刘建藩电(一九一七年十二月二十二日) …… 292

致刘云峰等电(一九一七年十二月二十三日) …… 292

复林修梅电(一九一七年十二月二十四日) …… 293

复李纯电(一九一七年十二月二十四日) …… 293

致黎天才等电(一九一七年十二月二十六日) …… 294

致章炳麟电(一九一七年十二月二十七日) ……………………… 295
复章炳麟电(一九一七年十二月二十八日) …………………… 295
致黎天才等电(一九一七年十二月二十八日) ………………… 296
致刘建藩林修梅电(一九一七年十二月二十八日) …………… 296
致唐继尧等电(一九一七年十二月二十八日) ………………… 297
复唐继尧刘显世电(一九一七年十二月二十九日) …………… 297
致唐继尧电(一九一七年十二月二十九日) …………………… 298
致上海本部电(一九一七年十二月二十九日) ………………… 298
致唐继尧章炳麟电(一九一七年十二月) ……………………… 299
复石青阳等电(一九一七年十二月) …………………………… 299
致李纯陈光远电(一九一八年一月一日) ……………………… 300
复王奇等电(一九一八年一月二日) …………………………… 300
致唐继尧刘显世电(一九一八年一月二日) …………………… 301
致唐继尧电(一九一八年一月二日) …………………………… 301
致唐继尧电(一九一八年一月六日) …………………………… 302
复李汝舟电(一九一八年一月十二日) ………………………… 302
致唐继尧电(一九一八年一月十二日) ………………………… 302
致唐继尧电(一九一八年一月十三日) ………………………… 303
复熊克武电(一九一八年一月十四日) ………………………… 303
复唐继尧电(一九一八年一月十五日) ………………………… 304
致张学济等电(一九一八年一月十五日) ……………………… 304
致陈凤石电(一九一八年一月十五日) ………………………… 305
复章炳麟电(一九一八年一月十六日) ………………………… 305
复唐继尧电(一九一八年一月十九日) ………………………… 306
复黎天才电(一九一八年一月十九日) ………………………… 306
复刘志陆吕一夔电(一九一八年一月十九日) ………………… 307
复唐继尧电(一九一八年一月二十一日) ……………………… 307
复熊克武吕超等电(一九一八年一月二十一日) ……………… 308

复石青阳电(一九一八年一月二十一日) …… 308
复夏之时电(一九一八年一月二十一日) …… 308
致黄复生卢师谛电(一九一八年一月二十一日) …… 309
复石星川等电(一九一八年一月二十二日) …… 309
复吴崑等电(一九一八年一月二十二日) …… 310
致唐继尧电(一九一八年一月二十五日) …… 310
致唐继尧等电(一九一八年一月二十五日) …… 312
致刘显世电(一九一八年一月二十九日) …… 312
复唐克明电(一九一八年二月一日) …… 313
复谭浩明电(一九一八年二月一日) …… 313
复李书城等电(一九一八年二月四日) …… 314
致柏文蔚电(一九一八年二月四日) …… 314
复唐继尧电(一九一八年二月八日) …… 314
复李纯电(一九一八年二月十日) …… 315
致王文华电(一九一八年二月十一日) …… 315
复刘显世电(一九一八年二月十三日) …… 316
致陈炯明电(一九一八年二月十三日) …… 317
致刘显世电(一九一八年二月十四日) …… 317
复陈炯明电(一九一八年二月十四日) …… 318
致丁景良电(一九一八年二月十五日) …… 318
致陈炯明电(一九一八年二月十九日) …… 319
致章炳麟黄复生电(一九一八年二月二十日) …… 319
致陈炯明电(一九一八年二月二十二日) …… 319
致陈炯明电(一九一八年二月二十二日) …… 320
致卢师谛电(一九一八年二月二十二日) …… 320
致护法各省军政首领电(一九一八年二月二十二日) …… 321
复徐孝刚钟体道等电(一九一八年二月二十二日) …… 322
致章炳麟电(一九一八年二月二十三日) …… 323

致陈炯明电(一九一八年二月二十三日)	323
致黄复生等电(一九一八年二月二十三日)	324
复许崇智吴忠信电(一九一八年二月二十三日)	324
致孙洪伊电(一九一八年二月二十三日)	325
致石青阳电(一九一八年二月二十五日)	325
致石青阳等电(一九一八年二月二十五日)	326
致孙洪伊电(一九一八年二月二十五日)	326
致孙洪伊电(一九一八年二月二十五日)	327
致唐继尧等电(一九一八年二月二十五日)	327
复王安富电(一九一八年二月二十五日)	328
复吕超等电(一九一八年二月二十五日)	328
通告程璧光被刺逝世电(一九一八年二月二十六日)	328
致徐朗西电(一九一八年二月二十六日)	329
致石青阳吕超电(一九一八年二月二十六日)	329
致陈炯明电(一九一八年二月二十六日)	330
致陈炯明电(一九一八年二月二十六日)	330
致吕超电(一九一八年二月二十七日)	331
致唐继尧等电(一九一八年二月二十七日)	331
致石青阳转吕超电(一九一八年二月二十八日)	332
致程潜等电(一九一八年二月二十八日)	332
致许崇智电(一九一八年二月二十八日)	333
致唐继尧电(一九一八年三月一日)	333
致石青阳等电(一九一八年三月二日)	334
致覃振电(一九一八年三月二日)	335
致王文华电(一九一八年三月二日)	335
致孙洪伊徐朗西电(一九一八年三月四日)	336
复谭浩明电(一九一八年三月五日)	337
致唐继尧电(一九一八年三月五日)	337

致陈炯明电(一九一八年三月五日) …………………………………… 337
致杨庶堪电(一九一八年三月七日) …………………………………… 338
致唐继尧等电(一九一八年三月八日) ………………………………… 338
致四川省议会电(一九一八年三月八日) ……………………………… 339
致熊克武电(一九一八年三月八日) …………………………………… 339
致黄复生电(一九一八年三月八日) …………………………………… 340
致黎天才电(一九一八年三月九日) …………………………………… 340
鼓励义军作战电(一九一八年三月九日) ……………………………… 341
复李书城电(一九一八年三月九日) …………………………………… 342
致石青阳电(一九一八年三月十二日) ………………………………… 342
致王安富李善波电(一九一八年三月十二日) ………………………… 343
致唐继尧电(一九一八年三月十三日) ………………………………… 343
复陈炯明电(一九一八年三月十三日) ………………………………… 344
致陈炯明电(一九一八年三月十三日) ………………………………… 344
致黄复生电(一九一八年三月十三日) ………………………………… 344
致中华革命党上海本部电(一九一八年三月十三日) ………………… 345
致唐继尧等电(一九一八年三月十三日) ……………………………… 345
致陈炯明电(一九一八年三月十四日) ………………………………… 346
致范锦堃电(一九一八年三月十四日) ………………………………… 346
致李国定电(一九一八年三月十四日) ………………………………… 346
复唐继尧电(一九一八年三月十五日) ………………………………… 347
致陈炯明电(一九一八年三月十五日) ………………………………… 347
复李国定电(一九一八年三月十五日) ………………………………… 348
致唐继尧电(一九一八年三月十五日) ………………………………… 348
致陈炯明电(一九一八年三月十七日) ………………………………… 349
复唐继尧电(一九一八年三月十八日) ………………………………… 349
致唐继尧电(一九一八年三月十九日) ………………………………… 350
致黄复生电(一九一八年三月十九日) ………………………………… 350

致唐继尧电(一九一八年三月十九日) ……………………… 351

致唐继尧电(一九一八年三月十九日) ……………………… 351

致陈炯明电(一九一八年三月十九日) ……………………… 352

致唐继尧电(一九一八年三月二十日) ……………………… 352

致中华革命党上海本部电(一九一八年三月二十日) ……… 352

复犬养毅头山满电(一九一八年三月二十日) …………… 353

致黄复生电(一九一八年三月二十日) ……………………… 353

复王安富电(一九一八年三月二十日) ……………………… 354

复石青阳电(一九一八年三月二十一日) …………………… 354

致陈炯明电(一九一八年三月二十二日) …………………… 354

复陈炯明电(一九一八年三月二十二日) …………………… 355

致陈炯明电(一九一八年三月二十三日) …………………… 355

致夏述唐电(一九一八年三月二十三日) …………………… 356

致李烈钧电(一九一八年三月二十三日) …………………… 356

复旅沪各省公民调和会电(一九一八年三月二十三日) … 356

致王文华电(一九一八年三月二十五日) …………………… 357

致黄复生电(一九一八年三月二十五日) …………………… 358

复黄复生卢师谛电(一九一八年三月二十五日) ………… 358

复唐继尧电(一九一八年三月二十六日) …………………… 359

致唐继尧等电(一九一八年三月二十六日) ……………… 359

致黄复生石青阳电(一九一八年三月二十七日) ………… 360

致陈炯明电(一九一八年三月二十七日) …………………… 360

致黄复生吴兆麟电(一九一八年三月二十七日) ………… 361

致徐朗西电(一九一八年三月二十七日) …………………… 361

致陈炯明电(一九一八年三月二十八日) …………………… 361

致唐继尧电(一九一八年三月二十九日) …………………… 362

致唐继虞等电(一九一八年三月三十日) …………………… 362

致唐继尧电(一九一八年三月三十日) ……………………… 363

复张开儒电(一九一八年四月一日) ………………………… 364
致唐继尧电(一九一八年四月二日) ………………………… 364
致陈炯明电(一九一八年四月二日) ………………………… 365
复方声涛电(一九一八年四月二日) ………………………… 366
致陈炯明等电(一九一八年四月五日) ……………………… 366
致陈炯明等电(一九一八年四月八日) ……………………… 367
致唐继尧电(一九一八年四月九日) ………………………… 367
致陈炯明电(一九一八年四月九日) ………………………… 368
致李元白电(一九一八年四月九日) ………………………… 368
致李国定电(一九一八年四月十日) ………………………… 368
复熊克武电(一九一八年四月十日) ………………………… 369
复唐继尧电(一九一八年四月十日) ………………………… 369
致唐继尧电(一九一八年四月十二日) ……………………… 370
致陈炯明电(一九一八年四月十三日) ……………………… 370
复石青阳电(一九一八年四月十七日) ……………………… 371
致陈炯明电(一九一八年四月十七日) ……………………… 371
复郭昌明电(一九一八年四月十七日) ……………………… 371
致陈炯明电(一九一八年四月十八日) ……………………… 372
致陈炯明电(一九一八年四月十八日) ……………………… 372
致陈炯明电(一九一八年四月二十日) ……………………… 373
复陈炯明电(一九一八年四月二十日) ……………………… 373
复李烈钧电(一九一八年四月二十二日) …………………… 374
复叶荃电(一九一八年四月二十七日) ……………………… 374
致熊克武等电(一九一八年四月二十七日) ………………… 374
复郭昌明电(一九一八年四月二十七日) …………………… 375
致熊克武黄复生电(一九一八年四月二十九日) …………… 375
复景昌运等电(一九一八年四月二十九日) ………………… 376
致陈炯明电(一九一八年五月五日) ………………………… 376

致孙洪伊等电(一九一八年五月五日)	377
致黄复生电(一九一八年五月六日)	377
致汪精卫等电(一九一八年五月八日)	377
致许崇智电(一九一八年五月八日)	378
辞大元帅职通电(一九一八年六月四日)	378
致朱执信孙洪伊等电(一九一八年六月六日)	380
致列宁和苏维埃政府电(译文)(一九一八年六月底)	380
附录　同题异文	381
致蒋介石电(一九一八年八月八日)	381
致孙科电(一九一八年八月九日)	382
复于右任等电(一九一八年九月十五日)	382
致国会非常会议及军政府政务会议电(一九一八年九月二十二日)	382
与岑春煊等致参众两院电(一九一八年十月七日)	383
军政府通电(一九一八年十一月十二日)	384
致美国总统威尔逊电(译文)(一九一八年十一月十八日)	385
致徐世昌电(一九一八年十一月三十日)	387
与岑春煊等致参议院电(一九一八年十二月三日)	387
致徐世昌电(一九一八年十二月十日)	389
致军政府及国会电(一九一八年十二月十六日)	389
与岑春煊等联名致徐世昌电(一九一八年十二月十七日)	390
致北京政府电(一九一八年十二月二十一日)	391
致北京政府电(一九一八年十二月二十二日)	391
与岑春煊等致李纯电(一九一九年一月二日)	391
与岑春煊等致徐世昌电(一九一九年一月九日)	392
与岑春煊等致徐世昌电(一九一九年一月十一日)	392
与岑春煊等致徐世昌电(一九一九年一月十四日)	393
与岑春煊等联名致徐世昌电(一九一九年一月二十二日)	393
致顾维钧王正廷等电(一九一九年二月十二日)	394

致鄂西各将领电(一九一九年三月二十三日) ………………………… 394
致志诚俱乐部诸君电(一九一九年五月六日) …………………………… 395
与岑春煊等致徐世昌电(一九一九年五月九日) ………………………… 395
与岑春煊等联名致龚心湛电(一九一九年五月中旬) …………………… 396
就南北议和停顿的通电(一九一九年五月三十日) ……………………… 397
致徐世昌电(一九一九年五月) …………………………………………… 398
与岑春煊等联名致龚心湛电(一九一九年六月中旬) …………………… 399
与岑春煊等联名致徐世昌电(一九一九年六月下旬) …………………… 399
致陈炯明电(一九一九年六月至七月间) ………………………………… 400
与岑春煊等联名致徐世昌龚仙舟电(一九一九年七月五日) …………… 400
与岑春煊等联名复吴佩孚电(一九一九年七月六日) …………………… 401
致广东军政府电(一九一九年七月十八日) ……………………………… 402
复许卓然等电(一九一九年七月十八日) ………………………………… 402
复龚心湛电(一九一九年七月十八日) …………………………………… 403
致杨庶堪电(一九一九年七月二十日) …………………………………… 403
致各军电(一九一九年七月至八月间) …………………………………… 403
致广州非常国会电(一九一九年八月七日) ……………………………… 405
致湖南国民大会电(一九一九年八月三十一日) ………………………… 406
复林森转刘治洲等电(一九一九年九月二日) …………………………… 406
复唐继尧电(一九一九年九月七日) ……………………………………… 407
复广州军政府电(一九一九年九月九日) ………………………………… 407
致王文华电(一九一九年九月十六日) …………………………………… 408
致田中节子喑电(一九一九年十月三十日) ……………………………… 408
复徐树铮电(一九一九年十一月二十六日) ……………………………… 408
复廖湘芸林修梅电(一九一九年十二月二十九日) ……………………… 409
复吴醒汉电(一九一九年十二月) ………………………………………… 410
致北京政府电(一九二〇年一月二十三日) ……………………………… 410
致北京政府电(一九二〇年二月七日) …………………………………… 411

复陈炯明电(一九二〇年二月二十日) …………………………… 412

致刘显世电(一九二〇年二月二十七日) ………………………… 412

致唐继尧电(一九二〇年二月二十八日) ………………………… 413

致陈炯明电(一九二〇年三月二日) ……………………………… 414

致石青阳电(一九二〇年三月二日) ……………………………… 414

致陈炯明电(一九二〇年三月十五日) …………………………… 415

致孙科电(一九二〇年三月十六日) ……………………………… 415

致廖湘芸电(一九二〇年三月十七日) …………………………… 415

致唐继尧电(一九二〇年三月十七日) …………………………… 416

致王文华电(一九二〇年三月十七日) …………………………… 417

致陈炯明电(一九二〇年三月十八日) …………………………… 417

致王文华电(一九二〇年三月二十六日) ………………………… 418

致陈炯明电(一九二〇年三月二十七日) ………………………… 419

致陈炯明电(一九二〇年三月二十八日) ………………………… 419

致陈炯明电(一九二〇年三月三十日) …………………………… 419

致李绮庵李安邦电(一九二〇年三月三十一日) ………………… 420

致陈炯明电(一九二〇年三月下旬) ……………………………… 420

致陈炯明电(一九二〇年三月下旬) ……………………………… 421

致唐继尧电(一九二〇年三月下旬) ……………………………… 421

致孙科等电(一九二〇年三月下旬) ……………………………… 422

致徐鹤仙电(一九二〇年三月) …………………………………… 423

致张敬尧电(一九二〇年四月一日) ……………………………… 423

致李绮庵徐鹤仙电(一九二〇年四月二日) ……………………… 423

致张佐丞等电(一九二〇年四月二日) …………………………… 424

致陈炯明电(一九二〇年四月四日) ……………………………… 424

复李绮庵并附转粤舰队同志电(一九二〇年四月六日) ………… 425

致李绮庵并附转陈策电(一九二〇年四月十日) ………………… 425

致孙科并附转李烈钧电(一九二〇年四月十五日) ……………… 426

致李绮庵电(一九二〇年四月十五日) …………………………… 426

致陈炯明电(一九二〇年四月二十日) …………………………… 427

复李绮庵电(一九二〇年四月二十日) …………………………… 427

致李绮庵电(一九二〇年四月二十三日) ………………………… 428

复卢永祥电(一九二〇年四月二十五日) ………………………… 428

致徐鹤仙电(一九二〇年四月二十五日) ………………………… 429

致李绮庵电(一九二〇年四月下旬) ……………………………… 429

致许崇智电(一九二〇年五月十四日) …………………………… 430

指示海军讨桂电(一九二〇年五月二十五日) …………………… 431

致谭延闿电(一九二〇年五月二十八日) ………………………… 431

致唐继尧电(一九二〇年六月九日) ……………………………… 432

复刘显世电(一九二〇年六月二十四日) ………………………… 432

致李绮庵邓子瑜电(一九二〇年六月二十八日) ………………… 433

致李绮庵电(一九二〇年六月二十八日) ………………………… 433

致陈炯明电(一九二〇年七月一日前后) ………………………… 434

致李绮庵电(一九二〇年七月二日) ……………………………… 434

复李绮庵电(一九二〇年七月七日) ……………………………… 434

复李绮庵电(一九二〇年七月九日) ……………………………… 435

复李绮庵电(一九二〇年七月十日) ……………………………… 435

致陈炯明电(一九二〇年七月十一日) …………………………… 436

致梅放洲电(一九二〇年七月十三日) …………………………… 436

致陈炯明电(一九二〇年七月十四日) …………………………… 436

复刘泽荣电(译文)(一九二〇年七月十六日) ………………… 437

致唐继尧电(一九二〇年七月十八日) …………………………… 438

致饶子和电(一九二〇年七月二十一日) ………………………… 438

致李绮庵电(一九二〇年七月三十一日) ………………………… 439

致粤军将领电(一九二〇年八月五日) …………………………… 439

致陈树人电(一九二〇年八月十九日) …………………………… 440

致颜德基电(一九二〇年八月中旬) …………………………… 440

致陈炯明等电(一九二〇年八月二十一日) …………………… 441

复滇黔川三省军政长官电(一九二〇年八月二十一日) ……… 441

复赵又新电(一九二〇年八月二十三日) ……………………… 442

致朱执信周之贞电(一九二〇年八月二十九日) ……………… 443

致伍学煜电(一九二〇年八月三十日) ………………………… 443

致粤军将领电(一九二〇年八月下旬) ………………………… 444

致陈树人电(一九二〇年八月下旬) …………………………… 444

致陈炯明电(一九二〇年八月) ………………………………… 444

复唐继尧电(一九二〇年九月六日) …………………………… 445

致陈炯明电(一九二〇年九月十五日) ………………………… 445

复四川省议会电(一九二〇年九月十六日) …………………… 446

复李明扬电(一九二〇年九月十六日) ………………………… 446

致陈炯明电(一九二〇年九月十八日) ………………………… 446

复李厚基电(一九二〇年九月二十四日) ……………………… 447

复李烈钧电(一九二〇年九月二十四日) ……………………… 447

复谢持电(一九二〇年九月二十四日) ………………………… 448

致吴忠信电(一九二〇年九月二十六日) ……………………… 449

致周震鳞电(一九二〇年九月二十九日) ……………………… 449

致李福林魏邦平电(一九二〇年九月二十九日) ……………… 450

致林葆怿等电(一九二〇年九月二十九日) …………………… 450

致林葆怿等暨各界电(一九二〇年九月三十日) ……………… 451

致臧致平电(一九二〇年九月下旬) …………………………… 451

致谭延闿电(一九二〇年十月一日) …………………………… 452

致陈炯明许崇智电(一九二〇年十月一日) …………………… 453

致孙科电(一九二〇年十月一日) ……………………………… 453

致李绮庵电(一九二〇年十月二日) …………………………… 454

致李厚基电(一九二〇年十月二日) …………………………… 454

致颜德基电(一九二〇年十月四日) …… 455
复翟浩亭电(一九二〇年十月四日) …… 455
致孙科电(一九二〇年十月六日) …… 456
复陈炯明电(一九二〇年十月八日) …… 456
致卢永祥电(一九二〇年十月九日) …… 457
致黄志桓等电(一九二〇年十月九日) …… 457
致赵德裕等电(一九二〇年十月上旬) …… 458
致李厚基电(一九二〇年十月上旬) …… 458
致卢永祥电(一九二〇年十月十一日) …… 459
复湖南省议会电(一九二〇年十月十二日) …… 460
致李烈钧电(一九二〇年十月十三日) …… 460
致陈炯明电(一九二〇年十月十三日) …… 461
致陈炯明电(一九二〇年十月十四日) …… 461
致李厚基电(一九二〇年十月中旬) …… 462
致陈炯明电(一九二〇年十月二十三日) …… 463
致徐世昌等电(一九二〇年十月二十三日) …… 463
致赵恒惕等电(一九二〇年十月二十五日) …… 464
致湖南省议会电(一九二〇年十月二十六日) …… 465
复陈炯明电(一九二〇年十月三十日) …… 466
否认北京政府宣布南北统一的通电(一九二〇年十月三十一日) …… 466
致谭延闿等电(一九二〇年十月底至十一月初) …… 467
致孙科电(一九二〇年十一月二日) …… 468
复靳云鹏电(一九二〇年十一月五日) …… 468
与唐绍仪等联名致北京政府电(一九二〇年十一月七日) …… 469
致护法各省各军电(一九二〇年十一月九日) …… 469
致何成濬电(一九二〇年十一月上旬) …… 470
致陈炯明电(一九二〇年十一月上旬) …… 471
复林直勉电(一九二〇年十一月十二日) …… 472

复唐继尧电(一九二〇年十一月十五日) …… 472
致蒋介石电(一九二〇年十一月十六日) …… 473
致成谷采等电(一九二〇年十一月二十三日) …… 473
致陈炯明暨粤军各将士电(一九二〇年十一月下旬) …… 473
致陈炯明电(一九二〇年十一月) …… 474
致许崇智电(一九二〇年十一月) …… 474
复何成濬电(一九二〇年十一月) …… 475
复赵恒惕电(一九二〇年十一月) …… 475
致各省军政长官电(一九二〇年十二月一日) …… 476
与唐绍仪等通告今后护法政府之建设方针电
  (一九二〇年十二月一日) …… 476
致卢焘等电(一九二〇年十二月二日) …… 477
致赵恒惕电(一九二〇年十二月三日) …… 477
致赵恒惕电(一九二〇年十二月八日) …… 478
致徐世昌电(一九二〇年十二月十八日) …… 478
致北京政府电(一九二〇年十二月) …… 478
致吴景濂电(一九二一年一月四日) …… 479
致蒋介石电(一九二一年一月七日) …… 479
致某人电(一九二一年一月十七日) …… 479
请西南各省派代表来粤磋商要事电(一九二一年一月二十五日) …… 480
致西南各省要人电(一九二一年一月二十六日) …… 480
致唐继尧电(一九二一年三月四日) …… 481
致各省军政长官电(一九二一年三月十六日) …… 481
致蒋介石电(一九二一年三月二十九日) …… 482
致蒋介石等电(一九二一年四月五日) …… 482
致各国驻北京公使电(一九二一年四月十二日) …… 483
致蒋介石电(一九二一年四月十八日) …… 484
复陈炯明电(一九二一年四月十九日) …… 484

复上海全国各界联合会电(一九二一年四月二十一日) ……………… 485

致李选廷电(一九二一年四月二十七日) ……………………………… 485

复勉李烈钧电(一九二一年四月) ……………………………………… 485

致各报馆电(一九二一年五月四日) …………………………………… 486

致徐世昌电(一九二一年五月五日) …………………………………… 486

致北京国立八校辞职教员电(一九二一年六月七日) ………………… 487

  附录 同题异文 ……………………………………………………… 488

关于召开联省政府代表会议的通电(一九二一年六月十五日) ……… 488

致蒋介石电(一九二一年六月十六日) ………………………………… 489

致谷正伦等电(一九二一年六月二十一日) …………………………… 489

致蒋介石电(一九二一年六月二十三日) ……………………………… 490

复陈炯明电(一九二一年七月十三日) ………………………………… 490

致李烈钧电(一九二一年七月十四日) ………………………………… 490

复陈炯明电(一九二一年七月十八日) ………………………………… 491

复顾品珍电(一九二一年七月二十四日) ……………………………… 491

复洪兆麟电(一九二一年七月三十日) ………………………………… 492

致蒋介石电(一九二一年八月五日) …………………………………… 492

致谷正伦电(一九二一年八月十三日) ………………………………… 492

致李友勋电(一九二一年八月十三日) ………………………………… 493

致赖世璜电(一九二一年八月十三日) ………………………………… 493

致各省军政长官电(一九二一年八月十五日) ………………………… 493

致李友勋电(一九二一年八月十七日) ………………………………… 494

致陈炯明电(一九二一年八月十七日) ………………………………… 495

嘉奖潘正道电(一九二一年九月七日) ………………………………… 495

致顾品珍电(一九二一年九月十五日) ………………………………… 496

致顾品珍电(一九二一年九月三十日) ………………………………… 496

致各省总司令电(一九二一年十月二日) ……………………………… 497

致陈炯明电(一九二一年十月四日) …………………………………… 497

致黄大伟电(一九二一年十月四日) ……497
复陈炯明电(一九二一年十月十八日) ……498
致墨西哥支部开幕贺电(一九二一年十月) ……498
复李烈钧电(一九二一年十一月一日) ……499
致蒋介石电(一九二一年十一月六日) ……499
致广州国会非常会议电(一九二一年十一月十五日) ……500
复廖仲恺汪精卫电(一九二一年十一月二十二日) ……500
复蒋介石电(一九二一年十一月二十三日) ……501
致周震麟电(一九二一年十二月三日) ……501
复马君武电(一九二一年十二月十日) ……502
复顾品珍卢焘电(一九二一年十二月十三日) ……502
复顾品珍电(一九二一年十二月十三日) ……503
益智书报社八周年纪念贺电(一九二一年十二月) ……503
吉礁坡中国阅书报社十周年纪念贺电(一九二一年十二月) ……503
致廖仲恺等电(一九二一年十二月) ……504
致顾品珍等电(一九二二年一月十三日) ……504
致李福林电(一九二二年一月十七日) ……505
复全国各界联合会电(一九二二年二月七日) ……505
复全国国民外交大会电(一九二二年二月七日) ……506
致美国记者大利电(一九二二年二月十五日) ……507
饬粤军救护队赴桂林电(一九二二年二月二十日) ……508
致李福林电(一九二二年二月中旬) ……508
致马君武等电(一九二二年二月二十三日) ……508
致赵恒惕等电(一九二二年二月二十七日) ……509
申斥刘其贤等电(一九二二年三月七日) ……510
致粤省电(一九二二年三月十五日) ……510
致陈炯明等电(一九二二年三月二十三日) ……510
复陈炯明电(一九二二年四月六日) ……511

致唐继尧电(一九二二年四月二十七日) ……………………… 511
敦劝陈炯明电(一九二二年四月二十七日) …………………… 512
致古巴同志恳亲会电(一九二二年四月) ……………………… 512
复唐继尧电(一九二二年五月四日) …………………………… 513
致杨庶堪电(一九二二年五月十二日) ………………………… 513
复叶举等电(一九二二年五月二十五日) ……………………… 513
  附录 复凯旋各将领电(一九二二年五月) ……………… 514
慰劳前敌将士电(一九二二年五月二十九日) ………………… 514
致许崇智等电(一九二二年五月三十一日) …………………… 515
致李烈钧等电(一九二二年六月一日) ………………………… 515
致蒋介石电(一九二二年六月二日) …………………………… 516
致李烈钧等电(一九二二年六月八日) ………………………… 516
致陈炯明电(一九二二年六月上旬) …………………………… 517
致护法舰队各舰的密电(一九二二年六月十七日) …………… 517
致叶举电(一九二二年六月十七日) …………………………… 518
致蒋介石电(一九二二年六月十八日) ………………………… 518
致各省通电(一九二二年六月三十日) ………………………… 518
复利介诸同志电(一九二二年七月九日) ……………………… 519
复芝加哥分部电(一九二二年七月十日) ……………………… 519
复大溪地分部电(一九二二年七月十日) ……………………… 519
复吉隆坡同志电(一九二二年七月十一日) …………………… 520
致北京政府电(一九二二年七月十九日) ……………………… 520
致李烈钧等电(一九二二年七月二十二日) …………………… 520
复黎澍电(一九二二年七月二十四日) ………………………… 521
复海外同志电十件(一九二二年八月一日至十七日) ………… 521
致陈总司令电(一九二二年八月五日) ………………………… 524
致宋庆龄电(一九二二年八月七日) …………………………… 524
给各将领的电令(一九二二年八月九日) ……………………… 524

复北京政府电(一九二二年八月十七日) ……………………… 525
复曹锟吴佩孚电(一九二二年九月三日) ……………………… 525
致北京当局电(一九二二年九月四日) ………………………… 526
复北京政府电(一九二二年九月八日) ………………………… 526
复黎元洪电(一九二二年九月十二日) ………………………… 527
复刘成勋电(一九二二年九月十三日) ………………………… 527
致曹锟吴佩孚电(一九二二年九月十四日) …………………… 528
反对善后借款电(一九二二年十月七日) ……………………… 528
致北京政府电(一九二二年十月八日) ………………………… 529
复黎元洪电(一九二二年十月十八日) ………………………… 529
致齐燮元萧耀南电(一九二二年十一月七日) ………………… 529
致许崇智等电(一九二二年十一月十四日) …………………… 530
复蒋介石电(一九二二年十一月十九日) ……………………… 530
致徐谦电(一九二二年十一月) ………………………………… 531
致张开儒朱培德电(一九二二年十一月) ……………………… 531
悼宫崎寅藏唁电(译文)(一九二二年十二月八日) …………… 532

    附录　同题异文 ……………………………………………… 532

致蒋介石电(一九二二年十二月十日) ………………………… 532
致国民党北京党部电(一九二二年十二月三十一日) ………… 533
致在京议员电(一九二三年一月十日) ………………………… 533
致李易标电(一九二三年一月十二日) ………………………… 533
致西南各首领电(一九二三年一月十四日) …………………… 534
致南斐洲支部电(一九二三年一月十七日) …………………… 534
致杨希闵等电(一九二三年一月十八日) ……………………… 534
致伍学熀杨西岩电(一九二三年一月十九日) ………………… 535
致胡汉民等电(一九二三年一月十九日) ……………………… 535
致魏邦平电(一九二三年一月二十日) ………………………… 536
复李易标电(一九二三年一月中旬) …………………………… 536

致林森电(一九二三年一月二十二日) ……………………… 536
复温树德电(一九二三年一月二十四日) …………………… 537
致温树德电(一九二三年一月二十四日) …………………… 537
复熊略翁式亮电(一九二三年一月二十四日) ……………… 537
复王宠惠徐谦电(一九二三年一月二十五日) ……………… 538
致广东某官员电(一九二三年一月二十七日) ……………… 538
致齐燮元冯玉祥电(一九二三年一月二十九日) …………… 539
致全粤父老电(一九二三年一月) …………………………… 539
致杨希闵电(一九二三年二月一日) ………………………… 539
致温树德电(一九二三年二月七日) ………………………… 540
致温树德电(一九二三年二月上旬) ………………………… 540
复蒋介石电(一九二三年二月十三日) ……………………… 540
致魏邦平电(一九二三年二月二十日) ……………………… 541
致蒋介石电(一九二三年二月二十五日) …………………… 541
致林焕廷电(一九二三年二月二十七日) …………………… 541
致张绍曾电(一九二三年二月) ……………………………… 542
致田士捷等电(一九二三年三月一日) ……………………… 542
裁兵通电(一九二三年三月一日) …………………………… 543
致岑春煊电(一九二三年三月五日) ………………………… 543
致蒋介石电(一九二三年三月十八日) ……………………… 543
致上海国民党本部电(一九二三年三月二十七日) ………… 544
复胡汉民等电(一九二三年三月三十一日) ………………… 544
命催廖仲恺等速来电(一九二三年三月) …………………… 544
致蒋介石伍朝枢电(一九二三年三月) ……………………… 545
致蒋介石电(一九二三年四月一日) ………………………… 545
致三藩市总支部电(一九二三年四月二日) ………………… 545
致林焕廷电(一九二三年四月二日) ………………………… 546
致安庆各界电(一九二三年四月三日) ……………………… 546

致许崇智电(一九二三年四月四日) …… 546
致居正电(一九二三年四月六日) …… 547
致李烈钧电(一九二三年四月十二日) …… 547
复张作霖电(一九二三年四月十二日) …… 547
复程德全等电(一九二三年四月十四日) …… 548
致许崇智电二件(一九二三年四月十六日) …… 548
致古应芬电三件(一九二三年四月十六日) …… 549
致胡汉民等电(一九二三年四月十六日) …… 550
致许崇智电(一九二三年四月十七日) …… 550
致古应芬电二件(一九二三年四月十七日) …… 551
致上海议和代表电(一九二三年四月十九日) …… 551
致许崇智电(一九二三年四月二十三日) …… 552
致徐谦电(一九二三年四月二十三日) …… 552
致程潜等电(一九二三年四月二十六日) …… 553
致梁鸿楷电(一九二三年四月二十六日) …… 553
致李烈钧电(一九二三年四月二十九日) …… 553
致汪精卫电(一九二三年五月三日) …… 554
复林建章电(一九二三年五月七日) …… 554
致杨希闵等电(一九二三年五月十日) …… 555
致许崇智电(一九二三年五月十一日) …… 555
复徐谦等电(一九二三年五月十一日) …… 556
复越飞电(译文)(一九二三年五月十二日) …… 556
致古应芬等电(一九二三年五月十八日) …… 557
致魏邦平电(一九二三年五月十九日) …… 557
致许崇智电(一九二三年五月二十三日) …… 557
致海军将士电(一九二三年五月二十三日) …… 558
致达夫谦越飞电(译文)(一九二三年五月二十三日) …… 558
中国国民党致公使团电(译文)(一九二三年五月二十四日) …… 559

致魏邦平等电(一九二三年五月二十五日) …………………………… 560
致刘纪文电(一九二三年五月二十五日) …………………………… 560
致刘芦隐电(一九二三年五月二十九日) …………………………… 561
致杨庶堪电(一九二三年五月三十日) ……………………………… 561
致孙洪伊电(一九二三年五月) ……………………………………… 561
致大本营电(一九二三年六月八日) ………………………………… 562
致廖湘芸电(一九二三年六月十五日) ……………………………… 562
复焦易堂电(一九二三年六月二十三日) …………………………… 563
致海外党部电(一九二三年六月二十六日) ………………………… 563
致两院议员电(一九二三年六月二十七日) ………………………… 563
致某人电(一九二三年六月二十九日) ……………………………… 564
致越飞电(译文)(一九二三年六月三十日) ………………………… 564
致杨希闵电(一九二三年七月一日) ………………………………… 565
批复汪精卫胡汉民答臧致平电(一九二三年七月三日) …………… 565
致上海中央干部会议电(一九二三年七月五日) …………………… 566
复上海国民党本部电(一九二三年七月五日) ……………………… 566
复上海中央干部会议电(一九二三年七月九日) …………………… 566
复国会议员电(一九二三年七月上旬) ……………………………… 567
复孙洪伊电(一九二三年七月十二日) ……………………………… 567
致魏邦平等电(一九二三年七月十九日) …………………………… 568
复何东电(一九二三年七月十九日) ………………………………… 568
致大本营电(一九二三年八月二日) ………………………………… 568
复谢持电(一九二三年八月四日) …………………………………… 569
致美国总统柯立芝电(一九二三年八月六日) ……………………… 569
　　附录　同题异文 …………………………………………………… 569
致杨庶堪等电(一九二三年八月七日) ……………………………… 570
致韶州各界公民大会电(一九二三年八月八日) …………………… 570
致臧致平及闽南同志电(一九二三年八月十五日) ………………… 571

致赵成梁电(一九二三年八月十八日) ……………………………… 571
致中央干部会议电(一九二三年八月十八日) ………………………… 572
致李福林电(一九二三年八月二十六日) ……………………………… 572
复刘震寰电(一九二三年八月二十九日) ……………………………… 572
致日本皇室电(译文)(一九二三年九月四日) ………………………… 573
慰问日本遇灾电(一九二三年九月五日前) …………………………… 573
复中央干部会议电(一九二三年九月五日) …………………………… 574
致卢师谛电(一九二三年九月五日) …………………………………… 574
复何东电(一九二三年九月五日) ……………………………………… 575
致谭延闿电(一九二三年九月七日) …………………………………… 575
致胡汉民电(一九二三年九月十一日) ………………………………… 575
复加拉罕电(译文)(一九二三年九月十六日) ………………………… 576

  附录　同题异文 …………………………………………………… 577

复邹鲁电(一九二三年九月二十二日) ………………………………… 578
致胡汉民电(一九二三年九月二十四日) ……………………………… 578
致胡汉民朱培德电(一九二三年九月) ………………………………… 579
复何东电(一九二三年九月) …………………………………………… 579
致张国桢电(一九二三年十月五日) …………………………………… 580
致汪精卫电(一九二三年十月八日) …………………………………… 580
致外交团电(一九二三年十月十日) …………………………………… 580
嘱喻毓西等敦促但焘赴粤电(一九二三年十月十日) ………………… 581
致上海本部职员电(一九二三年十月十一日) ………………………… 582
复全国学生总会电(一九二三年十月十一日) ………………………… 582
复许崇智电(一九二三年十月十二日) ………………………………… 582
复谢持电(一九二三年十月十四日) …………………………………… 583
复上海中央干部会议电(一九二三年十月十七日) …………………… 583
致上海事务所电(一九二三年十月十九日) …………………………… 583
致许崇智等电(一九二三年十月二十五日) …………………………… 584

致蒋介石电(一九二三年十月二十五日) …… 584
致广东省长廖仲恺电(一九二三年十月二十五日) …… 584
致许崇智等电(一九二三年十月二十八日) …… 585
致范石生电(一九二三年十月二十八日) …… 585
致廖湘芸电(一九二三年十月二十八日) …… 586
致蒋光亮电(一九二三年十月二十八日) …… 586
致刘震寰电(一九二三年十月三十一日) …… 587
致杨希闵等电(一九二三年十月三十一日) …… 587
致刘震寰电(一九二三年十月) …… 588
复谢持电(一九二三年十月) …… 588
致许崇智等电(一九二三年十一月一日) …… 588
致许崇智等电(一九二三年十一月四日) …… 589
致古应芬电(一九二三年十一月七日) …… 589
致古应芬等电(一九二三年十一月七日) …… 590
致蒋光亮电(一九二三年十一月十一日) …… 590
致许崇智等电(一九二三年十一月十二日) …… 591
致李烈钧古应芬电(一九二三年十一月十二日) …… 591
致胡谦电(一九二三年十一月二十五日) …… 592
致廖湘芸电(一九二三年十一月二十六日) …… 592
致谭延闿鲁涤平电(一九二三年十一月二十七日) …… 593
致上海事务所电(一九二三年十二月七日) …… 593
致许崇智等电(一九二三年十二月十三日) …… 593
复杨希闵等电(一九二三年十二月十三日) …… 594
致刘震寰电(一九二三年十二月十五日) …… 594
致美国国民电(一九二三年十二月十七日) …… 595
复津银行公会电(一九二三年十二月十八日) …… 596
致美国政府抗议电(一九二三年十二月十九日) …… 596
致英国会工党议员电(一九二三年十二月二十一日) …… 596

致英国工党领袖麦当路电(一九二三年十二月二十一日) ·········· 597
致蒋介石电(一九二三年十二月二十四日) ·········· 598
致许崇智廖仲恺电(一九二三年十二月二十八日) ·········· 598
致美国国务卿电(一九二三年十二月) ·········· 598
致林焕廷电(一九二三年) ·········· 599
致周之贞等电(一九二三年) ·········· 599
致国民党北京支部电(一九二四年一月初) ·········· 599
致廖仲恺汪精卫电(一九二四年一月五日) ·········· 600
致宋庆龄电(一九二四年一月十九日) ·········· 600
复叶恭绰电(一九二四年一月二十三日) ·········· 600
复加拉罕电(一九二四年一月二十四日) ·········· 601
致加拉罕电(译文)(一九二四年一月二十五日) ·········· 601
致麦克唐纳电(一九二四年一月二十八日) ·········· 602
训勉各军电(一九二四年一月二十九日) ·········· 602
致许崇智电(一九二四年二月十六日) ·········· 603
制止滇军退回石龙电(一九二四年二月十七日) ·········· 603
致廖湘芸电(一九二四年二月二十八日) ·········· 604
致蒋介石电(一九二四年二月二十九日) ·········· 604
复张作霖电(一九二四年三月一日) ·········· 604
致安剑平电(一九二四年三月十日) ·········· 605
致冯肇铭电(一九二四年三月十一日) ·········· 605
致段祺瑞电(一九二四年三月十四日) ·········· 605
致胡汉民电(一九二四年三月十五日) ·········· 606
致东江前线各军长电(一九二四年三月十五日) ·········· 606
复叶恭绰电(一九二四年三月十七日) ·········· 607
致许崇智蒋介石电(一九二四年三月十八日) ·········· 607
致谢国光电(一九二四年三月二十七日) ·········· 607
寄汇北京支部经费电(一九二四年三月二十七日) ·········· 608

— 47 —

致汪精卫电(一九二四年三月二十七日) …………………………… 608
致臧致平电(一九二四年三月二十九日) …………………………… 609
致何成濬电(一九二四年三月三十日) ……………………………… 609
致戴季陶电(一九二四年三月下旬) ………………………………… 609
复鲍罗庭电(一九二四年四月一日) ………………………………… 610
致阿卜里刚电(一九二四年四月一日) ……………………………… 610
致李济深等电(一九二四年四月三日) ……………………………… 610
致杨希闵等电(一九二四年四月十三日) …………………………… 611
致谭延闿电(一九二四年四月十三日) ……………………………… 612
致李根沄电(一九二四年四月十五日) ……………………………… 612
致杨希闵刘震寰电(一九二四年四月十八日) ……………………… 613
致宋鹤庚等电(一九二四年四月十九日) …………………………… 613
告诫惠州城将士电(一九二四年四月十九日) ……………………… 614
致惠州前线指挥官电(一九二四年四月十九日) …………………… 614
致樊钟秀电(一九二四年四月二十三日) …………………………… 615
致刘震寰电(一九二四年四月二十三日) …………………………… 615
复梁鸿楷等电(一九二四年四月二十四日) ………………………… 615
致彭寿山转刘震寰电(一九二四年四月二十六日) ………………… 616
致胡汉民电(一九二四年四月二十七日) …………………………… 616
复沈鸿英电(一九二四年五月一日) ………………………………… 617
致胡汉民电(一九二四年五月八日) ………………………………… 617
复沈鸿英电(一九二四年五月二十一日) …………………………… 617
致留沪国会议员电(一九二四年五月二十五日) …………………… 618
致驻京某粤籍议员电(一九二四年五月三十日) …………………… 618
致杨希闵电(一九二四年五月三十日) ……………………………… 618
致何成濬电(一九二四年六月三日) ………………………………… 619
致杨希闵赵成梁电(一九二四年六月三日) ………………………… 619
致各军电(一九二四年六月八日) …………………………………… 620

致李济深黄绍竑电(一九二四年六月二十二日) …………………… 620
致李福林电(一九二四年七月八日) ………………………………… 621
致蒋光亮电(一九二四年七月九日) ………………………………… 621
致 N.C.巴甫洛娃电(译文)(不早于一九二四年七月十八日) …… 621
致 A.N.雷可夫电(译文)(不早于一九二四年七月十八日) ……… 622
致苏联政府唁电(一九二四年七月) ………………………………… 622
致蒋介石电(一九二四年八月十二日) ……………………………… 623
致蒋介石电(一九二四年八月十二日) ……………………………… 623
复沈鸿英等电(一九二四年八月二十八日) ………………………… 623
复许崇智等电(一九二四年八月二十八日) ………………………… 624
致麦克唐纳电(一九二四年九月三日) ……………………………… 624
复卢永祥电(一九二四年九月五日) ………………………………… 625
致叶恭绰电(一九二四年九月五日) ………………………………… 626
复卢永祥电(一九二四年九月十日) ………………………………… 626
复卢永祥电(一九二四年九月十日) ………………………………… 626
致唐继尧电(一九二四年九月十一日) ……………………………… 627
致唐继尧电(一九二四年九月十一日) ……………………………… 627
致卢永祥等电(一九二四年九月十三日) …………………………… 628
致卢永祥电(一九二四年九月十四日) ……………………………… 628
致李济深电(一九二四年九月十六日) ……………………………… 629
复段祺瑞电(一九二四年九月十九日) ……………………………… 629
致黄明堂电(一九二四年九月二十二日) …………………………… 630
致胡汉民廖仲恺电(一九二四年九月二十三日) …………………… 630
致许崇智电(一九二四年九月二十三日) …………………………… 630
致卢永祥电(一九二四年九月二十四日) …………………………… 631
致吴铁城电(一九二四年九月二十四日) …………………………… 631
致国际联盟主席莫塔电(译文)(一九二四年九月二十四日) …… 632
复胡汉民电(一九二四年九月二十八日) …………………………… 632

复沈鸿英部各将领电(一九二四年九月二十八日) ………… 633
致许崇智蒋介石电(一九二四年九月二十九日) ………… 633
致范石生电(一九二四年九月二十九日) ………… 633
致许崇智等电(一九二四年九月二十九日) ………… 634
致许世英电(一九二四年九月二十九日) ………… 634
致杨希闵等电(一九二四年九月三十日) ………… 635
复沈鸿英电(一九二四年九月三十日) ………… 635
致叶恭绰电(一九二四年十月一日) ………… 635
复范石生电(一九二四年十月三日) ………… 636
致胡汉民电(一九二四年十月三日) ………… 636
复陈兴汉电(一九二四年十月五日) ………… 637
致胡汉民电(一九二四年十月八日) ………… 637
复蒋介石电(一九二四年十月九日) ………… 637
致胡汉民等电(一九二四年十月十日) ………… 638
致范石生廖行超电(一九二四年十月十日) ………… 638
    附录　同题异文 ………… 639
致广州各公团电(一九二四年十月十一日) ………… 639
致胡汉民电(一九二四年十月十二日) ………… 640
复范石生电(一九二四年十月十三日) ………… 640
致李烈钧电(一九二四年十月十三日) ………… 641
复许崇智电(一九二四年十月十三日) ………… 641
复胡汉民电(一九二四年十月十三日) ………… 642
复胡汉民译转李福林电(一九二四年十月十三日) ………… 642
致胡汉民电(一九二四年十月十三日) ………… 642
复叶恭绰郑洪年电(一九二四年十月十四日) ………… 643
致杨希闵电(一九二四年十月十四日) ………… 643
致廖仲恺电(一九二四年十月十四日) ………… 644
致胡汉民译转杨希闵等电(一九二四年十月十四日) ………… 644

致蒋介石电(一九二四年十月十五日) …… 645

致叶恭绰电(一九二四年十月十五日) …… 645

致胡汉民电(一九二四年十月十五日) …… 645

复胡汉民电(一九二四年十月十五日) …… 646

致胡汉民等电(一九二四年十月十五日) …… 646

致杨虎电(一九二四年十月十六日) …… 647

致吴铁城电(一九二四年十月十六日) …… 647

致唐继尧电(一九二四年十月十六日) …… 647

致胡汉民电(一九二四年十月十六日) …… 648

致胡汉民等电(一九二四年十月十六日) …… 648

致刘震寰电(一九二四年十月十六日) …… 648

致胡汉民电(一九二四年十月十七日) …… 649

致蒋介石电(一九二四年十月十九日) …… 649

致胡汉民电(一九二四年十月十九日) …… 649

致胡汉民等电(一九二四年十月十九日) …… 650

致胡汉民电(一九二四年十月十九日) …… 650

致胡汉民电(一九二四年十月十九日) …… 650

致上海谢持电(一九二四年十月十九日) …… 651

复蒋介石电(一九二四年十月二十一日) …… 651

致蒋介石电(一九二四年十月二十一日) …… 651

致胡汉民电(一九二四年十月二十一日) …… 652

致蒋介石电(一九二四年十月二十二日) …… 652

致古应芬电(一九二四年十月二十三日) …… 653

致胡汉民电(一九二四年十月二十三日) …… 653

复上海各粤侨团体电(一九二四年十月二十三日) …… 653

致吴铁城电(一九二四年十月二十四日) …… 654

致胡汉民译转汪精卫电(一九二四年十月二十五日) …… 655

致许崇智电(一九二四年十月二十五日) …… 655
致冯玉祥电(一九二四年十月二十五日) …… 655
致胡汉民电(一九二四年十月二十六日) …… 656
致冯玉祥等电(一九二四年十月二十七日) …… 656
致段祺瑞电(一九二四年十月二十七日) …… 656
复黄绍竑电(一九二四年十月二十七日) …… 657
致孙科电(一九二四年十月二十八日) …… 657
复胡汉民电(一九二四年十月二十八日) …… 658
致旅沪某西南要人电(一九二四年十月三十一日) …… 658
复冯玉祥等电(一九二四年十一月四日) …… 658
复张作霖电(一九二四年十一月四日) …… 659
复加拉罕电(一九二四年十一月五日) …… 659
    附录　同题异文 …… 659
致谭延闿电(一九二四年十一月六日) …… 660
致段祺瑞电(一九二四年十一月七日) …… 660
复冯玉祥等电(一九二四年十一月七日) …… 661
复冯玉祥等电(一九二四年十一月八日) …… 661
致徐谦电(一九二四年十一月八日) …… 662
致齐燮元电(一九二四年十一月九日) …… 662
复冯玉祥电(一九二四年十一月十日) …… 663
致冯玉祥电(一九二四年十一月十一日) …… 663
致泽村幸夫电(一九二四年十一月十二日) …… 663
复湘军各将领电(一九二四年十一月十三日) …… 664
致冯玉祥等电(一九二四年十一月十八日) …… 664
致涩泽荣一电(一九二四年十一月二十日) …… 665
复许世英等电(一九二四年十一月二十一日) …… 665
致犬养毅头山满电(一九二四年十一月二十二日) …… 665

致涩泽荣一电(一九二四年十一月二十三日) ·················· 666
致奉天国民党总部电(一九二四年十一月二十七日) ·············· 666
致汪精卫电(一九二四年十一月三十日) ·················· 666
致梅屋庄吉电(一九二四年十二月一日) ·················· 667
致涩泽荣一电(一九二四年十二月一日) ·················· 667
致宫崎龙介电(一九二四年十二月一日) ·················· 667
致天津国民党机关电(一九二四年十二月一日至三日间) ·········· 668
复天津各欢迎团体电(一九二四年十二月五日) ··············· 668
致段祺瑞电(一九二四年十二月五日) ···················· 668
复北京各团体联合会电(一九二四年十二月十四日) ············· 669
  附录 同题异文 ··························· 669
复段祺瑞电(一九二四年十二月十八日) ·················· 669
复北京学生联合会电(一九二四年十二月中旬) ··············· 670
致直隶等省区军民长官电(一九二四年十二月二十一日) ·········· 670
慰勉樊钟秀电(一九二四年十二月二十三日) ················ 671
复段祺瑞电(一九二四年十二月二十八日) ················· 671
致段祺瑞电(一九二四年十二月二十九日) ················· 672
致谭延闿电(一九二四年十二月三十一日) ················· 672
致各界通电(一九二四年十二月三十一日) ················· 673
复段祺瑞电(一九二五年一月十七日) ···················· 673
复胡汉民等电(一九二五年二月五日) ···················· 675
致犬养毅头山满电(一九二五年二月十日) ················· 676
致涩泽荣一电(一九二五年二月十二日) ·················· 676
致李福林电(一九二五年二月十二日) ···················· 676
致谢各团体慰问电(一九二五年二月十七日) ················ 677
致胡汉民电(一九二五年二月二十六日) ·················· 677
致杨希闵电(一九二五年三月三日) ····················· 677

— 53 —

复杨衢云电①

（一八九五年十月二十六日）

货不要来，以待后命。

据陈少白著《兴中会革命史要》（单行本一九三五年版）

复平山周电②

（一九〇〇年六月二十五日）

接电大喜。弟数日事完，当往星③会宫④。

据中国国民党中央文化传播委员会党史馆藏一般档案 050/188

---

① 1895年广州起义，由于谋事不密，事先被清政府察觉，香港英国当局也将兴中会活动情况密告两广总督。杨衢云在香港运动会党3000人及运送军械赴广州受阻，于10月26日急电在广州的孙中山谓"货不能来"，孙中山当即回复了此电。

② 孙中山接平山周23日来电，被告知宫崎寅藏等在广州谈判结果，得刘学询赠款三万元。因立即复电。

③ 星，指星加坡（Singapore），今译为"新加坡"，当时是英属海峡殖民地的一个州。后文有星洲、星架坡、石叻、实叻、叻埠等，均为新加坡的其他译名或别名。

④ 宫，指宫崎寅藏。

致平山周电

（一九〇〇年六月二十八日）

祈示北方最后实情。定六号往星。属陈①将弟信寄□来此。

据中国国民党中央文化传播委员会党史馆藏一般档案 050/188

复内田良平电（译文）②

（一九〇〇年九月二十五日）

本人归意已决，不再更改。本人所乘开往台湾基隆之台南号轮船，预定于二十五日通过门司海峡，希能在该地一晤，以叙离悰。

据邹念之译《日本外交史料馆藏孙中山资料选译》，载《历史档案》一九八六年第四期

致郑士良电③

（一九〇〇年十月上旬）

如机密已泄，应暂行解散以避敌锋。

据［日］宫崎滔天著，林启彦改译《三十三年之梦》（花城出版社一九八一年版）

---

① 陈，指陈少白。

② 1900年9月，孙中山决心归国组织起义，内田良平于18日写信加以劝阻和慰留，孙接信的当日，便由东京动身，踏上归途，船抵神户时发了此电。

③ 惠州起义尚未发动，而风声四起。两广总督命提督进驻深圳、淡水，以扼三洲田出路。塞外同志深为忧虑，致电孙中山请示进止。

给郑士良的电令①

(一九〇〇年十月上旬)

若能突出,可直趋厦门。到厦门当有接济之法。

据[日]宫崎滔天著,林启彦改译《三十三年之梦》(花城出版社一九八一年版)

致宫崎寅藏电

(一九〇〇年十月上旬)

使将菲人存械取出,准备雇船运粤。

据《孙总理庚子协助菲律宾独立及购械失败始末》,载冯自由《革命逸史》第四集(商务印书馆一九三九年版)

致陈少白电

(一九〇〇年十月中旬)

提防七指②。

据陈少白著《兴中会革命史要》(单行本一九三五年版)

---

① 三洲田的壮士不愿离山寨解散,再度请示孙中山"如能将弹药送到广东某一地点,明示其处,……以击敌军。"于是有孙中山再传电令。

② 七指,指杨衢云。

复宫崎寅藏电①

（一九〇〇年十月中下旬）

急速变卖现款汇来。

据[日]宫崎滔天著，林启彦改译《三十三年之梦》（花城出版社一九一八年版）

复许雪秋电

（一九〇七年二月）

起义②须惠、潮、钦、廉同时发动，以便牵制清军。万勿孟浪从事，致伤元气。

据邹鲁编著《中国国民党史稿》（重庆商务印书馆一九四四年增订版）

致平山周电

（一九〇七年六月七日）

两广义师已分道并起，云南、四川皆可响应。现□资械为联合之要需，日本义士能否相助？若助资，可电寄河内，用 Longsang③ 名收；同时以电通

---

① 惠州起义一发动，孙中山即电令宫崎寅藏、近藤五郎运械。孰料承担购械之事的中村弥六从中渔利，所购之械全系废枪弹，于是宫崎电告孙中山弹药难送。此电即系复电。
② 指潮州黄冈起义。
③ 中译文为隆生，即黄隆生，亦作黄龙生。

告 Chantung①。若助械,可托三上②船运来。得回电,当再定授受之地。

孙文启　六月七日　河内

据中国国民党中央文化传播委员会党史馆藏一般档案 050/190

致平山周电

(一九〇七年六月十四日)

订购一万。先送铳二千,弹二百万。

据中国国民党中央文化传播委员会党史馆藏一般档案 050/191

致汪精卫等电

(一九〇七年十一月十二日)

日本来函必欲派一人回东,以维报局③,而固人心。已与克、展④兄详议,电复公等勉支报事。精卫准西年底回东筹款,如何？电复。

据[日]萱野长知《中华民国革命秘笈》(东京帝国地方行政学会一九四〇年版)影印孙中山致萱野长知原函所引电文

---

① 胡汉民(陈同)当时在香港。
② 三上,即三上丰夷。
③ 报局,指民报社。
④ 克、展,指克强(黄兴)、展堂(胡汉民)。

复汪精卫电

（一九〇七年十一月下旬）①

收。偕往及得款回，可再商回东事。近事复杂，无关运动，故未回书。德事略滞，待款急。

据〔日〕萱野长知《中华民国革命秘笈》（东京帝国地方行政学会一九四〇年版）影印孙中山致萱野长知原函所引电文

致汪精卫电

（一九〇七年十一月下旬至十二月间）②

遄款及万，当邀萱、邓③同来。

据〔日〕萱野长知《中华民国革命秘笈》（东京帝国地方行政学会一九四〇年版）影印孙中山致萱野长知原函所引电文

复内田良平电④

（一九〇八年三月）

排日团之在新加坡、暹罗、西贡者，已为吾党所打破。广东之主动者为唐〔康〕徒徐勤、江孔殷，出财者为李准（提督）、张督。彼辈财雄势大，所在

---

① 此电为11月26日收到汪精卫来电后的复电，复电时间据此酌定。
② 据底本，此电发自上篇之后，12月26日致函萱野长知之前，具体日期不详。
③ 萱、邓，指萱野长知、邓子瑜。
④ 此电发自新加坡。当时日本实业界因中国抵制日货运动遭受损失，委托内田良平协助平息抵制运动，内田致电孙中山，孙乃复电。

鼓动，吾党财难与敌，若得三十万，则立能尽数打破，不知日本财团能出否？

据［日］藤井昇三《孙文研究》，载陈锡祺主编《孙中山年谱长编》（中华书局一九九一年版）

致池亨吉电（译文）

（一九〇八年五月一日）

前日二十九号夜，按预定行动，云南军已攻占河口①。

据《支那革命实见记》日文转译（何若钧译）

致池亨吉电（译文）

（一九〇八年五月九日）

我军已攻陷临安、开化等十余城……现正进攻首府②……一切均按预定计划顺利进行。

据《支那革命实见记》日文转译（何若钧译）

致西贡法国总督电③

（一九〇八年）

证明这许多被羁的同志，均属中国革命军人，为本人率领者，照战时公

---

① 河口起义发动时间，一般均作4月29日夜，其实是在30日凌晨2时。
② 首府，指云南省会昆明。
③ 镇南关之役后，越南人急图义举，乃以砒霜毒死该地驻军法国兵士，夺他们的枪械，法兵死六七十人。法官因此在地方上大搜平民，因而累及旅越革命同志，所拘将近千人，并有送回中国交官厅处分消息。孙中山获悉后，即去电越南东京法政府向其交涉多次，终难邀允。孙中山乃以西文长电直拍西贡总督，法督乃回电允照办，唯须遣离法境往新加坡居留。

法,避敌之人应邀为第三国优待。

据张永福编《南洋与创立民国》(上海中华书局一九三三年版)

致河内法国总督电①

(一九〇八年)

仍请其照前案办理。住越革命党人须稍加分别,凡安分营业者,不可以作军人一律出境相待。

据张永福编《南洋与创立民国》(上海中华书局一九三三年版)

致池亨吉电(译文)

(一九一〇年六月九日)

明十日请偕宫崎同来横滨蒙古船上一晤。

据《宫崎滔天全集》第二卷《为"搅乱财界"辩诬》("财界搅乱"の妄を弁ず)英文电文(禹昌夏译)

---

① 孙中山又得河内来电,报告河内地方官再将同志等拘去200余人,将来或有株连再捕亦未可定。孙得电后,即去电法督,婉辞劝告请其照前案办理,迨得越督电复允可照办。孙乃至新加坡与英督面商,得其同意照前手续交保。

致黄兴电①

（一九一一年一月二十三日）

文到美望佳。

据邓泽如著《中国国民党二十年史迹》（正中书局一九四八年版）中黄兴致邓泽如函所引电文

致胡汉民电②

（一九一一年四月二十八日）

闻事败。各同志如何？何以善后？

据《胡汉民自传》，载《革命文献》第三辑（台北一九五五年版）

致咸马里电（译文）

（一九一一年十月三十一日）

伦敦萨福伊饭店咸马里：黎元〈洪〉的宣言是难以解释的，突然的成功可能助长其野心，但他缺乏将才，无法久持。各地组织情况甚好，都希望我加以领导。如得财力支持，我绝对能控制局势。在我们到达之前，不可能组成强有力的政府，因此贷款是必需的。一九一一年十月三十一日。

据吕芳上《荷马李档案简述》英文电文，载黄季陆《研究中山先生的史料与史学》（台北"中华民国"史料研究中心一九七五年）（陈斯骏译）

---

① 此电发往香港。
② 孙中山于是日由纽约抵芝加哥，从报上获悉广州起义于前一日发动并已失败，这是当晚发往香港的电文。

致张鸣岐电①

(一九一一年十月下旬至十一月上旬间)②

张督鉴:民国已成,列强公认,请速率所部反正,免祸生灵,两粤幸甚。裁复。孙文。

据《最新中国革命史》下册(美州中国同盟会员撰述发行,一九一二年版)

致咸马里电(译文)③

(一九一一年十一月一日)

伦敦萨福伊饭店咸马里:黄将军已安抵汉口。形势大有改善。明日可能乘毛里塔尼亚号。中山。一九一一年十一月一日。

据吕芳上《荷马李档案简述》英文电文,载黄季陆《研究中山先生的史料与史学》(台北"中华民国"史料研究中心一九七五年)(陈斯骏译)

致民国军政府电

(一九一一年十一月十六日)④

《民立报》转民国军政府鉴:文已循途东归,自美徂欧,皆密晤其要人,

---

① 此电自纽约发往广州。
② 原电无日期,现据孙中山在纽约居留时间标出。
③ 此电发自纽约,次日赴英国。
④ 底本注明"二十六日得自法京巴黎发",日期当指阴历九月二十六日,即阳历11月16日。但孙中山当时尚在伦敦,故此电或拍发地点有误,或托人在巴黎代发,待考。

中立之约甚固。维〔惟〕彼人士半未深悉内情，各省次第独立，略致疑怪。今闻已有上海议会之组织，欣慰。总统自当推定黎君。闻黎有请推袁之说，合宜亦善。总之，随宜推定，但求早巩国基。满清时代权势利禄之争，吾人必久厌簿〔薄〕。此后社会当以工商实业为竞点，为新中国开一新局面。至于政权，皆以服务视之为要领。文临行叩发。

据上海《民立报》一九一一年十一月十七日《本馆接孙君逸仙自巴黎来电》

致宫崎寅藏电（译文）

（一九一一年十一月二十八日）①

乘丹佛轮归国，预定十二月二十二日抵香港，请偕池②到港接。中山。

据《宫崎滔天全集》第五卷附录近藤秀树编《宫崎滔天年谱稿》英文电文（禹昌夏译）

致上海《民立报》电

（一九一一年十一月二十九日）

《民立报》鉴：文于今日（初九）到波特塞得（苏伊士河口之埠）。明日（初十）可离苏伊士入红海。三号（十三）可至亚丁。九号（十九）可至可仑波（锡兰岛南端），于抵曼给换船。十四号（廿四）可至槟榔屿。十六号（廿六）可至新加坡。二十二号（冬月初二）可至香港。孙文。

据上海《民立报》一九一一年十一月三十日《波特塞得电》

---

① 底本谓此电于是日自塞得港（又译波特塞得）发往东京。但孙中山次日始抵塞得港，发电日期或地点疑有误。

② 池，指池亨吉。

致邓泽如电

（一九一一年十二月十四日）

泽如兄鉴：今日下午地湾夏邮船出星加坡，乞兄明日到星，登船面商。秘勿扬。孙文。

据邓泽如著《中国国民党二十年史迹》（正中书局一九四八年版）

致横滨华侨电

（一九一一年十二月二十一日）①

请传语余敬爱之横滨之同胞诸君曰：诸君乡里自革命军旗飘扬以来，大寄热心与真率之情，此吾党及余所深谢者也。余自动乱发生以来，至今未通告诸君吾之居处，罪甚罪甚，乞诸君谅恕。顾吾党组织之革命军，今对满朝已休战，将移而至媾和谈判。吾党之希望虽素不在媾和，而亦并非全不欲和，战亦非吾目的也。吾党素志之共和政体，近由议和谈判之结果，可见其成立矣。更望诸君大表同情，注视其成行。余不日当可与诸君相见，以谢至今所蒙恩谊亲，并与诸君协议吾国之将来一切。请自重自爱。

据《孙中山归国始末记》（上海景新书社一九一二年版）

---

① 底本说明此电发自香港，日期据此订定。

复孙眉电

（一九一一年十二月二十九日）①

孙寿屏鉴：精卫尚谦让，当力催之来，约旬日可归粤。文。

据香港《华字日报》一九一一年十二月二十九日

复广东社团电

（一九一一年十二月二十九日）②

临时省会、中国同盟会军团协会鉴：精卫兄谦让不遑，弟等当力催就道，旬日可归粤，先电告慰。孙文、胡汉民同叩。

据香港《华字日报》一九一一年十二月二十九日

复南京各省代表电③

（一九一一年十二月二十九日）

南京各省代表诸公鉴：电悉。光复中华，皆我军民之力，文子身归国，毫发无功。竟承选举，何以克当？惟念北方未靖，民国初基，宏济艰难，凡我国民，具有责任。诸公不计功能，加文重大之服务，文敢不黾勉从国民之后，当刻日赴宁就职。先此敬复。孙文叩。

据上海《民立报》一九一二年一月一日《紧要电信》

---

① 此电所标注时间为报纸发表日期。
② 此电所标注时间为报纸发表日期。
③ 是日上午，南京十七省代表会议选举孙中山为中华民国临时大总统，并来电告知。孙接电后即复。

致袁世凯电[①]

（一九一一年十二月二十九日）

　　北京袁总理鉴：文前日抵沪，诸同志皆以组织临时政府之责任相属。问其理由，盖以东南诸省久缺统一之机关，行动非常困难，故以组织临时政府为生存之必要条件。文既审艰虞，义不容辞，只得暂时担任。公方以旋乾为坤自任，即知亿兆属望，而目前之地位，尚不能不引嫌自避；故文虽暂时承乏，而虚位以待之心，终可大白于将来。望早定大计，以慰四万万人之渴望。孙文。蒸。

　　　　　　　据上海《民立报》一九一一年十二月三十一日《孙大总统致袁内阁电》

致黎元洪电[②]

（一九一一年十二月二十九日）

　　武昌举义，四海云从，列国舆论，歌诵民军，无微不至，而尤钦佩公之艰苦卓绝。文于中国革命虽奔走有年，而此次实行并无寸力，谬蒙各省代表举为总统，且感且愧！惟有勉为其难，以副公之盛意。武汉为全国之枢纽，公之责任维艰，伏维珍重！

　　　　　　　据易国干等编《黎副总统政书》（武昌官印刷局一九一四年版）

---

① 此电发往北京。袁世凯时任清廷内阁总理大臣。
② 此电发往武昌。黎元洪时任湖北军政府都督。

致各省都督军司令长电

（一九一一年十二月二十九日）

各省都督、军司令长鉴：以诸公力战经营，光复神壤，文得受赐归国，且感且惭。今日代表选举，乃认文为公仆，自顾材力，诚无以当！惟念北方未靖，民国初基，同济艰难，国民有责，文敢不黾勉从诸公之后，当克日赴宁就职。先此奉闻。孙文叩。

据上海《民立报》一九一二年一月一日《紧要电信》

致邓泽如等电

（一九一一年十二月三十日）①

邓泽如、陆弼臣、谭扬兄同鉴：现为组织中央政府，需款甚巨。委任阁下等向南洋侨商征集大款，国债票日间付上。孙文叩。

据邓泽如著《中国国民党二十年史迹》（正中书局一九四八年版）

复陈席儒等电②

（一九一一年底）

陈席儒赓虞先生等鉴：真电过誉，公仆任重，文惟有勉从国民之后，无负知友所望。孙文谨复。印。

据香港《华字日报》一九一二年一月一日

---

① 此电所标时间为接电日期。
② 此电是对陈席儒等香山人士电贺当选民国总统的答复。

致各省都督电[①]

（一九一二年一月二日）

各省都督鉴：大总统谕：以昨日元旦视事，军民鼓舞欢欣，忠卫民国，总统念军队之劳苦，用颁犒赏：湖北为首义之师，发银五万元，江南四万元，海军一万元。其余各省由军都督酌发，一示慰劳军人之意。他日民国大定，更当论功行赏。

据上海《民立报》一九一二年一月五日

致伍廷芳等电

（一九一二年一月二日）

局译送外交总长伍秩庸、温钦甫、王亮畴、汪精卫诸公鉴：请每日将议和事详细电知。切盼。孙文。冬。

据中国第二历史档案馆编《南京临时政府遗存珍档》（凤凰出版社二〇〇一年版）

致吴稚晖石瑛电

（一九一二年一月二日）

《民立报》转吴稚晖、石蘅青两先生鉴：现有要事奉商，即来复电，以便接车。孙。

据上海《民立报》一九一二年一月三日

---

① 此电为孙中山命江苏都督庄蕴宽代电各省。

复旅港团体及亲友电

（一九一二年一月二日）

悉禺公所、南邑侨商公所、新会商务公所、银业行暨各亲友同鉴：电贺过誉，当任为国民公仆，以无负诸公之望。孙文。冬阳。

据香港《华字日报》一九一二年一月四日

复袁世凯电

（一九一二年一月二日）

袁慰庭君鉴：盐电悉。文不忍南北战争，生灵涂炭，故于议和之举，并不反对。虽民主、君主不待再计，而君之苦心，自有人谅之。倘由君之力，不劳战争，达国民之志愿，保民族之调和，清室亦得安乐，一举数善，推功让能，自是公论。文承各省推举，誓词具在，区区此心，天日鉴之。若以文为有诱致之意，则误会矣。孙文叩。

据上海《民立报》一九一二年一月六日

复王震电[①]

（一九一二年一月三日）

中华民国纪元改用阳历，前经颁布。惟念各商业向例于阴历年终结账，

---

① 王震系上海军政府商务总长。他因孙中山改用阳历，商界多所不便，乃电请以新纪元2月17日即旧历除夕作为结账之期。孙中山于是日复电照准，并通电各省都督转饬商会晓谕商民知照。

设骤改章,恐有妨碍。祈即知照各处商会,通告商市,仍以新纪元二月十七日,即旧历除夕作为结账之期。总统孙文。江。

据上海《申报》一九一二年一月九日《宣布除夕结账之电文》

致黎元洪电

（一九一二年一月三日）①

今日参议院选举副总统,经全数投票举我公充任,共庆得人,谨为民国前途贺。

据易国干等编《黎副总统政书》卷四（武昌官印刷局一九一四年版）

致陈其美电

（一九一二年一月三日）

陈都督其美鉴:今日组织内阁,各部部长人员已定:陆军部总长黄兴,次长蒋作宾;海军部总长黄钟瑛,次长汤芗铭;司法总长伍廷芳,次长吕志伊;财政总长陈锦涛,次长王鸿猷;外交总长王宠惠,次长魏宸组;内务总长程德全,次长居正;教育总长蔡元培,次长景耀月;实业总长张謇〔謇〕,次长马君达〔武〕;交通总长汤寿潜,次长于右任。以上伍、王、陈、程、蔡、张、于诸公在沪,乞告知,并派专车延请速到宁视事。总统孙文。江。（印）

据黄季陆主编《总理全集》下册（成都近芬书屋一九四四年版）

---

① 此电据底本所署收到日期。

致伍廷芳电

（一九一二年一月四日）

议和总长〔代表〕伍廷芳鉴：国民会议地点、时期及退兵办法商有头绪否？祈电知。以后请将会议情形，逐日电告为盼。总统孙文。支。

据观渡庐（伍廷芳）编《共和关键录》（上海著易堂书局一九一二年版）

致陈炯明①电

（一九一二年一月四日）

中央政府成立，士气百倍，和议无论如何，北伐断不可懈。广东民军勇敢素著，情愿北伐者甚多，宜速进发。总统孙文。支。（印）

据上海《天铎报》一九一二年一月十五日

复上海广肇公所等电

（一九一二年一月五日）

广肇公所、潮州会馆诸同乡先生鉴：支电悉。民国新立，司法重任非伍公②不可。至议和事，伍、温③两公仍为议和全权代表。孙文。微。（印）

据上海《天铎报》一九一二年一月六日

---

① 陈炯明时任广东代理都督。
② 伍公，即伍廷芳。
③ 温，即温宗尧。

致王云华电

（一九一二年一月五日）

巡防沪军营王统带鉴：沪军王锡均管带，前光复上海时，力战殉国，勇烈可敬，谨电追悼。孙文。微。

据上海《民立报》一九一二年一月七日

致伍廷芳电

（一九一二年一月六日）

议和总代表伍公廷芳鉴：今日接安庆电云："旧历十三日有专员自颍来省，倪嗣冲兵并未遵约退出颍州。十三以后退否，尚未接到报告，容查明再行奉复。毓筠。"谨以奉闻。总统府。鱼。（印）

据观渡庐（伍廷芳）编《共和关键录》（上海著易堂书局一九一二年版）

复黎元洪电

（一九一二年一月七日）①

现在用兵方略，当以鄂、湘为第一军，由京汉铁道进；宁、皖为第二军，向河南进，与第一军会于开封、郑州之间；淮阳为第三军，烟台为第四军，向山东进，会于滦州、秦皇岛，合关外之兵为第五军，山、陕为第六军，向北京进。

---

① 此电所标时间系电报收到日期。

一、二、三、四军既达第一之目的后,与第五、六军直指敌。连日内据探报,敌假议和而集重兵,力图取江淮,系分三路,一由亳州,一由徐州,一由颍州等情。南京之兵,已陆续开赴前敌。尊处如探得敌以退兵为名,意图南下,务望紧逼敌军,以牵制其兵力。并一面电饬黄州及阳逻①各军,抄击其左侧,是为至要。

据易国干等编《黎副总统政书》卷四(武昌官印刷局一九一四年版)

复广东省临时议会电

（一九一二年一月七日）

省会公鉴:来电所陈,洞见彼房肺腑。我民国士气方新,进行可恃。至饷源一节,各省宜协力负担。粤人素以好义急公闻于天下,舍家为国,正在此时。如何倡劝,实力奉行,则公等之责也。总统孙文。虞。（印）

据香港《华字日报》一九一二年一月十二日

致各省商民通电

（一九一二年一月八日）②

中华民国改用阳历,惟念各商业向例于阴历年终结账,设骤改章,恐有妨碍,仍以新纪元二月十七日,即旧历除夕为结账之期。希即公布,一体遵行。

据上海《民立报》一九一二年一月八日

---

① 阳逻,镇名,位于黄州西北。
② 此电所标时间系上海《民立报》发表日期。

致阪谷芳郎电(译文)

(一九一二年一月十日)①

东京阪谷男爵:阁下对三上丰夷②、何天炯所谈③,设立银行一事,应迅速进行。若阁下方便,乞光临南京。"关于急需之武器,乞速关照。"南京孙文。

> 据王魁喜译《孙中山致日本人士未刊电函十五件》(原载《日本历史》杂志一九八七年八月号李廷江《孙文与日本人》),载《孙中山研究论丛》第五集(中山大学一九八七年版)

致庄蕴宽电

(一九一二年一月十日)

江苏都督庄鉴:顷江北财政部长陶思澄来宁告急,具述困难情形,月内非有兵饷八万金,江北大局必将糜烂,望协力统筹,以顾全局,保江北即所以保江南,惟执事筹之。总统。蒸。(印)

> 据上海《申报》一九一二年一月十二日《江北财政部长筹款记》

---

① 此电原文系日文,无发电日期。系日本大藏省财政史室所藏《胜田主计文书》。原电注有:"南京孙文来电。四十五年一月十一日。"11日当为收电日期,四十五年为明治四十五年即1912年。发电日期据孙中山1月10日致阪谷芳郎函:"本日已由电信奉闻",当为1月10日。

② 三上丰夷,日本神户的实业家。

③ 1911年12月下旬,何天炯作为南京临时政府及孙中山派往日本的代表,商谈如何解决财政问题一事,请教阪谷芳郎等人。

致陈其美等电

（一九一二年一月十日）

沪军都督陈、民政司长李同鉴：（上略）据云执事前已允济三万元，望协力统筹，从速拨给。卫江北即所以卫江南，惟执事筹之。总统。蒸。（印）

据上海《申报》一九一二年一月十二日《江北财政部长筹款记》

致张謇电

（一九一二年一月十日）

（上略）公素具热心，望协力统筹接济。再江北拟将盐包运沪抵款，亦望执事筹议。总统。蒸。（印）

据上海《申报》一九一二年一月十二日《江北财政部长筹款记》

致法国政府电（译文）

（一九一二年一月十一日）

巴黎外交部长转法国政府：我荣幸地通知您，张翼枢[①]先生现被任命为

[①] 张翼枢，湖南醴陵人，生于1885年。20岁时，受云南省当局选派，先赴越南河内学习，后去巴黎学习政治科学，并在东方博物馆做些翻译工作。1906年加入同盟会。1911年11月孙中山路过巴黎时，曾担任孙中山的法文翻译。他被南京临时政府任命为驻法全权代表后，在巴黎积极进行过要求法国政府承认中华民国的活动。

中华民国临时政府驻法国政府全权代表,为的是使两个姊妹共和国能建立友好关系,并能为推进文明及发展工商业而共同努力。孙文。

据中国社会科学院近代史研究所中华民国史研究室等合编《孙中山全集》第二卷(中华书局一九八二年版)(张振鹍译自法国外交部藏历史档案原件NS204卷一〇五页)

致李平书电

(一九一二年一月十二日)

迅将前攻金陵机关稍损之各大炮,迅速修理解宁安置。

据上海《申报》一九一二年一月十三日

致蓝天蔚电

(一九一二年一月十二日)

急。上海陈都督转关外蓝都督鉴:北伐之沪军暨海容、海琛、南琛三舰,概由贵都督节制,以一事权。委任状随寄。总统孙文。侵。

据上海《天铎报》一九一二年一月十四日

致各省都督及军政分府电

(一九一二年一月十四日)

各省都督及军政分府均鉴:近因各地每有曾仕清廷之人,罪状未著,遽以嫌疑被逮;如其人果系汉奸,敢于破坏我国前途,则诚自速愆尤。若以为曾受清命,则魏裔曾仕隋室,刘基曾仕元朝。专制鼎革之秋,犹且不问;若今日改革政治为共和，则国犹是国，人犹是人，蓄众容我，并无畛域。当此百务方新，革命英奇，难敷全国建设之用，宁可以狭义视人，动辄捕逮狙击，使四海之内，屏息而听，重足而立。嗣后各地如有此等嫌疑告密之事，应先令查根凭实，再交审判厅确实查核，庶刑当其罪，法允于平，不致以嫌疑二字，滥用拘系，为民国革新名誉之累。牧此普告。总统孙文。（正月十四日）

据冯超编《中山外集》（上海中央图书局一九二七年版）

复直豫谘议局电

（一九一二年一月十四日）

　　直隶谘议局、河南谘议局鉴：由汪兆铭转来电称："贵局往复筹商，谓非速定共和政体，早建统一政府，不足弭内忧而消外患。拟提出三条件：一、清帝退位后，能否举袁为大总统？二、共和成立后，接管清政府所有北方军队，能否不追既往，与南军一律待遇？三、优待皇室及旗民生计，能否先行议定？"云云。昨经电汪兆铭，以所开三条件，临时政府早已宣布，此意自属能行，令即转复贵局矣。临时政府惟一目的在速定共和，本总统受职誓言，即以专制倾覆，民国成立为解职之条件，所以示为民服务之本心也。清帝退位，共和既定，袁有大功，为众所属，第一条件自无不能。南北既成一致，转敌为友，彼此解释嫌疑，更无不一律待遇之理。至于皇室可崇以尊号，给以年金，保其所有财产；其旗民生计，则各省正在筹议中。须知民国以专制为敌，而权位非所争，南北既可调和，则生灵免于涂炭，不分畛域，自是平等之本怀。清廷以退让而释干戈，皇室报酬，应示优异。此次贵局所开条件，早经临时政府宣布，不必置疑。本总统所必除者，为人道之蟊贼；所最尚者，为真正之和平；凡所宣言，皆为全国之大计。若复拘牵小节，反复游移，抗亿兆国民之心，保一姓世袭之位，至必重诉解决于武力，其咎当有所归。贵议局深怀大局，力愿维持，谅必洞明此意也。总统孙文叩。盐。

据上海《民立报》一九一二年一月十九日《孙总统复直豫谘议局原电》

致孙毓筠电

（一九一二年一月十四日）

急。安庆孙都督鉴：顷得伍代表转来袁电称："据倪藩司①电称：皖北革命军以革命为名，招集土匪，六安、凤阳所属，及颍、霍两县，在城则苛捐勒派，在乡则掳掠奸淫"等语。查我军素称义师，中外共见，倪电所称，难保无诬蔑之处。请转饬皖北各军，务宜严守纪律，认真训练，以保义师之名誉，勿令敌军有所借口，是为至要。总统。寒。

据上海《民立报》一九一二年一月二十日《总统府电报》

复扬州淮南运商电

（一九一二年一月十四日）

扬州淮南运商公鉴：电悉。盐为民生食用必需，非消耗品可比。美州〔洲〕各国不征税，欧西征税者，皆就场听商贩卖。满清秕政，以盐为少数商人之专卖品。若以革新政体而减轻同胞之负担，即应不征盐税，本总统曾有是言。惟饷需赔款指为大宗，一时既难另筹，不得不暂行照旧征取。将来实业发达，替代有资，定必删此前例。前者张总理②宣布之意见书，改征税法，正为划除苛政，听商集合公司，所谓使盐与万物同等，即使盐业与各项商业同等，旧业何至有废弃之虞。来电亦知与同胞共沾幸福，所谓同胞者，合全国国人而言也之〔之也〕。幸福与同胞共之，独盐业不可与同胞共之乎？况乎张总理改革盐法意见，尚待决于国会，并非目前办法，该商等尽可照章请

---

① 倪藩司，即倪嗣冲。
② 张总理，即江苏两淮盐政总理张謇。

运,并一面组织公司,何必自相惊疑!长此停运,饷源民食,在在攸关,如再观望不前,则无怪其另招新商贩运也。至每引缴银二十四五两之说,系赅括课厘、加价、杂捐、盐本在内,指收没清长芦运使战利品而言,非统商场存圩之盐而言也,其勿误会。此答。总统府。寒。

据上海《民立报》一九一二年一月二十日《总统府电报》

致伍廷芳电

（一九一二年一月十四日）①

千急。上海议和代表伍廷芳鉴:请公便宜行事,议定日数,约以十四日为期。孙文、黄兴。（印）

据观渡庐（伍廷芳）编《共和关键录》（上海著易堂书局一九一二年版）

致黎元洪电

（一九一二年一月十四日）②

飞船据称适用,但运送及试验所费甚巨,不如由尊处派人来议,并可请沪上洋工师试验,较为便利。且尊处若无军粟,亦可就近借用沪军粟,如何?乞电复。

据易国干等编《黎副总统政书》卷四（武昌官印刷局一九一四年版）

---

① 此电所标时间系电报收到日期。
② 此电所标时间系电报收到日期。

复伍廷芳电

(一九一二年一月十五日)

千急。上海议和代表伍廷芳君鉴：电悉。如清帝实行退位，宣布共和，则临时政府决不食言，文即可正式宣布解职，以功以能，首推袁氏。总统孙文。删。（印）

据观渡庐（伍廷芳）编《共和关键录》（上海著易堂书局一九一二年版）

致陈其美电

(一九一二年一月十五日)

万急。沪军陈都督鉴：阅报载光复军司令陶成章君，于元月十四号上午两点钟，在上海法租界广慈医院被人暗刺，枪中颈腹部，凶手逃去，陶君遂于是日身死，不胜骇异。陶君抱革命宗旨十有余年，奔走运动，不遗余力，光复之际，陶君实有巨功，猝遭惨祸，可为我民国前［前］途痛悼。法界咫尺在沪，岂容不轨横行，贼我良士。即由沪督严速究缉，务令凶徒就获，明正其罪，以慰陶君之灵，泄天下之愤。切切。总统孙文。

据上海《民立报》一九一二年一月十七日

复张振武电

（一九一二年一月十五日）①

川款已由中央政府承借，派黄复生、熊克武赴沪接收，筹办蜀军北伐队，碍难改作别用。

据上海《民立报》一九一二年一月十五日

致浙江都督府电

（一九一二年一月十六日）

万急。浙江都督府鉴：阅报载光复军司令陶成章君，于元月十四日上午两点，在上海法界广慈医院被人暗刺，枪中颈部腹部，凶手逃去。陶君遂于是日身殂，不胜骇悼。陶君抱革命之宗旨十余年，奔走运动，不遗余力，光复之际，尤有钜功，猝遭惨祸，可为我民国痛惜。已电令沪督严速究缉，务令凶徒就获，以慰陶君之灵，泄天下之愤。至陶君原籍会稽，应由浙督查明其家属，优予抚恤，并将其生平之行谊及光复之芳勋，详细具报，备付将来民国国史。切切。总统孙文。

据上海《民立报》一九一二年一月二十日《总统府电报》

---

① 此电所标时间系上海《民立报》发表日期。

复黎元洪电

（一九一二年一月十六日）①

飞船及尊电嘱购之各物，已嘱前途照办，但不知价值贵贱如何，故欲尊处派人到沪面议。既属需用甚急，谨当嘱其即运往鄂。其他各物不知能全办否？已电驻沪鄂军交通所总理张复汉君接洽。

     据易国干等编《黎副总统政书》卷四（武昌官印刷局一九一四年版）

复伍廷芳电

（一九一二年一月十八日）②

伍秩庸先生鉴：篠电悉。请即入宁面商，并邀请唐同来，以决大计。孙文。密。

     据观渡庐（伍廷芳）编《共和关键录》（上海著易堂书局一九一二年版）

致伍廷芳电

（一九一二年一月十八日）

伍廷芳先生鉴：请告唐③，清帝退位，共和既定，既推让出于诚意。致

---

① 此电所标时间系电报收到日期。
② 此电所标时间系电报收到日期。
③ 唐，即唐绍仪，以下数电中"请告唐"、"再告唐"等，同指。

〔至〕其手续,则须慎重,以为民国前途计。若两日为期〔草〕,不特贻外人讥笑,且南方各省或有违言,转不美。今以五条件要约如下:一、清帝退位,其一切政权同时消灭,不得私授于其臣。二、在北京不得更设临时政府。三、得北京实行退位电,即由民国政府以清帝退位之故电问各国,要求承认中华民国彼各国之回章。四、文即向参议院辞职,宣布定期解职。五、请参议院公举袁世凯为大总统。如此方于事实上完善。孙文。巧一。

据观渡庐(伍廷芳)编《共和关键录》(上海著易堂书局一九一二年版)

致伍廷芳电

(一九一二年一月十八日)①

伍廷芳先生鉴:请告唐,皇室优待条件:一、名号定为宣统皇帝,删去"世世相承"四字。二、退居颐和园。三、经费由国会定之。四、如议。五、包括在经费内。六、如议乙,满、蒙、回、藏五条如议。孙文。巧二。

据观渡庐(伍廷芳)编《共和关键录》(上海著易堂书局一九一二年版)

复上海商务总会等电

(一九一二年一月十八日)

上海商务总会陈作霖、沪南商会王震、商务总所朱佩珍、全国商团联合会沈懋照、国民总会叶增铭、市政厅长莫锡纶鉴:电悉。陈都督为民国起义首功之人,光复上海,战功勋劳,以之督苏,必能胜重任而慰众望。惟苏督一

---

① 底本误为1月19日。

职,向由省议会选举,倘经苏议会正式公举之,本总统无不同意也。总统孙文。啸。

据中国国民党中央文化传播委员会党史馆藏一般档案 050/4

复袁世凯电①

（一九一二年一月十九日）

有伤国体,且与国际交涉无关,不允所请。

据上海《民立报》一九一二年一月二十日《南京十九日电》

致伍廷芳电

（一九一二年一月十九日）

伍秩庸先生鉴:密。请速告唐,昨巧电第三、四、五条合并改为各国承认中华民国之后,临时总统即行辞职,请参议院公举袁为大总统。孙汶〔文〕（印）

据观渡庐（伍廷芳）编《共和关键录》（上海著易堂书局一九一二年版）

---

① 袁世凯来电要求民国允将议定优待清室条件,交海牙和平会立案,孙中山批复"不允所请"。

复伍廷芳电

（一九一二年一月十九日）

伍廷芳先生鉴：啸一电悉。"相传不废"当改为"终身不废"。至交海牙存案，民国内阁反对者多，其理由：一、国内之事件，交列国国际公会，大伤国体。二、不信国民，必须存案于外，即为丧失外国人信用，牵涉于国际。三、惟有用正式公文通告各国政府，即可为将来之保证。请告唐。孙文。皓三。

据观渡庐（伍廷芳）编《共和关键录》（上海著易堂书局一九一二年版）

致伍廷芳电

（一九一二年一月二十日）①

伍秩庸先生鉴：密。申明巧一电之意：一、清帝退位，系帝制消灭，非只虚名。二、袁须受民国推举，不得由清授权。三、袁可对中外发表政见，服从共和，以为被举之地。四、临时政府不容有两，以避竞争，今清帝退位后，民国政府当然统一。五、袁可被举为实任大总统，不必用临时字样。如此始得民国巩固，南北一致。请告唐。孙文。

据观渡庐（伍廷芳）编《共和关键录》（上海著易堂书局一九一二年版）

---

① 此电所标时间系电报收到日期。

复伍廷芳电

（一九一二年一月二十日）

伍廷芳先生鉴：皓电悉。删去"让"字及改定"满、蒙、回、藏人一〈律〉与汉人平等"，可依议；惟"相传不废"改作"终身不废"。又，如条件由民国临时政府用正式公文通告各国政府，作为保证，不交海牙存案。合再告唐申明。孙文。哿一。（印）

据观渡庐（伍廷芳）编《共和关键录》（上海著易堂书局一九一二年版）

复伍廷芳电

（一九一二年一月二十日）

伍廷芳先生鉴：皓二电悉。昨改正巧一电：一、清帝退位，政权同时消灭，不得私授其臣民。二、在北京不得更立临时政府。三、各国承认中华民国之后，临时总统辞职，请参议院公举袁为大总统。此于民国安危最有关系，在所必争，请唐告前途当计及远大，毋生异议，盖袁不得于民国未举之先，接受满清统治权以自重。当清帝退位，民国临时政府当然统一南北，则外国必立时承认，此其期间甚短速。文之誓词以外国承认为条件，为民国践行此条件，立即退让，举袁为实任大总统，则文与袁俱不招天下之反对也。孙文。哿二。

据观渡庐（伍廷芳）编《共和关键录》（上海著易堂书局一九一二年版）

致黎元洪电

（一九一二年一月二十日）①

和议成否，决于数日之内。清帝有意退位，现正商待遇之条件：一、清皇帝之名号，终身不废，以外国君主之礼待之。二、暂居宫禁，日后退居颐和园。三、其年俸若干，由新政府提交国会议决，惟不得少于三百万之数。四、陵寝宗庙，永远奉祀。五、奉安等处工程，照实用数支出。六、满、蒙、回、藏之待遇，与汉人平等。

又，对于袁内阁之要约：一、清帝退位，一切政权同时消灭，不得私授其臣民。二、在北京不改设临时政府。三、各国承认中华民国之后，文即辞职，请参议院公举项城为大总统。以上以南北统一，民国巩固为主旨。现虽未列入正式谈判，而进行颇确。若清廷仍不肯就范，则再战有词，请仍照前电准备。

现北方已有重兵至宿迁，窥淮、扬。闽、鄂、桂之兵须到南阳，宜一面扰围铁路，一面选派洛阳、山阳之民军以牵制之。

据易国干等编《黎副总统政书》卷五（武昌官印刷局一九一四年版）

致陈炯明电

（一九一二年一月二十日）②

十分急。广州陈炯明都督鉴：转邓子瑜，即将所部军械由保民来会同北伐，以符汉民原约。孙文。

据上海《天铎报》一九一二年一月二十日

---

① 此电所标时间系电报收到日期。
② 此电所标时间系上海《天铎报》发表日期。

致伍廷芳电

（一九一二年一月二十一日）

伍廷芳先生鉴：各省都督于旆〔停〕战之期，亦俱极鼓噪。冰〔现〕时期过半，和议祥〔祇〕由唐辗转表其意见，非由正式。退位之言，日复一日，无以取信中外。谅〔请〕告北方，另派正式代表，或仍以全权并〔畀〕唐，从速解决。总统孙文。简一。

据观渡庐（伍廷芳）编《共和关键录》（上海著易堂书局一九一二年版）

致伍廷芳电

（一九一二年一月二十一日）①

伍廷芳先生鉴：和密。哿电鏊候袁回电，再行通告各国及各都督。今日开会议定里，告袁须于二十日悉将优待条件切实答复，俩再议他项靶事宴②。总统孙文。马。（印）

据观渡庐（伍廷芳）编《共和关键录》（上海著易堂书局一九一二年版）

---

① 此电日期底本误为1月20日。
② 原文如此，疑有误。

致邓泽如电

（一九一二年一月二十一日）

泽如先生鉴：请兄即来南京一行，商理要事。已电家人来，能同行更妙。文叩。马。

据"中央改造委员会"党史史料编纂委员会编《总理全书》（台北一九五〇年至一九五二年出版）之九《文电》

致伍廷芳电

（一九一二年一月二十二日）

万急。上海议和代表伍公廷芳鉴：烟台蓝都督①、沪军刘司令②各急电称："山东清军叶长盛违约进攻登、黄③，焚杀奸掠，残虐已甚，烟台可危"等语。请速电袁，相与严重交涉，是为至要。总统孙文。祃。

据观渡庐（伍廷芳）编《共和关键录》（上海著易堂书局一九一二年版）

致伍廷芳汪精卫电

（一九一二年一月二十二日）

万急。上海伍秩庸先生、汪精卫君鉴：今日复电五条，并由政府提出参

---

① 蓝都督，即蓝天蔚。
② 刘司令，即刘基炎。
③ 登、黄，即登州、黄县。

议院,得其同意,盖尊重和平之极。前途若再不办到,则是有心反对,众怒实难犯,请告唐。总统府孙文。养三。

据观渡庐(伍廷芳)编《共和关键录》(上海著易堂书局一九一二年版)

致伍廷芳及各报馆电

（一九一二年一月二十二日）

万急。上海伍廷芳先生暨各报馆鉴:昨电悉。前电言清帝退位,临时大总统即日辞职,意以袁能与满洲政府断绝一切关系,变为民国国民,故许以即时举袁。嗣就后来各电观之,袁意不独欲去满政府,并须同时取消民国政府,自在北京另行组织临时政府,则此种临时政府将为君主立宪政府乎？抑民主政府乎？人谁知之？纵彼有谓为民主之政府,又谁为保证？故文昨电谓须俟各国承认后,始行解职,无非欲巩固民国之基础,并非前后意见有所冲突也。若袁能实行断绝满政府关系,变为民国国民之条件,则文当仍践前言也。至虑北方将士与地方无人维持,不知清帝退位后,北方将士即民国将士,北方秩序亦即应由民国担任。惟一转移间,不能无一接洽之法,文意拟请袁举一声名卓著之人。交接一节,满袏已易,驻使当然与民国交涉,方为正当,其中断之词〔期〕甚短,固无妨也。今确定办法如下:一、清帝退位,由袁同时知照驻京各国公使,电知民国政府,〈言〉①现在清帝已经退位,或转饬驻沪领事转达亦可。二、同时袁须宣布政见,绝对赞同共和主义。三、文接到外交团或领事团通知清帝退位布告后,即行辞职。四、由参议院举袁为临时总统。五、袁被举为临时总统后,誓守参议院所定之宪法,乃能接受事权。按一、二两条即为袁断绝满政府关系,变为民国国民之条件。此为最后

---

① 据观渡庐(伍廷芳)编《共和关键录》(上海著易堂书局一九一二年版)中《复伍廷芳电》校补。

解决办法,如袁并此而不能行,则是不愿赞同民国,不愿为和平解决,如此则所有优待皇室八旗各条件,不能履行,战争复起,天下流血,其罪当有所归。请告袁。孙文。祃。

据观渡庐(伍廷芳)编《共和关键录》(上海著易堂书局一九一二年版)

致伍廷芳电

（一九一二年一月二十三日）

急。上海议和代表鉴:据陕西特派员李良材报告,"阴历十一月十七日第六镇清军已由渑池西发,其汉阳退出之清军及武卫左军,均于二十一屯集恪〔洛〕阳,合谋攻陕。至升允所带兵队,由甘东出,已抵乾州境界,两面受敌,势甚危急"各等语。查此次停战展期,本出于清政府之要求,而袁世凯任豫、甘清军两路攻陕,违约失信,究何居心？前与唐代表议决条件中,载有两方政府各派委员至山、陕一带向两方宣布实行停战一条,本总统为尊重人道起见,特暂止援陕军队,拟先实行此条,以昭大信。希即电清内阁,令其实践条约,特派得力专员星夜驰赴山、陕战地,宣令停战。至山、陕民军方面,早归中央节制,自由此间派员驰往宣布。其两方所派专员,应如何保护,以及日期地点,彼此接洽之处,即径请速电商定,以臻妥协。总统孙文。漾。

据观渡庐(伍廷芳)编《共和关键录》(上海著易堂书局一九一二年版)

复伍廷芳电

（一九一二年一月二十三日）

万急。上海伍秩庸议和代表鉴:养电悉。昨午电要约五事:一、清帝退位,由袁同时知照驻京各公使电知民国政府,言现在清帝已经退位;或由驻沪领事转达亦可。二、袁须宣布政见,绝对赞同共和主义。三、文接到外交团或领事团通知清帝退位之电,即行辞职。四、由参议院举袁为临时大总统。五、袁被举后,誓守参议院所定之宪法,接受事权。此五条时〔?〕经参议院之同意,于马电所陈协商办法,并无窒碍,即可并为正式之通告于彼方。至此次来电云云,有所未达。盖推袁一事,始终出于文之意思,系为以和平解决而达共和之目的。及见袁转唐有取消民国临时政府之电,此事于理绝对不行,要求其一不能摇动民国前途之保证,故有巧电,只保〔係〕手续稍异,并无有变初衷。继见来马电以各国承认时期为不能待,有袁与南京临时政府协商组织临时政府之说,则袁要有赞同民国之表示,以离去满洲政府之关系,彼此始有协商之地。昨电第一、二项,并不多费时日手续,第三、四、五项亦然。总之,个人名位非所愿争,而民国前途岂可轻视?前交贵代表之电,系转唐、袁磋商,并正式通告,且只保〔係〕手续之少异,亦因于事实而来,更无有失信于贵代表之事。和议解决既在数日之内,请始终其事。另派全权一节,可无置议,余详昨电。总统孙文。梗一。

据观渡庐(伍廷芳)编《共和关键录》(上海著易堂书局一九一二年版)

致庄蕴宽电

（一九一二年一月二十四日）

江苏庄都督鉴:顷接江北总参谋孙岳电称"选派参议员,系事前曾派商贵都督,如何分额,迄未接复。维时已迫,故就该处选派三员前来。今经参议院均予取消,将来江北痛苦,无可代达,恳予拨额"等因,查江北地方广要,酌予参议员额一名,以便其关切,陈议亦是实情。合行电商贵都督,取消一名,即由江北选充,俾得均平,而裨政要为荷。总统孙文。敬。

据《临时政府公报》第一号(南京一九一二年元月二十九日)

致军政府及省议会电

（一九一二年一月二十五日）

万急。军政府暨省议会公鉴：兹委任陈炯明为广东都督，委任状随寄。大总统孙文。径。（印）

据香港《华字日报》一九一二年一月二十七日

致朱执信电[①]

（一九一二年一月二十六日）[②]

劝其不必避往香港，并勿来宁。如不愿任都督，文当婉劝汪精卫回粤就任，不日便可就道，到时切望相助为要。

据香港《华字日报》一九一二年一月二十六日

复四川资州军政分府电[③]

（一九一二年一月二十六日）

四川资州军政署鉴：刘光汉被拘，希派人委送来宁，勿苛待。总统府。宥。

据《临时政府公报》第一号（南京一九一二年元月二十九日）

---

① 此电为报载电文大意。
② 此电所标时间为《华字日报》发表日期。
③ 刘光汉，原名师培，江苏仪征人，清末以精通经学名世。1903 年在上海与革命爱国志士结识，遂赞成革命，改名为光汉。著《攘书》，倡言排满复汉。其后，创办《警钟日报》，并为《民报》等撰述，颇为学界重视。1907 年亡命日本，与章太炎不睦回国，被宵小诱惑，为清朝大臣端方幕僚。1911 年端方入川，刘随之，端被杀，刘被拘，四川资州军政分府电孙中山请示，孙中山即以总统府名义复电解救。

致陈炯明并广东省会及铁路公司电

（一九一二年一月二十六日）

万急。陈都督鉴并转省会暨铁路公司鉴：和议难恃，战端将开，胜负之机，操于借款。前文在外洋，本与数处有成议，乃各省代表必要临时政府，此"临时"字样，断难使各国立即承认，数处虽有成议，亦因之而阻迟，故现时借款必当以私人名义，尚不能用国家名义。今欲借各省之各种实业以为抵当，而借款以应中央政府目前之急需。其办法用中央担任偿解，订立合同，务期于不损公司利益。苏浙铁路已慨然借出，而广东铁路股东深明大义，想必不吝也。大局所关，千钧一发，务望赞同此举，俾款早有着，全局早定，是为至祷。盼切电复。孙文总统〔总统孙文〕。寝。（印）

据上海《民立报》一九一二年二月四日

复杜潜并烟台各界电

（一九一二年一月二十六日）

烟台代理都督杜并转各界鉴：电悉。即令胡都督①先行来烟。总统文。宥。

据《临时政府公报》第一号（南京一九一二年元月二十九日）

---

① 胡都督，即烟台都督胡瑛。

致蓝天蔚电

（一九一二年一月二十六日）

烟台电局即送关外都督蓝天蔚鉴：迭接山东来电，促胡都督瑛赴烟，已令其即行。尊处所属海陆军，希届时饬令协同筹应一切是要。总统文。宥。

据《临时政府公报》第一号（南京一九一二年元月二十九日）

致伍廷芳等电

（一九一二年一月二十六日）

广肇公所董事伍秩庸、温钦甫、谭干臣、陈司良、陈辅臣、梁纶卿、钟子垣、郑陶斋、唐翘卿、杨易初、郑业臣、邓鸣谦暨桑梓诸公同鉴：此次各同乡热心借款，以助军饷，急公好义，实深感荷。总统孙文。宥。

据上海《民立报》一九一二年一月三十日

致陈其美电

（一九一二年一月二十六日）

上海陈都督其美鉴：赵珊林为吾党旧同志，去岁新军反正之役，颇为出力。今闻因事系狱，请念前功，即予省释。孙文。宥。

据《临时政府公报》第一号（南京一九一二年元月二十九日）

致黎元洪电

（一九一二年一月二十六日）①

有电悉。和议难恃，我军战斗准备，刻不可忽。凡关于湖北方面之作战计划，应请尊处相机制宜，不为牵制。惟敌人作战目标，移向南京，国军行动之总方略，应由中央规定，通告各处，然后能期统一。

据易国干等编《黎副总统政书》卷五（武昌官印刷局一九一四年版）

复招商总局电

（一九一二年一月二十六日）

招商总局鉴：径电悉。中央政府借贵局抵押事，已觅有押主。至于利益，则贵局既能为国尽力，当有相当之报酬，自无待言。谨复。总统府。宥。（印）

据中国第二历史档案馆《南京临时政府拟以招商局产抵借日债史料》，载《历史档案》一九八三年第三期

致伍廷芳电

（一九一二年一月二十七日）

万急。上海伍秩庸议和代表鉴：和局至此，万无展期之理，民国将士决

---

① 此电所标时间系电报收到日期。

意开战。今曾提交参议院，尤极愤激，誓以同心共去共和之障碍。贵代表宜将彼方撤消唐使、不认全权所已签约之国民会议选举法及提出清帝退位之议，已以正式公文通告优待条件及各种办法又复不认，再三反复，知清廷实无心于平和，此番开战，其曲在彼之真相，对于内外正式发表。总统孙文。沁。

据观渡庐（伍廷芳）编《共和关键录》（上海著易堂书局一九一二年版）

复王勋[①]电

（一九一二年一月二十七日）

该草约，前虽批准，后以其交款濡滞，并不践期，已电告前途，汶〔文〕定取消，盛氏万不能以已由政府核准为借口。唐君等前商办法系为盛氏计。今各省反对，舆论哗然，盛氏宜早设法废去此约。且证书有须通过于公司股东会一语，不为通过，此约即废，不患无以处此也，乞速电告盛。

据陈旭麓等主编《辛亥革命前后》（盛宣怀档案资料选辑之一）（上海人民出版社一九七九年版）

致陈炯明及中国同盟会电

（一九一二年一月二十八日）

广东陈竞存都督及中国同盟会公鉴：近闻在岭东之同盟会、光复会不能调和，日生轧轹。按同盟、光复二会在昔同为革命党之团体。光复会初设实在上海，无过四五十人。其后同盟会兴于东京，光复会亦渐涣散。二党宗

[①] 王勋，即王阁臣，时在日本。

旨,初无大异,特民生主义之说稍殊耳。最后同盟会行及岭外[外]暨南洋,光复会亦继续前迹,以南部为根基,推东京为主干。当其初兴,入会者本无争竞。不意推行岭表,渐有差池。盖不图其实际,惟以名号为争端,则二会之公咎也。同盟会实行革命之历史,粤人知之较详,不待论述。光复会则有徐锡麟之杀恩铭,熊成基之袭安庆,近者攻上海,复浙江,下金陵,则光复会新旧部人皆与有力,其功表见于天下。两会欣戴宗国,同仇建房,非只良友,有如弟昆。纵前兹一二首领政见稍殊,初无关于全体。今兹民国新立,建房未平,正宜协力同心,以达共同之目的,岂有猜贰而生阋墙。为此驰电传知,应随时由贵都督解释调处。同盟、光复二会会员,尤宜共知此义。虽或有少数人之冲突,亦不可不慎其微渐,以免党见横生,而负一般社会之期许。切切。总统孙文。勘。

据《临时政府公报》第一号(南京一九一二年元月二十九日)

致陈炯明及各省都督电

（一九一二年一月二十八日）

广东陈都督及各省都督鉴:近闻各省时有仇杀保皇党人事。彼党以康、梁为魁首,弃明趋暗,众所周知。然皆受康、梁三数人之蛊惑,故附和入会者,尚不能解保皇党名义,犹之赤子陷阱,自有推堕之人,受人欺者自在可矜之列。今兹南纪肃清,天下旷荡,旧染污俗,咸与维新,法令所加,只问其现在有无违犯,不得执既往之名称以为罪罚。至于挟私复怨,藉是为名,擅行仇杀者,本法之所不恕。亟宜申明禁令,庶几海隅苍生,咸得安堵。特此电告。总统孙文。勘。

据《临时政府公报》第一号(南京一九一二年元月二十九日)

复陆荣廷电

（一九一二年一月二十八日）

桂林陆都督荣廷鉴：北伐之军，要选精锐。执事勇敢无前，贵部亦早有名誉，若得为国前驱，满虏当不足平。惟西粤倚执事如长城，或不必亲行，只遣精队北伐，亦足以张我军旅。专复。孙文。勘。

据《临时政府公报》第四号（南京一九一二年二月一日）

致姚雨平林震电

（一九一二年一月二十八日）

津浦路站电局速送广东北伐军司令姚雨平、协统林震鉴：闻我军昨夜得胜，追敌数十里，足见士卒用命，深堪嘉许。总统孙文。勘。

据《临时政府公报》第一号（南京一九一二年元月二十九日）

致贡桑诺尔布等蒙古各王公电

（一九一二年一月二十八日）

北京。喀尔沁亲王[①]、喀尔喀扎萨克和硕亲王（名那彦图）、科尔沁辅国公（迪苏博）暨蒙古诸王公、各台吉均鉴：汉、蒙本属同种，人权原自天赋，自宜结合团体，共谋幸福。况世界潮流所趋，几于大同，若以芸芸众生，长听安危于一人，既非人道之平，抑亦放弃天职。今全国同胞见及于此，群起解除

---

① 喀尔沁亲王，名贡桑诺尔布。

专制,并非仇满,实欲合全国人民,无分汉、满、蒙、回、藏,相与共享人类之自由。究之政体虽更,国犹是国。故稍有知识之满人,亦莫不赞同恐后。谅诸公明达,必表同情。文以薄德,谬膺临时总统之举,上述各意,已一再宣布,蒙地辽远,或未尽悉。而俄人野心勃勃,乘机待发,蒙古情形,尤为艰险,非群策群力,奚以图存。凤仰贵王公等关怀时局,眷念桑梓,际兹国势阽危,浮言四煽,西北秩序,端赖维持。祈将区区之意,遍告蒙古同胞,戮力一心,共图大计,务坚忍以底成,勿误会而偾事;并请速举代表来宁,参议政要,不胜厚望。中华民国大总统孙文。勘。

据《临时政府公报》第四号(南京一九一二年二月一日)

致黎元洪电

(一九一二年一月二十八日)①

顷接伍代表②电云:"沁电敬悉。停战之期,至明日上午八时为满,不再展期,已经决定。惟段祺瑞军统与北洋四十二将校联名电奏清廷,速行宣布共和。段现统第一第二两军,处武汉前敌,如黎副总统与之接洽,则明日武汉方面可联为一致,不复有战争之事。至张勋一军,唐君绍仪屡电劝其赞同共和,张回电反对。唐君又电袁内阁,嘱其严饬张军勿得暴动,倘明日停战期满,张仍违约,则兵衅非自我开,更可令天下万国知曲直所在。此处得袁内阁来电,据唐见皆系表面文字,其实内容尚无他意。廷昨致袁内阁电,谓若停战期满,尚未得清帝退位确报,则前此所订优待条件,即全行作废。来电嘱将和议无效之始末正式发表,与廷意甚合,惟须俟得复电。如仍持勿使清帝退位之意,以致兵衅再开,再行发表,如是则清廷以争一君位之故,不惜流全国之血,必为人道所不容。而我民国政府希望和平之意,更昭著于天

---

① 此电所标时间系电报收到日期。
② 伍代表,即伍廷芳。

下,对外可得友邦之同情,对内可激同胞之义愤,似尤为妥协。特此奉复。"等语。特此奉闻。

据易国干等编《黎副总统政书》卷五(武昌官印刷局一九一四年版)

致马毓宝电

（一九一二年一月二十九日）

南昌马都督暨各界公鉴:民军起义,赣省响应在先。数月以来,军政治安有条不紊,端赖各界一心一德,维持不懈,而军人镇慑有方,尤称得力,实堪嘉善。目下满虏未除,战事孔亟,正宜益加奋勉,共图进取。乃近闻省垣时有呼群聚啸,扰害地方之事,倘不严申禁令,殊与本总统建立共和民国宗旨有违,即各界保民起义,初心亦当不愿有此。建设之事较诸破坏尤难,务当化除畛域,合谋统一,所有朋比异同,易于误会之举,尤宜痛行戒绝,民国前途实有赖焉。其各勉励改良,毋负本总统所厚望也。总统文。艳。（印）

据上海《时报》一九一二年二月八日

致伍廷芳电

（一九一二年一月二十九日）

此次议和,屡次展期,原欲以和平之手段,达共和之目的,不意袁世凯始则取消唐绍仪之全权代表,继又不承认唐绍仪于正式会议时所签允之选举国民会议以议决国体之法;复于清帝退位问题,业经彼此往返电商多日,忽然电称并未与伍代表商及等语。似此种种失信,为全国军民所共愤。况民国既许以最优之礼对待清帝及清皇室,今以袁世凯一人阻力之故,致令共和之目的不能速达,又令清帝不能享逊让之美名,则袁世凯不特为民国之蠹,且实为清帝之仇。此次停战之期届满,民国万不允再行展期,若因而再启兵衅,全唯袁世凯是咎,举国军民均欲灭袁氏而后朝食。

据"中央改造委员会"党史史料编纂委员会编《总理全书》
(台北一九五〇年至一九五二年出版)之九《文电》

附录 冯自由为更正大总统宣布袁世凯罪状特电致各报函

(一九一二年一月三十日)

各报馆公鉴:阅廿九日时事新报,载有大总统宣布袁世凯罪状特电一则,殊堪诧异。本秘书处并未尝奉总统教令,发过此电,不审时事新报从何得来?除另电该报立即更正外,并登各报,免淆观听。总统府秘书处冯自由。

据上海《民立报》一九一二年一月三十一日

致王占元等北军将领电

(一九一二年一月二十九日)

信阳州统制王占元,济南统制张永成,大同府统制何宗莲,河南统领张士钰,南苑统制张殿儒,北京毅军姜桂题军门,天津张怀芝军门,颍州朱家宝、倪嗣冲、新民府潘统制公鉴:民国义军本为四万万人谋幸福,不得已而诉诸武力。近与袁内阁切商清帝退位办法,已有成言,而为满洲少数皇族所把持挟制,遂令内阁为难,陷于危困。南北本是一家,岂肯为彼少数人之私而流血。民国政府但图共和成立,救同胞于水火,他无所恋。天下之事,将与公等共之。今日段公芝泉亦联衔奏请共和,可见汉族同胞人人同此心理。所企一致进行,无复猜贰,转敌为友,实在今日,否亦在今日。请熟思而审处之,幸甚。中华民国临时大总统孙文叩。艳。

据中国第二历史档案馆藏《国史馆档案》原件

致黎元洪电

（一九一二年一月二十九日）①

连接伍代表电："段军统联合四十二将帅，电要清帝宣布共和"。又转来段电云："祺瑞夙抱宗旨，不忍令地方再有糜烂，涂炭生灵。因两军所持太近，时有冲突，已拟稍退，民兵不可再进，致生恶感。孙、黎两公同此代为致意"等语。彼方军队既承认共和，可由尊处派人与段接洽，我民国军队为共和主义而战，若果能南北联合一致进行，即不血刃而功可成也。急电候复。

据易国干等编《黎副总统政书》卷六（武昌官印刷局一九一四年版）

复方斡周电

（一九一二年一月下旬）

两宫以尧舜为心，不但民军爱戴，即全国人民及各友邦亦必同情爱戴，则皇室亲贵之永久尊荣，自能千古优待；至八旗生计，刻下民军政府已多方筹划，将来定有良好结果，南北军队同是同胞，共和统一时，不但地位照旧，至感情上亦须互相友爱，以为将来或有对外之地步。民军所不惜牺牲一切，欲成共和者，目的在改革政治，造福同胞，免受瓜分惨祸。若能早日成功，本总统自应即让贤者；倘有为君主家谋万世一系，民军政府万难承认，则兵连祸结，民〈军〉政府不任其咎。

据上海《申报》一九一二年一月三十一日

---

① 此电所标时间系电报收到日期。

致各国公使电(译文)

(一九一二年一月)

本总统甚愿让位于袁,而袁已允照办,岂知袁忽欲令南京临时政府立即解散,此则为民国所万难照办者。盖民国之愿让步,为共和非为袁氏也。袁若愿尽力共和,则今日仍愿相让。当袁氏闻民国愿举为总统之消息后,即一变其保清之态度,而力主清帝退位,至前此所议之国民大会一节亦复尽行抹却。既而知民国必欲其实行赞成共和,而决不肯贸然相让,堕其诡计,则袁氏又复变态矣!盖袁氏之意,实欲使北京政府、民国政府并行解散,俾得以一人而独揽大权也。

据上海《民立报》一九一二年一月二十九日

附录 同题异文

余曾允辞去总统之职,以让袁氏,袁已允诺,乃忽要求立即解散南京政府。我民军因让位之举非有私于袁氏,为其能赞同共和也。今彼遽欲解散共和政府,其心实不可测,故未允所请。惟此时袁世凯如允赞助共和,则余仍愿退任让之也。

袁氏既预备召集国会矣,经民军许以总统之任,复谋强迫清廷逊位,其意殆欲速得总统耳。旋见吾人不肯陷其槛穽,解散共和政府,乃复竭力淆乱是非,以惑天下人之目。盖袁欲解散南北政府,实欲集权于其一人之手云。

据上海《申报》一九一二年一月二十九日《真能知袁世凯者》

致山县有朋电(译文)①

（一九一二年一月）②

转呈山县公鉴：欲保东亚和平，必得日本赞成民国。我公大力，可以主持，无任盟祷〔祷〕。孙文、黄兴。

据王魁喜译《孙中山致日本人士未刊电函十五件》(原载《日本历史》杂志一九八七年八月号李廷江《孙文与日本人》)，载《孙中山研究论丛》第五集(中山大学一九八七年版)

复张怀芝电

（一九一二年一月）

帮办直东防务大臣张鉴：文电悉。初闻执事固执，今乃知其不然。南北一致赞同共和，则内忧外患无难消弭。执事所论，亦即文之所怀，然非立使清帝退位，宣布共和，更无解决之方法。袁内阁陷于危困，乃复犹豫，于理于势，俱万不可，切实进行，惟在公等之援助耳。至彼此协商办法，日前已电袁公，文但求达我共和之目的，无所私执。公既洞明大局，于间不容发之际，请速图之。孙文叩。

据《临时政府公报》第四号(南京一九一二年二月一日)

---

① 此电系日本国会图书馆宪政资料所藏的《山县有朋文书》。山县有朋：日本军界权威，掌握日本陆军实权，曾两次组阁任首相，1900年后作为日本的元老，左右日本政局。

② 原电未署时间，据内容当为南京临时政府成立之后的1912年1月。

致黎元洪电

（一九一二年二月一日）①

顷得唐代表电云："今日接到段复电云：'电悉。孙、黄所示各节，殆未详察。北军各路统兵人员联禀请定共和政体，明明宣布矣。既容禀请，万勿改易。武昌派代表来，言明北军既退，南军决不北进。迨孝感、三汊埠北军起行，南军即到，未免失信'"云云。据此，则北军赞同共和，似无疑义。段军既经贵处与之协商，彼军退时，可勿相逼，免以疑心，而生冲突。

据易国干等编《黎副总统政书》卷六（武昌官印刷局一九一四年版）

致广东各社团电

（一九一二年二月一日）

广州临时省会转同盟会、军团协会、商会、报界暨各团体鉴：本日据旅宁同乡诸公到府会议，佥称"竞存北伐，精卫固辞，粤局无人主持，冯自由组织革命事业多年，于广东情形素所熟悉，对于军民及各社团亦甚浃洽，以之督粤，断堪胜任"等语。文为大局计，此间虽甚资冯臂助，仍当徇商人之请，暂为割爱。用特电知，希即会商电复。总统孙文。东。（印）

据上海《天铎报》一九一二年二月三日

---

① 此电所标时间系电报收到日期。

再致广东各社团电

（一九一二年二月一日）

　　广州临时省会转同盟会、军团协会、商会、报界暨各界团体鉴：本日有旅宁同乡议冯自由为都督，面求代为发电通知。惟以文意尚有三人足以胜任：何克夫曾运动广东、云南、广西三省革命之事业，有军事学识，三月二十九之役，偕黄兴首先行战破围而出，以功以能，当之无愧。次则胡毅生，亦久任实行，其在水陆军务处，卓有成勋。又有邓泽如君，为南洋同志之领袖，负经理长才周知社会之情状，各民军统领多尝与结纳，而得信服。此三人文知之甚深，敢介绍于桑梓，惟公等选择而举之。幸甚。总统孙文。（印）

据上海《时报》一九一二年二月九日

致汪精卫电

（一九一二年二月一日）

　　上海。汪精卫鉴：本日据旅宁同乡诸公到府会议，力举冯自由堪胜粤督之任，请电粤商办等情，已照办电粤。诸公并举阁下担任高等顾问，文亦颇以为然。特电知，希复。孙文。东。（印）

据上海《民立报》一九一二年二月四日

致招商总局电

（一九一二年二月二日）

　　招商总局董事、股东公鉴：得沪都督陈其美电，知贵局昨在张圆开设股东大会,各股东全体承认,无一反对者,询属热心爱国,深明大义,钦佩之至。请贵局总董迅即派员来宁与政府接洽一切,事可速成,切盼。并致谢忱。总统孙文。冬。(印)

据中国第二历史档案馆《南京临时政府拟以招商局产抵借日债史料》,载《历史档案》一九八三年第三期

致伍廷芳电

(一九一二年二月二日)①

伍秩庸代表鉴:倪嗣冲竟从颖〔颍〕州进兵,南至颖〔颍〕上,前接段电,谓已约束勿进,今殊不然,实为有心破坏。请即电北京电阻。总统孙文。

据观渡庐(伍廷芳)编《共和关键录》(上海著易堂书局一九一二年版)

复伍廷芳电

(一九一二年二月二日)②

伍秩庸代表鉴:维密电悉。徐、颖〔颍〕两地实彼方先行进攻,民军迎击却之,张勋、朱震所称,皆非事实。若彼方真有和平之意,宜饬张勋等更稍退却,方可取信协商。以张勋等屡次违约妄进,非段军之比也。请电告袁。孙文叩。

据观渡庐(伍廷芳)编《共和关键录》(上海著易堂书局一九一二年版)

---

① 此电所标时间据观渡庐(伍廷芳)编《共和关键录》(上海著易堂书局一九一二年版)所署收到日期。

② 此电所标时间据观渡庐(伍廷芳)编《共和关键录》(上海著易堂书局一九一二年版)所署收到日期。

致益田孝电(译文)①

(一九一二年二月三日)

因财政穷乏,在中国旧历年前若无一千五百万日元则不能作战,革命政府将陷于混乱。与汉冶萍公司五百万日元借款成立,故以招商局担保向日本邮船会社,与英、德、美国一千万元借款交涉正在进行中,若五日之内此借款无望,则万事皆休,孙、黄即与袁世凯缔结和议,将政权让袁。孙同意满洲租借。故日本为防止革命〈军〉解散,在汉冶萍公司五百万日元以外,如立即借一千万元,则与袁世凯中止和议。又,为满洲秘密契约,孙文或黄兴将赴日本。钱款不到手中恐军队解散,南京无法维持。孙文之答复。

据[日]藤井昇三著,李吉奎译《辛亥革命时期有关孙文的资料——森恪关于"满洲问题"的书信》,载《孙中山研究论丛》第七集

致何宗莲电

(一九一二年二月三日)

大同府何都统鉴:寒电悉。卓识伟论,不胜钦佩。文始终主义,在救同胞于水火,毫无私意于其间。共和民国,系结合汉、满、蒙、回、藏五大种族,同谋幸福,安有自分南北之理,更安有苛遇满族之理。来电指摘各节,实无其事,想系反对共和民国者造谣诬蔑之语,万不可信。若赖公等之力,令共和国家早日成立,文当即避贤路。国家之事,由全国五族人共组织之,文何私焉?请释疑念,并希即图进行为祷。孙文。江。

据《临时政府公报》第九号(南京一九一二年二月六日)

---

① 孙中山与森恪谈话结束,由森恪起草约略谈了中文的大意,孙中山与胡汉民进行删改,森恪译成密码,由孙具名发电。

致烟台都督杜潜电

（一九一二年二月三日）

　　烟台都督鉴：顷据驻宁德领事面称："接驻北京德使电开，即墨县由民军占据，宣布独立。查即墨县离胶澳海面潮平附近一百里内，据光绪二十四年二月中德条约第一款内载：大清国允许离胶澳海面潮平周遍一百里内（系中国里），准德国官兵随时过调，惟自主之权仍归中国。如有中国饬令设法等事，应向德国商定。该地内应驻兵营，中国允与德国会商办理等语。是此款所订者，该处民军未尝遵照办理，饬〔请〕向贵部电饬该处民军，迅即照约退出"等语。即希贵都督迅饬该处民军照约暂行退出，候本部与德国商定再行办理。总统孙文、外交总长王宠惠。江。

据《临时政府公报》第十二号（南京一九一二年二月十日）

致招商局电

（一九一二年二月三日）

　　招商局诸公鉴：前日股东开会议决，具见同情。至远地未深明委曲者，当不难于疏通。无论如何，仍请派员来宁熟商一切。总统孙文。江。（印）

据中国第二历史档案馆《南京临时政府拟以招商局产抵借日债史料》，载《历史档案》一九八三年第三期

致井上馨电(译文)①

（一九一二年二月三日）

井上侯阁下：由森恪君处得闻尊意，感谢良意。万事当从阁下之劝导，今后与日本之关系均仰阁下之指导，以期统一办法。近日任命代表当置于阁下指挥之下。只以事急之故，特电恳请，切希援助。山县、桂两公处请转达愚意。以上认可与否，敬乞回电。孙文、黄兴。

据王魁喜译《孙中山致日本人士未刊电函十五件》（原载《日本历史》杂志一九八七年八月号李廷江《孙文与日本人》），载《孙中山研究论丛》第五集（中山大学一九八七年版）

致 森 恪 电②

（一九一二年二月五日）

希望迅速得到日方关于一千万元贷款的回答。

据杨天石《孙中山与"租让满洲"问题》，载《近代史研究》一九八八年第六期

复 伍 廷 芳 电

（一九一二年二月五日）③

上海伍代表鉴：觉电悉。现在南北各军同赞共和，原无再起战争之理，

---

① 此电系日本国会图书馆宪政资料室所藏《井上馨文书》，是1912年2月3日孙文、黄兴联名通过森恪用三井的密码发给井上馨。
② 在2月3日与森恪会谈后，孙中山于2月5日、6日两次给森恪发电报催促日方答复。
③ 此电所标时间据观渡庐（伍廷芳）编《共和关键录》（上海著易堂书局一九一二年版）所署收到日期。

惟清帝尚未退位,袁内阁主张共和,为二三顽迷者所箝制,是以民军亟图北上,速定大局。清廷意欲停战,惟有早日退位,否则,迁延不决,徒滋祸害,恐惹起种种难题,民军岂能中止进行?顷已通电张勋、倪嗣冲、朱家宝、升允征求意见,如果赞成共和,彼此均系友军,自应联兵北上,共逼清帝退位,早图底定;若迁延顾虑,作无谓之抵抗,无论是否误会民军宗旨,而在民军方面,不能不视为反对共和之蟊贼,将与天下同诛之。质而言之,时局至此,已非停战问题,乃在南北合力一致,联师北上,以实力定大局。不合此宗旨者,即为阻抗共和之蟊贼,天下后世,自有公论。民军不能为此等顽迷所阻止,自当竭力进行,既非挑战,即无所谓停战也。段军统与黎副总统所订条件,最合此旨。袁内阁来电似合今日时局,停战一节,应毋庸议。至优礼条件,袁内阁既称有权商酌,可按照祃电所开条件,协商办理。其山西、陕西各军及升允等屡次违约进攻,应请袁内阁严饬该军立即停止战事,退出新占各地,共同联师北上,以彰大义。若东南言联合,西北主抵抗,则民军自当一致运动,宁可玉碎,决不能坐受人绐,致贻[误]中外之笑也。希以此意电达袁内阁为祷。孙文、黄兴叩。

据观渡庐(伍廷芳)编《共和关键录》(上海著易堂书局一九一二年版)

致森恪电

(一九一二年二月六日)

与袁世凯的媾和协议延期至二月九日,恳请日方在二月九日之前给予答复。

据[日]藤井昇三《孙中山的对日态度》,载《纪念辛亥革命七十周年学术讨论会论文集》(中华书局一九八三年版)

致伍廷芳电

（一九一二年二月七日）①

伍秩庸先生鉴：鱼电悉。金州事已电烟台转知该处民军矣，可复袁。孙文。

据观渡庐（伍廷芳）编《共和关键录》（上海著易堂书局一九一二年版）

复伍廷芳电

（一九一二年二月八日）

上海伍廷芳先生鉴：转北京电悉。张勋为民军击退，所报杀使等事，殊为子虚。现查张勋、倪嗣冲均增兵增械，势欲南下。倪军尤为狡诈，屡诱攻颍上民团，惨杀无状，应请彼方严行约束，勿使徒托函电空言。至退位之事，更宜催促早定，不堪久待也。总统孙文叩。庚。

据《临时政府公报》第十三号（南京一九一二年二月十一日）

致陈炯明电

（一九一二年二月九日）

广东陈都督鉴：省会阳电挽留执事为正任都督，取消有期代理之约，海内外各界亦均挽留等语。粤为东南要地，现时秩序未复，人心未安，执事苦

---

① 此电所标时间系据观渡庐（伍廷芳）编《共和关键录》（上海著易堂书局一九一二年版）所署收到日期。

心经营,深洽人望,当为地方勉留。即以大局计,无论和战如何,粤亦为最有力之后援,岂可无人以资镇慑。前已屡电申明,今省会来电,亦同此意。可知谋百粤之治安,实难于求北伐之大将。现所部精锐行成,即亦无亏初志,顾桑梓以安全局,责任有在,贵能审其重轻,非独文一人之厚望也。专布。即复。总统孙文。佳。

据《临时政府公报》第十四号(南京一九一二年二月十三日)

复陆荣廷电

（一九一二年二月九日）

桂林陆荣廷都督鉴:阳电悉。尊处委曲情形,已得陈司令详述。执事有维持公安之责,秉公执法,无所容其迁避。果真有抢掠劫杀之举动,自要严惩;即系民军,亦以守法与否为断,惟执事审察情形办理可也。总统孙文。佳。

据《临时政府公报》第十三号(南京一九一二年二月十一日)

复黎元洪电二件

（一九一二年二月九日）①

一

虞电悉。禁烟事件,须俟得某国承认后,始能协商。至专卖一节,非禁烟之良法。现时南洋各埠办此,实于禁烟进步有阻,盖视为一种收入,必难

---

① 此二电所标时间系据易国干等编《黎副总统政书》(武昌官印刷局一九一四年版)所署收到日期。

收净尽之效,理势然也。故即将来官卖之法,亦恐无以取信内外而必其办到。此复。

二

阳电问税关事悉。此事正在注意办理交涉,惟必俟各国承认民国后方有结果。此复。

据易国干等编《黎副总统政书》卷六(武昌官印刷局一九一四年版)

复谭人凤电

(一九一二年二月十一日)

谭招讨人凤鉴:齐电悉。卓识伟论,鄙意极表赞同。优待条件,曾由参议院公决。目下筹集军费,最为第一要着,而所提出之财政案,参议院颇难通过,殊深焦灼。尚望诸君竭力维持,协同赞助,以匡大局。不胜祷切。总统孙文。真。

据《临时政府公报》第十七号(南京一九一二年二月二十日)

致甘作培等电

(一九一二年二月十一日)①

广东陈都督②转港澳招商局股东甘作培、邓荣基等及报界公鉴:民国政府以军需孔急,非得巨款,无以解当前之困难,故有以招商局产抵借之议,仍

---

① 此电所标时间系《临时政府公报》第十三号出版日期。
② 广东陈都督,即陈炯明。

由政府担任偿还,于招商局权利无损。乃沪局开会通过,而港、澳股东反对。须知将士为民国不惜身命,商民亦同休戚。苏路、浙路俱属商业,今皆承认借押,并非强招商局独为其难。为此电告各股东勿生误解,贻粤人羞。切切。总统孙文。

据《临时政府公报》第十三号(南京一九一二年二月十一日)

致伍廷芳电

（一九一二年二月十二日）

万急。上海伍秩庸代表鉴:今日经参议院同意,如十五日下午十二点钟以前清帝不逊位,则收回优待条件。此布,即转北京。总统孙文。震。（印）

据观渡庐(伍廷芳)编《共和关键录》(上海著易堂书局一九一二年版)

致马毓宝电

（一九一二年二月十三日）①

南昌马都督鉴:铁路借款事前途来商,可借二百五十万元,百万借赣省军政府用,百五十万借中央政府用。将来增修铁路,尚可续借等语如何,乞速回复。总统孙文。（印）

据上海《申报》一九一二年二月十三日《赣议会反抗借路押款》

---

① 此电所标时间系上海《申报》发表日期。

致伍廷芳电

（一九一二年二月十三日）①

万急。上海伍秩庸代表鉴：顷据山西代表狄楼海等声称：接该省国民公会电称：清绥远将军电调毅军及第一镇兵已抵归绥，进攻包萨民军，河南所驻毅军及第二镇兵亦济自茅，拒河东民军后路，全省糜烂，即在旦夕。查山西前以袁借口保护教士，驻兵太原，已属违约，兹又进兵分攻南北两路民军，既系赞成共和，何得忽又违约进兵，侵袭民军？应请尊处均〔严〕重交涉，总以清军全数退出，以符原约，且免晋民涂炭，至为盼祷。总统孙文。（印）

据观渡庐（伍廷芳）编《共和关键录》（上海著易堂书局一九一二年版）

复袁世凯电②

（一九一二年二月十三日）

万急。北京袁慰亭先生鉴：电悉。文以菲材，辱膺国民推戴，受任以来，拮据张皇，力不副愿，尝恐覆𫗧贻羞，负国民委托之重。自惭受任无状，日夜希冀推贤让能，苟得如公者举而自代，其缔造国民幸福，当〔尚〕非意料所能预揣，文即引躬退在草野，为一共和国民，于愿已非尝〔常〕满足。无如时势未来，形格势禁，致公未得即遂共和进行之愿，文实尸位至今。幸〈今〉清帝逊位，民国确立，维持北方各部，统一〈南〉北，实惟公一人是赖。语云：英雄造时势，盖谓是也。文徒〔复〕何功？过蒙奖誉，曷胜愧汗。新旧交替，万

---

① 此电所标时间系《共和关键录》所署电报收到日期。
② 对照北京《临时公报》1912年2月份同一电报互校，文字略有增补。

机待举,遗大投艰,非公莫办。谨虚左位,以俟明哲,曷胜伫立翘望之至。孙文。元。(印)

据《临时政府公报》第十五号(南京一九一二年二月十四日)

举行民国统一大典通电

（一九一二年二月十三日）

南北各省都督、各军司令、天津《民意报》李石贞〔曾〕、天津及全国各报馆均鉴:现在清帝业已退位,民国统一,兹定于本月十五日举行民国统一大庆典。孙文。元。

据《临时政府公报》第十六号(南京一九一二年二月十五日)

复北京蒙古联合会蒙古王公电

（一九一二年二月十三日）①

万急。北京蒙古联合会蒙古王公鉴:电悉。帝制已除,合五大民族为中华民国,幸福无涯,中外同庆。来电荐举袁慰庭君,微执事等言,文岂忘其夙约?因今日始得接清帝逊位之详电,当即报告参议院,提出辞表,并推荐袁君之功能,众俱信服。文之推让,非祇尚贤,亦以为国。区区此意,凡我国民当共鉴之。专复。孙文叩。

据《临时政府公报》第十八号(南京一九一二年二月二十一日)

---

① 原电未署时间,据电文中"今日始得接清帝逊位之详电,当即报告参议院,提出辞表"之语,可断此电写于2月13日。

致伍廷芳唐绍仪电

（一九一二年二月十三日）①

万急。上海伍秩庸代表、唐少川先生鉴：转袁内阁如下：慰庭君鉴：迭据山西急电，清军于停战期中攻破山西，复又派混成协进据太原，随派第三镇一协巡防两营自太原南下攻赵城、霍州，又派毅军自河南北茅津包围攻击河东之民军北路，除毅军外，一镇已抵归绥，进攻包萨民军。其太原清军攻入以后，奸淫焚掠，白昼横行，今南北陷于垂危，一旦陷落，全局糜烂。以上情形，曾经伍代表迭告阻止，惟尊处并无实在办法。今据山西我军来电，确急益详。此间固认山西为同袍，执事有志平和，亦断不忍视为异类。况违约横行，惨无人道之举动，自是南北之所同愤。请照办法如下：一、清兵全体退出停战前驻在地点，即石家庄外；二、撤去清政府所派巡抚，空出省城，召回晋军都督。二事请于十五日前答复，并限日退出撤换。如认不〔不承〕认，则执事非仇视山西，即保〔系〕无心平和，我军无坐视晋省沉论〔沦〕之理，即当派重兵赴援，曲在清军，勿谓违约。此布。孙文。（印）

据观渡庐（伍廷芳）编《共和关键录》（上海著易堂书局一九一二年版）

复黎元洪电

（一九一二年二月十三日）②

汉冶萍款原急不择荫，前途陆续仅交过款二百万，随到随尽。现订仅以此数变为虚抵，而废弃合办之约。一面以招商局借款成立，即可尽力济鄂。

---

① 此电所标时间系《共和关键录》所署电报收到日期。
② 此电所标时间系《黎副总统政书》所署电报收到日期。

前此借款,因清廷与民国互相抵制破坏,故难成就,今既联合,后将易办也。敬复。

据易国干等编《黎副总统政书》卷六(武昌官印刷局一九一四年版)

复谭人凤电

(一九一二年二月十三日)①

《民立报》转谭人凤先生鉴:两电悉,未能即复者,以其详情非电所能尽也。前提条件,系委曲以求和平,若虚君之制犹存,则决不能承认。文虽愚昧,亦断不容以十数省流血构成之民国,变为伪共和之谬制。祈共鉴之。孙文。

据上海《民立报》一九一二年二月十三日

致黎元洪等电

(一九一二年二月十三日)②

湖北黎副总统、湖南谭都督、江西马都督、安徽孙都督③鉴:据盐政总理张謇电称:"日来派员向淮南各盐商剀切晓谕,力任保护,令其暂照旧章先缴课厘,源源挈运,以济湘、鄂、西、皖四省民食。再四譬解,各商已承认即日开运,并先筹缴课厘银三十万两。此项收入内,除付各洋行运脚二十一万余两外,可以供陆军之支给。正在督促进行,忽西岸运商呈称:'接江西电,奉

---

① 此电所标时间系《民立报》发表日期。
② 此电所标时间系《临时政府公报》第十四号出版日期。
③ 湖北黎副总统、湖南谭都督、江西马都督、安徽孙都督,即黎元洪、谭延闿、马毓宝、孙毓筠。

都督谕,每票派借三千两。'同时又据鄂岸运商呈称:'有鄂运〔军〕政府所派梅委员在扬州设立催运淮盐公所,照会鄂岸盐商,凡启运之先,应在该公所报明花名及盐斤数目,并由该公所缮发护照'等情。又据财政部派员,以安徽某军队派员自运圩盐自卖,与沪军府所许太和公司争讧,事甫平解,商询如何贴补太和公司办法。两日以来,积案三端,关涉三省,以致商情惶惑,又生观望。元月三十日、二月一日,曾通电四省都督,将敝局规划办法,详细声明,请其力任保护。迄今未得电复,商人更滋疑虑。可否吁恳总统,电属湘、鄂、西、皖四省都督,凡关于淮盐运赴各省:一、须切实保护;二、运盐暂仍旧章,免令各商认缴借款及报效银两;三、各省督销仍由敝局派委,将来所收课厘、加价、复价、杂捐等款,仍按旧章支配。其指抵洋债及赔款者,分别照向章拨交就近税务司,并将上开办法,切实电复敝局,敝局即据以宣布"等语。按张总理上开办法,一以解释盐商疑虑,一以消除外人干涉,且办法既归统一,各省所得盐税源源有着,抵借亦可措词,而民食不致缺乏。若复政令歧出,使盐商裹足,各省将以求多反致见少,就大局计,固觉困难,为各省计,亦殊失算。民国成立,首在有统一能力,欲求统一,必各都督合顾大局,不分畛域,方有实效。所望各省共扶大局,不独盐政一端之幸也。即恳电复。总统孙文叩。

据《临时政府公报》第十四号(南京一九一二年二月十三日)

致黎元洪电

(一九一二年二月十四日)①

黎副总统鉴:今日文偕各部总长向参议院辞职,已得承诺,俟新总统接任,即行解职。同时文并推荐袁公慰亭,明日开选举会。日间拟委代表偕唐

---

① 原电无日期,据电文中"今日文偕各部总长向参议院辞职"推断,此电写于2月14日。

君少川前赴北京,与袁公慰亭协商统一办法。本拟到武昌面谒执事,再由汉口乘车赴京,因汉口以北,火车不便,改由海道。祈执事迅即委派代表到沪,会同前往,以速为妙。盼切即复。总统孙文。

据《临时政府公报》第十七号(南京一九一二年二月二十日)

致伍廷芳唐绍仪电

（一九一二年二月十四日）

万急。上海伍秩庸先生、唐绍仪先生鉴:维密。昨十点得退位诏,即开阁议,逗夜爹凶〔即夜提出〕①总辞表于参议院,推项城。惟退位诏内权组织临时政府一语,众不乐闻。徇电告项城,请即南来,并举人电知,畀以镇守北方全权。照此办法,众当贴然。项城辛苦全〔备〕至,今日应将往来密电,证以事实,由沪发表,以明公论。弟解组至急,故促公等入宁,安〔妥〕商各事,请勿延。并告项城。孙文叩。寒。

据观渡庐(伍廷芳)编《共和关键录》(上海著易堂书局一九一二年版)

致袁世凯电

（一九一二年二月十四日）

万急。北京袁慰庭先生鉴:今日文偕各部总次长到参议院辞职,已得承诺。以新总统接事为解职期。同时文推荐执事为临时大总统,明日二时参

---

① 原文为"逗夜爹凶",今据《国父全集》(台北1965年版)校改。

议院开选举会。先此电闻。秩庸、少川已到宁。孙文叩。盐。

    据《临时政府公报》第十八号(南京一九一二年二月二十一日)

致 袁 世 凯 电

(一九一二年二月十五日)①

  袁大总统慰亭先生鉴：今日三点钟由参议院举公为临时大总统，临时政府地点定在南京。现派专使奉请我公来宁接事。民国大定，选举得人，敬贺。孙文叩。(印)

    据北京《临时公报》一九一二年二月

致 袁 世 凯 电

(一九一二年二月十五日)

  万急。袁慰亭先生鉴：闻奉天行宫所藏器物，由私人订卖与外国，价值甚钜。按此种器物，实为民国公产，併〔并〕非皇族私有，应行禁止私卖。特此奉告，请严饬禁阻。孙文。删。

    据《临时政府公报》第十七号(南京一九一二年二月二十日)

---

① 据"今日三点钟由参议院举公为临时大总统"，本电当写于2月15日。

致黎元洪及各省都督电

（一九一二年二月十五日）①

万急。武昌黎副总统、各省都督鉴：清帝退位，民国统一。文以革命之目的已达，当受职之始，曾有誓言，幸可以践。此后建设之事，当让熟有政治经验之人。袁公慰庭委曲求全，终达吾人和平之目的，其功莫大。清帝既退，袁公宣布政见，绝对赞成共和，文是以推荐于参议院。参议院既承认文之辞职，今日二时行正式选举，举袁公为临时大总统，临时政府地点仍定南京，以袁公到南京接事日为文解职之期。现已派专使迎袁南来，以为我国民服务。特此电闻。孙文。

据《临时政府公报》第十八号（南京一九一二年二月二十一日）

致北方各将领电

（一九一二年二月十五日）

奉天张总营务处、广水陈统制、张家口何统制、北京冯军统、天津张军门、徐州张军门、颍州倪先生、北京姜军门②转各路将士鉴：清帝辞位，由专制变为共和，实项城维持之力，更诸将士赞助之功，四万万〈人〉受福无穷，深堪嘉佩！从此南北一家，同心协力，竟破坏之功，开建设之绪，巩我共和民国之前途，增我五族人民之乐利，所仰望于诸将士者，尤非浅鲜。专此电贺，

---

① 原电未署时间，文中有参议院"今日二时行正式选举，举袁公为临时大总统"语，此电当写于2月15日。

② 奉天张总营务处、广水陈统制、张家口何统制、北京冯军统、天津张军门、徐州张军门、颍州倪先生、北京姜军门，即张锡銮、何宗莲、冯国璋、张怀芝、张勋、倪嗣冲、姜桂题。

并盼教言。孙文叩。删。

据《临时政府公报》第十八号（南京一九一二年二月二十一日）

致伍廷芳电

（一九一二年二月十五日）①

万急。上海伍秩庸代表鉴：覃电悉。已据项城电通知西安张凤翙处并电告武昌矣。请复项城。总统孙文。（印）

据观渡庐（伍廷芳）编《共和关键录》（上海著易堂书局一九一二年版）

致黎元洪电

（一九一二年二月十五日）②

为大局计，极力谋补救汉冶萍合办之失策。刻因彼方面不能如数交足借款，合办之约，尚可作废。招商局借款一节，务望贵处赞成，可稍纾贵处及中央政府财政之困难。

据易国干等编《黎副总统政书》卷六（武昌官印刷局一九一四年版）

---

① 此电所标时间系《共和关键录》所署收到日期。
② 此电所标时间系《黎副总统政书》所署收到日期。

致招商总局电

（一九一二年二月十六日）

招商总局鉴：清帝退位，其旧日之邮传部当然消灭。袁公虽被举，但未接事以前，亦无干涉民国政令之权力。请勿信谣言，仍遵前约办理，以免自误。总统孙文。铣。

> 据中国第二历史档案馆《孙中山函电拾遗》，载《民国档案》二〇〇六年第三期

复陈其美电[①]

（一九一二年二月十六日）

万急。上海陈都督其美鉴：粤督删电用意，专在反对临时政府设于北京。今参议院既决定仍在南京之议，则粤督疑虑可释矣。此复。总统府。铣。

> 据《临时政府公报》第十八号（南京一九一二年二月二十一日）

---

① 2月14日，临时参议院讨论临时政府设置地点问题时，以多数通过设置于北京的决议。次日，孙中山要求临时参议院复议临时政府设置地点问题，经激烈争论后决定临时政府仍设南京。电文所告即指此事。

致伍廷芳唐绍仪电

（一九一二年二月十六日）①

万急。上海伍秩庸、唐少川先生鉴：今日三点钟由参议院一致举袁公慰庭为临时大总统，临时政府地点定在南京。此间已直电北京，使告知派专使奉迎来宁受事。孙文叩。（印）

据观渡庐（伍廷芳）编《共和关键录》（上海著易堂书局一九一二年版）

致袁世凯电

（一九一二年二月十七日）

北京袁大总统鉴：据烟台蓝天蔚都督来电："奉天冯麟阁率步骑千三百余，炮十门，围攻庄河"等因。请速命赵督②撤兵，以息战端，至要。孙文。篠。

据《临时政府公报》第十八号（南京一九一二年二月二十一日）

---

① 此电所标时间据观渡庐（伍廷芳）编《共和关键录》（上海著易堂书局一九一二年版）所署收到日期。

② 赵督，即奉天省都督赵尔巽。

复陆荣廷电

（一九一二年二月十七日）

万急。广西陆都督荣廷鉴：电悉。十五日参议院于本总统及内阁总理解职后，即选定袁世凯为临时大总统，仍以南京为临时政府地点，须袁亲来接任，而旧政府始能解职。若将来之大总统及国都，则须俟民选议院成立，及举行全国大选举，乃可决定。今仍号以临时名义，于临时大纲未尝不合也。总统孙文。篠。

据《临时政府公报》第十八号（南京一九一二年二月二十一日）

致陈其美电

（一九一二年二月十七日）

万急。上海陈都督其美鉴：现在清帝退位，民国统一。上海为江南要区，非有大将镇守，不能维持一切。据各地纷纷来电，咸以公为民国长城，关系全局，力请挽留。人心如此，公不可告退，尚望勉为其难，勿怀退志。总统孙文。篠。

据《临时政府公报》第十八号（南京一九一二年二月二十一日）

复伍廷芳等电

（一九一二年二月十七日）

上海议和全权代表伍廷芳、参赞温宗尧、汪兆铭鉴：铣电悉。公等为民国议和事，鞠躬尽瘁，不避嫌怨，卒能于樽俎之间，使清帝退位，南北统一，不流血而贯彻共和之目的，厥功甚懋。所请辞退议和代表事，应即照准。谨代民国伸谢。总统孙文。篠。

据《临时政府公报》第十九号（南京一九一二年二月二十二日）

复袁世凯电①

（一九一二年二月十七日）

万急。袁大总统鉴：咸电敬悉。公之委曲求全，其义昭于日月，惟国民劳公以全局，德望所存，在北在南，无不可以全副精神相统摄。此间为难之处，亦非文字可尽达，已委托唐绍仪君等北赴，造陈一切，公自鉴察。至公谓目前北方秩序，不能得措置各方面同〔合〕宜之人，自不待言。然若分别诸要端，多电知数人，俾各受所委，得资镇摄，此亦为将来政府偏于南北东西必当筹用〔划〕之一法，公应首肯。文实竭蹶于服务，日夜翘盼卸代。孙文。篠。

据《临时政府公报》第十九号（南京一九一二年二月二十二日）

---

① 此电与北京《临时公报》1912年2月份同一电报互校，文字略有更改。

复孙道仁电

（一九一二年二月十七日）

万急。闽孙道仁鉴：铣电悉。所陈之事，皆为巩固民国根本之策，洞中肯要，无任钦佩。至虑总统辞职、人心动摇等语，现在南北联合，民国统一，战事既息，人心自安。更由参议院编定宪法，使临时政府得以遵守，自不致有损害秩序之虞。总统孙文。篠。

据《临时政府公报》第十九号（南京一九一二年二月二十二日）

致吴绍璘等电

（一九一二年二月十七日）

沪军第一师长吴绍璘暨各军将领鉴：陈都督为民国首功之人，必不能听其告退，本总统已有电慰留。惟苏都督一职，须由地方议会公举，不能由中央派委，若经正式选举，本总统无不同意也。总统孙文。篠。（印）

据上海《民立报》一九一二年二月二十二日

复陈其美电

（一九一二年二月十七日）

上海陈都督英士鉴：铣电悉。顾鳌案可即保释。总统孙文。篠。

据《临时政府公报》第十九号（南京一九一二年二月二十二日）

致黎元洪电

（一九一二年二月十七日）①

飞行船事，前已电告，不知价值贵贱，故请尊处派人至沪接洽。今阁下既知其价昂，即请要减为是，已转电神村矣。

据易国干等编《黎副总统政书》卷七（武昌官印刷局一九一四年版）

复袁世凯电

（一九一二年二月十八日）②

北京袁大总统鉴：铣电悉。此间派定教育总长蔡元培为欢迎专使，外交次长魏宸组、海军顾问刘冠雄、参谋次长钮永健〔建〕、法制局局长宋教仁、陆军部军需局长曾昭文、步兵第三十一团长黄恺元、湖北外交司长王正廷、前议和参赞汪兆铭为欢迎员，偕同唐绍怡〔仪〕前往北京，专迎大驾。并令该员等于起程时，另电左右。孙文。啸。

据《临时政府公报》第二十号（南京一九一二年二月二十三日）

---

① 此电所标时间系《黎副总统政书》所署电报收到日期。
② 此电系为派专使蔡元培等迎袁南下就职而发。唐绍仪是以民国外交代表身份同行。

致袁世凯电

（一九一二年二月十八日）

北京袁大总统鉴：顷得安庆孙都督来电称："有志士柳大年号曼清者，于阴历十月中旬，同吴莲伯组织急进会，事泄，为赵尔巽派张作霖于宁远捕去，与张涵初等同禁模范监狱。今清帝退位，民国统一，应电袁君慰庭电赵，各政治犯立释"等情。据此，即电使赵督释放，是所切感。孙文。啸。

据《临时政府公报》第二十号（南京一九一二年二月二十三日）

致唐绍仪电

（一九一二年二月十九日）

万急。上海沧洲别墅唐少川先生鉴：晋省电言旧政府攻破娘子关后，所派入军队尚有抢掠之事，晋人对于此项军队，感情甚恶，倘不从速悉数撤出，恐酿成事端。请酌转袁公办理。孙文。皓。

据《临时政府公报》第二十号（南京一九一二年二月二十三日）

复袁世凯电

（一九一二年二月十九日）

北京袁大总统鉴：巧电谨悉。南军各队早已电令停止进行。据尊电所言，则或有未接布告而生误会者，今已严谕各军切实遵行矣。此复。孙文。皓。

据《临时政府公报》第二十号(南京一九一二年二月二十三日)

复伍廷芳电

（一九一二年二月十九日）

上海伍廷芳先生鉴：巧一电悉。所陈姚荣泽案，审讯方法极善，即照来电办理可也。孙文。皓。

据《临时政府公报》第二十号(南京一九一二年二月二十三日)

复马毓宝电

（一九一二年二月十九日）

江西马都督鉴：外官制尚未发表，尊电欲于各司之外立参谋处、承政厅，自可权宜暂行。此复。孙文。皓。

据《临时政府公报》第二十号(南京一九一二年二月二十三日)

致胡瑛电

（一九一二年二月十九日）

万急。烟台转山东胡都督经武鉴：铣电悉。所陈派代表与鲁抚张广建接洽，事甚善，即照来电办理可也。总统孙文。皓。

据《临时政府公报》第二十号(南京一九一二年二月二十三日)

复谭人凤民立报馆电

（一九一二年二月二十日）①

北面招讨使谭人凤先生、民立报馆鉴：电悉。文等所求者，倾覆满清专制政府，创立中华民国也。清帝退位，民国统一，继此建设之事，自宜让熟有政治经验之人。项城以和平手段达到目的，功绩如是，何不可推诚？且总统不过国民公仆，当守宪法，从舆论。文前兹所誓忠于国民者，项城亦不能改。若在吾党，不必身揽政权，亦自有其天职，更不以名位而为本党进退之征。先生在野，吃苦辞甘，宁不喻此，祈更广之。孙文。

据《临时政府公报》第十七号（南京一九一二年二月二十日）

复袁世凯电

（一九一二年二月中旬）②

万急。北京袁慰庭先生鉴：真电及唐③转来真电具悉。清帝辞位，执事宣言赞成共和，民国从此大定，不胜忻庆，盖全国人民之幸福也。现即报告参议院，提出辞表，推荐执事。至共和政府，不能由清帝委任组织，若果行之，恐生莫大枝节。执事明于理势，当必知此。请即速来宁，以副众望。如虑一时北方无人维持秩序，当可由执事举人，电知临时政府，界以镇守北方

---

① 此电所标时间系《临时政府公报》第十七号出版日期。
② 此电系复"真电"，文中提及"清帝辞位，……现即报告参议院，提出辞表，推荐执事"等语，此电当写于2月中旬。
③ 唐，即唐绍仪。

全权。谨布,候复,并表欢迎之至意。孙文。

> 据《临时政府公报》第十八号(南京一九一二年二月二十一日)

致陈炯明及广东各团体电

(一九一二年二月二十一日)

万急。广州都督、临时省会、军团协会、总商会、报界公会鉴:因推举袁君为第二临时总统,纷接来电相争,其词颇多误会,恕不能缕缕见复,谨将括举其要以相答。诸君尽其心力,与各省同志左右挈提,覆满清而建民国,今日目的已达,以此完全民国,归诸全体四百兆人之手,我辈之义务告尽,而权利则享自由人权而已,其他非所问也。至于服务之行政团,若总统者,皆我自由国民所举用之公仆,当其才者则选焉。袁君之性情不苟于然诺,当其未以废君为可也,则持之;及其既以共和为当也,则坚之。简〔其〕诺甚濡,其言弥信。彼之布告天下万世,有云不使君主政体再发生于民国,屡次来电,自承为民国一公民,不受亡清之委任,于既被选举之日,犹仅任维持北方秩序,亦可谓能知大义者矣。至彼知〔之〕委曲求全,予亡清以优待,亦隐消同国之战争。功罪弗居,心迹自显。前日之袁君,为世界之一人,今日之袁君,为民国之份子。量才而选,彼独贤劳。正我国民所当慰勉道歉,责之以尽瘁,爱之以热诚者。总统既非酬庸之具,袁君即为任劳之人。宜敬观其从容敷施,以行国民之意,使民国之根基,由临时尽力维持而完固焉。公等其鉴文之微忱也。孙文。(印)

> 据《推荐袁世凯为总统之各电》,载胡汉民编《总理全集》第三集(上海民智书局一九三〇年版)

复五大洲华侨电①

（一九一二年二月二十一日）

旅居五洲同志、华侨诸君同鉴：因推举袁君为第二临时总统，纷接来电相争，其词颇多误会，恕不能缕缕见复，谨括举其要以相答曰：诸君尽其心力，与内地同志左右挈提，仆满清而建民国，今目的已达，以此完全民国，归诸全体四百兆人之手，我辈之义务告尽，而权利则享自由人权而已，其他非所问也。至于服务之行政团，若总统类者，皆我自由国民所举用之公仆，当其才者则选焉。袁君之性情不苟于然诺，当其未以废君为可也，则持之；及其既以共和为当也，则坚之。其诺甚濡，其言弥信。彼之布告天下万世，有云：不使君主政体再发生于民国。大哉言矣！复何瑕疵？至彼之委曲求全，予亡清以优待，亦隐消同气之战争。功罪弗居，心迹自显。前日之袁君，为世界之一人；今日之袁君，为民国之分子。量才而选，彼独贤劳。正我国民所当慰勉道歉，责之以尽瘁，爱之以热忱者也。总统既非酬庸之具，袁君即为任劳之人。宜敬观其从容敷施，以行国民之意，使民国之根基，由临时尽力维持而完固焉。我同志其鉴文之微忱。

据上海《民立报》一九一二年二月二十三日《孙总统复各埠华侨电》

复广东各团体并各报馆电

（一九一二年二月二十一日）

广东各界团体并送各报馆公鉴：连接各界议举家兄为粤督之电文，文未

---

① 此电与《临时政府公报》第二十号《大总统复五洲同志华侨询推举袁世凯为第二临时大总统函》同，参照互校。

作答,非避嫌也。家兄质直过人,而素不娴于政治,一登舞台,人易欺以其方。粤督任重,才浅肆应,决非所宜。若为事择人,则安置民军、办理实业,家兄当能为之。与其强以所难,将来不免覆悚,何如慎之于始。知兄者莫若弟,文爱吾粤,即以爱兄也。谨布。孙文叩。箇。

据《临时政府公报》第二十一号(南京一九一二年二月二十四日)

致孙眉电

(一九一二年二月二十一日)

孙寿屏大哥鉴:粤中有人议举兄为都督,弟以为政治非兄所熟习。兄质直过人,一入政界,将有相欺以其方者。未登舞台,则众人属望,稍有失策,怨亦随生。为大局计,兄宜专就所长,专任一事,如安置民军、办理实业之类,而不必当此大任。且闻有欲用强力胁迫他人以举兄者,以此造因,必无良果,尤不可不避也。弟文叩。箇。

据王兴瑞《革命事迹寻味录》,载《民族文化》第二卷第五、六期合刊(广东省文化运动委员会一九四二年版)

致张凤翙电

(一九一二年二月二十一日)①

万急。西安陕西都督张凤翙鉴:清帝已经退位,南北一致。今日袁慰庭君来电云:"请电知陕西,移军西向,专防升允。北军退出潼关,决不西进,谨〔仅〕留队伍防堵土匪,余均开回北方防堵。"奉闻,特此通知,宜相机防战

---

① 此电所标时间系《临时政府公报》第十八号出版日期。

为盼。总统孙文。

据《临时政府公报》第十八号(南京一九一二年二月二十一日)

复陈锦涛电

(一九一二年二月二十一日)①

万急。上海汉口路财政部办事所陈锦涛君鉴:盐电悉。清帝退位,民国大定。新选总统系承受现在南京临时政府之事,凡民国现行财政事宜,如公债、外债、中国银行之创办,及一切财政之已经施行者,当然继续有效,绝无疑问。可由财政部宣布。总统孙文。

据《临时政府公报》第十八号(南京一九一二年二月二十一日)

复孙道仁彭寿松电

(一九一二年二月二十二日)

福州孙都督、彭政务长公鉴:迭接来电,彭君经营光复之事,文所素知,即光复以后,亦赖襄赞,诚如孙都督所言。现时外官制未画一,各省权宜之办法,自可照行。尤有言者,吾辈对于国事有所谓役〔义〕务,无所谓利权,故责任未尽者,不能以引退为名高,此意尤望君等体之。总统孙文叩。祃。

据《临时政府公报》第二十一号(南京一九一二年二月二十四日)

---

① 此电所标时间系《临时政府公报》第十八号出版日期。

致陈炯明等电①

（一九一二年二月二十二日）

陈都督并各界公鉴：革命功成，民国统一，胡都督不日可回原任，精卫亦能同回助理，请毋庸另举他人。现状维持，统祈暂为尽力。总统孙文。（印）

据胡汉民编《总理全集》第三集（上海民智书局一九三〇年版）

致各省都督电

（一九一二年二月二十三日）

各省都督鉴：顷据驻宁英、德、日三国领事奉各该国公使命，到部面商改订邮政现行办法，经本部议定如下：（一）邮票由中央政府颁发，各省不得另行印用，以归划一；（二）此次新颁发之邮票，暂准通行于国内；（三）各省现办邮务各洋员，可准其照向章办理，暂勿干预。以上各条，即希分饬各属照办。总统孙文、外交总长王宠惠。元。

据《临时政府公报》第二十号（南京一九一二年二月二十三日）

致陈炯明及广东各界电

（一九一二年二月二十三日）

广东都督、省会、年〔军〕团协会、各界团体公鉴：现委任汪精卫督粤，俟

---

① 底本原标题为《为粤事致广东各界电》。

袁世凯来宁,精卫即返。其未到任以前,由陈督代理,不可更辞。各界不可再举他人。切切。总统孙文。梗。

据《临时政府公报》第二十二号(南京一九一二年二月二十五日)

致袁世凯电

(一九一二年二月二十三日)

北京袁大总统鉴:奉天、哈尔滨、黑龙江等处官吏反对共和,惨杀民党。当此南北统一,拯救民生,维持秩序,最为要策,岂容东省官吏破坏全局。况北满介于两大①,更不宜有阋墙之祸。祈速电阻妄杀,并将段军就近弹压,保护大局,国民幸甚。孙文。梗。

据《临时政府公报》第二十四号(南京一九一二年二月二十八日)

复黎元洪电

(一九一二年二月二十三日)

黎副总统鉴:简电悉。查民国军兴以来,各战地将士赴义捐躯,伤亡不尠,均赖红十字会救护、掩埋,善功所及,靡特鄂省一役而已,文实德之。兹接电示,以该会前在武汉设立临时病院,救伤掩亡,厥功尤伟。复经日本有贺氏修改会章,已得万国红十字会公认,嘱予立案等因。该会热心毅力,诚不可无表彰之处,应即令由内务部准予立案,以昭奖劝。孙文。梗。

据《临时政府公报》第二十二号(南京一九一二年二月二十五日)

---

① 两大,指日、俄帝国主义。

复南昌临时议会电

（一九一二年二月二十三日）①

南昌临时议会鉴：电悉，铁路借款前电马都督②即欲使通知省会等征求意见，现时中央财政困乏，各省协助，虽无一定之额，然如苏路则以百余万借于中央，浙路借款若成，亦允以大部分借用。对于赣路议借百五十万，以一百万归本省亦审度所能出。此议非马都督提起，至应否由股东会取决，可听主裁，惟望知大局之艰难，中央需款之急，一时财政收入无源，亟相扶助，则民国之幸也。盼速复。总统孙文。（印）

据上海《申报》一九一二年二月二十三日《赣省抵借外债之电书》

致蔡锷电

（一九一二年二月二十四日）

云南蔡都督鉴：敬电悉。蜀省军府分立，势甚危险，诚如敬电所云。幸近日逐渐取消，办理略有端绪，可为告慰。此间拟即派一娴熟该省情形之人，前往筹划一切统一事宜。总统孙文。敬。（印）

据昆明《滇南公报》一九一二年三月十三日

---

① 此电所标时间系报纸刊载时期。
② 马都督，即马毓宝。

致尹昌衡等电

（一九一二年二月二十四日）①

成都都督尹昌衡、罗沦〔纶〕鉴：川省召集临时省会，权宜办法，自属可行。至议决权限，各省亦未一致，惟在斟酌情势为之。总统孙文。

据《临时政府公报》第二十一号（南京一九一二年二月二十四日）

致张凤翙电

（一九一二年二月二十四日）②

西安都督张凤翙鉴：南北统一，而升允反对共和，袁公亦主击之。如尊处兵力不足，可就近商袁部合兵。总统孙文。

据《临时政府公报》第二十一号（南京一九一二年二月二十四日）

致袁世凯电

（一九一二年二月二十四日）③

北京袁大总统鉴：山西屡电请转知撤退太原兵，召还晋省都督。查前清兵在晋，确有野蛮举动，大拂舆情。现在中国一家，秦兵既肯退出潼关，何独

---

① 此电所标时间系《临时政府公报》第二十一号出版日期。
② 此电所标时间系《临时政府公报》第二十一号出版日期。
③ 此电所标时间系《临时政府公报》第二十一号出版日期。

薄于晋省？若晋督还晋，李盛铎仍为民政长，则一是安谧矣。谨布，候复。孙文。

> 据《临时政府公报》第二十一号（南京一九一二年二月二十四日）

致陈席儒等电

（一九一二年二月二十六日）

香港陈席儒、杨西岩，广州陈都督，省会各界团体公鉴：家兄之事，文期期以为不可，前已有电劝家兄及电省城各界矣。昨再电粤，许令精卫、汉民俱回，请省会毋庸另举他人。汪、胡两人未返之前，仍应由陈都督代理，想我粤父老闻之，当可稍慰。总统孙文。（印）

> 据《为粤事致广东各界电（二）》，载胡汉民编《总理全集》第三集（上海民智书局一九三〇年版）

致陈炯明电

（一九一二年二月二十六日）

万急。广东陈都督：前廿二日电，令胡汉民回任，汪精卫同返。次日，汉民面陈力辞，故廿三日再电，委任汪精卫督粤，俟袁世凯来宁，精卫即返，未到以前，由陈督代理。两电想先后到粤。自以廿三日电为实，以精卫督粤，陈督代理。其廿二日汉民回任之令取消。特此电闻，并转各界知之。总统孙文。廿六。

> 据《临时政府公报》第二十五号（南京一九一二年二月二十九日）

致袁世凯电

（一九一二年二月二十六日）

　　北京袁大总统鉴：顷得陕都督廿二电，升允闻清帝辞位，仍反对共和，已破醴泉，现攻咸阳，省城危急万分，请电尊处，速为救援。查升允实为国民公敌，前已承段军允借饷械助战，惟虑不足应急，更请从速设法为援。幸甚。孙文。宥。

据《临时政府公报》第二十五号（南京一九一二年二月二十九日）

致陈其美电

（一九一二年二月二十七日）

　　万急。上海陈都督鉴：前得辞表，亟电挽留。顷闻执事退志仍坚，政府亦当成执事让德之美。惟以军事、财政、外交、交通诸大端言，沪上都督万难遽行取消，幸请顾全大局，再行勉为其难。俟前述诸大端中央布置就绪后再商。至盼。总统孙文。沁。

据《临时政府公报》第二十五号（南京一九一二年二月二十九日）

复陈作霖等电

（一九一二年二月二十八日）

　　民立报、天铎报转江皖绅商陈作霖等公：电悉。已电令财政部总长速饬该行拨济矣。总统孙文。

据上海《民立报》一九一二年二月二十八日

致鄂省同志电①

（一九一二年二月二十八日至二十九日间）②

昨夕接鄂省来电云：各同志与军务部长孙武大起冲突。其中理由虽不甚悉，惟我民国军宗旨不外厚爱同胞，保全大局。况该部长于起义之时，不为无功，请同志尤宜格外原谅。万一有不能容恕之处，亦宜宣明罪状，同议办法，不失为文明举动。文已电谕军务部长张振武、北洋军统杜锡钧、混成协协统王安澜、前先锋第一军统领王国栋等，就近极力排解，旋即派代表来鄂彻查。务望各同志和平为主，毋伤同胞同志之意，毋启外人干涉之端。是则文所厚望，诸同志三思为幸。

据上海《时报》一九一二年三月六日《二次革命之尾声》

复黎元洪电

（一九一二年二月）

冬电悉。军务司长孙武辞职，派曾广大接充，内务、教育两司亦均得人，商民不惊，市井无恙，极见荩筹硕画，布置周详，闻之极慰。

据曹亚伯著《武昌革命真史》（上海中华书局一九三〇年
三月发行）

---

① 1912年2月27日夜，湖北群英会暴动，以二次革命为名，围攻军务部，搜捕军务部长孙武。

② 电文中有"昨夕接鄂省来电"云云，当为鄂省于事变后即时发出的报告，据此推断此电当发于2月28日至29日间。

致陈炯明等电①

（一九一二年二月）

陈都督、省会、商会、军团协会、报界公会鉴：大局已定，袁慰庭南来，文与精卫、汉民俱可返粤。并可筹借巨款，为粤经营布置。请公等维持现状，勿使目前有所动摇。切切！总统孙文。（印）

据胡汉民编《总理全集》第三集（上海民智书局一九三〇年版）

致陈炯明等电②

（一九一二年二月）

陈都督、省议会、商会、军团协会、各报馆、各团体会鉴：连得军商各界团体挽留陈都督之电数十通，足知舆情所向，公论所存，无以易也。王和顺之种种不法，各界具知之，该督为地方治安计，不惮为难而行，其苦心当为各界共谅。当此大局初定，内乱初平，陈督断无轻卸责任而去之理。惟君子难进而易退，陈都督志行高洁，本总统所素知，苟社会为少数人所簸弄，不复详其苦心，则宜有抑郁思去之志矣。本总统责备贤者，自不能听陈都督之轻辞。然徒托虚言慰藉，究非所以安陈督。所企吾粤父老兄弟，知任事者之苦衷，于是非所在，辨之至明，丝毫无惑，万众一心，交用维系，以图吾粤久安长治之局，则陈督将欲去而不忍去。各界能体此意，大局之幸也。孙文。（印）

据胡汉民编《总理全集》第三集（上海民智书局一九三〇年版）

---

① 底本原标题为《为粤事致广东各界电》。
② 底本原标题为《为粤事致广东各界电》。

复张謇电①

（一九一二年二月）

电悉。该件已具前函,现仍在设法中,比较利害,可改即改。直言文所深佩。时危拂衣,想非所忍,尚企为苍生挽留,不胜盼切。

据张孝若著《南通张季直先生传记》（中华书局一九三〇年版）

致袁世凯电

（一九一二年三月二日）

万急。北京袁大总统鉴：电悉。公及专使各人无恙,慰甚。已转达各省矣。孙文。冬。（印）

据黄彦、李伯新编《孙中山藏档选编》（中华书局一九八六年版）

致唐绍仪电

（一九一二年三月二日）②

万急。北京唐绍仪先生鉴：维密。□□两电、东电均〈悉〉。日、俄加入借债,弟亦赞成。宁、鄂而外,粤亦需款,乞并注意。项城望速启程。兵变实

---

① 张謇反对汉冶萍抵押予日本,坚辞实业总长职,孙中山再电挽留。
② 此电所标时间系收到日期。

情,乞电告。项城寄新密本纽①收到。孙文。□。(印)

据黄彦、李伯新编《孙中山藏档选编》(中华书局一九八六年版)

致蔡元培等电

(一九一二年三月三日)

万急。北京六国饭店蔡元培、唐绍仪、汪季新鉴:电悉。今日之事,当以平乱为第一义。项城现在何处?即复。孙文。肴。(印)

据黄彦、李伯新编《孙中山藏档选编》(中华书局一九八六年版)

致陈其美电

(一九一二年三月三日)②

上海陈都督鉴:据驻沪通商交涉使来电云:"本月廿四日,有胡承诰者为上海闸北光复军骗出租界,被拘营次,将责以报效军饷十万元。当以筹饷与捕犯系属两事,胡承诰既非有罪,认捐军饷自有私权,今乃逮捕无辜,勒令报效巨款,殊非情理之平。函致沪军都督陈、光复军统领李③饬令释放在案,乃迄未准放。现在驻沪领事团因此事有碍治安,深抱不平,应请电饬沪军都督陈、闸北光复军统领李即行释放,以免横生枝节。盼切。温宗尧。感。"等语。应请饬查明,立予释放。总统孙文。

据《临时政府公报》第二十八号(南京一九一二年三月三日)

---

① 原文如此,未明其意。
② 此电所标时间系《临时政府公报》第二十八号出版日期。
③ 光复军统领李,即李燮和。

致庄蕴宽电

（一九一二年三月三日）①

苏州庄都督鉴：上海电云："据米业董事报告，镇江关食米弛禁，轮船纷纷往运。沪市闻此风说，米价已腾。若任听轮运出口，不特价贵可虑，且恐来源缺乏。目下兵士云集，危险可虞，务恳迅饬镇军分府，禁止轮运出口，以顾民食而靖地方。上海总分商会。俭"等语。事关民食，亟应查复。总统孙文。

据《临时政府公报》第二十八号（南京一九一二年三月三日）

致蔡元培唐绍仪等电

（一九一二年三月四日）

万急。北京六国饭店蔡元培、唐少川②等鉴：维密。哀〔东〕、冬、江各电均悉。速谋统一，自是。惟京津乱象如此，秩序未复，组织政府于旋涡中，人皆以为危。项城主如何办法，可商请急示。南方情形，亦须顾及。孙文。支。（印）

据黄彦、李伯新编《孙中山藏档选编》（中华书局一九八六年版）

---

① 此电所标时间系《临时政府公报》第二十八号出版日期。
② 唐少川，唐绍仪字少川。

复马毓宝电

（一九一二年三月四日）

　　南昌马都督鉴：艳电称，请令行各省，前清显宦专祠，不能任意销毁。此以留作办公廨宇为前提，尚确，若谓借此以崇体统，保文明，殊为不合。查前清专祠崇祀之显宦，莫如曾、左。然曾、左之所以得馨香俎豆者，特以彼能献同胞之骨肉于满廷，而满廷乃亦以尘饭土羹酬酢之，且欲诱吾汉族子孙万禩，视曾、左为师法，而遂其煮豆燃萁之计。从古专制家之蔑视公理，自谋私利，大抵如是，不特满清为然也。夫崇德报功，应以国利民福为衡准，而后不论何期，皆能血食。盖果功德在民，斯民亦永矢勿谖，荣以崇祀，庶标矩矱。若功不过一姓之良，绩不过一时之著，此当时资其效用者，固宜图有以报称之，而于后世何与焉？况此中有道德标准之关系，更安能以人人目为自残手足之人？乃因满廷私意，建有专祠，遂永使吾民馨香之，向往之，模范之，以淆乱是非公论乎！本总统为世道人心起见，对于前清显宦，固不欲因敝制而率行崇祀，以惑是非；亦决不执偏私而有意推求，以诬贤哲。惟前清诸显宦，倘人民对之已无敬爱之心，即政府视之应在淫祀之列。理应分别充公，改作正用，毋滥祀典，致蛊来兹。是则崇体统、保文明之正当办法也。特复。孙文。支。

据《临时政府公报》第三十一号（南京一九一二年三月七日）

致陈其美电

（一九一二年三月四日）

　　万急。上海陈都督鉴：顷据湘都督电称："湘岸各处缺盐，所在淡食。

淮盐无多,转运迟滞,不能不另筹接济。前经派员订购奉天余盐百余票,以济眉急。仰恳知照沪关,验明湘省护照,准其入口,输运到湘。事关民食饷需,乞俯允转行,并恳赐复。湘都督谭延闿叩。艳。"等语。仰即知照沪关照办。总统孙文。支。

据《临时政府公报》第三十二号(南京一九一二年三月八日)

致蔡元培等电

（一九一二年三月五日）

北京六国饭店蔡元培、唐绍仪、汪精卫诸君鉴：维密。长电悉。明日即付议①。今晨由汉民电拟以黎副总统代项城在南接事,一面以同意唐公②为总理,此即最完全调和之办法,且可迅速。如黎可能来,则濮经由榕间交代于武昌,盖断不敢以空言参涉,使南方先成牺政府状态也③。至统一组织成,任袁公便宜定奋〔夺〕。文原主北京不可建立政府,正因在外人势力范围之中。今日本等纷进兵,尤非桦〔昔〕比。公等亦持苟且之见,夫复何言！此时在北组织,直至〔自〕投罗网,甚〈恐〉将来为高丽、安南之缵〔续〕。惟文此时若再争之,必绨〔致〕强拂众论,而有所恋图。故文欲企〔于〕十日内办到解职,昭示天下。仍望项城远虑,不必觅北方之见。今北方仅军队小动,南方人心犹未统一,项城既不南下,临时政府又瞬息迁移,如何可杰〔使〕异日不致分离？人〔仍〕望见教。孙文。歌。（印）

据黄彦、李伯新编《孙中山藏档选编》（中华书局一九八六年版）

---

① 指临时参议院定于1912年3月6日开会讨论袁世凯应否到南京就职问题。
② 唐公,即唐绍仪。
③ 整句误字甚多,蔡元培等接电后感到无法理解,曾在誊清电文时试改作："如黎不能来,则仆径由此间交代于武昌,盖断不敢以空言牵使南方先成无政府状态也。"两天后即3月7日,蔡元培等又发去专电说："误字太多,不能了解",要求孙中山"请速详示",予以澄清。

复章太炎电

（一九一二年三月五日）

上海〈《大共和日报》转章太炎诸先生鉴〉①：所谓取消，即取消合办草约十条之批许也。此草约以须通过股东会而后成立，股东会抗议即无效，不问前曾批许其可以立约否，况政府以后令取消之耶。两次电王转盛②，皆令取消合办之约。昨得王复电云："盛来电本嘱早开股东会，而董事会则以代表股东名义到东取消。如必须全体股东公决，俟复到即约齐董事登报开股东会公决"等因。附告。孙文。歌。

据上海《民立报》一九一二年三月七日

致黎元洪电

（一九一二年三月六日）

昨得北京蔡专使电如下："培等此次奉总统令而来，本止有欢迎被选大总统袁君赴南京就职之目的，顾自抵天津，而北京各团体代表之纷纷来见呈递说帖者、北方各军队首领之驰电相商者已数十通，佥以袁君不能离京为言，且无不并临时政府地点为一谈。元培等以职务所在，无稍事通融之理。且袁君面称：'极愿早日南行，惟徇于北方各种困难问题，须妥为布置'云云。是本与培等北来之目的决无差池。故培等一方面对于诸要求者撤去临时政府地点问题，而惟坚执袁公不可不赴宁受职之理论；一方面催促袁公布置北方各事，以便迅速启行。不意前月二十九日夜，北京军队忽起变乱，一般

---

① 此句据陆达节编《孙中山先生外集》（上海中华书局1932年版）增补。
② 电王转盛：王即王勋（字阁臣），盛即盛宣怀。

舆论，以袁将南行为其主要之一原因。内变既起，外人干涉之象亦现，无政府之状态，其害不可终日。于是一方面袁君颇不能行南，而一方面则统一政府不可不即日成立，在事实上已有不可易之理由。培等会议数次，全体一致谓不能不牺牲我等此来之目的，以全垂危之大局。爰于初一、初二两日叠发公电、私电多次，提议改变临时政府地点，冀得尊处同意，以便改转交涉之方针。乃两日间未得一复，而保定、天津相继扰乱，大局之危，直如累卵。爰于今日午后开会议，准备于袁君为最后之交涉，于会提议准备之主旨两条：（一）消灭袁君南行之要求；（二）确定临时政府之地点为北京，共达此主旨之方法。又大略袁君在北京行就职式，而与南京、武昌商定内阁总理，由总理在南京组织统一政府，与南京前设之临时政府办交代，公遣外务总长或次长到北京任事。其参议院及内阁全部迁北京时，用重兵护卫，以巩固政府，弹压内乱，全体赞同。然此事虽为今日必要之举，而以培等职务所在，决不能为此案之提议者。迨唐绍仪、汪兆铭与袁君最后熟商之结果，遂与培等准备会议所提出之两条相同。惟以何等手续行此两条，始无窒碍，则非在南京讨论不可。嗣定于欢迎团中推数人，袁君亦派亲信者数人，同赴南京。仪、铭回寓告之培等，培等皆赞同，遂推定教仁、永建、正廷、遗汉四人回南。袁君所应派之人，属仪酌定，绍仪与同人商酌，指定唐在礼、范源濂二君，已商袁派定同行。将来一切详细办法，均由教仁等到南京后妥商，不先赘述。惟约计自启行以至商定，至早必要十日以外，而北地之人，以恐误大局者，函电纷至，外人亦啧有烦言，若不从速解决，以安人心，恐至败坏，不可收拾。敢请尊处迅开会议，如赞同袁君不必南行就职及临时统一政府设在北京之议，请即电复，并宣布中外，以拯危局。至培等放弃职务之罪，则敬请执法惩处。蔡元培。支。"云云。特达。

据易国干等编《黎副总统政书》卷七（武昌官印刷局一九一四年版）

致黎元洪及各省都督电

（一九一二年三月六日）

武昌黎副总统、各省都督鉴：得北京蔡专使等迭次报告北方最近情形，以为袁总统急难南来，而统一政府之组织，又不可缓。为大局计，应即变通。提出办法数条，经交参议院，今日决议如下：一、由参议院电知袁总统，允其在北京受职。一、袁总统接电，即电参议院宣誓。一、参议院接到宣示之后，即复电承认，并通告全国。一、袁总统既受职后，即将拟派国务总理及各国务员姓名电知参议院，求其同意。一、国务总理及各国务员任定后，即在南京接收临时政府交代事宜。一、孙总统于交代之日始行解职。以上各条，除电复北京外，谨闻。孙文叩。

据上海《申报》一九一二年三月九日《南京孙总统电》

复报界俱进会及各报馆电

（一九一二年三月六日）

报界俱进会及各报馆鉴：民国一切法律，须经参议院议决发布，乃生效力。此次内务部所布暂行报律三章，未经参议院决议，应作无效。除令该部知照外，特此复闻。总统孙文。麻。

据上海《民立报》一九一二年三月八日

复蔡元培等电

（一九一二年三月七日）

北京六国饭店蔡元培等鉴：鱼电悉。前提议袁大总统不必南行，委由副总统代赴南京，惟以内外属望至殷，副总统或不能遽来，仍恐有稽时日。昨提出参议院，经院决议，电允袁总统在北京受职。是黎副总统来宁代表一节，可以取消。惟袁总统得参议院电复认可之日，举行仪式，应由专使等代表民国接受誓词，赍交参议院保存，以昭隆重。专复。并请达商袁大总统。孙文。虞。

据《临时政府公报》第三十三号（南京一九一二年三月九日）

复袁世凯电

（一九一二年三月七日）

北京袁大总统鉴：鱼电悉。支日因专使来电，知公不能刻日南行，故有商请黎副总统到宁代公受职之电。同日接各界来电，期望至殷，言之迫切。因恐黎副总统镇守武昌，不能遽来，仍稽时日，是以将专使要求各条提交参议院，当经院议决〈允〉①公在北京受职。其办法六条，除由参议院电知外，今日一再电专使转达尊处。请黎副总统代行一节，可以取消。尤望即依参议院所开手续，正式受职，速电国务总务总理员名，俾参议院同意，刻日派遣来宁，接收交代，早定大局。无任切盼。孙文。阳。

据《临时政府公报》第三十三号（南京一九一二年三月九日）

---

① 据北京《临时公报》1912年3月11日校补"允"字。

致黎元洪电

（一九一二年三月七日）

　　武昌黎副总统鉴：闻军界各同志与军务部部长孙武起冲突，经副总统令孙武辞职，而论者依然不靖，且有购拿之说。按前武昌军务部长孙武，奔走光复之事累年，此次武昌起义，厥功甚著。纵使行事用人或有偏颇，而解职以去，用避贤路，副总统可谓持之平允矣。至谓孙武有何罪状，则当由副总统正式宣布，岂容蜚语四出，极其所之，致使望门投止，状类逋逃，文以为甚非所以待有功者之道。敬请副总统为各界告戒，无伤同气，无害功能，天下幸甚。孙文叩。虞。

　　　　　　据《临时政府公报》第三十三号（南京一九一二年三月九日）

致蔡元培等电

（一九一二年三月八日）

　　万急。北京六国饭店蔡元培、唐少川、汪兆铭鉴：维密。要汪报告，系参议〈院〉决议，仍请汪即返。报载北京陆军部于前次武汉于敌保案仍旧给奖，此事如确，无异反对共和，应力阻。孙文。庚。（印）

　　　　　　据黄彦、李伯新编《孙中山藏档选编》（中华书局一九八六年版）

致驻川滇军司令长电

（一九一二年三月八日）

重庆张、夏①都督转滇军司令长鉴：据蜀军政府歌电，滇军抵渝，索饷四十万，并欲驻扎城内，恐滋惊扰，请示方略各等语。查本总统前因川乱就平，曾电滇都督将驻川滇军撤回，慎固边圉。旋以陕西升允猖獗，由参谋部电命该军取道汉中，会师援陕。现闻该军东下，其意仍在北伐。不知自清帝退位后，北伐之事久已中止。该军当确遵参谋部电命，由郧阳或襄阳援陕为要。至各地甫经安集，易起惊扰，该军军行所至，尤以客主相安为第一要义。军饷一层，蜀军政府自当量力筹济，滇军亦不可任意要索，致伤邻谊。破坏之后，祸机丛伏，所恃以维系者，唯顾全大局之一念耳。切切望之。总统孙文。庚。（印）

据《临时政府公报》第三十四号（南京一九一二年三月十日）

致蔡元培等电

（一九一二年三月九日）

万急。北京六国饭店蔡元培等鉴：维密。庚电悉。袁公受职时，请为文致贺。印可另铸。惟国务总理、国务员须速来，使文速交代、解职，符参议院议案。此间之印，即可取消。孙文。佳。（印）

据黄彦、李伯新编《孙中山藏档选编》（中华书局一九八六年版）

---

① 张、夏，即张培爵、夏之时。

复袁世凯电

（一九一二年三月九日）

北京袁大总统鉴：顷得初八日电，悉国务总理拟任唐君绍仪，文极赞成，即代咨送参议院矣。孙文。佳。

据《临时政府公报》第三十六号（南京一九一二年三月十二日）

复袁世凯电

（一九一二年三月十一日）

顷得参议院咨云："初九日准大总统咨称：'新举临时大总统袁电开：现国务总理拟派唐君绍仪，请将此电送交参议院，求其同意云云。咨请本院议决咨复转复'等语。本日常会经将此案提出，已得多数同意。为此咨复，请转复新举临时大总统袁即行任命可也。"准咨，即此电闻。孙文。真。

据北京《临时公报》一九一二年三月十七日

致袁世凯电

（一九一二年三月十二日）

北京袁大总统鉴：据军商各界呈称："易迺谦、王遇甲、丁士源、徐孝刚等前在汉口惨杀军民，绝灭人道，乡里切齿，咸欲得而甘心。共和成立以后，又对于南方代表谩詆共和，故意挑起南方恶感，南方将士皆称应行宣布死刑。应请径电袁总统,先行停止委用"等语。自系实在情形,即希查核办理。孙文叩。侵。

据《临时政府公报》第三十八号(南京一九一二年三月十四日)

致王和顺电

(一九一二年三月十二日)

广东报界公会转惠军统领王和顺鉴:闻惠军在省与督部新军有冲突事。陈督设法安置民军,自为今日治粤必然之策。且分别留遣,并无一律解散之说。君等宜遵守约束,共维大局。须知世界民〔各〕国之军队,皆不能讲平等,而命令必出于一是。倘以猜嫌之故,致启纷争,惊扰居民,谁任其咎?特此正告我爱国之民军知之。总统孙文。侵。

据《临时政府公报》第三十八号(南京一九一二年三月十四日)

致陈炯明电

(一九一二年三月十三日)

万急。广东陈都督炯明鉴:前以南北统一,民国大定,各省民军过多,亟宜分别遣留,由陆军部通行命令到粤。贵都督按切地方情形,酌量留遣,办理有方,各路民军亦遵约束。乃王和顺妄造谣言,率先狙击巡查军队,抗拒命令,并伤及派往弹压长官,开炮哄〔轰〕城,肆扰居民,自〔若〕非蓄意破坏广东,何至有此暴乱行动?现闻王和顺经已在逃,除吴镜如一协遵命不动外,皆已分溃。仰贵都督迅即严行搜捕解散。其余各路民军,于起义之际,具有勤劳,北方既平,当以公安为重。慎终如始,方为善俱勋名。将此通令知之,其勿负本总统之期望也,临时大总统孙文。元。

据《临时政府公报》第三十九号(南京一九一二年三月十五日)

复奉天谘议局电

(一九一二年三月十三日)

奉天谘议局:华俄草约并无抵押之说,前后经参议院多数决议通过。惟此约因少数议员宣布,已归无效。此复。孙文。元。

据《临时政府公报》第三十九号(南京一九一二年三月十五日)

致南昌临时议会电①

(一九一二年三月十四日)②

据贵省马都督来呈辞职并请派员接管等因。查都督为今日地方行政长官,责任重大,应由省议会公举,而得中央同意,加给委任,方足以昭慎重。今马都督历陈办事艰难,力求隐退,即请贵会速行正式选举继任之人,电告以便核委。

据上海《申报》一九一二年三月十四日《赣省更举都督情形》

---

① 据报载,江西都督马毓宝于3月7日晚间"历叙办事困难",电致孙中山辞职。
② 此电所标时间系上海《申报》发表日期。

致唐绍仪电

（一九一二年三月十四日）

统一政府幸已就绪，赶须来宁，接收交代，以期提前成立，不得再稍延缓。

据天津《大公报》一九一二年三月十八日《孙中山电催唐总理》

致袁世凯电

（一九一二年三月十六日）

兹得张季直电云："江皖灾民待赈，死亡相属，各县函电呼吁不绝于道。前电商袁总统，复称允为借款，先拨三十万济急，迄今未到。而自三十万之说发表，灾区呼吁益迫，除再电商袁总统先行电令上海中华银行借垫银十五万以救眉急外，特更电公，请再转商袁总统迅照拨。沪。謇"等因。谨电闻。孙文。铣。

据许师慎编《国父当选临时大总统实录》上册（台北"国史"丛编社一九六七年初版）

复陈炯明电

（一九一二年三月十九日）

万急。广东陈都督炯明鉴：电悉。王和顺在粤举动，早有所闻，蓄意破坏，当非一日。此次公然作乱，目无法纪，幸除其一二私党之外，各民军皆知大义,不受所煽惑。而贵都督坚强不挠,办理尤合机宜,民害之除,社会之幸也。自兹以后,我粤民军当以遵守军纪、维持治安为第一之天职,慎终如始,善保光复之成勋,是所厚望。临时大总统孙文。皓。

据《临时政府公报》第四十五号(南京一九一二年三月二十二日)

复上海各报馆电

(一九一二年三月十九日)

上海各报馆公鉴:电悉。经由同盟会本会监事查复,广东《七十二行商报》九日所载南京同盟会本部广东分会歌电一节,本部并未发过此项电文,在宁本部亦无各省分会之组织,该报所载,实与本会无涉,特此声明。至该报有无得过此项电文,及何人妄用本部分会名义,应再彻查。先此答复。孙文。皓。

据《临时政府公报》第四十四号(南京一九一二年三月二十一日)

致袁世凯电

(一九一二年三月十九日)

北京袁大总统鉴:邮政总办帛黎,前于邮票上盖印"临时中立"字样,经外交部、交通部令其抹去此四字,加印"中华民国"字样于上。惟伊现在仍不将"临时中立"四字抹去,遂成"中华民国临时中立"八字,实属有碍国体。闻已颁发数省,应请即令帛黎转电各处,必须无"临时中立"字样,方许发行。盼复。孙文。皓。

据《临时政府公报》第四十四号(南京一九一二年三月二十一日)

致袁世凯电

（一九一二年三月二十日）

万急。北京袁大总统鉴：兹得参议员吴景濂、谷钟秀、彭占元、李槃、刘星南函称："前议决接收北方统治权案，当经咨由大总统照办。昨报载，袁总统今已将原有督抚各省改为都督，是议决案之第一项已施行。惟都督必须由本省人民公举，其如何公举，如何委任，皆于该议决案内载明。请将该案电达袁总统，以免施行时与议案龃龉。再，公举都督，必须为一般所属望之人，始能胜任。昨接直隶谘议局来电，已公举驻宁第三军军长，即广西副都督王君芝祥为直隶都督，并径电袁大总统。即请电致袁大总统，照案加以委任。不胜祷盼之至"等情。特此电闻。孙文。哿。

据《临时政府公报》第四十五号（南京一九一二年三月二十二日）

复各政党电

（一九一二年三月二十日）

民立报馆转各政党公鉴：皓电悉。前见各报来电，当即令同盟会本部干事调查。据复歌日并无发过此项电报到粤，在宁本部亦无广东分会之组织，该电与本会绝无关系。至究竟广东《七十二行商报》有无得过此电，及何人妄用此种名义，仍须彻查严究，昨已复各报馆矣。孙文。哿。

据上海《民立报》一九一二年三月二十二日

复夏之时电①

（一九一二年三月二十一日）

蜀军政府夏镇抚使之时鉴：艳电悉。公文程式必须盖印书名者，所以示负担责任、分晰权限之至意。行政阶级既有上下之分，即有命令服从之别，此公文格式所以有咨、呈、令等之区分。然负责任、分权限之精意，初不因行政之阶级而生歧异之点，亦不致以对于下级官署公文署名遂损上官之尊严也。总统孙文。

据《临时政府公报》第四十四号（南京一九一二年三月二十一日）

致各省都督电②

（一九一二年三月二十三日）

各省都督鉴：溯自川路事起，武汉倡义以来，兵燹蔓延，于兹数月，东南半壁，已无宁区，加以升庮③抗命，西北兴戎，燕都失防，祸延津保，神州以内共罹兵烽。矧当连年水旱之余，益切满目疮痍之感。夫民国新造，首重保民，顾以用兵之故，致贻失所之忧。本总统每一念及我同胞流离颠沛之惨象，未尝不为之疾首痛心寝食俱废也。兹者大局已定，抚慰宜先。为此电令贵都督等，从速设法劝办赈捐，仍一面酌筹的款，先放急赈，以济灾黎而谋善后，并将各处被难情形及筹办方法，先行电复，俾得通盘筹算，患防未然。是

---

① 此电所标时间系《临时政府公报》第四十四号出版日期。
② 本电文与本全集公牍卷收录的《命各省都督酌放急赈令》（据《临时政府公报》第五十号）内容相同，唯少"各省都督鉴"及"孙文漾"数字，今分类并存。
③ 升庮：指升允。

为至要。此令。孙文。漾。

据《申报》一九一二年三月二十六日《南京孙总统电》

致袁世凯电

（一九一二年三月二十七日）①

北京袁大总统鉴：前据上海日报公会呈陈军兴以后困难情形，请减轻邮电费前来。查报纸代表舆论，监督社会，厥功甚巨。此次民国开创，南北统一，尤赖报界同心协力，竭诚赞助。所称困难情形，自属实况。若不设法维持，势将相继歇业。当将原呈发交交通部核办。兹据呈复："拟嗣后凡关于报界之电费，悉照现时价目减轻四分之一，邮费减轻二分之一，庶商困得以稍疏，而邮电两政亦不致大受影响。除电费一项，令行上海电报总局知照外，邮费一项，恳电袁大总统转饬北京邮电总局帛黎遵照"等情。相应电请查照，转饬遵办，并见复为盼。孙文。

据《临时政府公报》第四十九号（南京一九一二年三月二十七日）

致黄兴电

（一九一二年四月六日）

准于明晨（七日）来宁，面商要公。

据上海《申报》一九一二年四月七日

---

① 此电所标时间系《临时政府公报》第四十九号出版日期。

复袁世凯电

（一九一二年四月十二日）①

急于返粤，仍乘联鲸舰取道沪上，缓日北行。

据上海《民立报》一九一二年四月十四日《北京电报》

致蒋尊簋电

（一九一二年四月十七日）

杭州蒋都督鉴：前接绍兴公民孙杰等控诉黄皆亲等罪状，并在宁省遍发传单，始以所控未知虚实，三黄又不知为何许人，曾经电令查办在案。兹查悉黄竞白即黄宝箴，系同盟会会员，黄皆亲即介卿，系光复会会员，黄柏青即宝箴之父。此次杭州光复，该员等皆卓著勋劳。所控各节，语多影响，显系挟嫌者所为，希即将前电取消，并行知绍兴军政分府，查明孙杰等捏词诬控，系何人指使，按律严究，以销隐匿而雪冤诬为望。孙文。十七。

据上海《民立报》一九一二年四月十九日《孙前总统致浙江都督电》

致陈其美及上海各界电

（一九一二年四月二十五日）

陈都督、各报馆、商学各界、〈各〉社团鉴：文于今午后抵粤，在沪荷公等

---

① 袁世凯派范源濂、唐在礼、张大昕、王赓持函至武汉邀请孙中山北上，孙中山因急于返粤，一时不能北上，复电婉谢邀请。

渥厚之待遇,情犹如昨,感不能忘。谨此电谢,并闻。孙文。

据黄季陆主编《总理全集》下册(成都近芬书屋一九四四年版)

致旅邕粤东会馆电

（一九一二年五月上旬）

南宣〔宁〕粤东会馆陈荣湘、王家恩、林鹤廷诸君鉴：江电敬悉。承电相邀,无任感谢。倘诸事稍妥,或赴邕游,以谢诸君盛意。

据黄彦、李伯新编《孙中山藏档选编》(中华书局一九八六年版)

致陆荣廷电

（一九一二年五月上旬）

陆荣廷大都督鉴：五号电悉。云南之游,尤未有期。倘粤各事稍就绪,有暇必到桂一行,藉以畅叙生平为快也。

据黄彦、李伯新编《孙中山藏档选编》(中华书局一九八六年版)

致粤汉铁路股东电

（一九一二年五月十七日）

粤汉干路,关系民国建设前途甚大,且大利所在,并为振兴实业之首务。弟顷到商办粤路公司,提倡速收三期股款,联合湘鄂,推广进行,国利民福,望速图之。孙文。篠。

据"中央改造委员会"党史史料编纂委员会编《总理全书》(台北一九五〇年至一九五二年出版)之九《文电》

复袁世凯电

（一九一二年五月中旬）

粤省大局，渐次平静，各处界限尚未甚融洽，须往各属一行，目前实难北上。并允于借款事极力调停。

据上海《天铎报》一九一二年五月二十一日

致北京国务院电

（一九一二年五月二十九日）

滇桂铁路于军事、交通、实业均有大利，亟宜修筑，如中央政府力不暇，及请由滇、黔、桂三督自行筹备。

据上海《民立报》一九一二年五月三十日《广州二十九日电》

致黄兴电

（一九一二年五月二十九日）

约同赴京，以调和党派，提倡国民捐为目的。

据《江西民报》一九一二年五月三十日《广州五月廿九日电》

复朱芾煌电

（一九一二年五月下旬）①

自民国成立，由文经手借海外华侨□百余万，其债□同盟会会员。今国内有同盟会改立政党之议，各债主多愿报效，此捐助同盟会三十万之所由来也。但政府尚未还款，而此三十万亦未交付。此外，尚有民国政府未〈成〉立之前，屡次起兵□□□而声明属于借款，许以成功后，几倍偿还者，亦在百数十万之数，有债券收条发出，行将详核开列，呈请民国政府偿还。由此观之，政府尚负同盟会巨债，焉有同盟会受惠于政府之事！私攫比款②，尤其无稽，该报造谣，本不值辩。既承兄等垂询，谨此奉复。弟见近日人心卑劣，惟利是趋，厌世之心，不禁大发。毁誉之来，早已度外置之矣。孙文。

附录　朱芾煌致中国同盟会本部电

一九一二年五月二十一日，上海大马路中国同盟会总机关部鉴：霰电悉。今日向中国日报经理陆君诘问此款证据，据云并无实证。若孙先生能将比款来历宣布，渠可更正，否则，静俟法堂裁判等语。望转达孙先生。朱芾煌复，廿一。（北京发）

据广东翠亨孙中山故居纪念馆藏原件

---

① 原电未署时间，但此电稿附有 1912 年 5 月 21 日《朱芾煌致中国同盟会本部电》，故酌定为 5 月下旬。朱系京津同盟会会员，曾任南京总统府秘书员。

② 当时报纸喧传，诬孙中山私受比款百万，1912 年 6 月 29 日孙中山致电袁世凯、国务院、参议院、财政院、各省都督等，请财政部宣布百万比款用途，以昭大信。

复国民捐总会电①

（一九一二年六月一日）

万急。南京六十团体公鉴：号电悉。民国危急，确以现刻为至甚。国民捐为救死之良剂，公等热心提倡，至为钦佩！举弟为总理，义不敢辞，望速以弟名分电各省，使四方闻风响应。粤中自接黄留守电，认捐者甚为踊跃。民国存亡，胥视此举，望公等勉之。孙文复。东。

据上海《民立报》一九一二年六月二十日《孙中山复国民捐总会承认总理电》

倡议国民捐通电

（一九一二年六月三日）

北京袁大总统、唐总理、参议院、各部总次长、鄂黎副总统、各省都督、各军师旅长、及各议会、各团体公鉴：民国存亡，千钧一发，前经留守发起国民捐，实为救亡要策。南京已由六十团体组织国民捐总会，举文为总理，义不容辞。现在各省闻风响应，认捐踊跃。惟此举须由参议院采累进法，颁行一定章程，方能有效。务祈诸公极力提倡，庶使共和基础得以巩固，民国幸甚。孙文叩。江。

据上海《申报》一九一二年六月五日

---

① 时民国临时政府财政困难，四国银行团提出了极为苛刻的借款条件。黄兴在孙中山支持下，倡议发起国民捐，以解决财政危机，抵制列强的无理要求。

致唐绍仪电①

（一九一二年六月三日）

顾全大局，毋遽辞职。

据《江西民报》一九一二年六月四日《广东六月三日电》

致梧州总商会电

（一九一二年六月十四日）

梧州总商会及各界公鉴：今日省城《民生日报》载"梧州通信"，称弟派代表杨某到梧，现寓九坊街人和商店等语。惟弟并无其事，请勿轻信。孙文。盐。②

据广州《民生日报》一九一二年六月十五日《冒认代表之无耻》

致国务院电

（一九一二年六月二十四日）③

近阅京沪某报揭载唐总理在宁曾与中山银一百万两，更有谓系比款者，全属子虚，请即由院宣明，以释群疑。

据天津《大公报》一九一二年六月二十四日《孙中山辩诬之要电》

---

① 国务总理唐绍仪因与袁世凯难于合作，遂萌去志，孙中山特电挽留。
② 附"梧州通信"《孙中山代表已到梧州》：闻孙中山先生，现拟取道梧州，直至南宁入云南一行，约日间可到。昨先生之代表杨君祝山已到梧州，寓九坊街人和商店。商会及参事会拟于本日联合各界在商会集议，筹商欢迎办法矣。（据广州《民生日报》1912年6月14日）
③ 此电所标时间为天津《大公报》发表日期。

附录 同题异文

中外各报诬已得唐绍仪贿银一百万元,现该院秘书长复电粤督,请转达中山唐已不出院中所载贿银事定系失实。

据上海《申报》一九一二年六月二十四日

致袁世凯电

（一九一二年六月二十四日）①

云贵广西僻处边陲,交通不便,以致商务实业,诸多壅滞。近日外人窥伺益急,如果不得已,而至于调动兵队,于军事上尤为不利。宜请中央政府,从速筹办。如中央之力实有不逮,则速饬该三省合力修筑,藉以振实业,巩边疆,关系匪鲜。

据广州《民生日报》一九一二年六月二十六日《孙中山关心边陲致袁总统电》

致袁世凯等电②

（一九一二年六月二十九日）③

北京袁大总统、国务员、参议院、财政部、各省都督暨唐少川、陈锦涛二先生钧鉴:报纸喧传文私受比款百万。比款用途,财政部有底账可查,请详细宣

---

① 此电文拍发日期,广州《民生日报》标明是 6 月 24 日。
② 时共和党等攻击国务总理唐绍仪在南京组阁期间滥用比国借款,且用途不明。
③ 此电韵目代日,据 1912 年 7 月 4 日天津《大公报》增补。

布,以昭大信。此事为国家名誉、政府信用、国民道德所关,政府应有明白宣布之责。如文受贿之事果确,国法具在,甘受不辞。倘实为少数私人平空捏造,更岂能任其逍遥法外?而南北报纸喧传殆遍,政府诸公坐视不理,文一人之信用不足惜,宁不为国家信用计乎?文毁家奔走国事迄数十年,共和告成,虽不敢自居有功,亦自信未有大过。而以党见纷争之故,少数私人竟不惜以毁文一人之名誉者牺牲中华民国,该辈造谣毁谤之徒,清夜扪心,宁毋汗背。要之,比款用途既为国家经费,政府应有宣示于国民之责。请财政部将前后用途,正式通告全国,以全国家信用,不胜翘盼之至。孙文叩。〈艳〉。(印)

据上海《民立报》一九一二年六月三十日《孙前总统请宣布比款用途电》

与黄兴联名致袁世凯电

(一九一二年八月二日)

国基新创,缔造维艰,我公雄略伟划,夙深景仰。久欲一亲謦欬,以慰私衷,拟缓数日,即同北上。承过爱派员及轮,愧不敢当,谨此布谢。孙文、黄兴叩。冬。

据《申报》一九一二年八月十三日《欢迎孙中山黄兴北上》

致同盟会各支部电

(一九一二年八月十三日)

各支部鉴:按北京本部来电云:"连日与统一共和党、国民公进会、国民公党协商合并,另行组织。彼此提出条件如下:(一)定名国民党。(一)宗旨巩固共和,实行平民政治。(一)党纲五条,保持政治统一,发展地方自治,励行种族同化,采用民生政策,保持国际平和。(一)用理事制,于其中推一人为理事长。昨日开全体职员、评议员联合会,合并条件已通过。"云云。文等以上列各条,与本会宗旨毫不相背,又得此多数政团同心协力,将吾党素所怀抱者见诸实行,此非独同人之幸,亦民国前途之福也。文等深为赞成。且同盟会成立之始,其命名本含有革命同盟会意义,共和初建,改为政党,同人提议变更名称者日益众,即此时而易之,可谓一举而两得矣。特此通电贵支部,务求同意,以便正式发表。文等屡承袁大总统遣使持函来邀,已定十七日起程北上,赐复即交北京同盟会本部为盼。孙文、黄兴。

据上海《民立报》一九一二年八月十五日《同盟会报告并党改组事件》

致 黄 兴 电

(一九一二年八月二十四日)

顷见总统府秘书云,张振武被执时,在张处搜得一书,系与黄兴者,内容有云托杀黎元洪事,已布置周妥等语。

据上海《民立报》一九二八年八月二十八日

复 阎 锡 山 电

(一九一二年九月一日)①

此次来京,本拟游晋,以领诸同志大教。乃先辱蒙电招,感激无似。一俟事竣,即当奉命。

据北京《民主报》一九一二年九月一日《晋人欢迎孙中山先生之热忱》

---

① 此电所标时间系北京《民主报》发表日期。

致 黄 兴 电

（一九一二年九月六日）①

上海黄克强先生鉴：到京以后，项城接谈两次。关于实业各节，彼亦向有计划，大致不甚相远。至国防、外交，所见亦略相同。以弟所见，项城实陷于可悲之境遇，绝无可疑之余地。张振武一案，实迫于黎之急电，不能不照办，中央处于危疑之境，非将顺无以副黎之望，则南北更难统一，致一时不察，竟以至此。自弟到此以来，大消北方之意见。兄当速到，则南方风潮亦止息，统一当有圆满之结果。千万先来此一行，然后赴湘。幸甚。孙文。

据上海《民立报》一九一二年九月六日《孙中山致黄克强电》

复 赵 尔 巽 电

（一九一二年九月十日）

文此行本欲赴东，与诸先生握手欢谈。惟刻有张家口及太原之行，归尚无日，容订期再复，谨此电闻。

据上海《天铎报》一九一二年九月十日

复 汪 精 卫 电②

（一九一二年九月十五日）③

铁路计划已有端倪，蜀、滇、粤、桂、黔五省已由公认，即可着手先办。借

---

① 此电所标时间系上海《民立报》发表日期。
② 时汪精卫赴欧，电告孙中山已抵巴黎。
③ 此电所标时间系上海《民立报》发表日期。

政府之力,扶助成功,六十年内中国二十万[方]里铁路,全归国有。乘此时机,祈先与法国资本家商议借款,如有头绪,再往纽约、旧金山等处与美国资本家筹议办法。如摩根君者,当必赞成此举。

据上海《民立报》一九一二年九月十五日

复天津广东会馆电

（一九一二年九月十九日）

广东会馆公鉴:效电悉,甚感。过津时,无暇逗留,欢迎至意,心领可也。谨辞谢。孙文。皓。(印)

据北京《团结报》一九八八年五月十七日《一九一二年孙中山第二次到津的情况》(下)

致李烈钧电[①]

（一九一二年九月中旬）

以中国实业生机,仅此一线,不可任意摧残,违悖民生主义。

据上海《时报》一九一二年九月十六日

致袁世凯电

（一九一二年九月二十一日）

文此次游历中外,纯从铁道政策上着眼,惟筹备之先,应将煤炭预为计

---

① 赣督李烈钧为坚持萍矿归赣自办,袁世凯去电令其不可违反商律。孙中山在京闻知此事,致电李烈钧。

划。我国产煤区域,几遍全国,往年产额在一万万吨之上,近更增加,设再整顿,定能生色。请饬农林部酌派精晓矿学者数人,随同文沿途考察一切。

据北京《民主报》一九一二年九月二十二日

致山东省议会电

（一九一二年九月二十四日）①

省议会暨各界团体公鉴:兴言游鲁,极为欢忭。兹承电邀,曷胜感谢,日内南旋,当取道鲁省与诸父老握手欢聚也。孙文叩。

据《山东公报》一九一二年九月二十五日《天津、孙中山先生来电》

致北京政府电

（一九一二年九月二十九日）

请速将办路条件拟定,交参议院通过,以便进行。

据上海《天铎报》一九一二年九月三十日

致袁世凯电

（一九一二年九月）

请饬将从前路债及有关势力范围条约一并寄沪,将从此研究条约。

据上海《时报》一九一二年十月一日

---

① 此电原无日期,孙中山于1912年9月22日晚抵天津,25日《山东公报》(日刊)发表天津孙中山来电,据此,孙的复电当发于9月24日。

致北京交通部电

（一九一二年十月三日）

详述调查路政，一切办法请该部将全国干路图表照绘一份，派员来取，以资参考。并需要调查京汉、京奉、津浦、沪宁四大路线档案。

据上海《天铎报》一九一二年十月四日（另据上海《民权报》一九一二年十月六日）

致袁世凯电

（一九一二年十月十三日）

北京袁大总统鉴：奉真电，特授文大勋位，无任惭惶。去岁民军起义，东南十余省已次第光复，文甫归自海外，其时因国内同胞感情尚有隔阂，须急谋统一，组织临时政府，勉从众议，承乏南都。后赖我公以救国决心，力全大局，几经艰苦，乃有今日。文始终因依其间，实无功可述。今承大命，特授殊位，中夜扪心，适以滋愧。且文十余年来，持平民主义，不欲于社会上独占特别阶级。若滥膺勋位，殊与素心相违，务乞鉴兹微忱，收回成命，实深感荷。孙文叩。

据上海《民立报》一九一二年十月十四日《革命伟人之平民主义》

致袁世凯电[①]

（一九一二年十月十四日）

北京袁大总统鉴：近闻闽省人心惶惶，秩序甚乱。加以军界与岑使大生恶感，并闻有更动都督一说，军民惊惶尤甚。素闻闽省自光复后，秩序优于他省，兹忽有此现象，心殊恻然。兼之闽省近接强邻，深恐一有风潮，乘机干涉。望公迅速电令孙都督[②]，竭力维持，并令岑使早日离闽，以安人心，而维大局。无任感盼。寒。

据中国国民党中央文化传播委员会党史馆藏一般档案050/352

致袁世凯电

（一九一二年十月十四日）

大总统钧鉴：筹划全国铁路机关，急待成立。兹遵照前令，暂于上海设立中国铁路总公司，即日开办，谨此电闻。公司章程及其他规定条件，容续呈。孙文。寒。

据黄季陆主编《总理全集》下册（成都近芬书屋一九四四年版）

---

① 时福建各界反对警务总监彭寿松，因此，袁世凯任岑春煊为福建镇抚使。1912年10月6日岑乘军舰率师抵闽，迫彭离闽赴香港。

② 孙都督，即福建都督孙道仁。

致胡汉民并广州各界电

（一九一二年十月十九日）①

广州胡都督并转各界公鉴：九月初九②，为乙未岁第一次倡共和革命失事之辰。烈士陆皓东殉，然附同赴义者，有临时招募之朱贵全、邱使〔四〕二人，并波累程曜臣、程奎光狱死，故当日有朱、邱、陆、程之称。此役之日，陆君主动，同谋者除生存人外，则有郑弼臣、杨衢云二人。第二次惠州起义，郑君身临前敌转战，积劳而殁。杨君在港运筹，被刺而死。又有烈士史坚如殉义于羊城，日本义士山田良介〔政〕阵亡于惠州。今逢武昌起义之辰，全国庆祝，以贺成功，追思木本水源，皆胚胎于乙未、庚子二役。而上所述之人皆已亡殁，自民国成立以来，曾未一为之表彰，文实悼之。敢请我粤同胞于九月九日大开追悼会，以表彰幽烈，并捐款分别追恤各烈士之后人。文先捐千元，请都督垫支，续当寄璧。孙文叩。

据上海《民立报》一九一二年十月十九日《纪念日之余谈》

致袁世凯电

（一九一二年十月十九日）

民军起议〔义〕达到完全目的，列强从未干预，实驻京英使朱尔典调停之力，请给勋章酬劳。

据上海《民立报》一九一二年十月二十一日

---

① 此电所标时间系上海《民立报》发表日期。
② 九月初九，当为阴历。

致北京政府电

（一九一二年十月中旬）

现聘定王宠惠为顾问，徐谦为秘书，胡朝栋为工程师。下月一同出洋考察筑路，一切聘约均期十年。

据上海《民立报》一九一二年十月二十一日

致芜湖各界电①

（一九一二年十月二十七日）

允定二十九日莅芜演说，并道谢各界前次欢迎盛意。

据上海《天铎报》一九一二年十月二十九日《孙中山由浔来电》

致袁世凯电

（一九一二年十月下旬）②

建设铁道，首重测量。现在各省路线庞杂，文一人精力有限，恐难亲至各省调查，刻拟每省派一路线测量员，期可同时测勘，并能一致进行。大总统如予俯准此项人员，即请电令各省都督酌保委用等情。

据天津《大公报》一九一二年十月三十日《孙中山请设路线测量员》

---

① 孙中山由上海乘联鲸军舰赴江西视察，中经安徽芜湖，本拟上岸，因在南京起程时，忽接萍乡煤矿急电催请速往，故过芜未停轮，使芜湖各界伫候欢迎群众大为失望。因电告仍将来芜演说。

② 底本未标明发电时间。天津《大公报》刊载此电时提到袁世凯于10月29日收到此电，故此酌定发电时间为10月下旬。参见吴元康《〈孙中山集外集〉等书勘误四则》，载《安徽史学》2003年第2期。

致新加坡商务总会电

（一九一二年十月）

新加坡商务总会转各港商会各团体公鉴：顷派王奕友乘英公司船南下筹备招股事，到时务乞鼎力提倡，以救祖国经济之危困，大局幸甚。中华银行孙文。

据上海《申报》一九一二年十月二十三日

致北京政府电

（一九一二年十月）

接甘肃赵都督来电，于西北路线规划详晰。据称拟自张绥接轨，取道宁夏凉州而达嘉峪关，无高山大河为之阻隔，较之由豫经关中达兰州者线直而地平，工程较易。所陈五利亦具有见地。谨此电闻，原电随寄。孙文。

据上海《天铎报》一九一二年十月二十四日

通告各省都督议会电[①]

（一九一二年十月）

各省都督议会公鉴：铁路计划，经纬万端，文也不才，深惧弗克负荷，惟当黾勉从事，力图进行，以期贯彻初终〔衷〕，日夜筹思，不敢稍懈。兹于上

---

① 与此通电内容相同仅个别字句稍异的文件，尚有《致福建省议会函》（载上海《民立报》1912年12月22日）及《致贵州省议会函》（载《贵州实业杂志》第2期，1913年2月出刊），经参照互校，该二函不再收录。

海组织铁路总公司，业经成立开办，兹事造端宏大，猥承政府授于全权，尚赖各省声应气求，同心共济，庶几锲而弗已，功在不舍。所有各省支路已办者若何？待办者若何？均希详细见示，以便统筹全局。

现在〈本公司〉规划程序，阶级有三：首宜立法，次乃筹款，终为筑路。循序图之，方有把握。筹款一层，莫不视为最急。顾民国实行开放主义，地大物博，实不难吸收外资，本公司已与外国大资本家接洽，自可切实担任。然必须章程规定完备，如对于政府，对于各省，对于外国，各方面均臻妥善，办事始免丛脞。而借款合同尤为得失所关，本公司之宗旨，务期权操自我，而不妨利溥于人，所有条件及抵押，总求较胜于前，断不令启〈彼〉野心，致滋妨害，此则立法之要义也。

居留中国之外人，号称资本家或某公司之代表者，热心办事之家，见其易尔由言，辄为信任，颇有致函本公司求为承诺者。不知借款之途，类非一致，如或先揽利权，然后徐图招股，将来要求条件必甚严酷，亟宜预为审慎。本公司自能与外国殷实资本家直接商议，无须辗转间接，徒多迂折。

〈至〉筑路之时，需用工程专门之人甚多，各省人材均宜广为储备，其有熟悉路事或研究有得者，如有高见，尚望不吝见教，以期集思广益。交通未便之处，犹不免迷信风水之陋习，应请各省剀切劝导，使知铁路为国家及人民莫大之利益，亦即民国自救唯一之政策。人之爱国，谁不如我，必能破除成见，众擎共举。致万里者基于跬步，图终于始，本公司有厚望焉。特此通告，即希鉴察。中国铁路总公司总理孙文。

> 据"中央改造委员会"党史史料编纂委员会编《总理全书》
> （台北一九五〇年至一九五二年出版）之九《文电》

致袁世凯电

（一九一二年十一月一日）

拟设铁路专门学校，校中拟分管理器械、制造各科。

> 据上海《天铎报》一九一二年十一月三日

致袁世凯周学熙电

（一九一二年十一月四日）

　　袁大总统、周财政总长鉴：前清沪道存款，日内由比领交出。所有源丰润等户各押产，文在宁时已批准拨充中国公学经费，财政部亦续行批准在案。兹闻此款忽提作别用，果尔，则前案已虚。伏望公等电饬交涉使陈贻范，仍依前案办理，俾公学得以维持，不胜感盼。文虽不愿越俎，惟该校近以董事推许，用敢一言，并希亮察。孙文。支。

据中国第二历史档案馆藏《北洋政府财政部档案》原件

致袁世凯电

（一九一二年十一月上旬）

　　拟先开办钢铁工厂，其所举利益分四大纲：一、容纳贫民；二、以图漏卮；三、吸收外利；四、便利实业。

据上海《天铎报》一九一二年十一月三日

致袁世凯电

（一九一二年十一月十五日）

　　北京大总统鉴：新密。黄大伟、陈宽沅、喻毓西、唐豸四员，皆法比陆军学校毕业生，长于学术胆略。前在南京充总统府参谋，甚资得力。今其同辈多获陆军中将、少将名位，而此四君因名不在陆军部，遂致遗漏。此皆国家有用之材，不宜弃置，乞加钧察，定其职衔，遇多事之秋，充干城之选，非惟四君之幸也。孙文。删。

> 据中国国民党中央文化传播委员会党史馆藏一般档案 050/395

致袁世凯电

（一九一二年十一月十六日）

北京大总统鉴：新密。华日联盟，大有可望，假以半年至一年之时，当可办到。故俄蒙之约万不可承认①，当出以最强硬之抗议，使此问题延长时日，则必有良善之结果。目下尽可以不理理之，以观俄政府之行动。再，俄蒙之举，不过一、二好大喜功之徒，欲乘我之不备，以博功勋，实非俄政府之本意。故对此事，以牵延为第一办法。孙文。铣。

> 据中国国民党中央文化传播委员会党史馆藏一般档案 050/395

致参议院电

（一九一二年十一月十六日）

俄蒙事件，据文所得确信，乃俄国一二野心家主动，非俄政府多数主张，若我坚持生死力争，必可转圜，倘稍退让，新疆藏满必继去，本部亦难保全。望诸公协助政府否认俄蒙协约，坚持到底。此事关系民国存亡，务望留意。孙文。铣叩。

> 据上海《民立报》一九一二年十一月二十四日《孙中山救蒙策》

---

① 11月3日，俄国密使廓索维慈在库伦与哲布尊丹巴等擅订《俄蒙协约》。7日，北京外交部就《俄蒙协约》向驻京俄使提出抗议，声明俄与外蒙所订任何条约，中国政府概不承认。

致北京政府电

（一九一二年十一月十八日）

俄事仅其国内少数野心家所主张，其政府并未拿定主义。我国须以不理理之，目前万不可与之交涉，须联络某某等国，俟有成约后，乃有办法，即延之一年半年亦无害。

据上海《时报》一九一二年十一月二十日《十九日北京亥电》

致梁士诒电

（一九一二年十一月十九日）

北京总统府梁燕荪先生鉴：新密。兹有河南尉氏县刘马氏青霞认缴本处股银二十万元。据称：家藏金一千三百两，银九万两，欲设法运出，但路途危险，族人眈视，愿得汴督饬地方官护送。可否由公转恳总统知照豫督，准予保护？此人现在上海，专候复示。又，如北京有河南银两，则此款可就由汴督接而按数由京汇寄敝处，尤为方便。统候示覆。孙文。皓。

据中国国民党中央文化传播委员会党史馆藏一般档案 050/395

复孙道仁电

（一九一二年十一月二十七日）

福建都督鉴：为密。电悉。分治之事，若万难施行，延缓之法，惟在公毅然持之耳。若将窒碍理由详达中央，想中央必不以为难也。孙文。

据中国国民党中央文化传播委员会党史馆藏一般档案 050/338

致宫崎寅藏电[①]

（一九一二年十一月）

因病暂时延期。

> 据［日］宫崎龙介、小野川秀美编《宫崎滔天全集》第五卷（东京平凡社一九一七年七月发行）

致梁士诒电

（一九一二年十二月四日）

北京总统府梁燕荪先生鉴：新密。前电托设法保护河南人运金出境事，能否办到？祈早赐示。又，昨电救亡策一道，望竭力提倡，以速进行。幸甚。孙文。支。

> 据中国国民党中央文化传播委员会党史馆藏一般档案 050/395

致袁世凯电

（一九一二年十二月五日）

北京大总统鉴：新密。兹得确实消息，法国银行家决意，若六国团借款月内尚无成，则明年正月初一当离开该团，自由行动云。现巴黎联合银行全权代表在上海与文议订中西合股银行章程，彼意民国政府对于六国团，宜假

[①] 孙中山经秋山定辅一再劝说，才同意"中止"访日，电告宫崎，请他向有关方面致意。

以下台之法。此法甚妙,暂与之借一小款,订以随时可还。此款借后,便可谢绝而解散之,然后向巴黎另议借大款以还之。如此似于外交上面面周到云。是否有当,即希鉴察。昨上救亡策一道,务乞主张进行。再,现派王正庭〔廷〕、徐谦即日北上,面陈铁路总公司条例事宜。并闻。孙文。微。

据中国国民党中央文化传播委员会党史馆藏一般档案 050/395

致胡汉民电

（一九一二年十二月七日）

广州胡都督鉴:电悉。王亮畴现在铁路总公司,不能当参议员,可以伍朝枢代之。温钦甫①问实再复。孙文。虞。

据中国国民党中央文化传播委员会党史馆藏一般档案 050/395

致胡汉民电

（一九一二年十二月十三日）

广州胡都督鉴:温宗尧已承诺当参议员。文。元。

据中国国民党中央文化传播委员会党史馆藏一般档案 050/395

---

① 温钦甫,即温宗尧。

致袁世凯等电

（一九一二年十二月十七日）

　　北京袁大总统、赵国务总理、段陆军总长、许司法总长钧鉴：国民党特派员于德坤，返黔组织国民党，行至玉屏县大鱼塘地方，被人暗杀，分尸数段。凡自黔来者，皆云系黔军务司长刘显世主使。似此野蛮举动，为全世界对于异党人之所无。法纪荡然，舆论骇怪。应请电饬黔督，彻底根究，公平处决，以示民国官吏维持法律之大公。鄙人忝为国民党理事长，不能含默。伏维钧裁。孙文。

据上海《民立报》一九一二年十二月二十日《于君德坤横遭惨杀事件汇电》

致唐继尧电

（一九一二年十二月十七日）

　　贵州唐都督鉴：国民党特派员于德坤，返黔组织国民党，行至玉屏县大鱼塘地方，被人暗杀，分尸数段。凡自黔来者，皆云系刘显世主使。似此野蛮举动，法纪荡然，使人心栗，举国舆论皆为不平。应请贵督彻底根究，务乞水落石出，公平处决，以示民国官吏维持法律之大公。鄙人忝为国民党理事长，不能漠视。翘候钧复。孙文。

据上海《民立报》一九一二年十二月二十日《于君德坤横遭惨杀事件汇电》

致王正廷徐谦电

（一九一二年十二月二十日）①

北京六国饭店王儒堂、徐季龙鉴：篠函悉。滇粤路在公司计划之内，本欲首先开办，可与罗、顾两君②接洽为荷。文。号。

据中国国民党中央文化传播委员会党史馆藏一般档案 050/354

致王正廷徐谦电③

（一九一二年十二月二十三日）④

北京六国饭店王儒堂、徐季龙鉴：条例修改太多。若无特权，即不须有条例。若照修改之条例通过，则总公司无权办事，宁可取消。请商吴连伯争之，余亮函详。又，党费、报费正筹措中。孙文。漾。

据中国国民党中央文化传播委员会党史馆藏一般档案 050/354

---

① 原电无年月，按其内容，应发生在1912年12月。
② 罗、顾两君，指云南都督派驻北京代表罗佩金、顾视高。
③ 孙中山前派王正廷、徐谦专送所拟的《铁路总公司条例草案》到北京，请袁世凯交参议院审议。此电告知反对北京政府过多修改条例，着其力争。
④ 原电无年月，按其内容，应发生在1912年12月。

致黄兴电

（一九一二年十二月二十三日）①

汉口黄克强先生鉴：缣密。闻兄接办粤汉，喜慰无已。弟所筹路策，现已订立条例，派人往京呈总统交参议院，俟通过后，再定行止。近得北京本部消息，存款将尽。弟处尚无从为力，望兄设法接济，以速进行为荷。孙文。

据中国国民党中央文化传播委员会党史馆藏一般档案050/103

致王正廷电

（一九一二年十二月二十四日）

北京六国饭店王儒堂鉴：可回沪。孙文。敬。

据中国国民党中央文化传播委员会党史馆藏一般档案050/354

致梁士诒电

（一九一二年十二月二十七日）

北京总统府梁燕荪先生鉴：新密。前克强先生商拨香港借款转借党用，请向财政部竭力设法，转拨五万两交国民党本部收用为荷。孙文。感。

据中国国民党中央文化传播委员会党史馆藏一般档案050/395

---

① 原电无日期，唯1912年12月23日致王正廷、徐谦电曾称"党费、报费正筹措中"，故时间酌定为12月23日。

复黄兴电

（一九一二年十二月二十七日）

汉口黄克强先生鉴：缣密。有电悉。已电燕荪，请向财政部转拨港款五万两，交国民党本部。请兄另电催之。文。感。

据中国国民党中央文化传播委员会党史馆藏一般档案 050/395

致袁世凯电

（一九一二年）

北京大总统鉴：新密。一、今日弭患要图，非速行迁都，则急宜联日，二者必行其一，方能转危为安。迁都既属困难，则联日不容或缓。文深维此事，速欲亲行一试。如有意外好果，其联交之度。当至若何，请先示程式，以便文于月底一往东洋，游说彼邦执政，想不致虚行也。二、前议设立中西合股银行，近已蒙法国政府允许，将来可在巴黎市面发行种种债票。顷巴黎业东已决议实行，不日派代表来华，商订合约。惟此方股本尚无着落，倘到时不能交头批二百五十万元，或尚须政府设法也，幸为注意。三、铁路筹画，刻须开始，所许由政府垫拨之费，请从速汇来应需为荷。孙文。

据中国国民党中央文化传播委员会党史馆藏一般档案 050/336

致徐谦电

（一九一三年一月二日）

北京东太平街徐季龙：王君①返申，始知第一、第十三条②已修正，请速审查。并请连伯③电促本党议员返京，以防他党消极反对。文。冬。

据中国国民党中央文化传播委员会党史馆藏一般档案050/354

致陆文辉电

（一九一三年一月十一日）

广东都督转陆文辉鉴：A 欲派兄往南洋，会同泽如兄商办银行招股事，能即来沪一行否？泽如现在何处？候复。孙文。真。

据中国国民党中央文化传播委员会党史馆藏一般档案050/395

致北京政府电（节略）

（一九一三年一月十二日）

蒙、藏风云日亟一日，若不赶筑铁路，后患不堪设想。现拟作一铁路贯通蒙藏，其路线自西藏拉萨首城起，经过木鲁，直达蒙古车臣汗，名为萨臣铁

---

① 王君，即王宠惠。
② 第十三条，指《铁路总公司条例》。
③ 连伯，即吴景濂，时任参议院议长。

路。更由拉萨筑一支线,至四川成都,而与滇、蜀铁路相接,若此路一成,不惟蒙、藏交通上大有裨益,即军事上亦种种便利。惟预算此路需款约一百万,现已以个人名义向某国公司商借巨款,俟借妥后,即赶速兴办。

据上海《天铎报》一九一三年一月十四日

复袁世凯电

(一九一三年一月十五日)

北京大总统鉴:新密。寒电悉。交通银行所垫学费,已接洽汇妥,无任感谢。孙文。删。

据中国国民党中央文化传播委员会党史馆藏一般档案 050/395

复陆文辉电

(一九一三年一月十六日)

广东胡都督转陆文辉鉴:银行事已妥,郭君请不必来。孙文复。

据中国国民党中央文化传播委员会党史馆藏一般档案 050/395

致陈武烈电

(一九一三年一月二十三日)

星加坡陈武烈先生鉴:中华艰〔银〕行与中国实业艰〔银〕行现方协商合并,两处招股人可双方进行,于各处多招股金,将来合并与否,仍由股东公决。中华艰〔银〕行之有力股东,望请其来沪商议。孙文。

据黄季陆主编《总理全集》下册(成都近芬书屋一九四四年版)

致袁世凯电

(一九一三年一月二十四日)

北京大总统鉴:新密。现接伦敦来电,有大势力银行家愿借款,如合意,可将条件保证数目详报云云。谨此奉闻,希为卓夺。孙文。敬。

据中国国民党中央文化传播委员会党史馆藏一般档案050/395

致袁世凯周学熙电

(一九一三年一月二十九日)

北京大总统、财政总长鉴:新密。昨得王鸿猷君函,述财政总长所议办中法银行,已经签约,惟恐参议院有异议,王君欲文发函解释,以便早日通过云云。按合办银行一事,文为极端赞成之一人。月来在沪,亦正与法国巴黎联合银行代表磋商条件,办一合资银行。本拟一俟商妥之后,即遵前电办理,合并为一,以免冲突等情。乃细绎财政总长与法人所订十一条章程,与文在此与法人所议者,权利得失,相差甚远。兹将此处所议者撮列如下:一、银行在中国注册,悉遵中国法律。二、董事局全为华人,西人居顾问局。三、总办十年内用西人,十年后可用华人。四、督理各举二人,总办执行,悉惟督理之命是听。现尚相持不下者,则四督理之决事,如遇可否各半,总办有表决权。除此点之外,华股皆略占优胜地位。文之意以为我中国现在国势不如人,财力不如人,智识不如人,故合资银行,我当得条件之保护略优,将来乃望得平等权利,否则流弊不堪设想。故磋商之际,事事争持,法代表亦多迁就,只有前一点耳,若我能让此一点,则事立成矣。两利相权取其重,况得失相反者乎?且巴黎联合银行,为世界极大银行之一,与彼联络通融者,皆势力宏厚之财团,固非泛泛然欲向中国承揽一事业之权利而转售于人者可比。望大总统及财政总长再细酌夺,如能舍彼就此,则利国福民,诚非浅鲜。否则,外人永无就我范围之日,而所办之中法银行,亦不过多一华俄银行而已,恐非我当轴者之初心也。且此事一成,恐他国援以为例,用某国之资,则必遵某国之律,如此主权丧失,永无收回治外法权之望。事关国体利权,不得不质直言之,幸为亮察。孙文。艳。

据中国国民党中央文化传播委员会党史馆藏一般档案 050/395

致北京政府电(节略)

（一九一三年一月三十日）

（甲）对蒙办法,库伦逆佛自宣告独立后,迭受俄国怂恿其反抗民国之心甚坚,须一面迭派声望素著人员多名,携兵分赴外蒙四盟四六旗,极力开导;一面致电绥远城将军等极力联络内蒙,六盟二十四部四十九旗,使逆佛失所依据,自易收效。

（乙）对藏办法,达赖喇嘛背叛,纯系被英人搧〔煽〕动。收拾西藏,亦须由运动着手,施行种种政策,如诱以高爵、饵似重币等,未有不动其心。若只以声讨为前提,非特劳民伤财,恐益坚其向外之心。

据上海《天铎报》一九一三年一月三十一日

致袁世凯等电

（一九一三年二月四日）

北京大总统、国务总理、各部总次长钧鉴:新密。文定期本月十一日由沪起程往日本,此行欲以个人名义,联络两国感情。按以彼国现状,此事不难办到,或更有良好结果,亦在意中。务望诸公一致赞成,并望将我政府最近之对日对俄方针,详为指示,幸甚。孙文。支。

>据中国国民党中央文化传播委员会党史馆藏一般档案050/395

致朱启钤电

（一九一三年二月四日）

北京交通部朱总长鉴：新密。兹定本月十一日往日本,谋联络增进两国交谊。钧部二月份垫款,请于行期前电汇来沪。三月份垫款,若能同汇尤盼。孙文。支。

>据中国国民党中央文化传播委员会党史馆藏一般档案050/395

致胡汉民电

（一九一三年二月四日）

广东胡都督鉴：文定本月十一日往日本,联两国交谊,往还四星期。如有要事,请电东京。文。支。

>据中国国民党中央文化传播委员会党史馆藏一般档案050/395

复袁世凯电[①]

（一九一三年二月七日）[②]

此间人士组织欢迎国会团,只为欢迎国会议员,激发人心起见,缘无别故。文更未加入其间,非所闻问。惟当兹国势危急,强邻进窥之际,既承嘱命,自当相机向与文相识者妥为开导,以副雅命。

据上海《民立报》一九一三年二月十三日

致袁世凯电

（一九一三年二月十日）

北京袁总统钧鉴：新密。山西阎都督与河东张观察使[③]及李旅长[④]冲突事件,报纸喧传。敝处亦屡接各处电报,皆称张、李并无反对阎督违抗中央之事。且张、李已经免职,自请归京听候审判,一切真象,当不难水落石出。闻晋中一部分不明之人肆行挑拨,若不从速和平了结,对于山西内部非唯不能调和,且恐转生前途风波,其事虽小,而影响甚大。我公明允,尚望力予维持,和平解决,地方幸甚,国家幸甚。孙文。灰。

据中国国民党中央文化传播委员会党史馆藏一般档案 050/395

---

① 1912年12月底,因国会选举将竣,上海《民权报》记者尹仲材、何海鸣等发起成立欢迎国会团,主张国会于北京以外的其他地点自行集会,以摆脱北洋军警的干涉。为此,袁世凯请孙中山劝该团解散,以使国会能在北京顺利开会。此为孙中山的复电。
② 此电所标日期为袁世凯收到时间。
③ 张观察使,即张士秀。
④ 李旅长,即李鸣凤。

致北京政府电

（一九一三年二月十八日）

到东后，备受各界欢迎，现由桂太郎①发起中日同盟会，约两星期内开成立大会。

据上海《民立报》一九一三年二月二十日《十九日北京电》

致袁世凯电

（一九一三年二月二十日）②

文于愿日（十四日）行抵东京，蒙日本犬养毅、山座园次郎诸巨绅及海相斋籐大将、大岛诸元臣至站欢迎，两情欢洽，谨为民国前途贺。十五大早，即由山本阁相之介绍，谒见天皇，蒙优礼接待，对文并多谬奖。嗣谓中日同文同种，亲如手足，始终互相提携，今贵国建设伊始，本国必尽手足情谊从中维持，交换国书一节自应由中日起首，以示亲睦，俟四月间即可交换。至将来无论何项问题发生，本国能为力时，无不勇为代谋。云云。文当代表我中华民国致谢，遂退出。由山本、桂太郎等宴请，席间所谈，不外中日邦交日益亲密等语。桂太郎并发起中日同盟会，文当首先赞成，约两星期内可在东京开成立大会。此会成立，我国颇受利益，分请在政在野诸名硕赞成入会以厚势力。特先电闻，余另详。

据天津《大公报》一九一二年二月二十日《孙中山电告发起中日同盟会》

---

① 桂太郎于1912年12月组阁，为日本首相兼外务大臣，但发起中日同盟会后二日，日本发生政潮，桂太郎内阁辞职。

② 袁世凯于18日收到此电，但孙中山何时发出未知。此电所标时间为报载日期。

致袁世凯电

（一九一三年二月二十三日）①

中日同盟现已遍传，舆论一致欢迎。此间有政友会、东亚同志会、同文会、青年会等最有势力之二十余团体于十七日在东京开联合大会，推桂太郎为临时主席，表决三项问题，以为中日同盟实行之先声：一、保全中国领土，确保东亚和平；一、承认中华民国，由日本主唱并速期实行；一、联络两国民情。以上决议三案已经提请参议院认可，并要求该院同时预备中日同盟种种手续，并望我政府亦须筹备一切。后情续陈。

据天津《大公报》一九一三年二月二十三日《孙中山续电中日同盟问题》

致胡汉民电

（一九一三年二月下旬）

探悉日本新内阁俟我国正式政府成立，当首先承认。国会将开选举总统，宜先预备，现任袁总统，雄才伟略，薄海同钦。就任以来，所有措施，中外慑服，请联南方各督共表同情。一面怂恿国会赞成，务使人心一致藉支危局云。

据上海《民立报》一九一三年二月二十七日

---

① 此电袁世凯于20日晚收到，其在东京发出时间未知。此电所标时间系报纸刊载日期。

致小吕宋救国社电

（一九一三年三月七日）

小吕宋中华商会转救国社诸君：鉴据日本外务省来云，贵埠有排斥日货之举。窃以中日两国谊属邻邦，急应互相融洽，以谋亚东幸福，殊不宜自相冲突。现在日本朝野上下，皆极欲与吾国联络，全国人心皆属一致，务望详察此意，罢除排斥日货之举，东亚幸甚。孙文。叩。

据［日］小野川秀美、岛田虔次编《辛亥革命の研究》（筑摩书房一九七八年版）

致袁世凯电

（一九一三年三月八日）

山本内阁燕谈数次，已将尊意微露端倪，山本慷慨允诺，谓余在内阁一日，必能达到中日同盟目的。且云：中国正式政府成立，余必请朝廷首先承认。

据上海《民立报》一九一三年三月八日

致北京政府电

（一九一三年三月十日）

中国铁路公司设于上海，系为召资及筹备全国铁路临时之设立，刻晤欧亚资本家对于中国二十万里铁路，多表同情，自应正式设立机关，以便进行。查欧美各国在交通专署外，设有铁道院，属于国务总理，此项机关应迅速筹备，以为发展全国经济之先导。

据上海《民立报》一九一三年三月十日

致胡汉民电

（一九一三年三月十一日）

现中央政府因大借款决裂，袁世凯诚恐无法挽救，则此后险象环生，特电邀文回国磋商挽救之法。文以兹事重大，即回电应允，但观银行团所借口者，以我国财政紊乱及中央命令不能行于各省两事，恐一旦投资内地，致蹈难偿之弊耳。故文此次回国，当对病施药，先到上海，与各省都督磋商联络之法，使中华实质上完全统一，秩序复原，中央命令能及全国；然后入京，再与财政部整理税务，国税、地方税完全分立；其赣、闽等省更当亲往一行，则大借款自可成立，大约旨费时日一月之久。知关注念，先以电闻，并望有伟见，速电告知，辅助进行。

据香港《华字日报》一九一三年三月十二日

致小吕宋救国社电

（一九一三年三月十一日）

救国社诸君：鉴抵制事，出于爱国热诚，不宜误用，日本全国现皆欲与我和亲，无抵制之理由，尊电赞成取消①，望即实行。捕人事已电杨领事，切劝阻止。孙文。蒸。

中华民国二年三月十一日
小吕宋救国社公启

据［日］小野川秀美、岛田虔次编《辛亥革命の研究》（筑摩书房一九七八年版）

---

① 底本原注：按本社复电，系云遵即开会从公议决。

致北京政府电

（一九一三年三月十二日）

奉钧电后，连日与此间银行界筹商小借款事宜，已有七家允借：一、第一银行，二、第五银行，三、横滨正金银行，四、安田银行，五、大仓银行，六、三菱银行，七、三井公司。至借款利息、抵押以及订立合同诸事，容当电闻。

据上海《天铎报》一九一三年三月十二日

致国民党本部及上海交通部电

（一九一三年三月二十二日）①

国民党本部及上海交通部鉴：闻钝初死，极悼。望党人合力查此事原因，以谋昭雪。

据上海《民立报》一九一三年三月二十四日

致国民党本部同人电

（一九一三年三月二十三日）

国民党本部诸君公鉴：内密。长崎来电称：钝初死，极悼。望党人合力查研此事原因，以谋昭雪。孙文。铁路总公司。巧②。

据中国国民党中央文化传播委员会党史馆藏一般档案 050/395

---

① 1913年3月20日，国民党代理理事长宋教仁在上海沪宁车站遭袁世凯政府收买的刺客暗杀，于22日凌晨逝世。时孙中山访日结束，抵长崎待归。按宋死后黄兴即向各处发电报丧，据此，此电当为3月22日发。

② 巧，即为18日，原文疑系笔误。因电称"钝初死"，即指宋教仁在上海遇刺身亡一事，发电时间当在22日后。今据档案所载日期酌定为23日。

致袁世凯电

（一九一三年三月二十五日）

　　北京大总统鉴：新密。此次游日，向其朝野官民陈说中日联和之理，双方意见极为浃洽。其现政府已确示图两国亲交之真意，此事于东亚和平，极有关系。望公决定方针，筹画进行。文今日平安抵沪，敬告。孙文。有。

据中国国民党中央文化传播委员会党史馆藏一般档案 050/395

致袁世凯电

（一九一三年三月三十日）

　　请与北京外交团交涉，将宋案收回自审。

据广东省哲学社会科学研究所历史研究室等合编《孙中山年谱》（中华书局一九八〇年版）

致北京参议院等电

（一九一三年三月）

　　北京参议院、国务院、各省议会、都督均鉴：此次以个人资格游历日本，备受欢迎。其朝野上下，莫不表示真诚与我国联好之意。若能双方以妥善之方法切实行之，非啻为东亚之最大幸福，即世界平和，亦自兹可保。深望我全国国民，共明斯义，力图见诸实事，于国家大局，实为厚幸。孙文叩。

据上海《民立报》一九一三年三月二十九日《东亚和平之福星》

致孙毓筠电

（一九一三年四月二日）

　　北京国民党本部：内密。转孙少侯先生鉴：有事待商，切望来沪①。孙文。冬。

据中国国民党中央文化传播委员会党史馆藏一般档案 050/395

复柏文蔚电

（一九一三年四月二日）

　　安庆柏都督鉴：内密。尊论极是，已去电招少侯来沪。孙文。冬。

据中国国民党中央文化传播委员会党史馆藏一般档案 050/395

复袁世凯电

（一九一三年四月六日）

　　此次之滞沪，全为办理宋案之故。因宋案之发力，一部之人士，激昂已达极点，刻正设法解释，并商同各界力图维持，断不使因此事以危大局。在沪尚须勾留数日，无论如何本月中旬，即当来京。

据上海《申报》一九一三年四月七日《袁总统敦促中山》

---

① 孙少侯，即孙毓筠。当时，他倾向袁世凯，并未奉召。

致胡汉民陈炯明电

（一九一三年四月十日）①

广州胡都督、陈军使鉴：盲〔育〕航②、天成先后到函并密码均领。惠潮路洋人以为可图，不难借款，详情马君③函复。日本之行甚有效，日向嫌袁，国事果致决裂，日必倾心民党。粤现宜认真筹备军实，整顿经理〔济〕计划运输，免临时失措，共和一线生机在此而已。文。灰。

据黄彦、李伯新编《孙中山藏档选编》（中华书局一九八六年版）

复 某 君 电

（一九一三年四月十三日）

铁密。各电已收。质斋尚未到。国事望毅力进行。文。

据中国国民党中央文化传播委员会党史馆藏一般档案050/395

---

① 此电原未署年月，据电文有"日本之行甚有效"，孙中山于 1913 年 2 月至 3 月到日本访问。是年 5 月 1 日孙致电胡汉民说"文本拟日间重赴东洋"，此电故酌定为 1913 年 4 月。
② 育航，指马育航。
③ 马君，指马君武。

致国务院电①

（一九一三年四月二十日）②

现已决意不入政界，自不愿举任总统，请勿以贱名列入候补之内，是为至要。

据天津《大公报》一九一三年四月二十日《孙中山不愿列入候补总统》

与黄兴联名致袁世凯周学熙电

（一九一三年四月二十二日）

北京袁大总统、周财政总长钧鉴：源丰润等户押产，原蒙孙前总统及财政部批准候提还后，即拨充中国公学经费各在案。去年十一月比领交出时，敝校曾电请拨交，当奉财政部鱼电开：沪关存件，其源丰润户下押产，既经中山先生暨本部先后批准，此时自应照办。惟前南京政府曾欠捷成巨款，本部现无款可还，不得已将沪关存件暂作提押，一俟六个月限满，即将存件取出查照前案办理等因。奉此遵办在案。查六个月现届期满，想已还清，公校经费均属私人挪借，以资支持。近更窘迫万状，望此款之来，直同坐岁，务恳大总统、大部即时取出该项押件，仍照前案办理，电饬交涉使陈贻范拨交公学，以昭信实，而维教育，无任盼祷。中国公学总理黄兴、董事孙文等叩。四月廿二发。

据上海博物馆举办"孙中山在上海文物展览"中陈列电稿

---

① 1913年4月8日，第一届正式国会开幕，即将选举正式大总统。北京政府准备将孙中山列入总统候选人名单之内，孙中山得知后，即电国务院表示意见。

② 底本未注明发电时间，此电所标时间为报纸刊载日期。

致各省议会政团报馆电

（一九一三年四月二十六日）

"宋案"移交内地以后，经江苏程都督、应民政长会同检查证据完毕。凡关于应夔丞、洪述祖、赵总理往来函电，已于有日摘要报告中央，并通电各省都督在案。此案关系重大，为中外人士所注目，一月以来探询究竟者，无时不有。今幸发表大略，望即就近向都督府取阅原电。诸公有巩固民国、维持人道之责，想必能严究主名，同伸公愤也。特此奉闻。孙文、黄兴。宥。

据上海《民立报》一九一三年四月二十七日《孙黄两先生通电》

致袁世凯周学熙电

（一九一三年四月二十七日）

北京袁大总统、周财政总长钧鉴：漾电敬悉。现财部库款虽觉支绌，而公学教育亦当维持。窃本年由董事等公举黄君克强充总理以来，校中一切费用均属一人挪借，以资维持。公学规模甚大，所费亦巨，虽黄君极力筹备，现亦罗掘无方。夫公学原为对外而设，若接济乏术，势必停办，不但有碍教育前途，亦且贻笑外人。董事等百计图维，惟有仍恳大总统、大部俯念公学缔造艰难，或即行提还该押件以符前案，或另拨巨款以固根基。势急情迫，不胜待命之至。中国公学董事孙文、陈作霖、夏敬观等叩。沁。

据上海市档案馆《中国公学档案辑存》，载《近代史资料》总六十九号

致袁世凯电

（一九一三年四月二十七日）

要求两事：一、令赵秉钧于宋案审判时到案；二、撤回李纯兵回信阳。

据上海《申报》一九一三年四月二十八日《北京电》

致日本外务省电[①]

（一九一三年四月二十八日）

宋教仁谋杀案证据已由江苏总督程德全通电宣布，确系政府主谋，袁即为最主要之主名。现全国皆愤，国会亦大反对。袁若不退，必酿战祸。若借款一成，袁得经济上之援助，必不肯遽退，而国民大起反抗，则非至全国流血不止。于是中国秩序紊乱至极，非一朝一夕所能治矣。敝为东洋和平计，此项借款必不可使之成立，此日本当局所当审慎者也。

据彭泽周《中山先生与中国兴业公司》，载《中华民国建国史讨论集》第一册（台湾版）

致藤濑电

（一九一三年四月三十日）

不怕中国兴业公司受政局的影响，我方将于十五日内将预定出资金额存入正金银行，希望以高木承诺的条件从速设立公司。

据陈明编译《孙中山和中日合办的中国兴业公司》，载《岭南文史》一九九〇年第二期

---

① 孙中山于是日在上海托由日人高木转电日本外务省政务局阿部守太郎，劝告日本当局不应借款援助袁世凯。

致狄哇西电(译文)①

(一九一三年四月下旬)②

各外国政府及国民公鉴：国民党领袖宋教仁在沪遇害一案，经政府派员彻查之后，北京政府与闻此事，已有明证，故国民极形忿怒。大局岌岌，旦夕恐将发生风潮，危剧当为历来所未有。政府自知作奸犯科，失信全国，民怨沸腾，位难久保，乃弁髦宪章，突与五国银行团订成借款英金二千五百万磅〔镑〕，虽经在京全国代表竭力反对，置若罔闻。宋案之公愤未平，复有此专制违法之举动，故民心益忿，今乃达于极点，激烈之骚动似几不免。余尝不辞劳瘁，规谋统一，恢复和平，融洽意见，企图昌盛，且推举袁世凯以任总统。盖信若此经营，则全国易臻统一，而可早见和平昌盛之日也。厥后复尽余能力，增进和平治安，脱政府于颠沛之中，余固极愿维持全国之和平。惟资本家今如以款济助北京政府，则政府或即以此与民抗敌，而余之苦心将付东流矣！北京政府如无金钱，则尚可有与国民调和之望，如供以巨款，则或即因此促成惨剧之战祸。人道为文明国所尊重，余为此故，特恳君等竭力阻止五国银行团付款北京政府。盖该政府今必利用此金以充战费也。孙逸仙谨启。

据上海《申报》一九一三年五月二十一日《孙逸仙之恳阻借款书》

---

① 此电文由路透社电传，首载5月3日伦敦《每日邮报》，国内为上海《申报》最早译录。据《申报》报道"此电当时乃致与日本会社总理狄哇西博士"。此电与下篇《致各国政府和人民电》及5月2日《致康德黎电》为同一电文，是为异译。

② 此电发出日期，应在大借款正式签署后，即4月下旬。

致各国政府和人民电(译文)

(一九一三年四月下旬)

各国政府人民公鉴:敝国国民党领袖宋教仁君在沪遇刺一案,经政府派员彻查后,北京政府之种种牵涉已成事实,无可掩饰。人民因此大为愤懑。现在大局岌岌,最可恐慌之危机即在目前。政府自知罪大恶极,有负国人委托之重,势必引起全国公愤,难保禄位,于是以迅雷不及掩耳之手段,与五国银行团缔结二千五百万磅〔镑〕之大借款,以破坏约法。全国代议士提出严重抗议,政府竟悍然不顾。国人因宋教仁君横遭毒手,已不胜愤懑,而政府复有此种专横违法之举动,舆情因之益为激昂。现在国人忿火中烧,恐不免有激烈之举动,大局之危,已属间不容发。全国人民之愤激一致爆发,旦夕间事耳。余自共和告成以来,竭力从事于调和意见,维持安宁,故推袁世凯为总统。原冀全国得从此统一,人民得早享安居乐业之幸福耳。溯自起义以来,大局扰攘,余亟欲维持全国治安,故不惜殚精竭虑,以求一善良之政府。今银行团若以巨款借给北京政府,若北京政府竟以此款充与人民宣战之军费,则余一番苦心尽付东流矣!革命以来,商业凋敝,国人已受种种损失。目下正在渐就恢复,若再兴兵戎,势必贻国人以莫大之害。然国人前此既以极大代价换得共和,则今此必当誓死拥护此共和。若国人为誓死拥护共和之故,竟与政府决战,非特国人受无限之损失,凡外人在华之权利亦将受间接之影响矣。故北京政府未得巨款,人民与政府尚有调和之望,一旦巨款到手,势必促成悲惨之战争。此可预言者也。世界文明各国,莫不尊重人道,用敢奉恳各国政府人民设法禁阻银行团,俾不得以巨款供给北京政府。盖北京政府此时若得银行团之巨款,必充与人民宣战经费无疑。尚希当世人道为怀之诸君子,出而扶持,俾敝国诸同胞不致无辜而罹惨劫。此余所敢呼吁于各国之前者也。

据上海《中华民报》一九一三年五月二十三日《孙中山先生为大借款致各国电》(译自《民国西报》)

复袁世凯电

（一九一三年四月）

北京袁大总统鉴：选举总统办法，事属立法机关，文不敢妄参私见。至组织政府，一俟总统选出，衮衮诸公，定有完善政策，谋强有力之政府。文此次于联名手续，略有端倪，正拟北上面商进行，不意钝初事发，刻与同志筹商善后，行期难定。万〔美〕国对我，情同手足，投资一法，未始非救吾国雅意，尚望诸公有以教之。川路借款，云阶①精明，不致有失。心绪不宁，先此布复。

据黄季陆主编《总理全集》下册（成都近芬书屋一九四四年版）

致胡汉民电②

（一九一三年五月一日）③

文本拟日间重赴东洋，倡联中日。刻因宋案吃紧，尚难定行程。昨拟组织特别法庭，未得多数同意。经电中央政府，往复磋商，已举定王、伍两君④与审。当不致或有别情，倘究出主名，以谢天下，使案及早了结，固吾党所愿甚。否则南北互启猜疑，大局何堪设想？迩来南省议员多因此事影响，裹足不前，经文再三劝勉，先后首途，翘首北门，忧心如捣。

据王道智、翟翠华《孙中山关于法律解决"宋案"之资料二件》，载《民国档案》一九八八年第一期

---

① 云阶，指岑春煊。
② 此电原为抄件。
③ 电文有"昨拟组织特别法庭，未得多数同意"句，据上海《民立报》1913年5月1日报道"自宋案移交后，程雪楼与黄克强君有组织特别法庭之议"，定于"四月三十日（星期三）"组织特别法庭开审，因"中央对于审判问题仍未决定"。据此时间应是1913年5月1日。
④ 王、伍两君，即王宠惠、伍廷芳。

致康德黎电(译文)

(一九一三年五月二日)

伦敦哈利街(Harley Street)140号康德黎：请代表我将下列文告提交英国政府、议会及欧洲各国政府，并广泛发表于一切报刊，告各国政府与人民书。国民党领袖宋教仁最近在上海惨遭谋杀一案，经政府所派人员认真调查，已明确证实北京政府与此有重大牵涉。因而民众极为愤慨，形势十分严重，中国正濒临最激烈最危险的危机边缘。政府自知其罪责难逃而且罪恶深重，深知其犯罪行径和背弃信托的劣迹已直接引起席卷全国的怒潮，而且来势凶猛，大有导致其政权倾覆之可能，因而突然采取非法行动，不顾现正集会于北京的国民代表之强烈反对而与五国银行团达成贷款二千五百万英镑之协议。政府此种专横、非法行动，立即加剧了由于宋教仁被阴谋杀害所激起之强烈义愤，民众的怒火此刻已达白热阶段，可怕的动乱几有不可避免之势。危机确已变得如此严重，以至遍布各地的阴燃火种随时都可能爆发成燎原烈焰。自民国诞生之日起，我便致力于谋求和平、和谐与繁荣。我之所以推举袁世凯出任总统，是因为似乎有理由相信，国家的统一、和平与繁荣时代的黎明，或将由此而加速。从那时以来，我已尽我之力所能及，促使革命所造成的混乱演化为和平与秩序，以达到由乱而治之境。我热诚渴望保持民国全境和平，但是，如果外国金融机构供应北京政府以多半会用来从事反人民战争的钱财，我的努力将归于徒劳。中国若在此时陷入战火，人民势必会遭受到难堪的灾难与痛苦，而他们刚开始在从革命引起的商业紊乱和其他种种破坏中恢复元气，曾为缔造民国作出巨大牺牲的中国人民，今日也决心保卫民国而不惜付出一切代价。一旦为了保卫民国而不得不展开一场生死存亡的斗争，则不仅会使中国的广大民众蒙受可怕的痛苦，也势必殃及外国人在中国的利益。如果北京政府财源短缺，尚可望其与人民实行妥协，而立即供应大量金钱，就可能促成可怕的灾难性冲突。因此，为了文明世界视为神圣的人道,而且以人道的名义,我吁请你们施加影响,以阻止银行家们供应北京政府以在目前情势下肯定会被用作战争军费的金钱。我吁请一切以人类长远福利为怀的人们,在此危急时刻,给我以道义上的支援,以避免无谓的流血,帮助我的同胞,免受无妄之灾。

孙逸仙　一九一三年五月二日　上海

据 Neil Cantlie and George Seaver, *Sir James Cantlie*, p.111-112(林海译)

复丁义华电

（一九一三年五月六日）

万国改良会丁义华先生鉴:江电敬悉。危言谠论,肝胆照人,循译再四,服之无斁。惟道路阻隔,流言孔多,其间实情,容有为先生所未知者。"宋案"发现,为人道之所不容,证据宣布,涉及国务总理,为中央计,为大局计,皆不能不使总理辞职受质。乃当局强自辩护,不谋正当解决之法,以平公愤,而反造为南北分治之言,而图反制。不知国民纵有攻击政府之心,而此案并非关系南北之事,二次革命之说,实为不经。文弃总统于前,兴辞留守于后,当时果欲有为,何求不得,而必至于今日？因此忆及一事,则"宋案"发现之翌日,北京政界众口同声,指为国民党员所杀,今果如何？飞短流长,往往类此,不可不辩者一。五国借债,银团条款,今昔悬殊,政府不交国会议决,擅行签押,国民起而反对,仅以其违法专横之故。而条款严酷,有负贵国退出银团好意,尚为第二问题,并非绝对的谓债之不宜借也,此不可不辩明者二。总之,金钱流毒,人心丧尽,当事者存倒白颠黑之心,旁观者以幸灾乐祸为事,公是公非,毫无存在。先生为共和先进国之国民,而维持友邦者,独具热忱,倘能研究真象,发为正论,使世界知有主持公理者在,则顶礼而膜拜之矣。孙文、黄兴。麻。

据上海《民立报》一九一三年五月十二日《孙黄两君复丁义华电》

致周学熙电

（一九一三年五月六日）

北京周财政总长鉴：前接大总统卅电令，公学需款甚急，已饬财政部筹款接济矣。等因。奉此。感激莫名。查公学积欠不下十万，债主逼索，困迫万状，现日用已罄，万难支持。乞大部电饬上海中国银行就近拨款，以济急需。再，源丰润押件务恳提出照前案办理，以昭大信。中国公学董事孙文、陈作霖、夏敬观等。麻。

据上海市档案馆《中国公学档案辑存》，载《近代史资料》总六十九号

致袁世凯电

（一九一三年五月上旬）

闻公有辞职说。念民国成立以来，由临时而入正式，由干戈而化玉帛，惟公一人。文前次因南北意见，孑身北上，融化感情，畅聆教言，原冀共扶大局。倘我公此次解职，国家将陷于无政府地位，公不为一身计，亦当为同胞计，况两院议长，相继举定，立法权机关，维持有人。行政元首，尽力扶助，使宪法产出，国体巩固，匪为民国之福，亦东亚之幸。望公察之，中外幸甚。

据广州《民生日报》一九一三年五月十三日《孙中山挽留袁世凯》

复广东省官厅电①

（一九一三年六月二十六日）②

此行不过了却儿女索缠,绝不与闻政事。省中现状,有当道维持。日间旋里一行,即须返沪。有负期许,无任悚惶。

据广州《民生日报》一九一三年六月二十六日《孙中山不欲与闻政事》

致伍平一电

（一九一三年七月九日）

平一世兄：六月廿五病殁③。孙文。一九一三年七月九日。上海。

据上海市档案馆主办《档案与历史》一九八六年第三期（一九八六年九月五日）

---

① 孙中山为探视在澳门病危的女儿,于6月20日抵香港,旋赴澳门,23日返港。当时广东省官厅以都督胡汉民已为袁世凯免职,陈炯明接任,电请孙中山来省一行,商榷维持粤局大计,孙因即返沪,复电婉辞。

② 此电所标时间据广州《民生日报》发表日期。

③ 1912年6月底,孙中山子女孙科、孙娫、孙婉及儿媳陈淑英四人赴美留学,并函美洲华侨伍平一妥为照顾。次年3月,孙娫不幸身患重病,由伍平一特聘医生及护士伴随归澳门卢夫人处治疗。孙中山于6月18日由沪赴香港,即过澳门探视当时已不省人事的孙娫,23日晚回香港。6月25日,孙娫病殁。

致袁世凯电

（一九一三年七月二十二日）

  北京袁大总统鉴：文于去年北上，与公握手言欢，闻公谆谆以国家与人民为念，以一日在职为苦。文谓国民属望于公，不仅在临时政府而已，十年以内大总统非公莫属。此语非弟对公言之，且对国民言之。自是以来，虽激昂之士于公时有责言，文之初衷未尝少易。何图"宋案"发生，证据宣布，愕然出诸意外，不料公言与行违至于如此，既愤且憾。而公更违法借款，以作战费；无故调兵，以速战祸。昇己既去，兵衅仍挑，以致东南军民荷戈而起，众口一辞，集于公之一身。意公此时必以平乱为言，姑无论东南军民未叛国家，未扰秩序，不得云乱，即使云乱，而酿乱者谁？公于天下后世亦无以自解。公之左右陷公于不义，致有今日，此时必且劝公乘此一逞，树威雪忿。此但自为计，固未为民国计，亦未为公计也。清帝辞位，公举其谋，清帝不忍人民之涂炭，公宁忍之？公果欲一战成事，宜用于效忠清帝之时，不宜用于此时也。说者谓公虽欲引退，而部下牵掣，终不能决。然人各有所难。文当日辞职，推荐公于国民，固有人责言，谓文知徇北军之意，而不知顾十七省人民之付托。文于彼时迄不为动。人之进退绰有余裕，若谓为人牵掣不能自由，苟非托辞，即为自表无能，公必不尔也。为公仆者受国民反对，犹当引退，况于国民以死相拼；杀一不辜以得天下，犹不可为，况流天下之血以从一己之欲。公今日舍辞职外决无他策。昔日为任天下之重而来，今日为息天下之祸而去，出处光明，于公何憾。公能行此，文必力劝东南军民，易恶感为善意，不使公怀骑虎之虑。若公必欲残民以逞，善言不入，文不忍东南人民久困兵革，必以前此反对君主专制之决心反对公之一人。义无反顾。谨为最后之忠告，惟裁鉴之。孙文。

据上海《民立报》一九一三年七月二十二日《孙中山先生致袁世凯电》

致犬养毅等电

（一九一三年八月四日）

　　文如远去欧美，对我党前途实多影响，故无论如何希在日暂住，俾便指挥，船抵神户，并望与同志叙晤密商。

据[日]萱野长知著《中华民国革命秘笈》（东京帝国地方行政学会一九四〇年版）

致富永电

（一九一三年）

　　转富永①君：任务办妥之后，须在沪候命，切勿回东，因政府留难，回则不能再去也。孙文。

据中国国民党中央文化传播委员会党史馆藏一般档案 050/349

致宋霭龄电②

（一九一四年一月二十二日）

Miss Eling Soong

Cluness YMCA Kanda

Ontd an aketeo lettee

---

① 姓氏不详。
② 1月22日晚，孙中山给东京神田区基督教青年会的宋霭龄发电报，电文内容系密码。

edole tuffson tian sisi

orril seule ilivig wegee

lousarrow

26, Reinanzaka Toyama

据《孙中山在日活动密录(1913.8—1916.4)》(转录日本外务省档案《孙文动静》,乙秘第一三五号)

致宋霭龄电(译文)①

（一九一四年一月二十六日）

宋霭龄小姐：明日早上来。有你的重要信件。

据《孙中山在日活动密录(1913.8—1916.4)》(转录日本外务省档案《孙文动静》,乙秘第一八一号,陈明译)

复马素电

（一九一四年六月二十八日）

二千收。请速续汇应急，若得十万，必可成事。望转各埠力筹，由汇丰汇更便捷。

据中国国民党中央文化传播委员会党史馆藏一般档案 050/347

---

① 原电为英文。

促各埠火速筹款电

（一九一四年七月五日）

时机已熟，若得十万，必可成事。请各埠火速筹汇。文。

据中国国民党中央文化传播委员会党史馆藏一般档案050/345

致安南总督电①

（一九一四年九月下旬）

力称被捕诸人皆革命党员，系属政治犯，不得引渡。

据梁卫平《革命回忆录》，载罗家伦主编、黄季陆增订《国父年谱》增订本上册（台北一九六九年版）

致菲律宾中国青年会电

（一九一四年十一月二十三日）

要求从速汇款。孙逸仙。

据《孙中山在日活动密录》（转录日本外务省档案《孙文动静》，乙秘第二三五九号）

---

① 1914年9月22日，林直勉、林树巍、梁卫平、薛岳等九人在广州湾被法警逮捕，且将引渡于龙济光。孙中山在日闻讯，乃急电越南总督营救。越南总督转电法使，被捕诸人始转解越南监狱。

致威尔逊总统电(译文)①

（一九一四年十一月三十日）②

谨请求您为了人道，阻止摩尔根公司为袁世凯筹备贷款。金钱不能恢复中国之和平。仅能维持中国海威塔③之苟延，而使人民多遭其难。袁世凯变共和为专制，人民决心推翻之。广东、广西已开始举事，它省亦将继起。切望美国严守中立。孙逸仙。

据黄比新译《日本外务省档案中有关孙中山的一批未刊电文》，载《孙中山研究》第二辑(广东人民出版社一九八九年版)

致摩尔根公司电(译文)

（一九一四年十一月三十日）

谨严正奉劝你们不要为袁世凯筹集贷款。袁背叛人民，变共和为专制，人民已决心推翻之。广东、广西已开始举事，它省亦将继起。成功之日，我们必将拒付一切新举之债。孙逸仙。

据黄比新译《日本外务省档案中有关孙中山的一批未刊电文》，载《孙中山研究》第二辑(广东人民出版社一九八九年版)

---

① 此电为英文，发自东京。
② 发电时间底本标为8月30日，有误。据日本外务省档案"孙文动静"乙秘第2411号载"十一月三十日，下午四时三十分，向美国纽约摩尔根公司和威尔逊总统各发一电"，应是11月30日。
③ 海威塔(Hverta Victoriano)，墨西哥革命者，1913—1914年任临时总统，后遭流放。

致三藩市《少年中国报》电（译文）

（一九一四年十二月一日）

我已请求威尔逊总统干预，并已劝告摩尔根不要为袁世凯筹备贷款。你们应在各地召开集会，抗议美国以金钱资助中国之海威塔。孙逸仙。

> 据黄比新译《日本外务省档案中有关孙中山的一批未刊电文》，载《孙中山研究》第二辑（广东人民出版社一九八九年版）

致马尼拉《公理报》电（译文）

（一九一四年十二月四日）

即汇款来。孙逸仙。

> 据黄比新译《日本外务省档案中有关孙中山的一批未刊电文》，载《孙中山研究》第二辑（广东人民出版社一九八九年版）

致河内法国总督电（译文）

（一九一四年十二月五日）

谨再次请求您指示广州湾长官，以应有之公正对待其他被捕之革命者。孙逸仙。

> 据黄比新译《日本外务省档案中有关孙中山的一批未刊电文》，载《孙中山研究》第二辑（广东人民出版社一九八九年版）

致霍洛吴平越[①]电(译文)

(一九一四年十二月五日)

速经横滨汇款。孙逸仙。

> 据黄比新译《日本外务省档案中有关孙中山的一批未刊电文》,载《孙中山研究》第二辑(广东人民出版社一九八九年版)

致香港横滨硬币银行[②]电(译文)

(一九一四年十二月二十四日)

将孙眉款付给永安公司。孙逸仙。

> 据黄比新译《日本外务省档案中有关孙中山的一批未刊电文》,载《孙中山研究》第二辑(广东人民出版社一九八九年版)

复孙眉电(译文)[③]

(一九一四年十二月二十五日)

已通知银行。孙逸仙。

> 据黄比新译《日本外务省档案中有关孙中山的一批未刊电文》,载《孙中山研究》第二辑(广东人民出版社一九八九年版)

---

① 吴平越系据 Wupingyat 音译。
② 原文为 Yokohama Specie Bank Hongkong。
③ 12月23日孙眉电告"银行拒绝付款给永安公司"。孙中山乃复电。

致三藩市《少年中国报》电(译文)①

（一九一四年十二月二十八日）

谣传毫无根据。孙逸仙。

> 据黄比新译《日本外务省档案中有关孙中山的一批未刊电文》，载《孙中山研究》第二辑（广东人民出版社一九八九年版）

致戴德律电(译文)

（一九一四年十二月三十一日）

佛兰芒语。孙逸仙。

> 据黄比新译《日本外务省档案中有关孙中山的一批未刊电文》，载《孙中山研究》第二辑（广东人民出版社一九八九年版）

致某君电

（一九一四年）②

接慕韩函③，有人冒名筹款，幸勿被欺，公等有款，请汇澳门孙眉收，乃妥。孙文叩。

> 据中国国民党中央委员会党史委员会编《国父全集补编》（台北一九八四年版）

---

① 《少年中国报》来电说"传闻孙逸仙遇刺身亡。请复。"孙中山于是日致电辟谣。

② 此电原未署时间，据孙眉于1907年因檀香山破产而举家迁移香港九龙牛池湾居住，约在1912年定居澳门，1915年2月11日病逝澳门。判断此电当在1914年。

③ 慕韩，即邓慕韩。

致戴德律电(译文)

(一九一五年一月二十七日)

今后必勿用黄①谈判借款。

> 据[美]韦慕廷著,杨慎之译《孙中山——壮志未酬的爱国者》(中山大学出版社一九八六年版)

致三藩市《少年中国报》电(译文)②

(一九一五年二月十二日)

四千元收到。告知孙科:伯父于澳门去世。

> 据黄比新译《日本外务省档案中有关孙中山的一批未刊电文》,载《孙中山研究》第二辑(广东人民出版社一九八九年版)

致某人电

(一九一五年二月二十二日)

款刻已电汇香港家,一星期内均可准备。

> 据中国国民党中央文化传播委员会党史馆藏一般档案 050/351

---

① 黄,即黄兴。
② 1915年2月11日澳门电告孙中山说,孙眉病逝。是日孙中山电告在美国的孙科。原电文无署名,发报人为头山满。

复宿务叶独醒电①

（一九一五年二月二十八日）

已悉。孙文。

> 据黄比新译《日本外务省档案中有关孙中山的一批未刊电文》，载《孙中山研究》第二辑（广东人民出版社一九八九年版）

复周应时电

（一九一五年三月十五日）

无延期之议，惟款源忽滞耳，当另力筹。中日交涉，想必无事，但无论如何，吾党方针不变。文。

> 据中国国民党中央文化传播委员会党史馆藏一般档案050/341

复钮永建等电②

（一九一五年三月）

袁世凯蓄意媚日卖国，非除去之，决不能保卫国权。吾党继续实行革命，即如清季之以革命止瓜分。

> 据《林故主席与美洲国民党》，载冯自由著《革命逸史》第三集（商务印书馆一九四五年版）

---

① 1915年2月27日叶独醒电告孙中山说："交Leekeay款已收到请复。"
② 钮永建、马素、邓孟硕、钟荣光、谢英伯及林森联名致电孙中山，请示对日意见，可否暂停国内革命运动，实行举国一致御侮，免为国人借口等语。孙中山旋即复电。

致巴达维亚①胡独波②电(译文)

（一九一五年五月二日）

是。速办。孙文。

> 据黄比新译《日本外务省档案中有关孙中山的一批未刊电文》，载《孙中山研究》第二辑（广东人民出版社一九八九年版）

致法国驻上海总领事电(译文)③

（一九一五年六月十七日）

请延缓引渡梁钟汉④，我正恳求德尔卡塞部长进行干预。

> 据《孙中山对外关系中的几件史料》（张振鹍译自法国外交部档案，NS209卷），载《历史研究》一九八一年第四期

---

① 巴达维亚，今雅加达。
② 胡独波，据 Hootokpoh 音译。
③ 此电原文为英文，是日"下午4时50分日本东京发"。法国驻上海总领事卡恩于1915年7月1日致法国外交部长德尔卡塞第58报告，该报告引述孙中山这封电报之前谓："6月17日傍晚，我收到孙逸仙拍来的明码电报"。
④ 梁钟汉，湖北汉川人，早年加入同盟会，武昌起义后，任汉川民军司令。二次革命失败后亡命日本，奉孙中山命担任第三路国民军司令，回国抵上海，被捕入西狱，孙中山当即电请延缓引渡。迨袁世凯死，始由唐少川、黄克强交涉出狱。

致法国外交部长德尔卡塞电(译文)①

(一九一五年六月十七日)

贵国驻北京公使已同意将共和政体拥护者梁钟汉自上海法租界引渡给袁世凯政府。为了正义,我恳求您干预制止。孙逸仙。

> 据《孙中山对外关系中的几件史料》(张振鹍译自法国外交部档案,NS206卷),载《历史研究》一九八一年第四期

致法国总统总理外交部长电(译文)②

(一九一五年十二月十九日)

许多中国爱国者于举行反对帝制之武装抗议后在上海法租界寻求避难时被捕。我以正义和人道的名义,恳请您们授权贵国领事,不将他们引渡给袁世凯政府。孙逸仙。

> 据《孙中山对外关系中的几件史料》(张振鹍译自法国外交部档案,NS206卷),载《历史研究》一九八一年第四期

---

① 此电原文为英文,是日"下午4时5分东京发,6月18日收到"。此电发出时间,电报原件作"4时5分",与孙中山致法国上海总领事电对照,似应为"4时50分"。

② 原电为英文,是日"晚九时三十分东京发,十二月二十日收到"。此电所说"反对帝制之武装抗议"系指1915年12月5日上海肇和军舰武装起义,炮轰上海制造局事。

致朱执信电

（一九一五年十二月二十五日）

秋谷①鉴：何敬甫之款，决定在君，如君需款，余等亦能寄多数之款项。

　　　　　　　　据中国国民党中央文化传播委员会党史馆藏一般档案
　　　　　　　　050/73

致林森电

（一九一五年十二月二十五日）

沪电五省合抗袁事，确得真信。滇黔长官电袁云："民意反对，请罢帝制，杀杨、孙②。"一面派兵川湘边界，约三星期内声讨。鄂有款即发。南北各需甚急。沪虽增兵一旅，尚易着手，有五万即能十分成功云，请勉筹速汇。事机至此，赴美非要着。文有友驻美京办交涉，勿虑。一万元收。

　　　　　　　　据中国国民党中央文化传播委员会党史馆藏一般档案
　　　　　　　　050/74

致马尼拉薛汉英③电

（一九一五年十二月二十五日）

沪电五省合抗袁事，确得真信。滇黔长官电袁云："民意反对，请罢帝

---

① 秋谷，朱执信的化名。
② 杨、孙，即杨度、孙毓筠。
③ 薛汉英，时任中华革命党菲律宾筹饷委员。

制,杀杨、孙。"一面派兵川湘边界,约三星期内声讨。鄂有款即发。南北各需甚急。沪虽增兵一旅,尚易着手,有五万即能十分成功云,请勉筹速汇,由东转文。

据中国国民党中央文化传播委员会党史馆藏一般档案
050/75

致旧金山革命党人电

(一九一五年十二月二十六日)

云、贵确布独立。苏、赣、沪、鄂皆备即发。文。

据中国国民党中央文化传播委员会党史馆藏一般档案
050/10

致上海革命党人电

(一九一五年十二月二十七日)

即由汇丰电田中一万五千元。鄂屡告急请款,如确可动,请照给三千元。确否宜察,勿轻与。

据中国国民党中央文化传播委员会党史馆藏一般档案
050/11

致上海革命党人电

（一九一五年十二月二十八日）

此间确息,唐、蔡①已动,滇款毋庸给。既有首难,则袁之信用已破。此后吾党当力图万全而后动,务期一动即握重要之势力。孙文。俭。

据中国国民党中央文化传播委员会党史馆藏一般档案 050/12

致胡汉民电②

（一九一五年十二月二十九日）

苏、沪、赣、鄂发旦夕。执③昨电请万元,已勉凑汇。刻需款急,请催汇。总支部趁兄在,速组织。文。

据中国国民党中央文化传播委员会党史馆藏一般档案 050/13

致火奴鲁鲁革命党人电

（一九一五年十二月二十九日）

沪、粤需款急,请力筹应,须待沪得乃回。

据中国国民党中央文化传播委员会党史馆藏一般档案 050/14

---

① 唐、蔡,指唐继尧、蔡锷。
② 胡汉民于9月底奉派赴南洋等地筹措讨袁军饷,时在马尼拉。
③ 执,似指朱执信。时朱执信在香港与邓铿策划革命军起义讨袁。

致香港 Yokashi 电(译文)

(一九一五年十二月二十九日)

香港 Yokashi 君:关于商业事,可与秋谷商酌。

据《总理亲笔录存电稿》050/330,转录自秦孝仪主编《国父全集》第四册(台北近代中国出版社一九八九年版)

致朱执信电(译文)

(一九一五年十二月三十日)

香港秋谷君:如 Yokashi 因商业需要,可许其向汇丰银行支取一万元。

据《总理亲笔录存电稿》050/330,转录自秦孝仪主编《国父全集》第四册(台北近代中国出版社一九八九年版)

致上海革命党人电

(一九一五年十二月三十日)

赣久未发,究如何?刘世均入党,于赣稍有力,能统一否?鲁首要数人即来东,面商后再赴青岛。苏事如何?

据中国国民党中央文化传播委员会党史馆藏一般档案 050/17

致上海革命党人电

（一九一六年一月一日）

山田①三岛丸来，三井款不能速，因政府近有佳意，各皆欲待其方针决定而后行。九日约，亦以此滞，然希望佳。现请竭力联陆军。海军当行王统之策。粤将发，鄂、赣着速动，沪当图万全。鲁交涉妥，彼等不来，可速回去。周、吴②电请万元济苏用，刻难应之。请电新疆动。

据中国国民党中央文化传播委员会党史馆藏一般档案 050/18）

复旧金山革命党人电

（一九一六年一月二日）

回期尚未定。需款急，速汇。

据中国国民党中央文化传播委员会党史馆藏一般档案 050/19

复上海陈其美电

（一九一六年一月三日）

即前同山田所用之密30③。

据中国国民党中央文化传播委员会党史馆藏一般档案 050/20

---

① 山田，指山田纯三郎。
② 周、吴，分别指即周应时、吴藻华，时分任中华革命党江苏司令长官及江苏支部长。
③ "密30"，指密电码。

复薛汉英电

（一九一六年一月四日）

万元妥收。南北各省皆图发动，款尚缺。

据中国国民党中央文化传播委员会党史馆藏一般档案 050/21

致上海革命党人电

（一九一六年一月八日）

即由台湾银行电田中日金一万元。款尽汇沪，陕款下次汇还，请转朗西①。文。庚。

据中国国民党中央文化传播委员会党史馆藏一般档案 050/22

致马尼拉革命党人电

（一九一六年一月八日）

闽请款为谁？当由此酌拨，不可由岷直拨，方能统一。

据中国国民党中央文化传播委员会党史馆藏一般档案 050/23

---

① 朗西，指徐朗西。

复上海革命党人电

（一九一六年一月九日）

丁密恐不密，改用仓伯码13。邓①到，函悉。苏又失约。鄂前云有三千即动，昨电再要万元，令人难信，究如何？实复。日府派青木中将②来沪，调查而后定方针，宜秘密间接图利之。

据中国国民党中央文化传播委员会党史馆藏一般档案 050/24

复马尼拉革命党人电

（一九一六年一月十一日）

电悉。款由万国银行电汇横滨孙文收。

据中国国民党中央文化传播委员会党史馆藏一般档案 050/25

致上海革命党人电

（一九一六年一月十三日）

粤人款请速买正金票，用Bearer票，不可指人名，因港严制吾党款，前电已不妥。票买后专遣妥密可信人速带港，交干诺道十九号公慎隆陈耀平转执信。孙文。元。

据中国国民党中央文化传播委员会党史馆藏一般档案 050/26

---

① 邓，指邓铿。
② 青木中将，即青木宣纯，曾任日本驻华武官。

致上海革命党人电①

（一九一六年二月二日）②

我挚爱之同胞及建造共和之同志鉴：顷者邮奉一函，此仆以血诚书之者，望诸君三复而审读之，且望将此函与同志诸同胞共读之。此函计一星期内可递到，届时请答仆一电。设有延误，仆当再寄一函。

据上海《民国日报》一九一六年二月二日《孙中山致上海党人电》

致河内法国总督电（译文）

（一九一六年三月三日）

谨请求您公正对待在广州湾被捕之革命者陆志云及赖达③。孙逸仙。

据黄比新译《日本外务省档案中有关孙中山的一批未刊电文》，载《孙中山研究》第二辑（广东人民出版社一九八九年版）

---

① 此电上海《民国日报》据"《大陆报》载上海党人接孙中山来电"转录。
② 此电所标时间系上海《民国日报》刊载日期。
③ 陆志云及赖达，据 Lukchiwan 及 Laidat 音译。

致约翰内斯堡赖经①电（译文）

（一九一六年三月三日）

七千三百四十一元已收到。孙文。

据黄比新译《日本外务省档案中有关孙中山的一批未刊电文》，载《孙中山研究》第二辑（广东人民出版社一九八九年版）

致东北军革命党人电

（一九一六年三月十日）

沪复电，吴②奔津，留□沪，不愿趋连。文。蒸。

据中国国民党中央文化传播委员会党史馆藏一般档案050/330

复上海革命党人电

（一九一六年三月十二日）

电悉。一二日当如数电二十万，为江、浙及第二舰队用，请速着手。

据中国国民党中央文化传播委员会党史馆藏一般档案050/27

---

① 赖经，据 Laiking 音译。
② 吴，指吴大洲。

复居正电

（一九一六年三月十二日）

电悉。款如得手，可照办。文。

据《中央党务月刊》第八期（南京一九二九年三月）

复上海革命党人电

（一九一六年三月十三日）

五日函悉。款先得五十万，余俟王统海军获后乃可得。沪事当俟王统动后方可发，王极有把握，当不落空。鄂事由田①试办，如得手，则委之也。文。

据中国国民党中央文化传播委员会党史馆藏一般档案050/29

致上海革命党人电

（一九一六年三月十六日）

今日由三井银行汇兑收廿一万元，以万元给梓琴。务谋万全。文。

据《总理亲笔录存电稿》050/330，转录自秦孝仪主编《国父全集》第四册（台北近代中国出版社一九八九年版）

---

① 田，即田桐。

致上海革命党人电

（一九一六年三月十六日）

今日由正金电汇陈其美收日金廿一万元,请拨梓琴沪洋万元。诸事望慎而图之,务期万全效果。文。铣。

据中国国民党中央文化传播委员会党史馆藏一般档案 050/30

致《公理报》电(译文)

（一九一六年三月十七日）

《公理报》、《民号报》鉴:我军占领广东沿海各地。孙中山。

据黄比新译《日本外务省档案中有关孙中山的一批未刊电文》,载《孙中山研究》第二辑(广东人民出版社一九八九年版)

致伦敦龙①电(译文)

（一九一六年三月十七日）

取道加拿大来。孙文。

据黄比新译《日本外务省档案中有关孙中山的一批未刊电文》,载《孙中山研究》第二辑(广东人民出版社一九八九年版)

---

① 龙,据 Loong 音译。

致新加坡陈达文①电（译文）

（一九一六年三月十七日）

王佛隆很平安。孙文。

据黄比新译《日本外务省档案中有关孙中山的一批未刊电文》，载《孙中山研究》第二辑（广东人民出版社一九八九年版）

致上海革命党人电

（一九一六年三月十八日）

王统日内当来沪会商。第二舰队运动至如何程度？速复。孙文。俭②。

据中国国民党中央文化传播委员会党史馆藏一般档案 050/31

致陈其美电

（一九一六年三月十九日）

即委夏奉天司令长官。江苏司令如何？无党员可任，请兄兼之。覃振③请款，可由湘款内拨洋二千为要。十二来函悉，对哲谋④不约而同。

据中国国民党中央文化传播委员会党史馆藏一般档案 050/32

---

① 陈达文，据 Chantatman 音译。
② 电文原稿有"To ShangHai March 18"字样，且系逐日录入簿册，此电亦在 19 日之前，故应为 3 月 18 日。稿末书"俭"，或系笔误。此电当系致陈其美者。
③ 覃振，字理鸣，亦作理明、理民。
④ 哲谋，指周应时。

致居正电

（一九一六年三月十九日）①

萱兄②嘱购壳子枪，是否急需？荻野款何无消息？速复。念日由正金电五千，请收。谋天津有门径否？〈并〉复。文。

据《中央党务月刊》第八期（南京一九二九年三月）

致马尼拉革命党人电

（一九一六年三月二十日）

闽事已委许崇智专办，款应归许支配，以便统一。嗣后闽军饷，请汇东转许，勿汇他人。祈转告怡朗③。文。骘。

据中国国民党中央文化传播委员会党史馆藏一般档案 050/35

复上海革命党人电

（一九一六年三月二十日）

不必给款少贞，若有余，当多助仲元较有益。下电转展云④：闽事已委汝为⑤司令长，所有外洋汇闽用款，委由汝为指拨，以归统一而利进行。切

---

① 此电所标时间系收到日期。
② 萱兄，指萱野长知。
③ 怡朗，菲律宾地名。
④ 展云，指黄展云，时任中华革命党福建支部长。
⑤ 汝为，即许崇智。

勿贻误。孙文。

据中国国民党中央文化传播委员会党史馆藏一般档案
050/36

致居正电

（一九一六年三月二十日）①

萱兄函快〔悉〕。宫崎铳价金额须〈一〉度交足。田中借款未成，尊处能筹二万，请速汇东，残额此间筹付。陕西事望觉兄速详报，阅后始定。

据《中央党务月刊》第八期（南京一九二九年三月）

致旧金山《少年中国报》电

（一九一六年三月二十一日）

同志公鉴：请将存款尽买百马力以上适军用之飞机十数台，速付来。并着能飞之同志及林森、邓家彦等回来。孙文。

据中国国民党中央文化传播委员会党史馆藏一般档案
050/37

复上海革命党人电

（一九一六年三月二十三日）

电悉。时机至此，可速发制人，不必待王也。兹电二万，款当专用于沪，

---

① 此电所标时间系收到日期。

切勿再行分散。泽能得手,则万事皆就,望奋励图之。尚需款否?

> 据中国国民党中央文化传播委员会党史馆藏一般档案 050/38

复马尼拉革命党人电

(一九一六年三月二十三日)

电悉。飞机除尊处及内埠出款外,此间出款六千。应使谭①将款交还吾党,否则飞机仍吾党物,谭不能携去。谭既叛党,应以对待叛党者之法待之。请告忠诚。

> 据中国国民党中央文化传播委员会党史馆藏一般档案 050/39

致上海革命党人电

(一九一六年三月二十三日)

二万由台湾行电山田收。此较不能通粤电,除龙②事由兄电仲元可也。孙文。梗。

> 据中国国民党中央文化传播委员会党史馆藏一般档案 050/40

---

① 谭,指谭根。
② 龙,指龙济光。

致居正电

（一九一六年三月二十三日）①

二十由正金电五千,收否？铳已交易,速运送。定船后再电告接洽。

据中国国民党中央文化传播委员会党史馆藏一般档案
050/300

复汉口革命党人电

（一九一六年三月二十四日）

苟〔哿〕电悉。望即以得之英士之款竭力进行可也。文。迥。

据中国国民党中央文化传播委员会党史馆藏一般档案
050/42

致马尼拉革命党人电

（一九一六年三月二十四日）

谭根款未写收条,恐于法律无效,不必拘控。只以常理追讨,观其如何回答,另行设法对待。

据中国国民党中央文化传播委员会党史馆藏一般档案
050/43

---

① 此电所标时间系收到日期。

复陈其美电

（一九一六年三月二十五日）

电悉。前因沪欲急动,海军已另谋全策。今沪虽先动,亦无防〔妨〕也。王不必来商,各可相机而动。惟一三舰队,兄处切勿接洽为要。文。有。

据中国国民党中央文化传播委员会党史馆藏一般档案050/44

复旧金山《少年中国报》电

（一九一六年三月二十五日）

电悉。机价太贵,可否改买百六马力之加的士机？价约美金万元,因机以多为妙。债券等已托日本丸带。

据中国国民党中央文化传播委员会党史馆藏一般档案050/72

致马尼拉革命党人电

（一九一六年三月二十六日）

谭反复难靠,应逼偿款,阻止归粤助敌。

据中国国民党中央文化传播委员会党史馆藏一般档案050/45

致上海革命党人电

（一九一六年三月二十六日）

京信：莫利逊①策袁暂退，使黎②代，俟欧战终，乃借英力复出。故沪事当发于袁退之前乃可。文。

据中国国民党中央文化传播委员会党史馆藏一般档案 050/46

致马尼拉革命党人电

（一九一六年三月二十七日）

许电称闽尚需款，请筹汇东转沪。并请转告怡朗。文。

据中国国民党中央文化传播委员会党史馆藏一般档案 050/47

复马尼拉革命党人电

（一九一六年三月二十七日）

沪电乃崇智所发，勿疑。文。

据中国国民党中央文化传播委员会党史馆藏一般档案 050/48

---

① 莫利逊，英国人，袁世凯的政治顾问。
② 黎，指黎元洪。

致上海革命党人电

（一九一六年三月二十八日）

款难分拨，此时务注全力于沪，以求万全。沪得后则款械自易。文。

据中国国民党中央文化传播委员会党史馆藏一般档案 050/49

致上海革命党人电

（一九一六年三月二十九日）

田桐赴鄂后，沪给款共若干？彼来电云只领沪款三千。确否？文。艳。

据中国国民党中央文化传播委员会党史馆藏一般档案 050/77

复 居 正 电

（一九一六年三月二十九日）[①]

五师[②]果有自动之意，宜速派人往联络，如彼能纯归本党范围，可许以事后赏主动者百万，及全师加双饷至终身。如有谐，文当亲来指挥。如何？速复。备为营款械地步，荷物定实，再报。开办费需多少？

据《中央党务月刊》第八期（南京一九二九年三月）

---

① 此电所标时间系收到日期。
② 五师，指北洋陆军第五师驻山东师长张树元。

复上海革命党人电

（一九一六年三月三十日）

电悉。款即设法，成否未知。军队以袁退而反观望，殊出意外。恐终难靠，无已，则俟王统得手，沪乃进行。万已到款无可拨。怡朗允等数万办闽事，得即尽汇。陈民钟①过沪宜善接洽，请转汝为。再潮州军队动，是否仲元经手？能电询否？文。

据中国国民党中央文化传播委员会党史馆藏一般档案 050/79

致槟榔屿吴世荣等电

（一九一六年三月三十日）

转吴世荣、黄金庆、徐瑞林鉴：闻兄等尽力向闽帮筹款，能多得济大局，幸甚。极盼好音。文。

据中国国民党中央文化传播委员会党史馆藏一般档案 050/80

复居正电

（一九一六年三月三十日）②

五万当力筹，可速着手。并详查帝制取消后，军队有无退志？即复。

据《中央党务月刊》第八期（南京一九二九年三月）

---

① 陈民钟，时任中华革命党怡朗支部长。
② 此电所标时间系收到日期。

致上海革命党人电

（一九一六年三月三十一日）

北方来电，帝制取消，军心益振，而沪反因〈之〉观〈望〉，恐前联络之人皆多不实，故托此为辞，欲再得款耳。望兄详察，勿受其欺。幸甚。孙文。

据中国国民党中央文化传播委员会党史馆藏一般档案 050/51

致上海革命党人电

（一九一六年三月三十一日）

仲元电促洪兆麟回，但洪难在港登陆。如需洪往潮，则往台湾转赴汕较妥。请电商仲元。

据中国国民党中央文化传播委员会党史馆藏一般档案 050/78

致上海革命党人电

（一九一六年四月一日）

由台湾行电山田六千金，请收交汝为。

据中国国民党中央文化传播委员会党史馆藏一般档案 050/60

致马尼拉革命党人电

（一九一六年四月一日）

四千元已收，即转汇许①。文。

据中国国民党中央文化传播委员会党史馆藏一般档案 050/53

致 居 正 电②

（一九一六年四月一日）③

廖④电悉。前印票后〔印〕刷不精，恐滋弊，决不用。济南得后，百万现款必能借到。孙文。

据《中央党务月刊》第八期（南京一九二九年三月）

致上海革命党人电

（一九一六年四月四日）

能动即动，若彼等政府成立，吾党外交更失地位。王统昨晚离京，其事廿前后可发。山东消息甚佳，月内当动。孙文。支。

据中国国民党中央文化传播委员会党史馆藏一般档案 050/56

---

① 许，指许崇智。
② 《中央党务月刊》第八期原编者按："电中疑有误"。
③ 此电所标时间系收到日期。
④ 廖，指廖仲恺。

致汕头革命党人电

（一九一六年四月四日）

英士报兄已入汕，近情如何？望详报，以备谋械接济。电由日本领事转便可。湘臣①明日发，经台湾来汕。文。

据中国国民党中央文化传播委员会党史馆藏一般档案 050/57

致 居 正 电

（一九一六年四月四日）

即由正金电萱野转五万金，收复。荷物由仓地以寄青岛军政官名义，届出神奈川县警部认可始能运，恐八日船尚难办到。藤田②子弹速追取，以填前拂款。

据中国国民党中央文化传播委员会党史馆藏一般档案 050/55

致上海革命党人电

（一九一六年四月五日）

报传驻沪北军调往粤，此军是否同志？如系同志，沪当速发，勿使沪失此力。如非同志，则当调离后乃发。总望相机而动，切勿错过。并望着粤详

---

① 湘臣，即洪兆麟。
② 藤田，即日人藤田礼造，时在大连。

报汕事,以备筹援。文。

据中国国民党中央文化传播委员会党史馆藏一般档案 050/58

复汕头革命党人电

（一九一六年四月五日）

电悉。事已至此,务望翼群①等毅力支持,以待他方发展。湘臣今日起程由台湾来汕。此间力谋械,如得手,有何地点可接？速复。孙文。

据中国国民党中央文化传播委员会党史馆藏一般档案 050/82

致居正并转吴大洲电

（一九一六年四月五日）

大洲电:"取空白委状,俟冈津带。"大洲有事宜商兄,用密电。

下电译转大洲:电悉。空白委状当寄居交。以后有事当商之居兄,由彼用密电转。孙文。

据中国国民党中央文化传播委员会党史馆藏一般档案 050/81

---

① 翼群,即罗翼群。

致汕头革命党人电

（一九一六年四月七日）

现得三十年式枪五千，可运到惠、潮沿海一带，兄能率众到何地点相接？复。湘臣六号起程，由台湾来汕。

据中国国民党中央文化传播委员会党史馆藏一般档案 050/59

致上海革命党人电

（一九一六年四月七日）

终日奔走，夜半回寓，始接急电。明晨当竭力筹之，然骤恐难得十万。若沪得后，可立致百万。着即委统①总司令。孙文。阳。

据中国国民党中央文化传播委员会党史馆藏一般档案 050/60

致汉口革命党人电

（一九一六年四月七日）

即由正金电一万金，请用 Teuto 名问收。

据中国国民党中央文化传播委员会党史馆藏一般档案 050/84

---

① 统，即王统。

致居正电

（一九一六年四月七日）①

荷物已托谋部外省设法，西京丸不及寄。南方消息大佳。山东事宜慎重，必待械到乃发。文。

据《中央党务月刊》第八期（南京一九二九年三月）

致上海革命党人电

（一九一六年四月八日）

今日两次共电十一万。切望捷音，行当率同志齐来。

据中国国民党中央文化传播委员会党史馆藏一般档案 050/61

致居正电

（一九一六年四月八日）

已定□租船运来，大约十四日可到。文。齐。

据《中央党务月刊》第八期（南京一九二九年三月）

---

① 此电所标时间系收到日期。

致上海革命党人电

（一九一六年四月九日）

昨款多汇万元，适覃振催款急，如有余，请拨给数千。

据中国国民党中央文化传播委员会党史馆藏一般档案
050/85

致旧金山《少年中国报》电

（一九一六年四月九日）

飞机寄时用 Osaki Ukitern 名义，并电告船名。如有款，请多购百五以上马力发动机寄东，装机体较廉。美、加同志曾习军操决心效力者，请资遣先来东。文。佳。

据中国国民党中央文化传播委员会党史馆藏一般档案
050/86

致陈其美电

（一九一六年四月十一日）

付兄全权与一三舰队接洽，见机行事，毋待王统。文。

据中国国民党中央文化传播委员会党史馆藏一般档案
050/87

致居正电

（一九一六年四月十二日）

吴大洲辞职,当照准。孙文。

> 据中国国民党中央文化传播委员会党史馆藏一般档案
> 050/300

致上海革命党人并转发周应时电

（一九一六年四月十三日）

徐朗西款三千,如未送,请即拨还。下哲谋电,请译转藻华;涛电悉。苏事迫时,归恐不及。扬、镇、苏、常、清既可恃,请即商高公①临机处置。周应时。元。

> 据中国国民党中央文化传播委员会党史馆藏一般档案
> 050/89

致马尼拉革命党人电

（一九一六年四月十三日）

金华览:款仍寄许汝为交,方能统一。文。

> 据中国国民党中央文化传播委员会党史馆藏一般档案
> 050/64

---

① 高公,指陈其美。陈其美曾化名高野。

致 Iloilo 电

（一九一六年四月十三日）

可照行也。文。

据《总理亲笔录存电稿》050/330，转录自秦孝仪主编《国父全集》第四册（台北近代中国出版社一九八九年版）

复汉口革命党人电

（一九一六年四月十三日）

文电悉，佳电尚未接。现适款竭，亦无人可派，请兄等勉力为之。如大得手，弟可亲来也。文。元。

据《总理亲笔录存电稿》050/330，转录自秦孝仪主编《国父全集》第四册（台北近代中国出版社一九八九年版）

致上海革命党人电

（一九一六年四月十三日）

胡毅生用赵蘅斋名，乘伏见丸二等十四号房赴沪，请派人用沧伯名字往接。沪所企图，今日见号外，系由菊池告报馆。请切嘱山田，嗣后未发现事毋电他处，否则误事不少，人皆视吾党为儿戏也。至要。文。元。

据中国国民党中央文化传播委员会党史馆藏一般档案 050/88

致汉口革命党人电

（一九一六年四月十四日）

顷由正金电斋藤玄收日币二万，明早电一万，收复。报传浙独立举王文庆为都督，请兄电王接洽。并请王直接将独立后情形报告于我，当为彼谋种种利便也。电托日领转。文。寒。

据中国国民党中央文化传播委员会党史馆藏一般档案 050/90

致上海革命党人电

（一九一六年四月十五日）

展堂用陈国荣名搭天津丸来，请派妥人接，并嘱毅生少待。文。

据中国国民党中央文化传播委员会党史馆藏一般档案 050/91

致汉口革命党人电

（一九一六年四月十五日）

即由正金电斋藤玄万金。企候佳音。咸。

据中国国民党中央文化传播委员会党史馆藏一般档案 050/92

致陈其美王统一电

（一九一六年四月十六日）

英士、统一两兄鉴：闻王兄到沪，嘉慰无极。自后海军事悉由王兄指挥，务望两兄协力。得军舰，即先将机器局袭取，立吾党基础。

据中国国民党中央文化传播委员会党史馆藏一般档案050/93

致田桐电

（一九一六年四月十八日）

款难再筹，务期勉力发动，否则信用全失矣。

据中国国民党中央文化传播委员会党史馆藏一般档案050/247

致上海革命党人电

（一九一六年四月十八日）

袁谋甚狡，以独立为消民党气焰，故陕宜缓动，以待全局筹备同时而发。文。

据中国国民党中央文化传播委员会党史馆藏一般档案050/68

致陈其美电

（一九一六年四月十九日）

兄何时能动？近情如何？望时时详报，以便统筹全局。至要。孙文。皓。

据《总理亲笔录存电稿》050/330，转录自秦孝仪主编《国父全集》第四册（台北近代中国出版社一九八九年版）

致上海革命党人电

（一九一六年四月十九日）

浙江近情如何？海外同志多欲回国效力，并备有飞机饷械。请兄与浙政府妥商，借宁波为登陆地，否则，令吾党军占领之。能否？查实即复。

据《总理亲笔录存电稿》050/330，转录自秦孝仪主编《国父全集》第四册（台北近代中国出版社一九八九年版）

致居正电

（一九一六年四月二十日）①

不必忙急，务期切实准备。彼虽独立，我仍攻之，更易得手也。荷物已到否？复。文。

据《中央党务月刊》第八期（南京一九二九年三月）

---

① 此电所标时间系收到日期。

致居正电

（一九一六年四月二十一日）

电悉。闻岩城要得陆军当局同意乃借款。按吾党已借巨款，至今尚未生效力，当局已有烦言，恐不能再得同意。然已托头山交涉。

据中国国民党中央文化传播委员会党史馆藏一般档案050/300

致上海革命党人电

（一九一六年四月二十一日）

十九致山中电，收否？海军计划为应募人泄漏，报上连载，有无阻碍进行？甚念。兄到沪后，各方情形如何？有闻望详报。

据中国国民党中央文化传播委员会党史馆藏一般档案050/96

致旧金山《少年中国报》电

（一九一六年四月二十二日）

时事日非，袁党以假独立抵制民党，文非亲入内地，恐吾党不能造大势力，故决意廿七回国。飞机及各同志速回。如有余款，望速汇应急。东京本部由谢持权理，横滨交通部由谢心准主持，余抵内地再电。文。

据中国国民党中央文化传播委员会党史馆藏一般档案050/97

致林森电

（一九一六年四月二十二日）①

子超兄鉴：祸迫，事在必举，弟决内渡。请代面求克强，借十万济急。允否？即复。文。

据中国国民党中央文化传播委员会党史馆藏一般档案050/340

致居正电

（一九一六年四月二十二日）

兄迫〔致〕靳云鹏②电文内有萱野名，靳电北京，向日使交涉，日使请训政府，〈政府〉甚为难，或令萱野出境未定。要之，此电无益有损。以后表面宜避与日人有关系，乃不招各国之忌，而免障碍。切嘱。文。

据《中央党务月刊》第八期（南京一九二九年三月）

致吴铁城密交黄兴邓家彦电

（一九一六年四月二十四日）

密交黄克强、邓孟硕鉴：请两兄直乘原船到沪相会为盼。孙文。敬。

据中国国民党中央文化传播委员会党史馆藏一般档案050/98

---

① 此电原未署时间，今所标日期从底本。
② 靳云鹏，时任山东将军。

致上海革命党人电

（一九一六年四月二十四日）

文廿七日近江丸返沪。敬。

据中国国民党中央文化传播委员会党史馆藏一般档案 050/100

致汉口革命党人电

（一九一六年四月二十四日）

文廿七近江丸往沪。如汉得利，当亲来汉。敬。

据中国国民党中央文化传播委员会党史馆藏一般档案 050/42

致上海革命党人电

（一九一六年四月二十四日）

前费巨款无效，不能昭信于人，无法再筹。军官索款，可许以事后倍给，事前毋轻掷。文偕廖、戴①廿七近江丸返沪。夏②往杭有回信否。盼速复。文。

据中国国民党中央文化传播委员会党史馆藏一般档案 050/102

---

① 廖、戴，即廖仲恺、戴季陶。
② 夏，即夏尔玙，字次崖，时任中华革命军浙江司令官，后遭屈映光杀害。

致 居 正 电

（一九一六年四月二十四日）

文廿七日返沪,到后电闻。济南得手,文〈或〉来鲁。既准备即发,不必理商会也。文。

据《中央党务月刊》第八期(南京一九二九年三月)

致上海革命党人电

（一九一六年四月二十六日）

若沪、浙能入吾党范围,则大局可定矣。文乘近江丸回,着山田通知青木中将,若彼派人来接船,须与山田同来便可。

据中国国民党中央文化传播委员会党史馆藏一般档案 050/71

致 居 正 电[①]

（一九一六年四月三十日）

山东方面对党内、党外请极力联络,文赴沪之目的亦在此。不然,不能得外助也。详情函达。

据《中央党务月刊》第八期(南京一九二九年三月)

---

① 此电发自日本门司。

致岑春煊电

（一九一六年五月上旬）①

闻公已任两广都司令，以疾恶至严之人，持灭此朝食之志，南方健儿素稔顺逆，得公提挈鼓行而前，壮伟何似。诵公宣言，有不分党派、省派之语，实获我心，主义目的既合符节，允当共力进行。粤省独立以前，义师先起，闻至今犹与济军相持，大敌当前而内纷不息，事甚无谓，文已电同志，俾泯猜虞，并力求事实上之一致。请公亦正告济军，一方务严约束，勿复生衅，庶几同心戮力，共伸天讨。公责隆望重，有所指导，宜众莫违。文知忧国，甚愿尽力所能至，为公等助，谨以电闻。孙文。

据黄季陆主编《讨袁史料（一）》（台北一九六九年版）

致岑春煊等电

（一九一六年五月十一日）②

肇庆岑都司令、云南、贵州、广西、浙江都督暨各军司令鉴：奸人窃柄，颠覆民国，公等讨贼声震天下，且维持约法，尊重民意，尤见忧国真诚。文近自海外归来，誓从国民之后，灭此朝食，已分电告各方同志，取一致之行动。吾人志在锄奸，当集群力，猛向前进，决不使危害民国如袁氏者生息于国内。

---

① 此电文《讨袁史料》原刊署名为"孙文、党务部部长居正谨启中华民国五年五月二十三日"。据《中央党务月刊》第四期所刊该件，仅署名"孙文"，居正署名及日期则为发布中华革命党通告第二十四号的署名及日期。又据电文有贺岑春煊"任两广都司令"之意，此电当发于1916年5月上旬。

② 此电所标时间系上海《民国日报》发表日期。

文知忧国,甚愿尽力所能至为公等助,惟公等有以教之。孙文。

据上海《民国日报》一九一六年五月十一日《孙中山致各都督司令电》

致居正电

（一九一六年五月十九日）

英士昨下午在山田家被凶轰毙,捕凶一人,关系者数人,捕房查押。见兄侄来,请暂勿会。此电请秘。文。皓。

据《中央党务月刊》第八期（南京一九二九年三月）

致黄兴电

（一九一六年五月二十一日）

承电存问,甚感。英士[①]被袁探戕害,捕凶数人。前日正代电请兄来数日密谈,适有此变,来宜缓。文决赴鲁。前文急需武器,在东时曾与参部商及,已有眉目,青木亦赞助。但文既离东,不能向参部、外省直接达意,盼兄代述。如有障碍,请临机破除,事当有成。现大局浑沌,袁尚有余力肆应,我辈当善自觉悟。余函详。文。

据《近代史资料》一九八二年第四期《黄兴等电稿》（五月二十一日中山来电）

---

① 英士,即陈其美。1916年5月18日,陈其美被袁世凯派人暗杀于上海。

致田桐等电[①]

（一九一六年五月二十三日）

文回沪后已宣言与各方面协同一致,声讨国贼。此时袁逆负隅恋栈,而南方义军势力犹薄,各地方进行彼此不相协,则更使袁贼得间。请兄等体察此意,一切事宜务求与讨袁各派协同进行,以收群策群力之效。至于旗帜,云、贵、桂、浙均已一致遵用五色旗,吾党亦宜一律沿用,俾不致同一讨贼之军而有猜疑。至于武力进行,为目前唯一方针,请诸同志更加意努力,以期早除国贼,而奠国基。文。

据《中央党务月刊》第四期（南京一九二八年十一月）

致居正电

（一九一六年五月二十五日）

潍县得,甚慰。沪决办收束。陆军学生王素等三十人乘神户丸来。明日□肇和之役陆上决战队卅余人乘利济来,情愿当兵,请收,即遣赴前敌。

据《中央党务月刊》第八期（南京一九二九年三月）

[①] 此电致中华革命党各地讨袁军负责人,除汉口田桐外,尚有山东居正及香港朱执信等。

致 居 正 电

（一九一六年五月二十八日）

利济丸有陈剧等八十二人投周村军，请即知会吴大洲与接洽。又浙部有可靠军官生九人，拟令元冲带来相助，可否请酌，并复。刘基炎于英士案无关，夏述唐可延见。□译交下电。

述唐鉴：舌耳电悉。基炎事已据电往保，捕房允礼拜开过堂即释，约下期船可赴鲁也。文。勘。

据《中央党务月刊》第八期（南京一九二九年三月）

致 居 正 电[①]

（一九一六年五月三十日）

得电喜甚。先遣汝为助兄，哲谋助吴。宜联络，重实力，不必争旗帜名称等问题。日当局意，文不宜即赴鲁，济南得当可行。现望兄与吴、薄[②]等调和。

据中国国民党中央文化传播委员会党史馆藏一般档案 050/300

[①] 当时居正以中华革命军东北军总司令身份，全权指挥山东军事，与吴大洲、薄子明部发生矛盾，据电文内容，此电系致居正无疑。

[②] 吴、薄，指吴大洲、薄子明。

致中华革命军东北军电二件

（一九一六年六月三日）

一

债券已电东速寄廿万,惟军票流弊无穷,不止鲁民受害,吾党丛怨,必累前途。胥行强迫公债及征发,便需军票,后当另制精者。文。

二

吴、薄托周转电文求助外交,军火已嘱周起云。统一后立即订购,并派张继及京周来与□及彼等谋之云云。周村告急,能援甚好。

据中国国民党中央文化传播委员会党史馆藏一般档案 050/300

致居正电

（一九一六年六月七日）

军票已电谢,嘱畏中速寄,请指一人签字发行。溥泉、汝为、元冲、士官生六人、军官生九人,□□来抵滨。华侨达六十,欲依兄以编卫军,甚妥。需否？闻吴已付九万余元购枪炮,与兄约购者同,兄已付价否？□□□飞行家尾崎同廖国仁、谢崧生赴潍,与兄商飞行事。

据《中央党务月刊》第八期（南京一九二九年三月）

致黎元洪电

（一九一六年六月九日）

　　北京黎大总统鉴：公以首义元勋，夙系人望。民国创始，文惭薄德，与公追随。今闻于阳日依法就职，良为国庆。中邦专制，历数千年，共和方新，忽被摧挫，去乱图治，愿力反前人所为。有如规复约法，尊重国会，尤不容缓。民国总统，职曰公仆，一切僭制妄作，宜即屏除，庶几气象一变。目前纠纷若定，前途希望无穷。尤企公本高尚之旨趣，宏人之规模，勇毅之精神，精密之条理，与国民从事建设，天下幸甚。孙文。佳。

据上海《民国日报》一九一六年六月十一日《孙中山致黎总统电》

致居正电

（一九一六年六月九日）

　　袁死，内外情大变，应按兵勿动，候商黎解决。飞行上事应停办，请告尾崎。文。佳。

据《中央党务月刊》第八期（南京一九二九年三月）

致朱执信电

（一九一六年六月十日）

　　香港朱执信兄鉴：袁死，政局一变，我应罢兵。孙文。蒸。

据上海《民国日报》一九一六年六月十四日《孙中山致朱执信电》

致居正电

（一九一六年六月十日）

潍县居觉生兄鉴：袁死，政局一变，我宜按兵勿动，候商黎大总统解决。孙文。蒸。

> 据上海《民国日报》一九一六年六月十四日《孙中山致居正电》

致吴大洲薄子明电

（一九一六年六月十三日）

周村吴大洲、薄子明兄鉴：袁死，内外情势变，我宜按兵勿动，维持地方秩序，候商黎大总统解决。孙文、张继。元。

> 据上海《民国日报》一九一六年六月十四日《孙中山张溥泉致吴大洲薄子明电》

致福建革命军电

（一九一六年六月十三日）

福州转屏南、松溪、政和、崇安各军：袁死，政局一变，可望和平。已占领地方，倘人不来攻，我宜按兵勿动，维持秩序。未举兵者，宜停止进行。政治问题，候商黎大总统解决。孙文。元。

> 据上海《民国日报》一九一六年六月十四日《孙中山致福建革命军电》

致黄兴电

（一九一六年六月十三日）

东京黄克强兄鉴：南军举义，多数揭去袁、复约法、召国会为的。袁死，黎能复约法、召国会，当息纷争、事建设，以昭信义，固国本。兄见如何？孙文。元。

> 据上海《民国日报》一九一六年六月十四日《孙中山致黄克强电》

致居正电

（一九一六年六月十五日）

张怀芝侵地，来电不明，请复，便交沙〔涉〕。文。

> 据《中央党务月刊》第八期（南京一九二九年三月）

致黎元洪电

（一九一六年六月十九日）

黎总统鉴：洽电敬悉。文前电请规复约法、尊重国会二事为根本要图，复电已承嘉纳。顾经过旬日，尚未施行，此间传闻谓因审慎手续。其实约法停废、国会解散，俱系前人越法行为，今日宣言承认遵守，不过以适法之命令变更不法之命令，其间毫无疑义。内外期望惟此最先，一切纠纷宜令速解，愿公无复顾虑。辱公明问，文谨申前言，以当芹曝。嘱派代表一节，俟选定有人，当更电告。再者，文以公依法就职，迳电朱、吴、居诸人及福建民军息战,静候解决。旋读十六日申令,饬各省撤兵停战,具见至仁大公,无任钦佩。惟得最近报告,张怀芝乘间侵害,屠戮临朐、安邱。似此显违明令,应请严电惩究;并电闽、粤军官,须谨奉命令,不得佳兵殃民,以维大局。孙文。效。

据上海《民国日报》一九一六年六月二十日《孙中山再致黎总统电》

致 居 正 电

(一九一六年六月二十日)

唐告张怀芝代表陈、洪两人,嘱张速电京,催复旧约法,召国会,态度明,始能平民军气,张已照办。顷陈、洪来达张意,请兄派代表来济与接洽,请决,电复。留日军医生黄实存欲投潍县,可来否?文。号。

据《中央党务月刊》第八期(南京一九二九年三月)

复 居 正 电

(一九一六年六月二十一日)

电并邵①函悉。前由唐电段,饬鲁北军勿与民军为敌。今张怀芝派代表持函来,请息纷争。附如何条件与交涉,电复。以后行动,恳如佳电以示信。

据中国国民党中央文化传播委员会党史馆藏一般档案 050/300

---

① 邵,似指邵元冲,时在山东居正军中。

复居正电

（一九一六年六月二十三日）

电悉。已派萧萱、叶夏声赴济南代表，先来潍面商，今日乘神户丸往青岛。文。漾。

据《中央党务月刊》第八期（南京一九二九年三月）

致黎元洪电

（一九一六年六月二十三日）

北京黎大总统鉴：依照洽电，派萧萱、叶夏声代表进京。谨闻。孙文。漾。

据上海《民国日报》一九一六年六月二十九日《孙中山致黎总统派代表入京电》

致居正电

（一九一六年六月二十四日）

萧、叶改乘小野丸来。文。敬。

据《中央党务月刊》第八期（南京一九二九年三月）

致戴戡等转石青阳电

（一九一六年六月二十六日）

松坎戴总司令、义勇队卢团长请转石青阳兄鉴：袁氏暴毙，局势一变，我宜按兵勿动，静候黎大总统解决，与护国军方面联络协进。唯沿用五色国旗，粤、鲁、闽等省已照行矣。孙文。宥。

据上海《民国日报》一九一六年六月二十九日《孙中山致四川革命军司令石青阳电》

致 黎 元 洪 电

（一九一六年六月二十六日）

黎大总统鉴：比见唐绍仪等请除龙济光电，实为天下公言。龙在粤三年，无恶不作，粤人恶龙，甚于洪水猛兽，此人不去，粤无噍类。政府与民更始维新，万不宜留此奇凶，以祸百粤。况龙目不识丁，而性独狡诈，忽而独立，忽而取消，只图自保，毫无政治上意味。大总统依法继任，民望所崇，惟能执法秉公，斯天下莫敢离异。西南诸省今方喁喁待命，无事招携，如龙反复小人，尤不能令有所凭借。溯昔胡、陈督粤，龙局〔佩〕促辕下，其时尚无外江壮士等名目，自袁氏倚为爪牙，龙乃恣睢纵恶，名器假人，可为前车。龙近于韶州横开兵祸，陷粤糜烂，是其本怀，即望收回成命，立予严惩，毋以一人之故，而失粤三千万人之心，非惟一方之幸。孙文。宥。

据上海《民国日报》一九一六年六月二十九日《孙中山致黎总统请斥龙济光电》

致居正电二件

（一九一六年六月二十六日）

一

此间款绌较甚，二三千亦不可得。杨、蒋、吴①赴潍事，商定再复。文。宥。

二

驻滨华侨达一为急欲依兄，无费不能行。此间窘甚，请兄筹款五千，寄林蔚、陆发桥等，使即行是盼。文。宥。

据中国国民党中央文化传播委员会党史馆藏一般档案 050/300

致居正电

（一九一六年七月四日）

能编一军否？电复。

据《中央党务月刊》第八期（南京一九二九年三月）

---

① 杨、蒋、吴，似指杨庶堪、蒋介石、吴忠信。

致 居 正 电

（一九一六年七月七日）

吴忠信神户丸来助兄。文。

据《中央党务月刊》第八期（南京一九二九年三月）

致 居 正 电

（一九一六年七月十一日）

军票已由田中寄鲁，共三十箱。债券无，且不便再发。

据《中央党务月刊》第八期（南京一九二九年三月）

致 居 正 电

（一九一六年七月十三日）

刻查百元券剩十二万元，已电速尽办寄兄。但发行时，宜填前月日。千元券尚多，需否？十元券已罄，制需时。

据《中央党务月刊》第八期（南京一九二九年三月）

致居正电

（一九一六年七月十四日）

叶①由京回。恺②神户丸来面商，许、蒋③同行。

据《中央党务月刊》第八期（南京一九二九年三月）

致居正电

（一九一六年七月十九日）

电悉。吴、薄、吕、□等俱仇兄，君敌太多，宜早图收束，请与仲恺熟商办法。致电纫秋如下：觉生在潍，所有军队，不能遽行弃之。本党刻无经费，俾作收束，故延伫待命中央。宜体察及此，商解决之法，慎勿误会，请告段总理。并复。

据中国国民党中央文化传播委员会党史馆藏一般档案 050/300

致居正电

（一九一六年八月四日）

现当收束，一切由兄专办。但偕日人赴京有碍，切勿偕行。至要。文。

据《中央党务月刊》第八期（南京一九二九年三月）

---

① 叶，即叶夏声，孙中山秘书。
② 恺，即廖仲恺。
③ 许、蒋，即许崇智、蒋介石。

致冯国璋电

(一九一六年八月四日)

南京冯督军鉴:南通张泽霖君,函劝独立,未犯刑事私罪,请速开释,以昭宽典。孙文。支。

据上海《民国日报》一九一六年八月八日《孙中山致冯国璋请释张泽霖电》

致黎元洪电

(一九一六年八月十一日)

北京大总统鉴:拜诵歌电,仰见至仁大公之心,英士为不朽矣。元日开追悼会,系并及年来死事诸烈士,审其生平建树,或有异同,而报国之诚则一,亦钧电所谓百折不回,惨遭非命者也。其人既死而遗族莫不颠沛,对之惟有伤心。至英士等部曲多人,虽以大局底平,早令解散,然大抵流落沪上,无所依倚。又各省前兹因政治犯罪之人,荷蒙申令昭雪,其穷困者,亦来此地,几有出图圄而转沟壑之势。凡此三者,计私人之力,终无以振之际。兹国家重造共和,我公仁慈,无远弗届,必不忍令死者衔冤,生者失所,而为社会扶持正气,培植善良,将于是赖。敢电为请命,伏候裁夺。孙文。真。

据上海《民国日报》一九一六年八月十三日《孙中山先生致大总统电》

致吕公望电①

（一九一六年八月十三日）②

本拟十四日赴杭承教。昨日胃病复发颇剧，医者嘱宜静养。今日亦不能出席，旅行更非所宜，有负约期，幸祈原宥。相见约秋凉后也。

据上海《民国日报》一九一六年八月十五日《杭州快信》

致陈中孚等电

（一九一六年八月二十七日）

中孚、霁青、子人、锡武、中玉③诸兄鉴：鲁事得手，兄等力多。现大局底定，当遵照通告，平和解决。尤应服从觉生兄主张，急办收束，不得固执己见，与政府再生冲突，致贻扰乱争权之诮。文。

据中国国民党中央文化传播委员会党史馆藏一般档案 050/300

---

① 吕公望时任浙江省督军。此电为摘要。
② 孙中山因病未出席13日的追悼会，文中所说"今日亦不能出席"，当指此。故此电为13日发。
③ 中孚、霁青、子人、锡武、中玉，即陈中孚、朱霁青、吕子人、尹锡武、赵中玉，为中华革命军东北军将领。

致陈中孚等电

（一九一六年九月三日）

中孚、霁青、子人、锡武、中玉诸兄：电悉。居①已返济，望急商收拾，勿强中央所难。文。

    据中国国民党中央文化传播委员会党史馆藏一般档案050/300

致吕公望等电

（一九一六年九月三日）

杭州吕督军、周参谋长②、王、莫、夏、范、殷厅长③鉴：阙公玉麒于今晨在佐佐木医院病故。勋劳未报，鬼伯先催，身世萧条，至堪悯念。应乞派员来申办理一切是祷。孙文、黄兴、唐绍仪、柏文蔚、胡汉民。江。

    据上海《民国日报》一九一六年九月四日《孙中山等致浙江电》

---

① 居，即居正。
② 周参谋长，即周凤歧。
③ 王、莫、夏、范、殷厅长，即浙江省民政厅长王文庆、财政厅长莫永贞、警察厅长夏超、高等审判厅长范贤方、高等检查厅长殷汝熊。

致居正电

（一九一六年九月五日）

许①不能来。各军如不依令解散，即脱离关系。文。

据中国国民党中央文化传播委员会党史馆藏一般档案
050/300

致美洲中华会馆电②

（一九一六年十月三十一日）

克强先生今晨四时因病逝世。孙文。（十月三十一日）

据中国国民党中央文化传播委员会党史馆藏一般档案
050/208

致新加坡转仰光曼谷等地友人电（译文）

（一九一六年十月三十一日）

黄兴将军今晨逝世。请通知英、荷两属暨仰光、曼谷、西贡等处同志。孙逸仙。十月三十一日。

据中国国民党中央文化传播委员会党史馆藏一般档案
050/208

---

① 许，即许崇智。
② 此电分转檀香山、加拿大及南美各分支部。

致澳大利亚新西兰友人电(译文)

（一九一六年十月三十一日）

黄兴将军今晨逝世。请通知澳洲、纽锡兰同志。孙逸仙。十月三十一日。

据中国国民党中央文化传播委员会党史馆藏一般档案050/208

致梅屋庄吉电

（一九一六年十一月一日）

黄兴于昨日晨逝世，感谢生前的厚谊。孙文。

据俞辛焞、熊沛彪著《孙中山宋庆龄与梅屋庄吉夫妇》（中华书局一九九一年版）影印原件

与唐绍仪联名致邹鲁转粤省议员电

（一九一六年十一月十四日）

众议员〔院〕议员邹鲁转同乡议员诸君鉴：粤经破坏，乱机犹伏，陆督重望内外，倚如长城。比闻屡电求去，若徇其请，虽成一人高蹈之概，粤事将不可问，务望合力挽回，以顾桑梓，无任盼祷。孙文、唐绍仪。寒。

据上海《民国日报》一九一六年十一月十八日《粤不可无陆督军》

致黎元洪等电

（一九一六年十一月二十日）①

北京大总统钧鉴，国务院、参议院、众议院鉴：顷阅报载国老院条例，总统崇贤报功之意，至可感佩。然国老院之设置，根本上不敢赞成，因人设官，必有流弊。查欧美共和国有元老院，实与今之参议院相当，美国上院委员会即可参与行政。我国已有两院，无取架屋叠床。日本之枢密院，立于上院以外，专备谘询，而元老又参赞国政，似为此制所本。顾彼为大权之结果，以大权集于天皇，维新之际，未有议会，未有责任内阁，则以此备天皇之谘询。至立宪以后，天皇犹有大权，因仍需枢密院，而元老亦因袭以有重权。顾今日以元老与内阁、国会交相嫉视，而施政亦大受阻碍，此已可为鉴戒。况民国国体与彼悬殊，已有议会决定大纲，而责任内阁为之执行。谘询机关本属长物，流弊所至，则多一机关即多一冲突之原，异日或转因意见纷岐〔歧〕，大政为之受障。且日本近日已因元老问题，屡起政变，徒以政治已有常轨，不致危及国本。若在今日中国国基未定，民情未固，一有不幸，冲突之结果，有如日本反对元老之风潮，则酿成革命亦不可知。益少损多，窃谓不可。事犹及止，敢布胸臆。伏乞裁鉴。孙文叩。

据上海《民国日报》一九一六年十一月二十日《孙中山先生议罢国老院官制电》

---

① 此电所标时间系上海《民国日报》发表日期。

为黄兴出殡通电

（一九一六年十一月二十八日）

北京大总统、国务院、参议院、众议院、南京副总统、各省督军、省长、议会、黄蔡二公追悼会、各都督、将军、办事长官转各报馆均鉴：黄克强先生丧事，谨定十二月二十一、二两日开吊，二十三日举殡杭州西湖莹〔茔〕地。主丧友人：孙文、唐绍仪、李烈钧、蔡元培、柏文蔚、谭人凤叩。〈勘。〉①

据上海《民国日报》一九一六年十一月二十九日《孙唐等通告黄公出殡电》

致吕公望电

（一九一六年十一月二十八日）

浙省吕都督鉴：克强先生逝世，海内同悲，政府拟许国葬，其条例虽未经国会议定，由政府指定地点或家族择地两种办法，而家族及友人俱多主张葬于西湖，须先择定坟地。兹特公派刘君崑涛②、耿君伯钊、陈君阆良、徐君少秋专为此行就教执事，一切办法敬祈指导，不胜感激。专此，即颂政安。孙文、唐少川、李烈钧、钮永建、张继、胡汉民同启。

据上海《民国日报》一九一六年十一月二十九日《黄宅治丧处会议纪》

---

① 据上海《中华新报》1916年12月4日同电文增补。
② 崑涛，刘建藩字。

致黎元洪及国务院电

（一九一六年十二月六日）

大总统、国务院鉴：黄克强先生葬地，因湖南迭电要求归榇，众议决安葬湖南，二十三日出殡。请先期派兵轮到沪，以备运柩至汉，并饬知沿途地方官照料。此闻。孙文、唐绍仪、李烈钧、蔡元培、柏文蔚。麻。

据上海《民国日报》一九一六年十二月七日《黄先生葬礼会议记》

致吕公望电

（一九一六年十二月六日）①

杭州吕督军鉴，并转陈阎良君鉴：克公葬地，因湖南迭电要求归榇，现于本日在沪会商大多数决议，仍主安葬湖南，取消前议，急此电闻。孙文、唐绍仪。

据上海《民国日报》一九一六年十二月七日《黄先生葬礼会议记》

致赵恒惕范治焕电

（一九一六年十二月六日）

赵师长、范所〔厅〕长②鉴：克公葬地，仍决定归葬湖南，二十三日由沪起

---

① 此电无日期，今据12月6日致大总统、国务院电同为一事订。
② 赵师长，即湖南第二师师长赵恒惕。范厅长，即湖南政务厅长范治焕。

运赴汉。请商借萍局拖轮驳船至汉迎运。厝柩地点祈先选定,办理情形如何,盼随时电告。孙文、唐绍仪、李烈钧、谭人凤、蔡元培、柏文蔚。麻。

据上海《民国日报》一九一六年十二月七日《黄先生葬礼会议记》

致参众议员电

（一九一六年十二月八日）①

北京参众两院议员诸公鉴：克强先生国葬事，望速决定发表，俾便布置一切。孙文、唐绍仪、李烈钧、蔡元培。

据上海《民国日报》一九一六年十二月八日《黄宅治丧会议记》

致黎元洪电

（一九一六年十二月十日）

北京大总统钧鉴：民国既设国史，以求实录，开办未有成绩，馆长王君遽逝，总统知人善任，继职者自必妙选长才。以文所见，则章君太炎硕学卓职〔识〕，不畏疆〔彊〕御，古之良史无以过之，为事择人，窃谓最当。敢陈鄙见，以待采择。孙文叩。蒸。

据上海《民国日报》一九一六年十二月十四日《孙中山先生为国史馆事致大总统电》

---

① 此电所标时间系上海《民国日报》发表日期。

致黎元洪国务院电

（一九一六年十二月十三日）

北京大总统、国务院公鉴：溯自清帝退位，五族共和，国基已定，四万万人方想望太平，不图秉权者野心未除，诞生帝孽，筹安称制，民国几亡。虽其时义士人人奋起相争，期以身殉，然首先宣告独立誓师申讨者，实推滇省，遂使西南响应，举国普从，以有今日。方之武昌首义，一则为民国开创之功，一则为民国中兴之业，皆我五族人民人人所宜永留纪念者也。伏乞总统、国务院主持，将云南起义日定为国庆日外，更予唐督军暨起事诸人以懋赏，以彰勋劳，昭示来兹。临电无任盼祷。孙文。元。

据"中央改造委员会"党史史料编纂委员会编《总理全书》（台北一九五〇年至一九五二年出版）之九《文电》

致泗水中华商会电

（一九一七年一月三十日）

泗水中华商会鉴：阅报载贵会电财政部云：前交文款二百二十万，系助政府之用，未望偿还，请拒文要求等语。查文此次为维持共和，推翻帝制，曾借日本商人日金一百万元，华侨日金、英洋共一百七十四万四千三百一十八元一角二仙，内只有泗水刘亚泗、古宗尧经手汇东京十九次，共日金一万六千二百四十元，由陈铁五汇回英洋二千七百元，统共日金、英洋一万八千九百四十元，均经由本党财政部发出收条，并无二百二十万之说。当帝制议盛之际，文遣人至贵会，陈说大义，劝共拥护共和，贵会首鼠两端，不肯为丝毫之赞助，何处有二百二十万交文以助政府？荷属自开战以来，限制带现银出口，凡有大笔银钱来往，必经银行汇兑，曾否汇款，一查即知。汇款几何，不能诬捏。贵会如果曾经汇款与文,则必应有中华革命党收据,试问贵会收据何存?如谓款已汇出,未得收据,则由何人经手?交某银行于某年某月某日汇至何处?交何人收?应有银行单据可凭,即应提示,以便追查银行。总之,文虽收过泗水一万八千余元,并非贵商会经手,贵会所称二百二十万,文未收过一钱。文所经手借债二百七十余万元,均经约定国体巩固,即予偿还,故以实情,声之政府。贵会未经借过一钱,于此事无须容喙。若贵会果有此二百二十万曾经拨汇,则文并未收到,显系贵会办事人从中侵蚀虚报,图损他人名誉,必应控追。如贵会未尝经手有此二百二十万元,即系贵会滥用商会名义,虚构事实,诬捏他人,尤不可容。法律具存,公等应知自惕。若谓电文非由贵会所发,则假冒商会名义发电,必有其人,若不从速电部更正,彻查冒名主谋,依法控告,则责任有在,亦难为公等曲恕。尚望审思电复。孙文。(中华民国六年一月三十日。此电由财政部转。)

据中国国民党中央文化传播委员会党史馆藏一般档案 050/304

致英国首相劳合·乔治电(译文)

(一九一七年三月九日)①

乔治首相阁下:兹有贵国在华官吏,运动中国加入欧洲战局,此举之结果于中国及英国均有损害,仆以中国爱国者之一人,又于贵国有生死肉骨之感,自觉责任所在,不得不陈述之于阁下之前也。近有重要英人,与余接晤,商量中国加入联军国问题,仆经详慎审虑之后,断定中国若破弃中立,将于中英两国均有大害。中国共和肇造,尚在幼稚时代。正如一有病之人,甫入立宪主义之医院,无力自卫,有赖于他人之维持将护。故今之中国,不能视为一有组织之国家。彼之所以得保完全者,独赖中国人民爱和平之天性与

---

① 此电所标时间系上海《民国日报》发表日期。

习惯耳。然若一经发生不和,则扰乱必随之而起。前此华人对于英国之实力,及其终能得最后之胜利,具有无限之信心。自经此项意思良好而目光短浅之人之运动,甚至有数英报主张送华军数师团至美索波达米亚后,此种信心遂大为动摇。倘中国加入战局,势将危害中国之国家生活,损伤英国在远东之威望。在华人之意,协商国所以愿望中国加入者,即系协商国无力对付德国之一种自认耳。兹者我国段总理报告总统,谓协商国正在强迫中国加入。自此问题发生后,吾国政治家间,本已争执甚烈,今若再生意见,或致引起大乱。且中国两种强固而危险之分子,或亦被激而蠢动。即排外愚民与回教徒是也。自吾国革命后,排外心理,为吾人所遏灭。然仇外之精神尚在,或乘扰攘之秋而再起拳乱,戕杀外人,难保其必无。盖我若对于任何外国一经宣战,无知愚民不能辨别孰为敌人,孰为友民。而英国在东方利益较大,其损失亦势必较重明矣。至于回教徒之态度,亦不能漠视之。对于彼之圣地开战,在彼直将以大逆不道视之也。抑仆尤恐中国乱事作后,其最恶之结果,为协商国间之自生龃龉,此其不利于协商国之主义又可断言。中国处此地位,值此时势,自不能望其于严守中立之范围外,别有所行动。仆之所以以此项有害之运动唤起阁下之注意者,不仅因区区之愿欲救中国于危乱,亦因对于贵国素具最恳切之同情。贵国之利益,深系余怀,而贵国之令闻嬿德,又仆所极欲维护之尊重之者也。孙逸仙。

据上海《民国日报》一九一七年三月九日

附录一 同题异文[①]

以仆为中国一爱国者,又为英国感念再生之德之一友人,于此贵国驻本地各官吏,以其劝诱,将挽中国使入欧战之中,其结果中、英两国因之所受之害,仆义不能不抉以相告。前此英国名流曾劝仆究心于中国加入协

[①] 此电中文文本为《中华革命党总务部第二号通讯》刊布。

商之问题,仆经慎重研究之余,终得中国如破弃中立,必为两国之大不幸之结论。中国今犹一幼稚之民国耳,譬之病人,今方入院,以立宪主义疗彼痼疾。当此之时,自顾不赡,常赖周到之看护、养育以生。然则,不可以一有组织之国例中国也。中国之所以保持统一者,赖其民有好平和之习惯与感情而已。一旦有分裂,则无政府之态将随之矣。前乎此,中国人于英国之强,及其最后胜利,有无边之信仰与确信。顾彼虽心迹无他,眼光不远。自有此劝诱,益之以英存新闻,主张出兵数师于美梭拍打迷①,其信念遂因之大为摇动矣。使中国而参此战,将见危及中国国运,亦复损及英国远东之声威。仅一求中国加入协商之一事,已令中国人想像,以为协商诸国自表其无能力以克服德国矣。今闻段总理报告总统谓:协商强迫中国加入协商,此问题已惹我政治家之意见分歧矣。此种不和,乃将引〔起〕中国之力强而性险之两原质,以召无政府之状态,即排外之狂迷者及回教徒是也。

我国自革命以来,排外之感情,久经吾人压之,使就低减。然而,排外精神固未尝除也。倘值危迫之秋,机有可乘,将见第二义和团运动发起,而普行外国人之虐杀。故若向任一国宣战时,无知之人,不能辨孰为此国人,孰为彼国人也。则在东方有最大之利益如英国者,其所被惨祸亦尤多己〔已〕。且回教徒非可轻视者也,彼必将以向其所谓圣地而宣战者,为侮圣渎教矣。吾恐中国无政府之最恶结果,更令协商团结因之分两,此真甚有碍于协商本旨者也。状况如斯,危险之关键系于此,则中国惟有保持严正中立,更无他事可谓〔为〕明矣。仆之所以请阁下注意于斯有害之劝诱者,非徒为保全中国,不任其驯至无政府与分裂,更以有他一国,其利益为吾心所深篆,其公正与隆名,无论自何言之,皆为吾所崇敬者,吾不能不以最温之同情为之谋也。

据《中央党务月刊》第四期(南京一九二八年十一月)

---

① 美梭拍打米,即美索不达米亚,在伊拉克境内。

附录二 同题异文

　　文于中国为忠爱之士，于贵国为感恩之友，盖文昔日之幸而不死，实出贵国之赐也。近者贵国在华官僚，有盛倡中国加入欧战之说者。窃以为此事于中英二国，并有巨害。抑贵国闻人亦尝以此下问于文，文深思熟考之余，觉中国破弃中立，良足自召祸乱，即贵国亦实蒙其殃，用特举其得失，陈诸左右，义分所在，未敢放弃，惟执事察焉。中国初建共和，裁如小儿，又如大病之后，甫入医院，乞灵于宪政主义之药饵，维持将护，在在需人，谓为组织已备之国家，厥期尚远。其所以得远引于欧战旋涡之外，而未被牵率者，则一由国习使然，一以人民性好和平之故。惟龃龉一起，全国亦不难立陷于大乱。华人之于英国，向极钦重其国力之雄，且以为战胜之局必属英国。然自鼓吹加入之说起，而信任为之骤减。彼鼓吹者流，意非不善，特目光过于短浅。至英报纸欲中国酌遣师旅赴战于米索波达密亚，则尤为谬误。总之，中国预战，不特自危其国本，即英国在远东之威望，所损亦复甚重，盖协约国欲牵率中国加入战团，即明明示人以无力抗德。近据段总理入告总统，谓协约国迫协甚急，而我国之执政者，已以此而颇萌意见。我国本有极端排外之徒，如拳匪之乱，即其先例。自革命以后，排外之风虽稍息，然其心理则依然如故。万一以在上者之争持，而引起全国之骚乱，则氓之蚩蚩，孰能辨识某为甲国之人，某为乙国之人。而英国在华，其利益既独重，则届时之受害自亦必独巨。抑此外尚有回族人民，保无以圣地之被侵，而猝起抗争，是亦安可以不备者。尤有甚者，则以中国之骚乱，而酿成协约国之龃龉，驯至协约国所抱主义，亦复备受荼毒，是则为中国计，厥惟严守中立；而为英之利益及誉望计，亦宁有他道哉。

　　　　据上海《中华新报》一九一七年三月十日《孙中山先生致英国首相电》

附录三 同题异文

　　文中国之爱国士也,且曾赖英国保护,得以保全生命,亦英国之感友也,责任所在,不敢不以英国驻华官员运动中国加入协约大不利于中英二国之情形为阁下告焉。英人常有以中国加入协约之问题,嘱文讨论者,文审慎研究,窃以为中国破坏中立,适与两国有害。盖中国乃一幼稚之共和国,恍若甫入宪政医院之病夫,不能自行照料,尚须善为看护扶助,是中国未可视为组织完善之国家,其能自全者,仅赖国民嗜好和平之习惯与感情耳,但若异见一生,则大乱随之。中国人民从前极信任英国之实力与其最后之胜利,但自意虽不恶、识则太短之英人鼓吹中国加入之说生,英字报且有主张派华兵数师赴美索波太米亚作战者,自此而后,此种信任心遂大摇动矣。若中国果入战局,则必妨害中国之国家生活,且伤损英国之远东威严,盖自中国人视之,协约国欲中国加入之一念,适为协约国自认不能与德对抗之一证也。段总理报告总统谓,协约国要逼中国加入,此说甫传,中国执政者之间已生内讧,意见不合,将为乱阶,而仇外派与回教徒,为中国境内势力强大而有危险之两大部分者,皆将被激而起。自起义以还,仇外感情已见消灭,惟仇外精神,终未泯灭,一旦有机可乘,安知拳匪妄杀外人之举动不再见于今日?战事一开,无知之辈,对于外人何能分别孰友孰敌?推其结果,各国胥受其害,而在东方利益更大之英国,受害自必愈重。再回教徒亦正未可轻视,盖向圣地作战,自回教徒观之,乃大不敬也。且恐中国内乱,或致引起协约国间之内讧,内讧一生,则与协约国之主义大有妨碍,此诚中国内乱之极恶结果也。依此情形,处此时机,中国除严守中立外,不能望有他种行动,文之晓然于阁下之前者,不独志在保全中国,以免离乱,亦因对于英国感情极深,有所感而发也。

　　　　　　据《致英相请勿加怂恿中国加入协约电》,载胡汉民编《总理全集》第三集(上海民智书局一九三〇年版)

致北京参议院众议院电

（一九一七年三月九日）①

北京参、众两院均鉴：外交问题，关系至大。文亦国民一分子，于此不能不贡一言。今日主张加入协商诸君，有以利害言者，谓加入之后，可以一跃进为头等国，外交从此顺利，言之似能成理。有以人道公理言者，谓德恃强硬，必须惩创，义不能坐视公理沦亡，虽以国殉，亦所不辞，其精神尤可钦。但文以为一国之地位，能否上进，须视自力。加入之结果，于国中有纷乱之虞，无改善之效，则头等国之想像，恐未可几。且为中国损者，同时又使协商诸国之弱点暴露，将致发生他种困难，则欲为人道助者，恐反为德人所利也。且欧战本为利害之争，我国事与彼殊，不必以人道为由，自驱笠入。文于中国加入一事，再三熟虑，审察南方情况，灼知加入以后，必起两种危险：其一为排外之盲动，他一为回教徒之离叛。华人排外性根久伏，遇隙必发。一旦开战，则必有国内敌人损伤及我之事，图报复者，将不辨国籍，恣行杀戮。第二之团匪，弹指可见。回教徒在中国势力不可侮，若与土战，彼必循宗教之热狂，起而反抗。中国从此大乱，危亡指日而见，此岂徒中国之不利而已。协商诸国引入中国以图强助，殊不可得，而团匪之祸先被之。更恐以中国内讧，将有一二国以他一二国之行动，为与己有妨，协商国之团结，将形危险，此实于中国与协商国两无利益之事。但此两危机，协商国人未能察及，诚使了悟，必不劝诱中国蹈此危机。文处南方，察之最审，昨已以此意电英国首相，劝其打消此议。英相贤明，于此必能晓悟。但恐彼国际行动，已经发表，不能等于儿戏，遽尔收回，转圜之方，仍视我国。今者报称政府已决加入，此或有迫而然。诸公代表国民，责无旁贷，务望审察坚持，转圜枢纽，惟在诸公。勿以中国投之不测之渊，庶几不负国民重托。孙文。兹并将致英相电

---

① 此电所标时间系上海《民国日报》发表日期。

文,电请公鉴(下见前电)。

据上海《民国日报》一九一七年三月九日

致蔡元培电

（一九一七年四月十四日）

　　大学蔡和卿先生鉴：湘友电催黄公碑文，如已脱稿，乞速寄沪书丹。孙文。

　　据高叔平编《蔡元培全集》第三卷（中华书局一九八四年版）转录原件

致黎元洪电

（一九一七年五月十一日）

　　北京大总统鉴：宣战之议，元首不敢专断，而征意见于国会。乃京师不逞之徒，自称请愿公民，殴伤议员，欲行迫胁，使国会不得自由表决。法治之下，而有此象，我公不严加惩办，是推危难于议员，而付国论于群小，何以对全国人民？应请迅发严令，将伪公民犯法乱纪之人，捕获锄治，庶保国会尊严，而杜宵人之指嗾。国民幸甚。孙文、岑春煊、唐绍仪、章炳麟、温宗尧叩。真。

据上海《民国日报》一九一七年五月十二日

致黎元洪电

（一九一七年五月十四日）

　　北京大总统钧鉴：接诵文电，知滋事之徒已付惩办。惟念蚩蚩暴民，受人指喉,无足指数。张尧卿等六人,系陆军部咨议,差遣人员陈绍唐,亦充国务院参议,联名扰乱,谁实尸之?但问现行犯事之凶徒,而为首造意者得以逍遥事外,将来奸宄纵臾,伊于何底?应请我公夺断,勿令势要从旁掣肘,以为创谋乱法者戒。大局幸甚。孙文、岑春煊、唐绍仪、章炳麟、温宗尧叩。寒。

据上海《民国日报》一九一七年五月十四日

致北京民友会等电

（一九一七年五月十六日）

　　北京分送石驸马大街民友会、皮库胡同政学会、探投政余俱乐部、并转两院议员诸公均鉴：宣战一案,闻尚未入议程。此案关系国家存亡,现在外人不待我国之意见,已自行开议宣战后对付德人之方法,将来百事能否由我自主,可以推知。且自绝交之后,米价飞涨,沿江贫民已有枵腹仰屋窃叹者。民以食为天,将来宣战之后,价更增长,其苦又将百倍,若以酿变,谁尸其咎?亡国之险,既在目前,否决即救亡之道,其他政争,可暂不论。外交决后,乃可以政见之异同,定赞助政府与否。倘内阁能从国会之主张,变其宣战政策,即应力与维持。否则,政策分歧,内阁亦必应引责。若未议宣战可否,先以倒阁为言,则是本末倒置,轻重失伦,非所望也。孙文。铣。

据上海《民国日报》一九一七年五月十六日

致参众两院议员电

（一九一七年五月二十二日）

　　北京参众两院议员同鉴：旬日以来,有改组内阁之说,文等身在山林,唯知救国,权利竞争,非所敢知。务望诸公为良心上之主张,速予解决外交问题,在国家不陷于危亡,国会不失尊严资格。盼切祷切。孙文(汉民代)、岑春煊、章炳麟、唐绍仪。

据中国国民党中央文化传播委员会党史馆藏一般档案049/44

致段祺瑞及参众两院议员电

（一九一七年五月二十二日）

北京段总理、参众两院议员同鉴：旬日以来，有改组内阁之说，文等身在山林，唯知救国。政府果能遵守大法，销弭战事，国民岂与个人为难。若与政客交换条件，使少数人得被擢用，而以国家为牺牲，无论官僚、民党，悉为国人之所不容。敬布赤诚，惟望决之方寸。孙文、岑春煊、唐绍仪、章炳麟。祃。

据中国国民党中央文化传播委员会党史馆藏一般档案050/312

致黎元洪及参众两院议员电[①]

（一九一七年五月）

北京大总统及参、众两院议员公鉴：乱党独立，要求元首退位、国会解散，此但威吓行为，断不可长其骄气。中国素习，首重名器，若褫其官位，彼自无所藉手，部曲离散，焉能久长？愿大总统秉至公以待有功，严诛谴以惩有罪，信赏必罚，勿事调停，人心助顺，自无不克。两院诸公宜与宪法共死生，勿惶遽奔散，稍存让步，以保民国代表之尊严。若方针不定，进退失据，则贼焰愈张，而正人丧气矣。危疑之间，亟待决断。孙文、章炳麟。

据中国国民党中央文化传播委员会党史馆藏一般档案050/250

---

① 此电曾载于1917年6月8日上海《民国日报》，文字出入较多。

致唐继尧电

（一九一七年五月）

黄陂已属张勋、李经羲调和，是即降于叛党。陆公①持重如陶侃，怠于勤王。公护国首功，有殊余子，若不投袂急起，与川和好，联合出师，非独民国沦亡，将来蚕食所及，西南亦无以自保。及今早图，庶无后悔。一不应中央乱命，二不必与陆公先商。孙文、章炳麟。

据中国国民党中央文化传播委员会党史馆藏一般档案 050/258

致陆荣廷唐继尧等电

（一九一七年六月六日）

南宁陆巡阅使并转云南唐督军及西南各省督军、师长公鉴：倪逆叛乱②，附者八省，亦有意图规避宣告中立者。督军、省长受任命于元首，当服从教令，不得自言中立，进退失据。按中立者，即脱离中央关系之谓，其与独立，唯举兵不举兵之异，然为窃地拒命一也。昔袁氏称帝，各省或力不能抗，于是宣告中立，以中立为脱离帝制可也。今之所谓中立者，果脱离何国何人何政府耶？若脱离民〈国〉，固当为四万万人所摈弃；若脱离总统、政府，亦与叛逆不殊。巧避作贼之名，以为叛人壅遏义师，是即谋叛各省之屏蔽，不应听其巧诈，回避不攻，使叛人有所荫庇。孙文、章炳麟。鱼。

据上海《民国日报》一九一七年六月八日

---

① 陆公，即陆荣廷，时任两广巡阅使。
② 倪，即倪嗣冲，时为安徽省长，于1917年5月29日宣告安徽独立，举兵叛变。之后，奉督张作霖、鲁督张怀芝、闽督李厚基、豫督赵倜、浙督杨善德、陕督陈树藩、直督曹锟等相继随之。

致陈炳焜等电

（一九一七年六月八日）

广州陈督军鉴：并转陆巡阅使、滇、黔、川、桂、湘各省督军、省长、议会公鉴：倪逆等举兵，谋另组政府，为复辟先声，继以西南各省宣言拥护中央，外交团亦皆反对，于是借口调和，希图解散国会，推翻宪法。国会为民国中心，宪法为立国根本，公等既忠诚爱国，拥护中央，即应以拥护国会与宪法为唯一任务。今日法律已失制裁之力，非以武力声罪致讨，歼灭群逆，不足以清乱源、定大局。倪逆等所谓调和者，于进退失据之时，犹作以退为进之计。民国与叛逆不能两存，拥护国会与调和不可兼得。望公等主持正义，克日誓师，救此危局，作民保障。孙文。庚。

据上海《民国日报》一九一七年六月九日

致美国总统威尔逊电（译文）

（一九一七年六月八日）

因美国首先欢迎我国民主政体，其榜样亦为影响中国结束对同盟国中立的主要因素，值此关键时刻，美国在道义上必定会援助我中华民国。一群叛逆借口对德宣战有利于中国，其真实意图则为复辟帝制，他们力图争取协约国同情和支持，从而获取贷款，名义上作为忠实盟友参加协约国，实则为了达到他们自私的目的。中国人民知道他们罪恶活动的真实动机，激烈反对中国参战，因为参战结果是彼辈利用现今正在欧洲引起战争灾祸的军国主义压制人民，废弃国会。虽则军国主义者占有优势，只要阁下现在使各友邦了解真相，并运用您的影响，得到这些国家合作，防止中国卷入欧战，我们定能永远战胜他们，维护民国。依靠这一友好行动，我们能顺利消灭中国的军国主义和无政府主义。为了人类事业,我期待阁下的援助。孙逸仙。

据《威尔逊文集》第四十二卷(普林斯顿大学出版社一九八六年版)(高鸿志译)

致美国总统威尔逊电(译文)

(一九一七年六月九日)

阁下:在我向您发出呼吁的同时,传来阁下对我国政治家的忠告,谨以我的同胞的名义,对阁下具有远见而及时的警告表示最深切的谢意。只要中国仍为军国主义和民主的敌人所控制,中国绝不可能实现统一与和平。我们准备为消除这些祸因而献出生命,盼望阁下促使各国保持中立,给予我们公平对待。孙逸仙。

据《威尔逊文集》第四十二卷(普林斯顿大学出版社一九八六年版)(高鸿志译)

致陆荣廷等电

(一九一七年六月十日)①

两广陆巡阅使、广东陈督军、朱省长、李将军、陈将军、广西谭督军、刘省长、云南唐督军、贵州刘督军、湖南谭督军、四川罗将军、刘将军公鉴②:近知天津伪政府不得列国承认,形见势绌,不得已复求荫庇于黎公。张勋、熊希龄身任调停,倪嗣冲、汤化龙复称翊戴,调停战事之人,即主张复辟之人,拥

---

① 此电所标时间系上海《民国日报》发表日期。
② 陆巡阅使,指陆荣廷;陈督军,指陈炳焜;朱省长,指朱庆澜;李将军,指李烈钧;陈将军,指陈炯明;广西谭督军,指谭浩明;刘省长,指刘承恩;唐督军,指唐继尧;刘督军,指刘显世;湖南谭督军,指谭延闿;罗将军,指罗佩金;刘将军,指刘存厚。

护元首之人,即主张废立之人,诪张为幻,至于此极。盖自去岁帝制罪魁未及惩治,虽有通缉之令,而往来腹地如故,是以奸人反复,绰有余裕。若复任其调和,以保全总统饵黄陂,以解散国会威民党,主座守府,叛人秉政,则共和遗民必无噍类。诸公倡义坤维,有进无退,万不可以府中乱命邅回仗义之师。总之,伪政府首领徐世昌及各省倡乱督军、省长、护军使辈,以及去岁帝制罪犯,指嗾叛乱之段祺瑞、冯国璋、张勋,身为谋主之梁启超、汤化龙、熊希龄等,有一不诛,兵必不罢。若总统宣布赦令,亦以矫诏视之,种种维持统一之迂言,列强干涉之危语,并宜绝止勿听。操纵在我,不在降贼之中央;是非在法,不在伪造之舆论。计划既定,奉以周旋,民国一线之光明,将启于此。唯诸公图之。孙文、章炳麟。

据上海《民国日报》一九一七年六月十日

致陈炯明电

（一九一七年六月十日）①

广州陈竞存先生鉴:闻公发起国民大会,岭表一振,则全国希〔望〕风,叛党当自崩沮。目前伪政府鼠伏天津,哀求外国承认,悉被却回。而复辟、推冯两说,自相竞斗,团体涣散,至于攘臂。不得已又有拥护总统、解散国会之议,彼势既穷,则取乱侮亡,正其时也。乃黄陂不察实情,求与调和,以损元首之尊严,国会亦或自议解散,冀为黄陂解围,免于废立。不知国会一散,去中坚而存守府,叛党得挟元首以令全国,反客为主,其祸更甚于反侧跳梁。君在今日,宜宣言拥护国会,不宜宣言拥护总统。拥护总统之说一出,适使叛贼占据上游,而我堕其术中。去岁军务院所以取消者,正为太阿授人,自致屈伏,此乃已成之殷鉴也。况今者群盗鸱张,叛形已著,黄陂与之讲解,实同降伏。元首降贼,而人民复靡以从之,譬彼徽钦从官,追随俘虏,妇寺小

---

① 此电所标时间系上海《民国日报》发表日期。

忠，适为孤负全国矣。要之，国会为民国之命脉，调和乃藉寇之资粮，今所与人民誓约者，以保障国会、歼灭叛徒为限。一事未成，必不罢兵旋斾，使叛徒倔强如故，固当出义师而申讨。即叛徒取消独立，亦当以甲兵为大刑。斯言一出，全国乃有方针，纵使迫成篡窃，我直彼曲，亦何所畏。慎毋瞻徇顾忌，姑息爱人，致堕入陷阱也。清胡林翼有言："自降于贼，而美其名曰贼降。"斯语可为千秋金鉴。孙文、章炳麟。

据上海《民国日报》一九一七年六月十日

致黎元洪伍廷芳电

（一九一七年六月十日）

北京黎大总统、伍总理鉴：近知天津伪政府不得列国承认，形见势绌，不得已复求庇荫于我公。张勋、熊希龄身任调停，倪嗣冲、汤化龙复称拥戴，调停战事之人，即主张复辟之人，拥护元首之人，即主张废立之人，诳张为幻，至于此极。盖自去岁帝制罪魁未及惩治，虽有通缉命令，而往来腹地如故，是以奸人反复，绰有余裕。若复任其调和，以口头之拥护，欺总统，以违法之解散威国会，国会去，则民国有名无实，总统徒守府仰成，亡民国之责，恐无人能与总统分任之矣。今者西南诸省扶义而起，为救民国，非但为扶总统一人。伪政府首领徐世昌及倡乱督军、省长、护军使辈，以及去岁帝制罪犯，指嗾叛乱之段祺瑞、□□□①、张勋，身为主谋，梁启超、汤化龙、熊希龄等，有一不诛，西南诸省之兵义不能罢。总统若徇彼叛徒强请，赦其既往，或至危及国会，各省恐亦不能信为中央之治命，违法曲从。种种维持统一之迂言，列强干涉之危语，比不足以感西南真正之舆论。愿总统勿为所蔽，奉大法以治国，依民意以御暴，文等庶几得长为民国一国民。事迫势危，不暇饰言，惟愿谅察。孙文、章炳麟。蒸。

据上海《民国日报》一九一七年六月十一日

---

① 应指冯国璋。

致参众两院议员电[①]

（一九一七年七月四日）

北京民党议员通讯处转两院议员鉴：艰苦备尝，始终不渝，民党精神，惟寄国会。此次时局陡变，暴力之下，已无国会行使职权之余地，亟应全体南下，自由集会，以存正气，以振国纪。兹特派汪君精卫驻沪招待，刘君成禺、符君梦松北上欢迎，请毅然就道，联袂出京，无任盼切。

据孙曜编《中华民国史料》（上海文明书局一九二九年版）

致西南六省各界电

（一九一七年七月四日）

南宁陆巡阅使、桂林谭督军、广州陈督军、长沙谭兼督、云南唐督军、贵阳刘督军、成都戴兼督、泸州罗前督军[②]及省议会、将吏、军民公鉴：三日午后十二时叠得津电称："黎大总统已被江朝宗幽禁，徐世昌在天津组织临时政府，自称大元帅"等语。依法大总统不能行使职权，副总统应行代理。惟副总统冯国璋当倪逆反侧之时，力能申讨而佯守中立，阴与周旋，兼为从中游说，迫胁元首，申请解散国会，实属通同谋叛，觊觎非望，叛迹既彰，即为内乱罪犯，代理之法已属无效。国人不能容羿浞莽操之徒窃据大位。时势迫亟，民国不可一日无主。唯西南六省，为民国干净土，应请火速协商，建设临时政府，公推临时总统，以图恢复。一面先行通电拒绝冯氏代理，以免人心

[①] 此电文系由王用宾等《致参众两院议员函》中摘录。原文为：两院议员公鉴：顷接本党总理中山先生自广州来电，文曰："……"等语。合行转告同仁，希即察照。顺颂议祺。王用宾、彭养光、王垣、焦易堂等谨启。

[②] 成都戴兼督，指戴戡；泸州罗前督军，指罗佩金。

淆惑。非常之事,不容拘牵法律,静待国会选举,数省公认,即为有效。迫切请求,不胜惶惧待命之至。

据中国国民党中央文化传播委员会党史馆藏一般档案 050/314

致陆荣廷电

（一九一七年七月十一日）

急。南宁陆巡阅使鉴:大局垂危,亟须拯救,南方责任更不容辞。某等庸劣无才,不忍旁观坐视,虽无寸柄,愿效著筹,务灭横行,以期奠定。昨已由沪抵汕,将速赴粤。闻公足疾已愈,堪以首途,幸即鼓轮珠江,俾得聆诲,至深盼祷。文、炳麟同叩。尤。（印）

据上海《民国日报》一九一七年七月十八日

复陈炳焜电

（一九一七年七月十一日）

急。广州陈督军鉴:真电敬悉。承派龚、覃二君①至港欢迎,愧不克当。且行期未定,更不敢劳二君久候也。今日竟存偕太炎,执信回省趋谒,已嘱面陈一切。至何时启程,当再电告。孙文。（印）

据上海《申报》一九一七年七月二十一日《孙中山莅粤之先声——孙中山十一日来电》

---

① 龚、覃二君,指龚政、覃超。

通告抵粤电

（一九一七年七月十八日）

（衔略）均鉴：文乘"海琛"舰筱日抵粤，拟候明早解决国事（此语甚有疑义）①。如有电示，请由粤督军转赐。先此奉闻。孙文。巧。（省代印）

据长沙《大公报》一九一七年七月二十二日《孙中山通告抵粤电》

致岑春煊等电

（一九一七年七月十八日）

上海岑西林、伍秩庸、唐少川钧鉴：篠日抵粤，邦人士合词请愿出师讨贼，军民长官亦均浃洽。省会已电请议员来粤开会，人心时势，两属难得，左提右挈，端盼不弃。何日命驾？仍乞先示。孙文叩。巧。

据上海《中华新报》一九一七年七月二十九日

致陆荣廷电

（一九一七年七月十八日）

武鸣探送陆巡阅使钧鉴：前饬胡汉民君奉诣，荷推爱招迎，至感。篠日文由沪至粤，晤陈督军，始知尊恙尚未全愈，殊深系念。此次政变，纷谰万端，推其本根，要皆西南诸省联结未周，而北方窃权怙兵之徒，乘机抑压护国

---

① 长沙《大公报》编辑注释。

各省,推倒民国,遂彼私图。今者复辟虽败,叛者尚存,将来变端,可以预决。文等以为吾侪当此艰危之局,必当共同负责。近闻台端疾已稍痊,务乞扶舆东下,公商要政。孙文叩。巧。

据上海《中华新报》一九一七年七月廿九日《孙中山电催各要人来粤》

致段祺瑞电

(一九一七年七月十九日)

北京段芝泉上将鉴:民国不幸,伪清僭据。足下以马厂偏师,恢复共和,重奠京邑,此盖强虏自亡之会,而亦足下迷复之机。伏念共和、帝制迭相乘除,已历三次。所以起灭无常者,实由是非不定,刑赏无章耳。夫洪宪佐命之臣,宣统复辟之辅,其为帝制罪犯一也。去年洪宪祸首,隐忍未诛,佐命者既得从宽,则复辟者当然无忌。徐州、彰德二次会议,正是足下初任首揆之时,拱手处中,不能钮治,而复奖以勋权,启其骄悍,是以伏戎遍国以有今日。而民间清议,亦谓复辟之祸,叛督实为先驱。要求宣战之不已,以至殴击议员;殴击议员之不已,以至解散国会;解散国会之不已,以至复建伪清。本为一人保固权位,以召滔天之祸。足下奖成此患,岂得不为追咎?文于数月前曾献忠言,不蒙采纳,至黄陂不得已而下免职命令,犹不悛改,悻悻以引起祸乱,不负责任为词。今日因败为胜,功过相偿,天日鉴临,人心共谅。乃总理一职,既无同意,亦无副署,实为非法任命,果出黄陂手谕与否,亦未可知。足下当以义师首领自居,岂得以国务总理为号,以免职兴戎,而以复职自贵?狐埋狐搰,皆在一人,岂所谓为国忘身者乎?张团〔勋〕以惯愎之资,悍然复辟,所统辫兵,素无训练,其势本易与平。张绍曾等倡谋讨逆,近畿将领,不少靖献之人,器械完利,士马精强,扑灭殷顽,易如反掌,徐州余寇,复何足云?而足下必任段芝贵为东路总司令,倪嗣冲为三省总司令。段本洪宪元凶,倪则叛督首领,一蒙驱使,得冒天功以为己力,沮忠正倡义之气,开叛人狡诈之端,岂自比明之熊文灿耶?乃又抑止诸军,不容兴师致讨,欲以易成之续,交与倡乱之人,偏私狭隘,毋乃过甚?丙辰近鉴,贻祸相同,此又足下所宜自省者也。文愿足下,上畏民嵒,下思补过,作良将以伸正气,讨群叛以塞乱源;诛洪宪佐命,以示至公,戮伪主溥仪,以惩负约。保国赎愆,孰善于此!若以小腆易败,据为大勋,因势乘便,援引帝党,擅据鼎钟,分布爪牙,则西晋八王之相驱除,唐末朱、李之相征讨,载在史册,曲直无分,正恐功业易堕,祸败踵至。凡我国民,亦不能为辅助矣!以足下天性强毅,本非狐媚之人,故愿尽〈此〉忠告,是非利[人]害,在足下自审之耳。孙文。皓。

据上海《民国日报》一九一七年七月二十九日《孙中山致段祺瑞电》

致津沪国会议员电

(一九一七年七月十九日)

上海、天津各报馆转各省国会议员均鉴:自叛督称兵,国会解散,大法荡然。逆贼张勋,乘间复辟。伪主溥仪,因势窃位。而民心归向,终在共和。伪清败征,智愚共见,于是前之倡乱坏法者,又假借反对复辟、拥护共和之名,以图自固。帝制余孽,亦乘此以要功。文以为今日之患,非患真复辟者之众,正患伪共和者之多。心复辟而伪共和者,不唯不能认为有诚意之友,且不能认为有诚意之敌,以叛讨叛,以贼灭贼,但当视为械斗,不能与以拥护共和之名。且清主溥仪,冒窃大位,岂曰迫胁,实其本情。而此次自称讨逆者,只罪张勋,于清主不加申讨,或且为之保障优待条件,是乃与张勋争权攘利,而非拥护共和之明征。朝秦暮楚,谁能保信?国会诸君,已被叛督称兵解散,即与伪共和势不两立。今清主既已失败,正国会自奋之时。文尝默观时势,江河流域,已为荆棘之区,唯西南诸省,拥护共和,欢迎国会。诸君宜自行集会于粤、滇、湘各省,择其适当之地以开议会,而行民国统治之权。如人数不足,开紧急会议亦可,责任所存,万勿放弃。文以不材,忝为民国先驱之役,引领渴望,何日忘之。其有神奸狐媚,则同意于解散后,又委曲而请求者,进退失据,不可与谋,当为诸君所共晓。尤望慎所自处,勿再受人愚弄。孙文叩。皓。

据上海《民国日报》一九一七年七月二十五日《孙中山先生致津沪议员电》

复陆荣廷电

（一九一七年七月二十四日）

马电奉悉。清室逊位,本因时势。张勋强求复逆〔辟〕,亦属愚忠,叛国之罪当诛,恋主之情自可悯。文对于真复辟者,虽以为敌,未尝不敬之也。今张勋虽败,而段祺瑞等以伪共和易真复辟,其名则美,其实尤瘉。民国之号虽复,而祸乱之机方始,与公倡义护国之旨,相庚已甚。国会者民国命脉所存,托名民国,独去国会,则凡百措施,皆为背法。彼叛人既不利有国会,我护法者必当拥护之。是以文到粤后,即电请国会议员来粤,自由集会,将来再由国会以决凡百措施。布置既周,乃以海陆军护送国会至国都,然后可使基础不摇,成一劳永逸之计。不然,则今日外人已认民国为未有合法之政府,将来危险更不堪言。我公再造民国,勋在宇宙,救国之画,必有早定。既承勉以共济,尚乞协力主持。孙文。敬。

据胡汉民编《总理全集》第三集（上海民智书局一九三〇年版）

致西南各省将领及护法人士电

（一九一七年七月二十四日）

南宁陆巡阅使、谭督军、刘省长,云南唐督军,贵阳刘督军,长沙谭督军,叙府罗将军、重庆熊镇守使、周师长、成都刘师长、钟师长,并转各省议会、各镇守使、各师旅长、上海岑西林、伍秩庸、孙伯兰、谭石屏、蔡幼襄、吴濂〔莲〕伯、王儒堂、郑人侹、褚慧僧诸先生,并转各同志、民国日报馆、各报馆均鉴:皖奉肇叛,逼散国会,酿成复辟。张勋本与叛徒同旨,复辟决非个人之意。迨复辟事不得中外承认,叛徒乃以讨叛自居。今虽号复共和,祸乱之源未塞,将来必且以伪共和亡中国。西南各省自主,不奉伪政府,先有两广粤军发起,近有罗将军①赞同。各省人心均归一致,此则中华民国之一线生机,必以反对复辟者反对伪共和,始可救国。今者北方将帅,各拥兵自雄,中央无合法之政府,外人均不敢轻为承认。以此一端,已可复邦。国法之所以荡然,由国会之不存在。不复国会,无由合法之行为。故文于日前请国会议员来粤,自行集会,将来一切措施皆当本此而出。基础既立,是非自明,庶几真共和可以跂致。诸公靖国护法,素有同心,尚希协力主张,俾早决定。名义既正,北方向义将卒亦正不稀。将来径以海陆军护送国会赴都,大局即可救定。诸公之功,与民国俱永矣。孙文。敬。(印)

据长沙《大公报》一九一七年七月三十一日《孙文通告东南各省电》

复唐继尧电

(一九一七年八月十六日)

滇督军署转行营唐督军鉴:义密。蒸电敬悉。权奸祸国,自□文□港舰队南来,期与西南各公戮力同心,骈诛反逆。顷以议员在粤开会,于执事及文皆有推举。推原其意,以为名义既定,而后对内对外责有所归;并非以权利许人,以为讨逆之报酬。今日国运颠危,吾人以身许国,久无权利之志,义务实不容辞。惟望我公体国步之艰难,鉴于议员之诚意,早日就职,毋为世

---

① 罗将军,指罗佩金(字镕轩)。

俗流言所误。余由秘书长章太炎君面陈。孙文。谏。（印）

据云南省档案馆藏《唐继尧档案卷》原件

与唐绍仪联名致民党上海同人电

（一九一七年八月二十日）

段内阁以中华民国之名义起至与德、奥两国立于战争之地位。段内阁之政策本非吾侪所敢赞同，其如兹事体大，有关国命，吾党只有捐除成见，暂停内政进行，俾得一致对外，以树国威。

据天津《大公报》一九一七年八月二十一日《粤中党人变计之传闻》

致日本寺内首相等电①

（一九一七年八月二十五日）②

寺内首相、本野外相③、犬养毅、涩泽男爵④、头山满诸氏：日本国力与文明，有今日以盛大者，实肇自于维新。中国素尚守旧，国力衰弱，然得以苟安旦夕者，未始非日本之荫庇也。故此后东亚文明之兴废，亚洲民族之存亡，全视中国之政治能否适合于国家的生存而决。当满人之治中国也，贵族官吏布满全国，道德废颓古难寻例，凡可以助长人民进步、国家发展者均被压抑殆尽。二十年来，吾人为中国国民图永久之安宁幸福，为亚洲民族谋文明之进步发展，决计将妨害此目的之中国旧势力，歼除清净，而创造以国民多

---

① 该电由孙中山、程璧光、林葆怿、李烈钧、吴景濂、王正廷等联名签署，经张继、戴季陶携带赴日本送交寺内首相。
② 此电所标时间系上海《中华新报》发表日期。
③ 本野外相，指本野一郎。
④ 涩泽男爵，指涩泽荣一。

数幸福,亚洲和平为目的之新国家。差幸此爱国爱洲之精神,暂次弥蔓焕发,不仅国民相扶相助,即友邦人士,亦深寄同情。故武昌首义,天下响应,不数月而中华民国于焉肇造,旧官僚之势力遂为此爱国爱洲之精神所压服耳。吾辈为图平和之速复,不愿竞争实权,犹令彼辈掌握民国政权之中心,方翼〔冀〕其思想行动,痛改旧察。乃数年以来,怙恶不悛,专横暴戾,较昔尤烈。若长此不图消灭,则将来贻误东亚大局,致祸中国国民,最〔曷〕堪设想。夫吾人之目的原在平和,但姑息以求平和,致东亚全体招不测之乱亡,吾人亟亟以为不可也。此吾辈所以联合全国爱国爱洲之陆海军人,力兴讨逆之义军,以期扫除叛逆,还我民治也。日本为中华民国之友邦,日本国民为中华民国之至友,吾人深望日本朝野上下,对于中国国民爱国爱洲之精神,与讨逆护法之行动,与以道德的同情,使中华民国定坚固之基础,则两国家及国民的永久之提携,必因此道义精神更致巩固,而两国国民所共同希望之亚洲共和与文明发展亦得实现。否则恐混乱国规,泪丧元气,遗误我东亚发展之时机耳。假令中国失此容易改革之时机,以招将来之危亡,恐影响所及,日本亦因之受莫大之危险耳。唇齿辅车之义,今日尤为切要。故今所希望友邦者,至深且厚。谨沥陈中华民国国民之精神的要求,以告友爱乡邦之政府及人民,幸垂鉴察!

据上海《中华新报》一九一七年八月二十五日《孙程等对于日本朝野之陈情》

号召川滇黔军事统一通电

(一九一七年九月一日)①

自督军坏法,国会解散,民国沦亡。建树义声,拥护约法,实惟西南是赖。川黔之斗,本由误会。北兵入蜀,祸等燃眉。唐督军扶义北征,心无固

---

① 此电所标时间系据粤海关英文情报《每日时事报告簿》。

我,而熊镇守使、周师长亦赞成西南义举,力拒吴军。川、滇、黔之和解既有端绪,此后当以一致抵御北军为主旨。三省形势相依,军事行动宜求统一,鄙意谓宜设川、滇、黔三省靖国军,总司令由唐公担任。统率既归于一,庶指臂之效可期。除将此义函告三省国会议员,请其在非常会议赶请公决外,特此电陈。如荷赞同,请合词推举,俾早收统一之效。孙文。(印)

据上海《申报》一九一七年九月七日《孙中山对于川滇事之主张》

致唐继尧电

(一九一七年九月三日)

云南唐元帅鉴:文以驽钝,辱国会非常会议以讨贼护法之责相谣诼。际此艰难,岂敢谢责,已谨于蒸日就职。伏念滇中僻处南陲,交通阻滞,未能与执事共规天计,殊碍进行。刻特派本府秘书长章炳麟君为文全权代表,于本日由港来滇。尚希执事与之商榷方略,以利戎机,国事幸甚。孙文。江。

据《军政府公报》第一号(广州一九一七年九月十七日)
《九月三日大元帅致唐元帅电》

致陆荣廷电

(一九一七年九月三日)

南宁陆元帅鉴:国会以兴师讨贼之任付之吾辈,此时国家存亡绝续,间不容发。受命于颠沛流离之际,以效死为勇,不以谦退为高。公为国长城,西南半壁,视公马首,望奋然而起,当此大任,庶民国有中兴之望。军府草创,用人行政一切机宜,得公主持,始无贻误。遥度固得南针,亲临尤慰霓望。谨掬至诚,尚祈鉴察。昨由上海转来黎大总统平安抵津之电,已即去电奉迎。公如有电,此间可设法照转。孙文。江。

据上海《民国日报》一九一七年九月九日《电请陆荣廷来粤》

致黎元洪电

（一九一七年九月三日）

天津黎大总统钧鉴:顷奉来电,知已出虎口,悲喜交集。文前在海上,曾与海军程总长商遣军舰至秦皇岛奉迎,未获如愿,私心耿耿。既而与海军舰队相继来粤,会合西南义师,一致讨贼,誓与民国共其存亡。东日国会非常会议投票,以兴师讨贼之任,付之文与陆、唐二公。深观外交大势,及内部人心兵力,逆贼歼除,实可操券。西南士民望公如岁,乞早日莅临,以振方新之气,而慰来苏之望。存亡绝续,间不容发,不胜瞻企之至。孙文。江。

据上海《民国日报》一九一七年九月九日《孙中山请黎总统来粤电》

致唐继尧电

（一九一七年九月十三日）①

唐元帅鉴:军府初置,万务待理。文虽薄德,岂敢告劳。惟滇中相隔遥远,未能与执事共规大计,以利戎机。谨派本府秘书长章太炎君为全权代表,日内启程,尚希执事与之商榷一切,协力同规,期拯国难,全国实利赖之。孙文叩。元。（印）

据长沙《大公报》一九一七年十月二十二日《云南军事纪闻》

---

① 此电未署月份。据胡汉民编《总理全集》所载,孙中山于10月7日、8日复章炳麟电都是致电云南唐元帅转章太炎,故此电当在10月7日、8日之前,即在9月13日（即元日）发出。

致陆荣廷电

（一九一七年九月十七日）

南宁陆巡阅使鉴：两粤以我公主倡，将士一致决定出师援湘。西南局面转固，民国前途有赖矣。文正董率义师，声讨国贼。期使国会更生，黎公复职。从此袍泽可共，骖靳相随，西瞻邕桂，喜慰无已。孙文。霰。

据上海《民国日报》一九一七年九月二十六日《大元帅致陆使电》

复刘建藩等电

（一九一七年九月二十一日）

零陵刘镇守使并转林旅长、谢旅长、张、王各司令①均鉴：巧电敬悉。诸君子扶义湘南，摧阻逆焰，风声所树，观听顿易。尚冀踔励进行，克竟肤功，荡涤瑕秽，重奠共和，大局实利赖之。孙文。简。

据《军政府公报》第四号（广州一九一七年九月二十二日）

致唐继尧电

（一九一七年九月二十四日）

滇督军公署转行营唐元帅鉴：申密。东〔本〕日特派本府参议张左丞为

---

① 受电人依次系湖南零陵镇守使刘建藩、湖南第一师第二旅长林修梅、湖南守备队永属区司令谢国光、江道区司令张建良、江道区副司令王〔黄〕岱。上海《民国日报》载此电的受电人还有郴桂区司令罗光阆。

驻滇代表,由港来滇,面陈一切,请赐接洽。孙文。敬。(印)

据云南省档案馆藏《唐继尧档案卷》原件

致陆荣廷电

(一九一七年九月二十九日)

南宁陆元帅鉴:《军事内国公债条例》业经国会非常会议议决,有日公布。此项公债可分给各省出师讨逆饷糈。执事派兵援湘,需饷良殷,此间如募有的款,即当竭力挹助。倘贵省力能筹募,亦可将债票寄由贵省自行募集。特此预闻。孙文。艳。

据《军政府公报》第九号(广州一九一七年九月二十八日)《大元帅致陆元帅电》

致唐继尧电

(一九一七年九月二十九日)

云南唐蓂赓先生鉴:义密。宥电敬悉。军政府新□,对外关系至多,若我公再事执谦,则外交上之承认与借款,必致阻碍。一发千钧,当仁不让。即乞即日宣布就职,以救危亡。孙文。艳。

据云南省档案馆《唐继尧档案卷》原件

致唐继尧电

(一九一七年九月二十九日)

云南唐元帅鉴:《军事内国公债条例》,业经国会非常会议议决,有日公布。此项公债可分给各省出师讨逆饷糈。执事统军出发,需饷艮殷,此间如募有的款,即当竭力挹助。倘贵省力能筹募,亦可将债票寄由贵省自行募集。特此预闻。孙文。艳。

据《军政府公报》第九号(广州一九一七年九月二十八日)
《大元帅致唐元帅电》

反对北京政府另组新国会重开参议院通电

（一九一七年十月三日）

天津黎大总统,云南唐元帅暨靖国军各军、师、旅长,并转章太炎先生,贵州刘督军,成都刘军长,川边殷镇守使,重庆熊镇守使,叙府罗师长,南宁陆元帅、谭督军、陈督军、程总长、零陵刘镇守使,衡州林旅长,并转赵师长及各师、旅长,上海岑云阶先生、伍秩庸、孙伯兰两总长,钮惕生、柏烈武、谭石屏、谭组庵诸先生,香山唐总长公鉴:民国存亡,系于约法,约法无效,民国即亡。查约法,政府既无解散国会之权,更无国会成立后再发生参议院之理。乃北京伪政府于九月二十九日,忽有另组新国会,重开参议院之伪令,背叛约法,逆迹昭然,退化却步,为天下笑。前者叛军迫散国会,系以暴力摧残。及暴力既消,约法犹在,国会当然恢复。伪政府果有尊崇约法,拥护共和之诚意,自应以恢复中断之国会为先务。其功罪如何？当可待诸国民公决。今竟继续叛军之暴力,遏抑国会之再开,俨然以一己之大权,自造立法机关,修改国会组织法及两院议员选举法,与袁世凯之以另召国会,欺蒙全国,而自造袁氏之参政院,修改约法,如出一辙。试问孰授之权,而敢于恣睢妄行如此！约法之根本,已遭破坏无余,而犹复曰依约法某条,其将谁欺！国会本尚存在,何事另行召集。参议院已经消灭,何得重行发生！此等悖逆之行,谅为有目所共见。本军政府以讨灭伪政府,恢复约法、国会为职志,除已以通令明正厥罪外,惟恐莠言乱政,

淆惑听闻,尚希诸公一致通电反对,伸正义而诎邪说,民国前途,庶几有豸。孙文。〈江〉①

据《军政府公报》第十号(广州一九一七年十月一日)《大元帅辟伪政府筹备新国会召集参议院之通电》

致唐继尧电

（一九一七年十月五日）

云南唐元帅鉴:申密。伍秩庸先生决心来粤维西南大局,闻陆帅已有函交伍朝枢往沪欢迎。盼公速致电促行。川情如何? 并望示知。孙文。歌。

据云南省档案馆藏《唐继尧档案卷》原件

复林德轩②电

（一九一七年十月六日）

衡州刘镇守使探转林德轩先生鉴:豪电悉。知拟率所部北伐,热忱毅力,至堪嘉慰。望即与覃理鸣君妥为策划,与在湘各军接洽,勉事进行,以树大勋。谭兼督处已另行电告矣。此复。孙文。六日。

据胡汉民编《总理全集》第三集(上海民智书局一九三〇年版)

---

① 据上海《中华新报》1917 年 10 月 10 日所载同电增补。
② 林德轩,时为湘军将领。

复章炳麟电

（一九一七年十月七日）

云南唐元帅转章太炎先生鉴：义密。冬电悉。唐帅决心北伐，赞同军政府，先生此行，益资固结，良用嘉慰。文猥承大任，义必坚持，国会诸君时相接洽，均能和衷共济，可副雅怀。陆帅、陈督近因利害共同，联络已趋一致，分路出师，计可实行。尚望时慰箴言，以匡不逮。孙文。阳。（印）

据胡汉民编《总理全集》第三集（上海民智书局一九三〇年版）

致唐继尧电

（一九一七年十月八日）

云南唐元帅鉴：义密。程玉堂总长由南宁返粤，陆帅决心讨逆，已昭誓约，两广可归一致，军府声威系于诸帅。公负海内重望，既经誓帅〔师〕北伐，务请首先来电，宣布就职，陆帅自不便独异。军府之臻固结，不待战事开始，外交即可认为交战团体，此中关键，谅已洞鉴，不胜盼切。孙文。庚。（印）

据胡汉民编《总理全集》第三集（上海民智书局一九三〇年版）

致章炳麟电

（一九一七年十月八日）

云南唐元帅转章太炎先生鉴：义密。程玉堂总长由南宁返粤，陆帅决心讨逆,已有誓约,两广可归一致。外交承认,关键在视诸帅是否就职。先生望重海内,唐帅必能见听,除另电请即宣布就职外,务望速为劝驾,唐就,陆必不辞。势难再缓,幸力图之。孙文。庚。(印)

据胡汉民编《总理全集》第三集(上海民智书局一九三〇年版)

致程潜等电

（一九一七年十月二十日）

衡州程总司令、赵师长、林旅长、林民政处长、永州刘镇守使①均鉴:段逆窃柄,国法攸致,衡永首义,万方警省,既开天下之先,已褫奸人之魄,会师武汉,直在指顾,疆场贤劳,曷胜系念。兹林祖涵驰往存问,藉致拳拳。恋〔惩〕奸回之奰逆,我武维扬,系国本于苞桑,共拜嘉贶。孙文。哿。(印)

据胡汉民编《总理全集》第三集(上海民智书局一九三〇年版)

复林镜台电

（一九一七年十月二十二日）

云南督军署转行营黔军游击军司令石青阳转林参议镜台鉴:元电悉。川中赞同义军,大局之福。刻冀帅已亲赴前敌指挥,倘重庆早下,宜急趋大江,则形势成矣。袁君②勇略可佩,应加委何职？请电告,以凭核办。诸将

---

① 衡州程总司令、赵师长、林旅长、林民政处长、永州刘镇守使,即程潜、赵恒惕、林修梅、林支宇、刘建藩。

② 袁君,指袁祖铭,时任职黔军一路二纵队司令。

士战争劳苦,望随时宣布军府轸念之意。孙文。祃。

据胡汉民编《总理全集》第三集(上海民智书局一九三〇年版)

复章炳麟①电

(一九一七年十月二十五日)

云南唐元帅鉴:申密。译转章太炎先生鉴:效电敬悉。竞存前因陈督②收其亲军,故在惠招集旧部。嗣闻梁士诒亦适嗾莫擎宇、张天骥等在惠独立谋粤,竞存乃急止所部举动,梁、段谋遂败,故惠事骤发即定。联梁说实讹传,此间仍与陈督协议,拨回前亲军,陆、陈③意亦渐接近。本日派溥泉谒陆商方略,候稍妥协,即分别出师。先此奉复。以后倘来电,有关粤事,请改用申密。孙文。有。

据胡汉民编《总理全集》第三集(上海民智书局一九三〇年版)

致张煦电

(一九一七年十月二十七日)

唐元帅行营转宁远屯殖使张午岚君鉴:冯、段违法叛国,逼退总统,解散议会,民国真谛,不绝一缕。文膺非常国会之选,忝列元戎,为国讨逆,绠短汲深,殊惧陨越。足下侠心毅力,共和干城。时闻谢慧生君称道足下志行,辄为倾倒,袍仇之同,谅早心契。唐公赏赟,仁勇公诚,海内同钦,护法爱国,声澈

---

① 章炳麟时任大元帅府秘书长,派驻云南。
② 陈督,指陈炳焜,时为粤省督军。
③ 陆、陈,指陆荣廷、陈炳焜。

金石,尚希足下声应气求,联为一致,以星罗棋布之谋,收众志成城之效,惟足下实图利之。西瞻宁远,无任神驰,秋风不爽,还乞教我。孙文叩。感。(印)

据《军政府公报》第十九号(广州一九一七年十月三十日)
《大元帅致张屯殖使午岚电》

复谭延闿程潜电[①]

(一九一七年十月三十日)

长沙谭督军、程总司令鉴:敬电悉。忠勇至诚,溢于言表。苟且言和,非所夙许。所示各节,岂不赞同。顷得沪电,知北军陆续南下,宁已下动员令,战事当不远。望即率劲旅,迅攻岳州,分其势力。文以护法始,以护法终,必殚竭棉〔绵〕力,以相援助。望诸公共勉之。孙文。陷。

据胡汉民编《总理全集》第三集(上海民智书局一九三〇年版)

致杨庶堪[②]电

(一九一七年十月)

上海杨沧伯先生鉴:阳日寄上任命卢师谛川西招讨使、石青阳川东招讨使各状,兹得沪电复生函称:"已在沪组国民军,可得有械八支队,请任总司令,卢为副司令,此后委者均归复生节制"等语。即照委,状仍寄兄转。前寄卢招讨使状即取消,但石仍照旧,是否合宜?应否宣布?盼速电复。致方师长电已送。孙文。

据胡汉民编《总理全集》第三集(上海民智书局一九三〇年版)

---

① 胡汉民编《总理全集》第三集题为《复谭浩明等电》,误。据电文应为《复谭延闿程潜电》。
② 杨庶堪,字沧伯,又作沧白。

致黄复生等电

（一九一七年十月）

泸州赵军长转黄复生、卢师谛、石青阳三君鉴：兹悉已组成四川国民军，即任命复生为总司令，师谛为副司令，该军称中华民国军政府四川国民军。青阳在綦江另任命为中华民国军政府川东招讨使。除分电唐帅、刘督量予援助并转各军、师、旅、团长知照外，望即妥速接洽，共策进行。状另寄。孙文。

据胡汉民编《总理全集》第三集（上海民智书局一九三〇年版）

致唐继尧电

（一九一七年十一月十日）

滇唐元帅鉴：义密。江电悉。公督师入蜀，定可早定川局，长驱武汉，直捣燕京，曷胜忻颂。承示请协和为执事全权代表，此后关于应行筹商事宜，即遵与李协和接洽。孙文。灰。（印）

据云南档案馆藏《唐继尧档案卷》原件

致唐继尧电

（一九一七年十一月十日）

云南唐元帅鉴：申密。川事非得民军相助，不足以资提挈。黄复生、卢师谛在沪组织四川国民军，兹已任命黄为该军总司令，卢为副司令。石青阳在綦江亦组民军,已任为川东招讨使。关于牵制逆军及调和川军,此次〔三〕人均可为用,请量予援助,并电前敌各军长转饬各师[长]、旅、团长知照,互相接洽,以资联络是幸。孙文。灰。(印)

据云南档案馆藏《唐继尧档案卷》原件

致章炳麟等电

(一九一七年十一月十一日)

云南唐元帅转行营章太炎、郭、王、刘、段、平诸先生鉴:申密。电悉。伪政府利用此间弱点,捣乱粤局。粤、桂如起内讧,于援湘即生障碍,西南全局或致动摇,即军府亦难立足,此理至明,人所共见。惟陆、陈始终不晤,近派溥泉使陆,请其承认军府,文必降心相从,即退让亦无不可。兹又派汉民往梧,迄未得其答复。粤对陈感情太恶,其中情形复杂,双方皆有通北之嫌,甚至玉堂之态度,亦颇难测。日间决裂之势,益形岌岌,军府既无实力,无从发言,所幸海军尚能自保。唐帅既已亲自督师,理应即日宣布就元帅职,以壮军威;并电促陆,使其自觉孤立,非与军府固结,则将为粤人所逐,自可审度利害,就我范围,举足轻重,系于唐帅,惟诸君图之。孙文。真。(印)

据胡汉民编《总理全集》第三集(上海民智书局一九三〇年版)

复唐继尧电

(一九一七年十一月十二日)

云南唐元帅鉴:申密。阳电悉。段逆阴谋军械借款,借外兵以杀国民,卖祖国而利一已〔己〕,实为世界之公敌,亦即日本所鄙弃。日本朝野一致主张中日亲善,岂有助段逞逆,而能与我国民亲善之理？试观其舆论之反对,即知段逆狡谋〔之难成。公拟〕①联合〔名〕致电日本,词〔洞〕中肯要,文极端赞成。请〈即列〉鄙名,径由尊处拍发,以免迟缓及电码重译之误。孙文。文。（印）

据云南省档案馆藏《唐继尧档案卷》原件

复 张 煦 电

（一九一七年十一月十三日）

云南唐元帅转靖国联军第七军张司令煦鉴：冬电悉。遥闻独立,深明大义,良用嘉慰。唐帅已督师入蜀,自可静候指挥,提携川军,共下武汉,期在君等。饷械宜就近请唐帅接济。孙文。元。

据云南省档案馆藏《唐继尧档案卷》原件

致唐继尧陆荣廷电

（一九一七年十一月十四日）

云南唐蓂赓先生、梧州陆干卿先生均鉴：蓂赓先生佳电,敬悉。北逆势骄,且挟外力,西南局势涣散,若无具体之联合,恐不足以资抵抗。原电似有联合西南之意,但苦无具体办法,宜即时发起西南联合会议,务期联西南各省为一大团体,兵家所谓先为不可胜者是也。如蒙赞同,即希公决集会地点及时期,以便联名招集,伫候答复。孙文。寒。（印）

据云南省档案馆藏《唐继尧档案卷》原件

---

① 此电文均据上海《民国日报》1917年11月22日《孙大元帅电》校改。

致李纯陈光远电

（一九一七年十一月十四日）

南京李督军并转南昌陈督军均鉴：本日李、白两君来粤，备述尊旨，甚钦伟略。方今欲息纷争，但在恢复旧国会、约法。余〔执〕①事关怀民瘼，维持调护，深佩苦心。尚望始终主张斯义，挽救难危，国事幸甚，临电驰念。孙文。十四日。

据胡汉民编《总理全集》第三集（上海民智书局一九三〇年版）

复章炳麟电

（一九一七年十一月十五日）

转章太炎先生鉴：真电奉悉。此间并无派赵端为招抚使，倘有假名招摇逾越轨范举动，请商由荩帅酌予处置。滇、川事得左右及荩帅主持，川事又委黄、卢②办理，文亦何乐纷歧事权，以生掣肘，想亮及之。孙文。删。

据胡汉民编《总理全集》第三集（上海民智书局一九三〇年版）

---

① 据秦孝仪主编《国父全集》订正。
② 黄、卢，指黄复生、卢师谛。

复金国治等电

（一九一七年十一月十八日）

老隆兴记转军政府潮梅第一支队长兼前敌司令金司令国治，并王、张两团长鉴：巧电悉。我军勇武，攻克铁场等地，足令逆贼胆寒，望乘胜长驱直捣潮梅，肃清妖孽。邹总司令克日亲赴前敌，与诸君戮力进行。大元帅孙文。巧。

据上海《民国日报》一九一七年十一月二十五日《军政府派军进攻潮梅告捷》

致孙洪伊电

（一九一七年十一月十八日）

上海孙伯兰先生鉴：密。段逆既倒，议和在即。惟吾人护法讨逆，原以恢复约法效力及旧国会目的，舍此不提，则吾人此次举义，即成无意识之举动。是以北方将士，苟其以大局平和为重，当以取消非法机关恢复旧国会，为唯一无二之条件。倘仍段逆故智，则吾人一息尚存，决不与违法叛国者共戴。区区之意，谅执事定有同情。尚祈努力鼓吹，坚持到底，无任盼祷。孙文。巧。

据上海《民国日报》一九一七年十一月二十五日《电商议和》

致日本寺内首相等电

（一九一七年十一月二十日）

东京寺内首相、本野外务大臣、外交调查会、贵族院、枢密院、众议院、各政党领袖公鉴：中日邦交，年来益敦睦谊。此其故，固由贵国本维持东亚和平之力，同情于我国国民革新事业之诚意有以致之；而我国民循世界潮流，竭心力以摧灭暴戾不法之旧势力，实为之动机也。循斯轨道，相携以进，两国前途互有幸福。

昔者袁世凯违背我国民公意，坏法称兵，我国民起而击之，贵国亦仗义而言之。在我国民以袁氏为逆，背世界潮流之罪魁；在贵国以袁氏为扰乱东亚和平之乱种故也。

段祺瑞昔虽反对袁氏，而政治腐败，实不失为袁氏嫡派。故自任总理以来，凌辱元首，压迫国会，招集军人谋叛，酿成宣统复辟，种种举动，世界之立宪国民，久闻而冷齿。我国民为达革新政治之目的计，不能不起兵致讨。即在贵国，为巩固东亚和平计，当亦于我国民表无限之同情。

乃者报纸宣传，段氏近以出兵兴师之名，向贵国借款数千万，购军械药弹无算，拟在北方新编军队十师。此等风说，迭据传说，似非无因。且段氏自受我国民出兵征讨以来，势穷力蹙，事实昭然。出兵欧洲，非其所能，或者假托名义，向贵国诈取军械巨款，用以压迫护法之国民。若贵国助不法之旧派政治家，以摧残护法之革新政治家，以人道主义言之，亦属背道而驰。某等固深望此种谣传为非确也。倘段氏不量，果向贵国有此要求，甚望诸公勿为所动，严词拒绝，斯可减少逆军之战斗力，使义军速奏勘定之功。他日我革新之国民，起而掌握政权，与贵国永远维持东亚和平之心，握手同行，以增中日两国人民之幸福也。临电神驰，无任企祷。孙文、陆荣廷、唐继尧、谭浩明、陈炳琨。哿。

据《军政府公报》第二十七号（广州一九一七年十一月二十三日）《大元帅唐陆两元帅谭陈两督军联名致日本当局电》

复唐继尧电

(一九一七年十一月二十一日)

云南督军署转行营唐元帅鉴：申密。迭奉文、巧、皓各电敬悉。闻赵、黄、顾①各军在川屡获大捷，义帜所临，足寒逆胆，至可欣贺。望借屡胜之威，即就元帅之职，以慰国人之向望，则西南基础益形巩固，前途发展当可预贺。粤局始以陈督不理于众，日内情形极纷纭。现陈督既退职，此次继任者倘能公忠卫国，共济艰难，则各方不合，捐蠲嫌怨，设谋抗敌。文志在为国，固毫无芥蒂之私也。更望〔协和〕②兄主张组织军事联合会及政务委员会各节，足收同力共举之效，鄙意亦甚赞同。望由尊处分促进行。近闻日内京中段逆确已辞职，军械借款或能中止，否则即由敝处体察情形，复电〔联名〕③电日。特此奉复。孙文。箇。（印）

据云南省档案馆藏《唐继尧档案卷》原件

复金国治等电

(一九一七年十一月二十一日)

老隆兴记转金司令国治，黄参谋，张、王两团长，刘、□两队长览：哿电悉。知我军乘胜进取，克复五华，具见调度有方，士气奋勉，至为欣慰。望仍努力前进，伫盼大捷。大元帅孙文。马。

据《军政府公报》第二十六号（广州一九一七年十一月二十一日）《大元帅复金司令电》

---

① 赵、黄、顾，指赵世铭、黄毓成、顾品珍。
② 据胡汉民编《总理全集》第三集校改。
③ 据胡汉民编《总理全集》第三集校改。

复袁祖铭电

（一九一七年十一月二十一日）

云南督军署转行营黔军袁纵队长祖铭鉴：元电悉。知躬率劲旅，屡奏克捷，具见将士用命，指挥有方，至为欣慰。尚望努力前进，克竟大勋，临电驰念。孙文。箇。

据《军政府公报》第二十七号（广州一九一七年十一月二十三日）《大元帅复黔军袁纵队长祖铭电》

复张煦①电

（一九一七年十一月二十一日）

云南督军署转行营靖国联军第七军张午岚司令鉴：铣电悉。仗义执言，声讨叛逆，爱国热忱，昭然若揭，殊堪敬佩。望淬励师徒，努力进行，贯彻始终，克遂初志，力锄逆党之根株，勿惑调停之邪说，庶坚持不懈，以集大勋。孙文。箇。

据云南省档案馆藏《唐继尧档案卷》原件

复王文华电

（一九一七年十一月二十二日）

云南督军署转行营王电轮师长鉴：殿密。效电敬悉。知督率劲旅，进赴

---

① 张煦，时任行营靖国联军第七军司令。

前敌,至为欣慰。石青阳部并承补助,尤感。此次滇、黔联军攻川,屡奏大捷,倘江津得手,望即会攻重庆,然后顺流东下,直趋武汉,则长江之形势定矣。军旅多劳,临电神驰。孙文。祃。

据胡汉民编《总理全集》第三集(上海民智书局一九三〇年版)

致林镜台电

（一九一七年十一月二十二日）

滇督军署转行营黔军游击司令石青阳转林参议坏〔镜〕台鉴：元电悉。川中赞同义军,大局之福。刻蓂帅已亲赴前敌指挥,倘重庆早下,宜急趋大江,我知袁君①勇略可佩,应加委何职？请电告,以凭核办。诸将士战争劳苦,望随时宣布军府轸念之意。孙文。祃。

据云南省档案馆藏《唐继尧档案卷》原件

复唐继尧电

（一九一七年十一月二十五日）

云南督军署转行营唐元帅鉴：皓电敬悉。知顾军已克合江,进取江津,兵气郁奋,名城屡捷,此非惟劲旅效命,亦以雄麾所至,足落逆胆也,岂胜欣贺。此时重庆之势已摇,长驱荡涤,当在指顾。伫盼大捷,无任神驰。孙文。有。

据《军政府公报》第二十八号(广州一九一七年十一月二十六日)《大元帅复唐元帅电》

---

① 袁君,指袁祖铭。

致黎天才等电

（一九一七年十一月二十六日）

襄阳黎联军总司令、丁总参谋、杜总参议①，并转第二军张总司令、李副司令、陆参谋长、各路梯团司令、参谋②暨全体将领均鉴：前荆州石总司令③电，知执事以众望所归，由各将领公推，已就湖北靖国联军之职，当即复电致贺。兹接来电，护法卫国，辞旨凛然。执事自辛亥革命以来，屡著勋勚，有功民国。此次宣布自主，抗〔扶〕义讨贼于江汉流域，树之风声，壮我军威，益寒敌胆。逆军之在川湘者，已师徒奔命，将吏逃遁，而奸人犹狡焉思逞，厚集兵援，思欲再战。执事据荆襄重地，地扼江汉之形胜，南与滇、黔、川、湘、桂军互为声援，合力并进，以成腹背夹攻之势，则必胜之算，操自我手。若复东取武汉，断敌归路，而西南大兵奋击于前，更可使逆军正〔匹〕马只轮不返。前此失在姑息，除恶未尽，以致奸人迭出，变乱频仍。今兹务定澄〔正〕本清源之策，为一劳永逸之计。尚希积极进行，贯彻始终，尽歼丑类，永奠民国。军事勤劳，诸维自珍。孙文。宥。

据胡汉民编《总理全集》第三集（上海民智书局一九三〇年版）

复刘显世电

（一九一七年十一月二十九日）

贵阳刘督军鉴：箇电奉悉。知贵军力摧强虏，克复江津，捷报遥传，无任

---

① 丁总参谋、杜总参议，即丁荫和、杜邦俊。
② 张总司令、李副司令、陆参谋长、各梯团司令、参谋，即张联陞、李寅宾、陆始图、东路司令田犹龙、西路司令顾从务、参谋杜德晖。
③ 石总司令，即石青阳。

欣贺。津城绾縠渝关,今既为我所有,足令周吴气沮。日内想长驱直进,又克名城矣。军书之暇,幸时惠教。专电奉复。孙文。艳。

据《军政府公报》第三十号(广州一九一七年十一月三十日)《大元帅复贵州刘督军电》

复唐继尧电

（一九一七年十一月二十九日）

云南督军署转行营唐元帅鉴:申密。有电奉悉。黄复生、卢师谛既以委任,名义有所歧异,此间又未尽悉、其军队情况,亦似宜确当之名,不如由尊处酌量委任后,即行电知,再由军府加委,方为适合也。特此奉闻。孙文叩。艳。（印）

据云南省档案馆藏《唐继尧档案卷》原件

复李纯电

（一九一七年十一月二十九日）

南京李督军鉴:俭电奉悉。远辱使人,尤增愧感。半载以来,大奸披昌〔猖〕①,海内鼎沸。西南将帅,以拥护共和为心,仗义兴师,势非得已。执事慨念疮痍,期消除兵气〔氛〕,一匡危难,仁心毅力,岂〔曷〕胜钦迟。惟是军政府与西南诸省,既以护法讨逆为职志,倘能约法、国会完全恢复,创乱诸逆依法惩办,并由正式国会解决总统、内阁诸问题,则半国之兵,不难一朝而罢。否则法治难复,共和徒有虚名,劳师旷日,士气忿郁,口舌既穷,战祸益烈,亦非执事息事宁人之意也。执事负匡济之略,坐镇江宁,举动足为全国轻重,想能赞同斯意,互相提携,发纾正论,共靖国难,使民国

---

① 此电文均据上海《民国日报》1917年12月9日同一电文校改。

断而复续,则国人之拜赐于执事者,为无穷矣。专复布悃,不尽区区。孙文。艳①。

据《军政府公报》第三十号(广州一九一七年十一月三十日)《大元帅复南京李督军电》

复章炳麟电

（一九一七年十一月二十九日）

云南督军署转行营章太炎先生鉴:有电奉悉。致日政府电,哿日已会衔拍发矣。号电未到,请再以大意电示为荷。孙文。艳。

据《军政府公报》第三十号(广州一九一七年十一月三十日)《大元帅致章秘书长电》

致刘显世电

（一九一七年十一月）

贵阳刘督军鉴:报载公通电援湘,义正词严,足寒逆赡〔胆〕,敬佩之至。段贼肆厥暴力,近更谋军器借款,乞灵外人,冀逞残杀,狼子野心,罪不容死。西南共起义师,非实力联合,不足以抗凶锋而纾国难。黔界川、湘,双方均宜顾及,援湘即所以保黔,而和川尤可以规鄂。尚希与唐、陆两帅互相提挈,以奏讨逆之功。军府居中策应,必当竭力援助。后有规划,幸时惠教。孙文。

据胡汉民编《总理全集》第三集(上海民智书局一九三〇年版)

---

① 秦孝仪主编《国父全集》第四册所收同件电文此处为"陷",时间标示为 1917 年 10 月 30 日。

致唐继尧电

（一九一七年十一月）

云南唐元帅鉴：申密。川事非得民军相助，不足以资提挈。黄复生、卢希谛在沪组织四川国民军，兹已任命黄为该军总司令，卢为副司令。石青阳在綦江亦组民军，已任为川东招讨使。关于牵制逆军及调和川军，此三人均可为用，请量予援助；并电前敌各军长，转饬各师旅团长知照，互相接洽，以资连络是幸。孙文。

据胡汉民编《总理全集》第三集（上海民智书局一九三〇年版）

致张煦电

（一九一七年十一月）

东川专送宁远靖国第七军张午岚总司令鉴：傅君畅和来粤，备稔近状，知黾勉不懈，佩慰何穷。宁远控扼南服，旁通川边，形势之区，正可力筹发展。兹加任兄为川南镇守使，望竭诚规划，以树勋业。傅君明于政理，才识优裕，兹亦任为建昌道尹，想能相得益彰也。闻尊处军需稍形支绌，特于日内派员解送内国公债收条五十万，计五十册，装成一箱至云南刘护督，于该债券到时，即由尊处派员备文赴滇领解应用，并盼电复。孙文。

据胡汉民编《总理全集》第三集（上海民智书局一九三〇年版）

复石青阳等电

（一九一七年十一月）

　　荆州石总司令、朱副司令①暨全体军官均鉴：咸电悉。黎君天才有功民国，素所钦佩。此次与诸君互相提挈，宣布自主，益见护法卫国之诚。今由诸君公推为湖北靖国联军总司令，极所赞同，尚祈积极准备，克日会师，直捣武汉，扼长江之形胜，联西南之义军，歼灭丑类，用竟全功，所至望焉。孙文。

据胡汉民编《总理全集》第三集（上海民智书局一九三〇年版）

致孙洪伊电

（一九一七年十一月）

　　上海国民党本部转伯兰：请告李督②，如南京宣布独立，军舰当可一致相助，文或乘之来沪，以取淞浙，为李督后援，请李放胆做去，断不致孤立也。寺内决定方针，使中国南北调和，利用我人众物力以攻俄国，此事若成，中国其高丽矣。一国之亡，当亡得轰轰烈烈，万不可因冯、段之私，遂暧昧断送之也。此时救亡妙策，在南北分离，庶不致为寺内利用，劫持中央，以临各省。我能分立，寺内无所施技，中国不与寺内一致，寺内当不敢建攻俄之策。盖除中国之人众物力，世无足以御德、俄者。文决日、美之败，更速于英、法也。望将此意设法传布国人。孙文。

据胡汉民编《总理全集》第三集（上海民智书局一九三〇年版）

---

① 朱副司令，指朱兆熊。
② 李督，指李纯。

致谭延闿程潜电①

（一九一七年十二月三日）

长沙谭联军总司令、程总司令均鉴：顷据毕同祁阳来电称："奉谭石屏命返湘，组织义军，现被拘留，请为挽救"等语。毕同事文固未详，第其创事之始，既以鼓励民气，协同讨逆，情实尚有可原。倘所犯轻微，望即饬令宥释，以厉国人勇义之风，并盼电复。孙文。十二月三日。

据胡汉民编《总理全集》第三集（上海民智书局一九三〇年版）

致国会非常会议等电

（一九一七年十二月五日）②

广州国会非常会议、莫督军、李省长、海军林总司令、李总参谋长、伍外交总长、张陆军总长、汕头陈总司令、武鸣陆元帅、长沙谭联军总司令、刘镇守使、林旅长、常德张、周、胡总司令、公安黎、石、唐总司令、云南刘代督、唐卫成总司令、贵阳刘督军、王总司令、毕节唐元帅、重庆章太炎先生、永宁黄总司令、卢副司令，顺庆石招讨使、成都熊总司令、吕卫成总司令鉴：接上海孙伯兰总长电，嘱传诸公，其文曰："冯段近以俄德兵入境之说，恫吓西南，并闻有人以外患紧迫，急谋调和，且似有牺牲旧国会之意。夫外患之来，实恶劣政府所召，此而不革，不亡何待？故外患愈迫，而根本改革愈不容缓。

---

① 胡汉民编《总理全集》第三集题作《致谭浩明程潜电》，误。据电文应为《复谭延闿程潜电》。

② 此电原无年月，按其内容"冯段近以俄德兵入境之说，恫吓西南"，应在1917年11月末，故此电应为是年12月5日。

现在北方前敌诸将确已有继冯旅而起之势,即主战之曹、张亦已倾向和议,果南方坚持旧国会之主张,不轻使之承认,大局速定,已不在远,此后必无极大战争,南中复何所畏?国会亡则中国亡矣,盼诸公努力主张,尤望滇、湘坚持,恐数日内或有向南方提出和议条件之事,祈勿为摇惑。孙洪伊。冬。"特以奉闻。孙文。歌。

据中国国民党中央文化传播委员会党史馆藏一般档案 050/233

复刘显世电

（一九一七年十二月七日）

贵阳刘督军鉴：顷奉歌电,知我军已克重庆,捷报遥传,无任忻慰！渝关控扼大江,夙称天险,今既为我有,则顺流东下,孰能御之。望促冀帅及王司令,倘部署既定,宜即会率精锐,径趋宜万,应荆、襄创义之师,则豫、洛、淮、泗之郊,必有起而景附者,挽回气运,〈端〉①在今日,惟左右图之。孙文。〈虞〉。

据胡汉民编《总理全集》第三集（上海民智书局一九三〇年版）

复章炳麟电

（一九一七年十二月七日）

云南督军署转行营章太炎先生鉴：申密,江电奉悉。陆此次出兵,本在攫取湘权,长沙既得,其欲已偿,故一再电冯停战,而未及旧国会之应恢复；对于岳州北军,亦无驱除之意,于军府始终无诚意之表示,致冯意益肆,局势

---

① 此电均据上海《民国日报》1917 年 12 月 18 日同电增补。

至此,危险实甚!现幸黎、石两师,举义荆、襄,闻联军亦下重庆,大江脉络可望贯通,此实一大转机。望促蓂帅渝事稍定,即分兵东下,武汉三镇桂所必争,倘能为我所有,即形势略定。文于皖、洛之郊,亦稍有布置,届时当可并起相应。此间征闽军已定,协和统滇军,竞存统粤军,悦卿统海军,玉堂任联军总指挥,一星期内,可有一部出发,此后局势,不无挽回之望,惟在吾人奋勉而已。孙文。七日。

据胡汉民编《总理全集》第三集(上海民智书局一九三〇年版)

复唐继尧王文华电

（一九一七年十二月八日）

云南督军署转行营唐元帅、黔军王总司令均鉴:顷接蓂帅鱼电,知联军已克重庆,吴、周①潜遁,捷电遥传,欣喜何极。渝关控扼大江,足为天险。今既为我所有,则义军旌旗,可以直指东趋。望克日督师出陕,联合荆襄,传檄大江,以慰国人之望。军旅贤劳,临电驰念。孙文。齐。

据上海《民国日报》一九一七年十二月十八日《孙中山先生复电》

复唐继尧等电

（一九一七年十二月十日）

云南督军署转行营唐元帅,并郭、王、刘、段诸君鉴:申密。宇镜兄等支电奉悉。正议远虑,甚佩!陆主停战议和,全出于自便私图,故于近日荆、襄

---

① 吴、周,指吴光新、周道刚,均为附逆北军者。

举义,概称之为暴动,其态度可见。惟各方对于此举,多未赞同。现海军〈及滇粤军〉①已于佳日开始向闽省出发,荆、襄及南阳已先后举义,滇、黔联军已克重庆。文于黄河流域,亦有大部兵力布置,七人〈不久〉即可由弟发动。望蓂帅迅出宜昌东下,进据武汉,则长江以北,将悉属军府范围。届时陆虽单独议和,亦无能为也。知念特复。孙文。蒸。(印)

据云南省档案馆藏《唐继尧档案卷》原件

复黎天才等电

(一九一七年十二月十日)

长沙程省长转襄阳黎师长、荆州石师长均鉴:近读通电,知举义荆、襄,宣言讨贼,为大江义师树之风声,威棱所播,足褫逆胆。方今滇、黔联军已先克渝关,湘、桂诸师,亦进规岳阳。荆、襄控扼大江,西连巴蜀,得诸君指挥其间,从此左提右挈,共清中原,匡复之功,良可预竣。所望努力进取,勉膺难艰,先电驰贺,续盼捷音。孙文。蒸。

据《军政府公报》第三十三号(广州一九一七年十二月十二日)《大元帅致黎石两师长电》

致唐继尧章炳麟电

(一九一七年十二月十一日)

云南督署转行营唐元帅、章太炎先生均鉴:申密。太炎先生鱼电奉悉。滇海粤军,定日内出发赴闽,黄河流域,文亦均有布置。望蓂帅速出宜昌,趋武汉,下游响应者必群起,陆虽单独搆和无为也。债券安南难通过,刻派滇军

---

① 此电均据胡汉民编《总理全集》第三集增补订正。

护送,由桂赴滇,共三百七十万,分装五箱,计三百二十五册,内三百万归蓂帅拨用,又二十万交太炎先生,五十万交黄复生,先此电闻。孙文。十一日。

据胡汉民编《总理全集》第三集(上海民智书局一九三〇年版)

致刘祖武唐继尧电

(一九一七年十二月十五日)

云南刘护督,并转行营唐元帅均鉴:申密。刻特派黄嘉梁为云南劳军使,随同本府委员秦天枢、马德贵护送公债收条三百七十万,共大小六箱,及滇军十余人,日内取道粤、桂至滇,望尊处通令滇省与广西接境各官厅军队,特别保护,沿途关卡,迅速放行,并同时电粤、桂大吏,饬属一体保护验放为要!先此电闻,仍盼见复。孙文。删。

据胡汉民编《总理全集》第三集(上海民智书局一九三〇年版)

复顾品珍[①]电

(一九一七年十二月十五日)

云南督署转重庆靖国第一军顾总司令鉴:支电悉。执事偬力戎行,力摧强敌,捷书遥布,无任欣庆!望乘新胜之锐,厉义武之众,直趋大江,则国人必有群起应之者,然后略定武汉,进规宛洛,逆军不足平也。临电驰念,续盼捷音。孙文。删。

据胡汉民编《总理全集》第三集(上海民智书局一九三〇年版)

---

① 顾品珍,别号小斋,云南昆明人,曾任护国军第一军第三梯团长。

致唐继尧电

（一九一七年十二月十八日）

  云南督署转行营唐元帅鉴：申密。顷据林君〔参〕①议镜台，自重庆来删电内开："顷闻刘、钟②均决心附义，已派人赴渝接洽，不日可到"等语。林君于川事素昌〔有〕③联络，果如所言，于川局前途，殊多进步。究竟现在情势如何？望约与一商，当不无裨益。又林君来电并称："现川、滇、黔将士，均极服从，〈理〉④合调〈度〉⑤应〈手〉⑥，请酌派劲旅二大队，一出宜昌，一〈出〉⑦丐〔下〕⑧汉中，乿〔已〕⑨收布〔奇〕⑩功。"此事是否可行？文未能遥度，并请裁酌，见复为荷！孙文。巧。下鸦〔方？〕请探转：

  林镜台兄鉴：删电敬悉。照商蓂帅，请即接洽刘、钟及川中将士，可设法联络之。并请将近状电闻，至盼。孙文。

据云南省档案馆藏《唐继尧档案卷》原件

---

① 据胡汉民编《总理全集》第三集所载同电校改。
② 刘、钟，指刘存厚、钟体道。
③ 据胡汉民编《总理全集》第三集所载同电校改。
④ 原电文缺，据云南省档案馆编《云南档案资料》第一期所刊同电增补。
⑤ 原电文缺，据云南省档案馆编《云南档案资料》第一期所刊同电增补。
⑥ 原电文缺，据云南省档案馆编《云南档案资料》第一期所刊同电增补。
⑦ 原电文缺，据云南省档案馆编《云南档案资料》第一期所刊同电增补。
⑧ 据胡汉民编《总理全集》第三集所载同电校改。
⑨ 据胡汉民编《总理全集》第三集所载同电校改。
⑩ 据胡汉民编《总理全集》第三集所载同电校改。

复石青阳等电

（一九一七年十二月十八日）

荆州靖国第一军石总司令,傅参谋长,宋、刘两旅长,胡、孙、李、谢各团长均鉴:顷读蒸电,知义帜飚举,共誓论逆,露布传来,欣喜何极。吾人此次举义西南,本为护法卫国,知非以武力为国法之保障,则无以促成平和之势,而固民国之基。文自以受国会所托,数月以来夙夜自励,惧无以副国人之望。赖海内志士,后先相应,西南将领,戮力同仇,用能屡克名城,叠摧大敌,全国风动,逆焰沮丧。请君建国之初,曾树勋猷,当兹丧乱国人,矫首引领以待者有日矣！今果宣义荆、沙,为大江师旅树之先声。从此西通巴蜀,南连三湘,奉提挈左右,共规大计。会西南之雄锐,清河、洛之氛祲,俾国法得连期恢复,国政得渐臻治理,以竟吾人救国之初志。所望勖励师干,力筹进取,大局实利赖焉。除已派张伯烈、蒋文汉两君赴荆慰劳外,特电贺,续盼捷音。孙文。巧。

据《军政府公报》第三十五号(广州一九一七年十二月二十日)《大元帅复湖北靖国第一军石总司令电》

致刘祖武唐继尧电

（一九一七年十二月十九日）

云南督署刘护督并转行营唐元帅均鉴:兹派云南劳军使黄嘉梁及委员秦天枢、马德贵随带滇军十名、弁目一名,于本月二十日内外,由广州启程,经桂赴〈滇〉,解送债券七箱,共四百二十万。其较前数增加之五十万一箱,系托刘护督留交宁远张午岚总司令者,到时请电致宁远,以便张处派员来领,并望尊处仍通饬滇省与桂省接境之各官厅军警一体特别保护为要。孙文。皓。

据中国国民党中央文化传播委员会党史馆藏一般档案 050/244

复熊克武等电

（一九一七年十二月二十一日）

云南督署转重庆熊镇守使及各将领均鉴：顷诵元电，知护法卫国，深具苦心，佩慰何似！此次西南兴师，纯为拥护国家大法，故不惜举国之兵，以为根本廓清之计。执事素怀忠于谋国，此次斡旋川局，维持地方秩序，使义师所至，匕鬯无惊，尤见策画之密。望即奖率军旅，统筹大计，努力进取，贯彻始终。川、滇、黔唇齿相依，谊等一体。执事又与蓂帅为体〔休〕戚相共，当此协同救国之时，务宜通力合作，以厚实力，会师东下，进规归宜。荆、襄之声息既通，豫、洛之士气益振，则勘〔戡〕乱济危，讵异人任耶！军旅贤劳，临风驰念，专电布悃，续盼捷音。孙文。箇。

据胡汉民编《总理全集》第三集（上海民智书局一九三〇年版）

致章炳麟电

（一九一七年十二月二十一日）

云南督署转唐行营章太炎先生鉴：申密。自龙宣布就巡阅职，陆即通电交卸，又电两粤取消自主。莫督①及在湘各桂军将领抑不庋行，虽其中别有机械，粤终恐煽动。如蓂帅能就元帅职，则西南护法根本上不致动摇。今

---

① 莫督，即广东督军莫荣新。

荆、襄黎、石业联合□□□,异军突起。蓂帅前者□电曾言:"川局稍定,当可就职。"今渝埠既克,军势极振,又当粤局诡幻,正蓂帅践约就职时也。如此则观听既一,大江以北,必将群起应之。对内对外,尤易生效。望先生及时开陈,并约川、滇、黔各将领一致推戴。风声所播,陆虽单独媾和,无能为也。文于粤局,自当终始维持,而蓂帅就职,所关尤重。乞裁酌见复。孙文。箇。

据云南省档案馆藏《唐继尧档案卷》原件

致刘建藩电

（一九一七年十二月二十二日）

零陵刘镇守使鉴:近据谭石屏先生自沪来电称:"前派毕同至湘,号召义军作西南之声援。嗣闻忽因事被逮,羁押零陵,嘱代电尊处,请为省释"等语。查毕同返湘举义,志有足多,其后因事逮羁,倘果情有可原,尚请量予省释,以厉国民好义之气。希裁酌电复为荷。孙文。祃。

据胡汉民编《总理全集》第三集(上海民智书局一九三〇年版)

致刘云峰等电

（一九一七年十二月二十三日）

云南刘护督、唐卫戍总司令并转行营唐元帅、顾、庚、黄、赵各军长[①]、各将领均鉴:乙丙之交,逆袁叛国,帝制自为,国人怵于淫威暴力,相顾屏息。时蓂帅僻处南疆,不忍坐视共和沦胥,与诸君率先声讨,劳师数万,转战于数

---

① 唐卫戍总司令、唐元帅、顾、庚、黄、赵各军长,即指唐继虞、唐继尧、顾品珍、庾恩旸、黄毓成、赵世铭。

千里间，断胫糜踵，后先相继，海内始群起应之，卒使逆袁穷蹙以死，余逆解体，民国始克危而复定。追维匡复艰难，允宜同申庆祝。今届纪念之辰，又当民国漂摇之际，蓂帅及诸君正戮力戎行，感念前功，责弥艰巨。所望力完靖国之业，成民国三造之功，俾此光辉赫奕之纪念日，与民国永永无极，此则国人所昕夕以祷者也。专电驰贺，不尽区区。孙文。漾。

据《军政府公报》第三十六号（广州一九一七年十二月二十四日）《大元帅致滇中各将领电》

复林修梅电

（一九一七年十二月二十四日）

长沙三井洋行转余建光探转林谷〔浴〕凡旅长鉴：箇电诵悉。近日少数人狃于私图，率主张和议。陆干卿且密电两粤，议取消自主，嗣莫代督以众意反对，抑不实行，态度颇极暧昧。文以为现在西南，既以护法为宗旨，则无论如何必贯彻始终为止。况重庆已得，荆、襄继起，倘能竭力坚持，必可益望发展。岭南方面，文当力任维持之责，望兄与湘中及前敌各将领，互以此意相勉，使勿误于缓兵之护〔计〕，致废一篑之功。时事多艰，吾人尤宜奋励也。孙文。敬。

据胡汉民编《总理全集》第三集（上海民智书局一九三〇年版）

复李纯电①

（一九一七年十二月二十四日）

南京李督军鉴：元、哿两电均悉。执事本息事宁人之忱，负排难解纷之

---

① 胡汉民编《总理全集》收入此电，并将时间判定为11月24日，然电文有"荆襄虽独立"等语，按黎天才、石星川于12月1日据荆、襄独立，组靖国军，故改置于12月。

任,人同此心,讵能持异。西南各将帅皆素以维持大局为心,相见以兵,势非得已。今日重庆虽下,师未加于宜昌;潮汕虽平,卒不逼于闽境;荆襄虽独立,甲胄未接于武汉,不可谓为无意于和。商榷调停,本自不难就绪;然北〈方〉政府[方]令〔今〕①任段芝贵长陆军,命龙济光扰西粤,近且闻任曹锟、张怀芝为征南总副司令,汲汲备战,不遗余力,举措如斯,何以推诚?西南诸省纵不言进取,势不能不谋自卫,执事又将何以教之?文以为解决国内之争,只在法律二字,办法本极简易。执事负调停之责,全国属望所归,西南将帅尤所钦重,当〔尚〕望示以良规,力求持平,庶文亦足以将此中委曲告之诸将士,以期纠纷立解,有以副执事忧国公忠之意也。孙文。敬。

据《军政府公报》第三十八号(广州一九一八年一月四日)
《大元帅致南京李督军电》

致黎天才等电

(一九一七年十二月二十六日)

　　襄阳黎联军总司令、丁总参谋、杜总参议并转第二军张总司令、李副司令、陆参谋长、各路各梯团司令、参谋暨全体将领均鉴:前荆州石总司令电知:执事以众望所归,由各将领公推,已就湖北靖国联军之职,当即复电致贺。兹接来电,护法卫国,辞旨凛然。执事自辛亥革命以来,屡著勋勚,有功民国。此次宣布自主,抗义讨贼,于江汉流域树之风声,壮我军威,益寒敌胆。逆军之在川湘者,已师徒奔命,将吏逃遁。而奸人犹狡焉,思逞厚集兵援,思欲再战。执事据荆襄之重地,扼江汉之形胜,南与滇、黔、川、湘、桂军互为声援,合力并进,以成腹背夹攻之势,则必胜之算操自我手。若复东取□〔武〕□〔汉〕②,断敌归路,西南大兵奋击于前,更可使逆军匹马只轮不

---

① 此处据胡汉民编《总理全集》第三集同一电文校改。
② 据胡汉民编《总理全集》第三集校补。

返。前此失在姑息,除恶未尽,以致奸人迭出,变乱频仍。今兹务定澄本清源之策,为一劳永逸之计。尚希积极进行,贯彻终始,尽歼丑类,永奠民国。军事勤劳,诸维自珍。孙文。宥。

据《军政府公报》第三十九号(广州一九一八年一月十日)
《大元帅致黎联军总司令等电》

致章炳麟电

（一九一七年十二月二十七日）

云南唐行营章太炎先生鉴：申密。效电悉。北军内讧,黎、石奋起,此时用兵之地,适在中原,倘滇军能顺流东下,会师武汉,则长江下游、黄河流域,必更有响应者,斯时破竹之势已成,其所获视之泸州损失,奚啻倍蓰。况滇为首义,具〔其〕军安顿于一偶〔隅〕,至劳师之病。且泸州虽拔,两军赓续开战,所损实多,与其重恶感于蜀人,曷若就欢迎于湘鄂。望告莫〔蓂〕帅,早撤驻泸之师,鼓行而东,期与黎、石联络,破敌必矣。不然困顿于泸,非计之得也。文。沁。

据胡汉民编《总理全集》第三集(上海民智书局一九三〇年版)

复章炳麟电

（一九一七年十二月二十八日）

云南唐行营转章太炎先生鉴：申密。漾电悉。泸州已拔,甚慰。能不与川军争持,克取〔克日〕东下,大局庶有裨益。昨得密告,北军仍赓南来,议和必非诚意。李秀山[①]态度渐近明了,闻有派兵浦口截诸〔堵〕北兵之事,西

---

① 李秀山,即李纯。

南益不孤矣。所示三事,张积怨已深,无可排解。程潜处已复电联络,并表同意。韵松①经出兵两团攻闽,竞存得兵十余营,不日亦可向闽出发。如秀山能于中部独立,则北方援师已绝,破闽必矣。林德轩等起兵湘西,有兵二团,令其改用靖国军名号。请告冀帅,转饬前敌将士,与之提挈为祷。文。勘。

据胡汉民编《总理全集》第三集(上海民智书局一九三〇年版)

致黎天才等电

（一九一七年十二月二十八日）

襄阳靖国联军黎总司令、荆州石总司令鉴：湘中同志林德轩、张学济、周则范、胡汉,前承文令起兵湘西,德轩有精兵三千余人,余众相若,经集合于常、澧等处,合之周、张诸军,兵力甚厚。常、澧接邻鄂境,足为贵军之助,希妥为接洽,互相提挈,毋任切盼。文。勘。（印）

据胡汉民编《总理全集》第三集(上海民智书局一九三〇年版)

致刘建藩林修梅电

（一九一七年十二月二十八日）

零陵刘镇守使、长沙林旅长修梅鉴：湘中同志林德轩、张学济、周则范、胡汉,前承文命起兵湘西,各路合计有兵两师,均属惯战之士,与两公谊属旧交,又为同志,维持桑梓,须具同心。现拟进窥武汉,希妥为接洽,互相提挈。

---

① 韵松,即方声涛。

毋任切盼。文。勘。（印）

据胡汉民编《总理全集》第三集（上海民智书局一九三〇年版）

致唐继尧等电

（一九一七年十二月二十八日）

云南唐元帅、贵阳刘督军、重庆熊镇守使鉴：湘中同志林德轩、张学济、周则范、胡汉，前承令起兵湘西，德轩有兵三千，余众相若，集合于常、澧，合之张、周诸军，计湘西有两师以上，决计与荆石师联络。护法军现令改称靖国军，以归划一。请转告前敌各将官，妥为联络，是所厚望。文。勘。

据胡汉民编《总理全集》第三集（上海民智书局一九三〇年版）

复唐继尧刘显世电

（一九一七年十二月二十九日）

云南行营唐元帅，贵阳刘督军鉴：刘〈督〉军漾、养两电均悉。熊镇守使电举滇、川、黔三省总副司令，为统一指挥起见，文极赞同。责望所关，两公毋以拗谦自许，望早就职，以慰众心。文。艳。

据《军政府公报》第三十八号（广州一九一八年一月四日）《大元帅致唐元帅刘督军电》

致唐继尧电

（一九一七年十二月二十九日）

万急。云南行营唐元帅鉴：申密。日议员菊池昨语云：俄国内乱，由俄之德俘煽成，恐有入中国煽动，扰东亚平和者，故日对华政策一变。昨阁议决定，与商〔约〕国商议，使南北妥协，中国早归平和，南方须多让步，勉求东亚大局一致，此诚认为必要，赶急派遣西南各省之人于〔赴〕日，代表南方各派以在日有信用之张继、汪兆铭为宜。等语。查此次石井使美，梁士诒与段充赴欧助战监督，皆与日本此举有关。国脉将以此终，不得不急图救济。文以为南方和议，本不容外国干涉，但恐为强有力者所割，是为可虑。并闻协商〔约〕国有利用中国人众〔力〕物力以攻俄之说。对德宣战，已铸成大错。今欲并御俄德，亡国必矣。今拟照派张、汪二君赴日陈述意见，藉图挽救。倘荷赞同，希将尊旨见示，俾早启行，并转告儒〔如〕舟①、青阳、复生、锦帆②诸公为盼。文。艳。

据云南省档案馆《护法运动中孙中山致唐继尧电报选》，载《历史档案》一九八五年第四期

致上海本部电

（一九一七年十二月二十九日）③

上海国民党本部诸同志鉴：日议员菊池昨云，俄国乱由俄之德俘煽成，恐有入中国煽动扰东亚平和者，故日对支政策一变。昨阁议决定，与

---

① 刘显世，字如舟。
② 熊克武，字锦帆。
③ 此电原无日期，今据内容与前一件致唐继尧电相同，酌定为同一日。

协商国商量,使南北妥协,中国早归平和,南方须多让步,勉与东亚大局一致云云。石井使美,梁士诒赴日,段充准备赴欧助战监督,皆与日本此举有关,国脉将以终,请告宁赣两督,协力救亡。电末云:此际须急派代表西南各省之人于日,代表南方各派以〈在〉日有信〈用〉之张继、汪兆铭为宜等语。此间经电冀赓征求同意,一俟复电,即请精、溥二兄赴日,陈述南方意见。文。

据胡汉民编《总理全集》第三集(上海民智书局一九三〇年版)

致唐继尧章炳麟电

(一九一七年十二月)

云南督署转行营唐元帅、章太炎先生均鉴:申密。前因运送内国公债收条事,曾经电达,拟于二十日左右,由粤起运。惟近据私讯,陆有令两广取消自主之说,虽未征实,然讹言繁多,运送程途,在两粤境内,非三星期不能抵滇。且为数又有七箱之多,中间恐难安全。现在正式债券,三四星期内可以造完,不如待造成后,如两广无甚变动,当径以正式债券解送,以保道途之安全,并免以公债收条更换债券之手续重复,想尊意亦以为然也。知关注念,特此电闻。孙文。

据胡汉民编《总理全集》第三集(上海民智书局一九三〇年版)

复石青阳等电

(一九一七年十二月)

云南督军署转重庆石青阳、朱之洪、宋辑先、林镜台诸君鉴:同密。蒸、元两电悉。唐行营无同密,特将蒸电由此间译转,以后毋再用同密电。唐所陈办法,自由〔属〕切要之图,惟当从唐帅宣布就元帅职入手。近日龙已宣布就巡阅使职,陆即通电交卸。又电莫督取消自主,莫及在湘各桂军将领,抑不奉行,一面海陆军又声讨龙氏,此中固别有机缄,然粤局终恐生变动,故唐帅就职尤为时势所不可缓。青阳改任川北招讨使,业经电令知照。扩充兵队,固属要图,械弹实无法购运,目前缺乏,由青阳请滇、黔接济,较顺而易得。沧白在沪,当电促来粤议,然后赴川。镜台暂毋来粤,川中情形,希随时电告。复生、锡卿改任四川靖国军总副司令,午岚任川南镇守使,傅畅和任建昌道尹,附闻。孙文。

据胡汉民编《总理全集》第三集(上海民智书局一九三〇年版)

致李纯陈光远电

(一九一八年一月一日)

南京李督军、南昌陈督军均鉴:岁历聿新,万汇昭苏。登斯民于康乐,臻美政于升平。载瞻新猷,无任钦颂。孙文。东。

据《军政府公报》第三十八号(广州一九一八年一月四日)《大元帅致宁赣二督军电》

复王奇等电

(一九一八年一月二日)

合川王总司令暨各长官均鉴:东日阅巧电,大义凛然,不仅消弭兄弟之阋墙,并可破灭共和之螯〔蟊〕贼,毋任钦佩。文前以川、滇鹬蚌之争,原为冯、段所利用。苟固结不解,北军乘此弱点,实足以剿灭西南,民国前途不胜危惧。经派秘书长章君太炎驰赴滇、川为之劝解,而川军稍有未喻,再起奋争,良用怼然,至为怅望。今承明示,捐川、滇之小嫌,与军府一致讨贼,是用欣慰。今特委任执事为四川靖国联军川北总司令,并分电川中靖国各军暨滇、黔两督,转饬前敌各将官,互相提挈,急遽进行,以蹙北敌。并望转谕刘、钟所部各军暨周部刘旅长,以北京政府倾覆,而后川、滇必有完满之解决。毋以小忿,而忘公敌,为天下后世所笑,文实有厚望焉。再:锦帆、复生、青阳在泸、渝,希与联络,一致进行,为盼。孙文。冬。

据《军政府公报》第三十八号(广州一九一八年一月四日)
《大元帅复王司令奇电》

致唐继尧刘显世电

(一九一八年一月二日)

云南行营唐元帅、贵阳刘督军鉴:顷接王奇自合川电称:"愿捐川、滇昔日之嫌,与军政府一致行动,经彼所部推为川北总司令,请电执事转饬前敌将官互相提挈"等语。查王为周道刚所部旅长,现周已逃,彼能归附南军,戮力讨贼,系出诚意,且王于文有旧谊,经由本府任为四川靖国军联军川北总司令,借系军心。除电四川黄总司令迅商熊、石两军,察核情形具报外,请即转前敌将官,妥为联络,为盼。文。冬。

据《军政府公报》第三十八号(广州一九一八年一月四日)
《大元帅致唐元帅刘督军电》

致唐继尧电

(一九一八年一月二日)

云南行营唐元帅鉴:读俭电,知已就职滇、川、黔三省总司令。统帅得人,将士用命,破敌必矣。谨电驰贺。文。冬。

据《军政府公报》第三十八号(广州一九一八年一月四日)《大元帅致唐元帅电》

致唐继尧电

（一九一八年一月六日）

云南唐卫戍司令鉴:前派邓天翔、张得尊、黄季陆、温宗铠赴川,现留滇境,请由尊处加给护照,俾早成行。孙文。鱼。请转张左丞君:冯君到,函悉。请仍留滇,所需款,稍缓当汇。文。

据黄季陆主编《总理全集》下册(成都近芬书屋一九四四年版)

复李汝舟电

（一九一八年一月十二日）

合川电局等送遂宁李前卫司令鉴:江电悉。义军进克名城,毋任嘉慰。现在川事复杂,南北旗帜分张,北伐之师牵制南下,影响大局,深为痛心。尚望鼓励将士,奋勉戎机,俾川局内部融洽,一致响南,会师武汉,歼灭破法诸逆,促成真正共和,是为至要。孙文。侵。

据《军政府公报》第四十号(广州一九一八年一月十六日)《大元帅复李前卫司令电》

致唐继尧电

（一九一八年一月十二日）

云南督署转行营唐元帅鉴:申密。甘省焦桐琴等□事运动,已杀新建右军,分统导河等处,□有胜□□,亟电令马然良制防。查马系回教,拥兵自卫。有□甘□,平年通邂气声。除专电诱向南,恳请转交外,拟请尊处加电,晓以大义并现在时局情形,使为我用。至祷。孙文。侵。(印)

据秦孝仪主编《国父全集》第五册(台北近代中国出版社一九八九年版)

致唐继尧电

(一九一八年一月十三日)

云南督署转行营唐元帅鉴:请派人密送转界璧汇探交甘肃顾军转呈导河县马翰如先生鉴:自叛督摧法荐乱,冯、段①盛〔盗?〕取国权,神圣共和,不绝如缕。文与滇、海两军及国会同人,组军政府于粤东,护法兴师,越数月矣。义声所播,大敌为摧。环顾国中,纷纷响应。会师北伐,允奏肤功。惟是大局安危,西北所关实巨。执事威望素著,遐迩钦驰,甘省全部,专资提挈。据报焦桐琴等已杀新建右军团统军,赴导河。执事举足轻重,国人企仰。尚望举兵援助,与南方一致进行,俾约法完全恢复,拥护真正共和,是为至祷。临电毋任神驰。孙文。元。

据云南省档案馆藏《唐继尧档案卷》收电原件

复熊克武电

(一九一八年一月十四日)

重庆熊镇守使鉴:鱼电悉。吴、周②败逃后,执事通电川中各师,力主调

---

① 冯、段,指冯国璋与段祺瑞。
② 吴、周,指吴光新、周道刚。

和。护法保川,用心至〔良〕若〔苦〕①。乃刘、钟②不纳,将复战争。执事不忍糜烂地方,至为可佩。惟刘、钟托言爱蜀,牵制义师,为护法计,断不能听其助张逆势,破坏大局也。顷闻川中同人,公推执事为川军总司令,提挈得人,川局不难迎刃而解。努力前进,伫盼捷音。特复。孙文。寒。

据《军政府公报》第四十号(广州一九一八年一月十六日)
《大元帅复重庆熊镇守使电》

复唐继尧电

(一九一八年一月十五日)

云南督军署转行营唐元帅鉴:真电悉。俟王参议季抚到时,自当妥为接洽。再川事情形,仍望随时电示。孙文。珊〔删〕。

据《军政府公报》第四十号(广州一九一八年一月十六日)
《大元帅复唐元帅电》

致张学济等电

(一九一八年一月十五日)

常德张溶川先生并转凤凰田凤丹先生③、洪江周先生鉴:谭督入湘而后,湘军虽平,而岳州未下,牵制北伐之师。诸先生座镇桑梓,毋任忻慰。惟当此一发千钧之际,北军伪令停战,南方应备进行。将胜之棋,一着难缓。望诸先生督率湘西健儿,一致出师援鄂,扼武汉以控幽燕,则长江流域,不崇

---

① 据上海《民国日报》1918年1月26日所载同一电文校订。
② 刘、钟,指刘存厚、钟体道。
③ 张溶川,亦作"榕川",即张学济,田凤丹即田应诏。据覃振《致中国国民党中央执行委员会呈原稿》云:"张学济,号容川",孙中山电文中或作"溶川"、"榕川",均仍其旧,不一一改动。

朝而定。大局问题,亦易解决也。文已派秘书李建中为湘西劳军使,到时自罄鄙怀,并闻。孙文。咸。

据上海《民国日报》一九一八年一月二十六日《孙大元帅与各要人最近往来电》条中之《请湘西军援鄂电》

致陈凤石电

(一九一八年一月十五日)

梁山专送大竹陈凤石先生鉴:鱼电悉。独立名城,痛言北洋系误国,独具只眼,钦佩良深。川事之坏,责在重私仇,而轻大义。据川局调和不协,滇、黔联军,决计进攻成都,川事一定,会师东下,扑灭破法诸逆,意中事矣。至内部之争,望当事眷爱桑梓之心,为息事宁人之举,协力同规,以纾国难,是为至要。孙文。咸。

据上海《民国日报》一九一八年一月二十四日《孙大元帅请纾蜀难电》

复章炳麟电

(一九一八年一月十六日)

火急。重庆熊镇守使转章太炎先生鉴:申密。真密敬悉。道途劳瘁,极为系念,妥抵渝城,欣慰无已。刘存厚既与钟体道抗命不悟,势非声讨不足以固吾军根本。克武兄兵力既厚,又得人心,洵吾党难得之士,望执事励其破除顾忌,提兵进取,国安乃所以保川也。谢慧生来言,得电,川中同人公推克武兄为川军总司令,业于青日就职,不审确否?前经唐帅电商军府,尝委任黄复生、卢师谛为川军总副司令。闻复生现亦在渝,如公推属实,则军府应加委任,请召熊、黄两兄妥商办法,密复为祷。去年十一月手书奉悉,略有商榷之处，已另函奉复寄谕。孙文叩。铣。

> 据《致章太炎等电》，载胡汉民编《总理全集》第三集(上海民智书局一九三〇年版)

复唐继尧电

（一九一八年一月十九日）

毕节[唐]行营唐元帅鉴：真电敬悉。川东南北，既渐肃清，怅望川氛，平定有日。惟襄、汉、荆、宜攻战最烈。北军数路南下，岳战〔州〕①剧战，亦在目前。长江义旅，马首是瞻。亟望执事总领师干，迅期出发，以慰众望，克尽全功。至祷。孙文。皓。

> 据《军政府公报》第四十二号(广州一九一八年一月二十六日)《孙大元帅复唐元帅电》

复黎天才电

（一九一八年一月十九日）

襄阳黎联军总司令鉴：元电敬悉。义军杀敌，势若摧枯，迭克要区，可为嘉贺。北京伪令停战，老我师心。王督②复串赵逆③，进逼襄、樊，虚与调和，深滋痛恨。幸赖执事督率所部，奋勉戎行，江汉之间，不难底定。会猎中原，当亦不远，伫盼捷音。各路战守情形，仍望随时电示。孙文。皓。

> 据《军政府公报》第四十二号(广州一九一八年一月二十六日)《大元帅复黎联军总司令电》

---

① 据上海《民国日报》1918年1月26日所载同一电文校勘。
② 王督，指鄂督王占元。
③ 赵逆，指赵荣葶。

复刘志陆吕一夔电

（一九一八年一月十九日）

汕头刘镇守使、吕道尹鉴：霰电悉。前次战克潮、汕，杀退莫、臧①诸逆，师行劳苦，厥功实多。今复辱电欢迎，毋任感慰。此间出发事件，布署尚有未周。俟定行期，再为电达。孙文。皓。

据《军政府公报》第四十二号（广州一九一八年一月二十六日）《大元帅复刘潮汕镇守使吕道尹电》

复唐继尧电

（一九一八年一月二十一日）

毕节行营唐元帅鉴：蒸电敬悉。川局未定，是用隐忧，前复数电，皆拳拳于此。今川中联军，分别进行，所至克捷，足以纾川难而靖国氛者，当在不远。顷闻王、吴②两劳军使，因刘存厚派赵时钦前往接洽，业由老鸦滩电达执事，商榷办法。刘存厚反复无常，难保不别怀私意。务望烛察情伪，相机进行。国之安危，惟执事是赖。孙文。箇。

据云南省档案馆藏《唐继尧档案卷》收电原件

---

① 莫、臧，指莫擎宇、臧致平。
② 王、吴，指王湘、吴宗慈。

复熊克武吕超等电

（一九一八年一月二十一日）

四川重庆熊镇守使转前敌吕纵队长、王团长鉴：迭阅川来捷电，欣悉君等竭诚护法，奋勇冲锋，力克名城，无任嘉慰。尚盼〔盼〕早歼川中抗义余孽，东下武汉，会师中原，挽救时艰，回复约法，至为切祷。孙文。箇。

据《军政府公报》第四十二号（广州一九一八年一月二十六日）《大元帅复四川重庆纵队长吕超团长王维纲电》

复石青阳电

（一九一八年一月二十一日）

合川专送石招讨司令鉴：阳电悉。顺庆克复，占领名城，厥功甚伟。汤子模、陈鸿图两指挥官奋勇杀贼，嘉慰良深。川局内争，现只成都一隅，遥望川氛，不难平定。望即督励将士，鼓勇前进，以收全功。仍将战守情形，随时具报。至盼。孙文。箇。

据《军政府公报》第四十二号（广州一九一八年一月二十六日）《大元帅复川北招讨使石青阳电》

复夏之时电

（一九一八年一月二十一日）

泸州夏招讨司令鉴：阳电悉。此次川中战祸，肇于存厚一人，目下困处成都，自无委曲求全之理。义师声势既雄，法力终当战胜。调和二字，国人

厌闻。自应贯彻初衷，为根本之解决。〈执事前日通电，未曾接到，并闻。〉①
孙文。箇。

据《军政府公报》第四十二号（广州一九一八年一月二十六日）《大元帅复靖国军司令官兼川东宣慰使夏之时电》

致黄复生卢师谛电

（一九一八年一月二十一日）

滇督署转唐行营，转永宁黄、卢总副司令鉴：申密。元电悉。改任两君为四川靖国联军总副司令一节，前据唐帅电，业经加委，电令知照在案。近闻赴毕，秉承唐帅策划进行，极为嘉慰。刘、钟如不向南，叙、泸必当恢复。根本既固，始克东下。望即积极准备，提挈川中各军，□〔渝〕②、泸、宁远分道，并宜与滇、黔共图，进取川中。前观望各□〔将〕领苟可转圜，幸勿深拒，想两兄必能酌画得宜也。沧白尚居泸，已据兄处及渝电来粤商度办法后，冀行赴川。阳③已改委招讨使，张煦任川南镇守使，傅畅和任建昌道尹，并闻。孙文。箇。

据秦孝仪主编《国父全集》第五册（台北近代中国出版社一九八九年版）

复石星川等电

（一九一八年一月二十二日）

荆州石总司令暨唐克明、李〔朱〕④兆熊两君鉴：文电悉。逆贼阳为调

---

① 据上海《民国日报》1918年2月1日所载同电校补。
② 底本原文缺字，今按胡汉民编《总理全集》第三集校改。下同。
③ 阳，即石青阳。
④ 据来电校正。

和，阴实备战。今竟分路并进，寇我荆、襄。国且沉沦，法于何丽？前已迭电各省，务期根本廓清，决不堕其术中，再蹈调停覆辙。荆、襄地当冲要，全局安危所系，除征闽粤军克日出发，并电促川中联军速下归宜，夹击吴逆光新外，诸君独当其难，望即力挫贼锋，勘定之功，匪异人任也。临电神驰，无任盼祷。孙文。养。

据《军政府公报》第四十二号（广州一九一八年一月二十六日）《大元帅复湖北靖国第一军总司令石星川电》

复吴崑等电

（一九一八年一月二十二日）

荆州吴崑君暨诸同志鉴：庚电敬悉。文自率舰南下，与国会同人宣言护法，用师五月，未越雷池一步，深为疚心。今幸天相共和，军府渐行发展，将士忠勇奋发，誓不与逆贼共戴一天，已陆续出发讨闽。文亦将移旆亲征，以作士气。自此沿海而江，再图会猎中原，与诸君子渡黄河而痛饮，悬逆首于国门。辱电劝勉，至为感慰。敢不力任艰巨，终使不渝，树政治革命之风声，促成纯粹共和之盛举，俾天下后世皆知法理终胜武力，永远不萌非法之念，匪特恢复约法已也。临电无任神驰。孙文。祃。

据《军政府公报》第四十二号（广州一九一八年一月二十六日）《大元帅复吴崑等电》

致唐继尧电

（一九一八年一月二十五日）

云南督署转行营唐元帅鉴：申密。□日接尊处转来重庆同密蒸电嘱译。兹特译□□□①。"唐元帅钧鉴，并转章太炎先生、张参议左丞，并译转孙大

---

① 此处残缺或字迹不清，所译电文亦多错误，下同。

元帅钧鉴：同密。渝城既下，各军停顿。惟周道刚尚驻永川、铜梁一带，□□□□□渝、泸、合江、永宁及□□各属，□□□在在堪虞，军事苟不进行，老师挫锐，更属非计。伏查□□原因。约书数端：一、川滇黔三省无实际联合之办法；二、对军政府无一致服从之明文；三、南北构和条件若何，是否推戴冯氏？至川事宜令锦帆为主，宜如何位置，以专责成。青阳等拟请钧座迅商大元帅及黔督，将三省军队统称国民〈军〉或靖国军，并酌拟以省纲为标准，宜隶于军政府，听联军总司令指挥，务担各方□□□□□政府，在和议未讵决以前，宜□绝对服从，以一号召，而免观望。构和条件应合西南六省一致，□年中宣示，贯彻护法目的。川中各军长官，应以军政府名义发表，或先加锦帆以军长名义，与□王一律俟后再行酌定。至叙、泸方面，宜急予恢复，无论南北和议若何，尘氿必归西南范围，始为根本之计。至青阳所部□各号义辅若甡，黔军游击名义，至属不合；若遵大元帅命令，为川东招讨使，又与现势迥异，□如何处理，应恳钧座统筹全局，迅示方略，无任万祷。石青阳、术〔林〕镜台、烬〔朱〕之洪、宋轸先叩蒸印。"等语。希即察照。粤中局势，恐有变动，闻陆干卿①业电莫督②，取消自主，莫督抗不奉行，消息楫密。但陆以龙宣布就任，遽通电卸职，是取消自主无异成为事实。谞〔剪〕溏之责，惟执事是赖。然不合西南为一体，则前荟终棼可危。岭南方面，文当力任。望执事毅然就元帅职，则□□山陕，声威愈振，箍豫之郊，亦必继起，大局不难迎刃而解。并拍电张藻林③兄维持一切，□□□竟需所陈，幸即酌定，分别赐教□。石青阳业□王电轮④兄电，请改委为川北招讨使矣。并以奉闻。□文。（印）

据云南省档案馆藏《唐继尧档案卷》收电原件

---

① 陆干卿，即陆荣廷。
② 莫督，指广东督军莫荣新。
③ 藻林，张开儒字。
④ 电轮，王文华字。

致唐继尧等电

（一九一八年一月二十五日）①

云南唐卫戍司令转唐元帅、章太炎先生并转贵阳刘督军、重庆王总司令、熊镇守使、石招讨使暨各军司令鉴②：申密。本月粤督军捕去本府卫队连、排长擅行枪毙，函保球袤③。故于四日晨，命舰祝旸④莫荣新。是午，莫遣人来言和，现已无事，恐传闻失实，特闻。孙文。

据云南省档案馆藏《唐继尧档案卷》收电原件

致刘显世电

（一九一八年一月二十九日）

云南珠市桥集义公张左丞译转刘代督军鉴：同密。据报载陈遐龄寄北京电称：宁远张司令煦兵败伤重毙命。又据盐源卫戍司令黄以镛暨王君汝光自丽江邮缄称：自盐源败退，率余众数百驻滇边，谋恢复。近日情形如何？及尊处援宁计划，望密复。孙文。艳。

据中国国民党中央文化传播委员会党史馆藏一般档案
050/261

---

① 原电未署日期，收电原件署："一月二十五日广东电"，应为收到日期。
② 唐卫戍司令为唐继虞，唐元帅为唐继尧，刘督军为刘显世，王总司令为王文华，熊镇守使为熊克武，石招讨使为石青阳。
③ "函保球袤"：原文如此，似为函保遭拒之意。
④ "命舰祝旸"：原文如此，似为命舰炮击之意。

复唐克明电

（一九一八年二月一日）

公安唐靖国第一军总司令鉴：霰电孜〔敬〕悉。荆州小挫，胜败乃兵家之常。执事收拾残余，重张旗帜，下风逖听，毋任钦驰。据探报北庭愤失岳城，准备宣战，分三路进兵鄂渚，大战当在不远。尚望执事督率所部，迅赴戎机，协同湘桂联军，进逼武汉，以期会猎中原。幸勿再为调和所误。至石司令为国宣劳，国人景仰，尤望协力同谋规复，用壮护法声威。是为至祷。孙文。东。

据《军政府公报》第四十四号（广州一九一八年二月四日）
《大元帅复湖北靖国第一军总司令唐克明电》

复谭浩明电

（一九一八年二月一日）

长沙行营谭联军总司令鉴：读戡午电，各将领夺〔奋〕勇杀贼，收复岳城，克树殊勋，毋任嘉贺。岳州为湘省门户，据长江上游，敌营战备数年，一旦攻克，尤寒逆贼之心。惟据探报，北庭准备宣战，分三路进兵，形势日趋险恶。尚望鼓励前敌军人，协同鄂省义师，桴鼓沿江，会战鄂湘，扼武汉以窥淮、皖，则大局不难早日底定。临电欢忭，不尽欲言。孙文。东。

据《军政府公报》第四十四号（广州一九一八年二月四日）
《大元帅复湘粤桂联军总司令谭浩明电》

复李书城等电

（一九一八年二月四日）

常德电局探送湘西援鄂李、田、周三总司令①均鉴：宥电诵悉。北政府阳假和议之名，阴行侵略之实，诡术暴行，国人同愤。诸君举义湘西，率桓武之众，协同声讨，足壮义师之气。望奋厉进行，共清海甸，重奠法治，则国事实利赖之。专电奉复，伫盼捷音。孙文。支。

据《军政府公报》第四十五号（广州一九一八年二月八日）
《大元帅复湘西援鄂军李田周三总司令电》

致柏文蔚电

（一九一八年二月四日）

饬其联合大同、芜湖、安庆和苏州等地的其他党员策动起义，以帮助南方对北方的战争。

据广东省档案馆辑译《孙中山在第一次护法运动中》，载《孙中山研究》第二辑（广东人民出版社一九八九年版）

复唐继尧电

（一九一八年二月八日）

重庆唐元帅鉴：申密。顷诵江电，欣悉叙城克复，安、岳等处，次第皆下，

---

① 李、田、周三总司令，指李书城、田应诏、周则范。

闻之深为欣贺。并知驻万军队,已东出夔巫,雄旆所指,逆胆皆夺。川境既渐次肃清,则大江父老,皆将箪食相迎矣。专电祝捷,续盼捷音。孙文。庚。

据中国国民党中央文化传播委员会党史馆藏环龙路档案00656

复李纯电

（一九一八年二月十日）

南京李督军鉴：顷奉卅一电,语长心重,读之慨然。此次战衅重开,罪在北京当局无悔祸之诚,故平和之声甫唱,旋即躬为戎首。西南为自卫计,不得不为相当之应付,致垂成之局复败,言之可为痛心。文与西南将帅,切望平和之心,始终如一。所主张者,只废除一切不法命令,回复约法效力与国会以永久之保障。国会既能完全行使职权,一切纠纷,不难依法解决。事至简易,何惮不为？若为之,而犹有多所要求,不肯罢兵者,此则逆吏叛卒,名既不正,人人得而讨之者也。执事忧国恤民,力任平和之责,文所深佩。幸始终主持,敷布仁风,克销兵气,则国民拜赐无穷矣。专电布复,不尽悃愊。孙文。蒸。

据中国国民党中央文化传播委员会党史馆藏一般档案050/234

致王文华电

（一九一八年二月十一日）

贵阳探送王电轮总司令鉴：殿密。支电诵悉,谋虑周详,尤所深佩。文自去年南下,鉴于护法各省无正当之统一机关,内无以号召全国,外不能交际友邦,故主张组织政府,国会诸君亦鉴于时势之必要,一致赞同,遂有军政府之组织,选文为大元帅,为对内对外之统一机关。惟军政府成立以后,元帅及各部总长皆不就任,与军政府共处一地之粤督陈炳焜,尤疾视甚深,百端阻挠,力谋破坏,以护法之人,为蔑视国会之举,使爱国国民,失所趋向,时局至今混沌,咎谁属乎？夫欲求外交之胜利,必先谋内政之修明,今内部既分裂如是,何能得国际间之承认？故自军政府成立以后,非外人不承认军政府,实文鉴于军府内部未经组织完全,西南各省,又未协同一致,故始终未尝通告各国,求其承认耳。然今日各国对军政府已表尊崇,如日前西南联合会议,欲求外交团承认,各国领事闻其条例未经国会通过、军政府承认,乃谓此无异天津督军团,而拒绝之。现莫代督及粤省长官将吏,已稍有觉悟,对军政府态度,渐趋接近,广州交涉员,及高等地方审检厅职员,亦均分别受军政府任命,前途现象,日趋光明,倘西南各省,能同有此觉悟,一致拥戴军政府,承认大元帅、元帅,则国内团结既固,对外发言效力自强,断不患外交团之否认,及交涉之不胜利也。兄素悉外情,此中关系,当可了然。倘能由兄处主张,联合黔、滇、川各省军民长官及诸将士,一致主张,表示拥戴军政府,承认大元帅,则一切困难,皆可迎刃而解。抑文犹有言者,唐蓂帅为护法最热诚之人,众亦以此相推。然所谓护法者,护国会之本身,及其议决之法律也。今非常会议之在广州,实际上即系行使国会之职权,军政府又系国会所产生,行使中华民国之政权。今蓂帅于非常会议及军政府,犹未正式表示承认,被选为元帅,亦未就职,尊处接洽较近,望以此意转达,请其即日宣布就元帅职,则护法旗帜鲜明,益足以坚国人之崇信矣。兄处所需债券,除饬财政部照办并另行电复外,专布鄙忱,并盼惠复。孙文。真。

据中国国民党中央文化传播委员会党史馆藏一般档案050/281

复刘显世电

（一九一八年二月十三日）

贵阳刘督军鉴：牪密。齐电诵悉。北派主战甚力,南方自不可歁于和议之说,致懈战备。尊论积极准备,诚为不易办法。现在此间攻闽之举,所以固粤防,且促浙动,以闽如不得手,浙力万难自动也。至大局根本问题,在由国会自行召集正式国会,依法解决国事,则其余支节,皆不难迎刃而解矣。孙文。元。

据中国国民党中央文化传播委员会党史馆藏一般档案050/276

致陈炯明电

（一九一八年二月十三日）

汕头陈总司令鉴:密。顷接刘黔督齐电:谓冯既宣战,和议恐难成事实,我军宜积极准备战事,川滇黔联军,刻方向资、简方面前进,期早将成都攻下,即东出会师。惟攻闽之军,能否分出湘中,仍请日、玉、竞、协诸公酌核办理云云。文意此时攻闽军力如太单薄,恐难制胜,分兵出湘一节,似不宜行,且攻闽之举,既以固粤防,亦以促浙动,故务宜力图。至大局根本问题,当使国会速自行召集正式国会,则一切问题,皆可依法解决等语复之矣。特此奉闻。孙文。元。

据中国国民党中央文化传播委员会党史馆藏一般档案050/275

致刘显世电

（一九一八年二月十四日）

贵阳刘督军鉴:青日两电诵悉。执事复李督卅一通电,主张与文甚同,兹特将文所复李督原电奉闻……云云。昨得上海电:冯旅长玉祥已举义兵,攻下安庆。陕西方面,有曹、胡两司令会兵十七营,进攻西安。北方军队中,具护法爱国之心者,颇不乏人,倘北京当局犹复怙恶不悛,则各省义军力图进取,本护法之决心,求根本之解决,大成功之期,亦必不在远也。孙文。寒。

据中国国民党中央文化传播委员会党史馆藏一般档案 050/259

复陈炯明电

（一九一八年二月十四日）

陈总司令鉴：阳电已诵悉。李督①卅一电大致责北方之进攻荆襄,重启战衅,而归罪于己。请西南义军复电,表示主和主战,以便与北京当局再行交涉。当复以文与西南将帅均望和平,始终如一。所主张者为废除不法命令,回复约法效力与国会以永久之保障。国会能完全行使职权,一切纠纷,不难依法解决云云。昨得沪电,冯君玉祥已进兵攻下安庆②,陕西曹、胡两司令③会兵十七营攻西安。并以奉闻。孙文。寒。

据上海《民国日报》一九一八年二月二十四日

致丁景良电

（一九一八年二月十五日）

上海丁景良：屋毋迁,马由兄处分。朗西电悉,此间款甚绌,究需若干,望详复。介石、季龙④盼速来。攻闽军前队,由汝为率往,已抵闽境。冯玉

---

① 李督,指江苏督军李纯。
② 经考证,此讯不确。
③ 曹、胡两司令,指陕西靖国军将领曹世英、胡景翼。
④ 季龙,即徐谦。

祥占领安庆后情形,望电告季。

据中国国民党中央文化传播委员会党史馆藏环龙路档案13481

致陈炯明电

(一九一八年二月十九日)

汕头陈总司令鉴:竞密。据确实报告,奉天张作霖派兵南下援闽,已有六百名于谏日由秦皇岛出发,其余尚有一百六十名,有船即行输送。闽事关系全局,北方陆续加兵,愈迟则敌力愈厚,望速进行。文。皓。

据中国国民党中央文化传播委员会党史馆藏一般档案050/271

致章炳麟黄复生电

(一九一八年二月二十日)

重庆章太炎先生并转黄复生总司令均鉴:申密。接叙府支日发来署衔靖国川南民军总司令何绍城暨郑鸣九、徐鉴臣等通电云:二月一日就职举兵。究竟是何系统,此间应否复电?盼即查复。文。哿。

据中国国民党中央文化传播委员会党史馆藏一般档案050/264

致陈炯明电

(一九一八年二月二十二日)

汕头陈总司令鉴:竞密。顷接沪电,冯玉祥、王汝贤、范国璋、李奎元、阎

〈相〉文等,商同一致行动,冯箇日在武穴宣布自主,脱离中央关系,宁亦备攻。倪、王、范、宁事请秘勿宣,俟彼处确实宣布后,再电告也。文。养。

据胡汉民编《总理全集》第三集(上海民智书局一九三〇年版)

致陈炯明电

（一九一八年二月二十二日）

汕头陈总司令鉴:竞密。驾日三电均悉:岑庚电、陆歌电,此间皆未接到,望以原文电告。以后凡岑、陆、谭月波各电,均请以原文转电此间,以备参考为盼。孙文。祃。

据中国国民党中央文化传播委员会党史馆藏环龙路档案03155

致卢师谛电

（一九一八年二月二十二日）

急。永宁卢锡卿司令鉴:申密。顷接署衔川南民军总司令何绍城,一、二梯团长郑鸣九、徐鉴臣支日由叙州来电称:东日在长宁独立,即日就职,连日克复兴文、古宋、江安等语。军政府不悉绍城等为人如何？系受何人委任？该军内容实力系统如何,统希查明速复,以凭核办。孙文。养。

据中国国民党中央文化传播委员会党史馆藏一般档案050/262

致护法各省军政首领电

（一九一八年二月二十二日）

广州国会非常会议，莫督军、李省长、海军程总长、林总司令、李总参谋长、外交伍总长、陆军张总长、方总司令、香山唐总长、汕头陈总司令、伍旅长、夏旅长、广西陆元帅、云南刘代督、唐卫成总司令、毕节唐元帅并转顾、黄、赵各军长、重庆熊总司令、章太炎先生、夏宣慰使、永宁黄总司令、卢副司令、顺庆石招讨使、叙州李劳军使、长沙谭联军总司令、程总司令、覃理鸣先生、刘镇守使、林旅长、常德张、周、胡总司令、公安黎、石、唐总司令、三原曹、胡两司令、南京李督军、南昌陈督军、上海孙伯兰总长、岑云阶先生、谭组庵先生、谭石屏先生、柏烈武先生、各报馆均鉴：民国成立七年，大乱者四次，国本飘摇，民力凋敝。推原祸始，皆执政者营私乱法之所致耳。夫国家治乱一系于法。法本空文，专赖合法机关之合法行为为之表现。约法为民国命脉，国会为法律本源。国会存，则民国存；国会亡，则民国亡。癸丑、丙辰两役所争者此耳。段氏乱法，摧残国会，致令兵连祸结，于兹经年。我西南诸将帅，以护法为标帜，举兵讨贼，大义炳然，全国共喻。前敌将士，亲冒锋镝，不惜牺牲性命，捐弃骨肉，以与国贼战。其爱国护法之精神，成仁取义之勇气，尤我国民应永感不忘者也。

然吾人今日之所争者，非为攘夺政权也，实为拥护民国根本之约法。破坏民国者，以蹂躏国会为唯一之手段；则拥护民国者，应以尊重国会为唯一之职责。自国会被武力蹂躏以来，爱国之议员诸君，来集广东，以道途梗塞，及为国事奔走者，一时不能来集之故，正式国会，急切难成。而对内对外又不能不有继绝扶危之中心组织，于是开国会非常会议，组织军政府，垂绝之国脉，赖是仅存一线。

然元帅及各部总长多逊让未就，及今半载矣。举国国民见北京政府既为非法僭窃之机关，而西南护法诸军，又未能毅然赞助国会所组织之军政府,乃徬徨歧路,无所适从。世界各友邦见我主张拥护国会者,尚不能服从国会,更疑我护法之战争,为割据争雄之举动,内不能示国民以趋向,外不能得世界之同情。是非不明,国是不定,国家危险,莫大乎此。

试观内外情形,段氏虽辞职,河间冯氏为段所挟持,不特无悔祸之诚,且日事武力压迫,近又以伪令发布修正国会选举法等条例。而帝制余孽,以及亡清旧吏,更事厥阴,复辟之说,近又喧传矣。江苏李督军以息事宁人之心,唱和平救国之议,而唇焦舌敝,不能回乱国者之心。我护法诸公,汲汲于谋西南之一致者,亦甲论乙否,不能收理顺势随之效。欧战发生,及今四载,一旦战事告终,列强视线咸聚于东方,及今不谋巩固国本,何以图存?民生主义为世界自觉国民信奉之正义,议院政治为近代国家共由之正轨。民国精神,既在于斯,则拥护民国之志士仁人,更应以此为唯一之标帜。

文受国会非常会议之付托,于正式国会未成立、合法之统一政府未组织之日,肩继绝扶危之重任,虽力微德薄,而顾念职责,惟有誓以一身保民国耳。诸公或为肇造民国之元良,或为恢复共和之贤者,当此国是沦胥,国脉垂丧之日,应有救济良策。倘约法效力朝能恢复,则文夕可引退。谨沥肝胆,伫候德音。孙文。养。

据《军政府公报》第四十九号(广州一九一八年二月二十三日)《大元帅致西南护法各省将帅电》

复徐孝刚钟体道[①]等电

(一九一八年二月二十二日)

资州行营徐申甫、钟海珊两师长并各军官佐同鉴:篠电诵悉。诸君深明大义,矢志护法,不胜钦感。民国根本在于约法,而中心在于国会。执权者苟不明此义,大乱将无已时。方今国际竞争剧烈,国本不固,危亡愈速。所

---

① 徐孝刚时任川军第一师师长,钟体道时任川军第三师师长。

望举国同胞,共伸大义,扶危救亡,惟诸君是赖。尚望努力进行,俾约法效力速复为祷。孙文。养。

> 据《军政府公报》第五十号(广州一九一八年二月二十八日)《大元帅复川军第一师师长徐孝刚第三师师长钟体道等电》

致章炳麟电

(一九一八年二月二十三日)

重庆章太炎先生鉴:申密。养日通电西南各省,说明文之主张,当已达览。军政府能巩固与否,不特为民党之死活问题,亦实民国存亡之所系。望联合川、滇、黔同志,尽力主持,倘夔帅能就职,则一切问题,解决过半。闻蜀中同志,主张遥戴黄陂,护法各军,不能力图巩固根本,惟以利用为事,恐他日失败,亦与联段攻袁、联冯排段等,尊见如何?盼复。孙文。梗。

> 据中国国民党中央文化传播委员会党史馆藏一般档案050/216

致陈炯明电

(一九一八年二月二十三日)

汕头陈总司令鉴:养日通电西南各省,说明时局情形及文之主张,可否由尊处再以此意通电西南,多一人主持,则多一分效力,如何?盼复。文。梗。

> 据胡汉民编《总理全集》第三集(上海民智书局一九三〇年版)

致黄复生等电

（一九一八年二月二十三日）

永宁黄总司令、卢副司令鉴：申密。并转石青阳、夏亮工、朱叔痴、宋绍尊、黄圣祥、陈凤石、颜德基、陈炳堃、萧敬轩、李静安、丁厚堂、陈华峰、吕汉群、向育仁诸君鉴：顷接资州徐孝刚、钟体道两君篠电称："加入西南，一致护法，积之三十一日通电，推贤让能，用举锦帆主川军"等语。查刘电此间未得，而川督一职亟应解决，诸君主持大计，或绾兵符，究应何人督川，始能适当，诸君迅速秘商推定，由此间即予任命，以谋统一而定川局，无任盼祷。文。梗。

据中国国民党中央文化传播委员会党史馆藏一般档案 050/219

复许崇智吴忠信电

（一九一八年二月二十三日）

潮州援闽粤军许司令并转吴统领忠信鉴：定密。苟〔哿〕、养电皆悉。诸君努力奋斗，我武日扬，感慰之极！日来此间穷窘万状，款项一时难筹，现正在设法筹款，一俟筹到便汇，现在无法可设，望就地设法补救。文。梗。

据中国国民党中央文化传播委员会党史馆藏一般档案 050/333

致孙洪伊电

（一九一八年二月二十三日）①

孙伯兰：刻王已接洽，日内同王治安赴汕，速嘱文武宣及梁晋朴同志赴闽，运动各军内应，克日进攻，望严守秘密，万勿发报。

据中国国民党中央文化传播委员会党史馆藏一般档案 050/331

致石青阳电

（一九一八年二月二十五日）

急。顺庆石招讨使鉴：同密。林君镜台返粤，备闻近状，知血战劳苦，勋绩烂然，甚为欣慰。现吕司令既下成都，兄军行止如何？宜速决定。闻现川中各军除复生、锡卿外，颜德基、袁祖铭、陈凤石、陈炳堃、吕超皆与军府表示接近，兄宜竭力联络，使得有力之辅助，庶川局能大发展，于将来北伐影响尤大也。至兄处困难，此间深悉，现方力谋设法接济，俟筹妥后再告。现成都既下，此后主持川局以何人为宜，望商推电告，以凭核办。其血战有功各将士应如何奖励之处，亦望开列名姓电告为盼。现粤莫督对军府颇能听命，长江及西北一带亦渐形发展，冯、段等势已穷蹙，我党如能决心奋斗，结果必较辛亥、丙辰为良。望激厉〔励〕诸将士，努力进取，收最后之成功，国事庶可根本解决也。孙文。径。

据中国国民党中央文化传播委员会党史馆藏一般档案 050/220

---

① 此电原未署年份，今据秦孝仪主编《国父全集》参照其所用"大元帅府参军处用笺"，酌定为1918年。

致石青阳等电

（一九一八年二月二十五日）

急。顺庆石招讨使鉴：同密。并转永宁黄总司令、卢副司令、吕司令、重庆袁旅长、绥定颜司令、保宁陈司令、大竹陈司令均鉴：林君镜台返粤，备闻诸君在川战绩，极为欣慰！今成都既下，川事可望统一，尚望互相团结，一致进行，使川中布置稍就，即可协同北伐也。现粤莫代督与军府颇形融洽，地方高等审检所及广州交涉员，均系军府所任命。粤军陈总司令炯明，率三十余营，分驻潮汕，滇军亦有两旅驻汕，即可向闽开始攻击。长江方面，宁、赣两督军，亦有渐趋中立之势；冯旅长玉祥已在武穴宣布不愿与南方作战。陕西则曹、胡两司令，已包围西安，闻陈树藩已经潜遁。山西、河南、吉林、黑龙江等处，亦纷纷举义，大局日趋发展，军政府势力，日趋扩张。此后但在吾军界同志，协力同心，期收最后之成功而已。诸君在川劳苦情形，文所深悉，甚思设法相助。希仍努力进行，创造伟业，为民国国史之光，所厚望也。军旅贤劳，至深怅念。军事近况，仍望随时电告为盼。孙文。径。

据胡汉民编《总理全集》第三集（上海民智书局一九三〇年版）

致孙洪伊电

（一九一八年二月二十五日）

转伯兰先生：正式债票十日内可陆续印出，一切请先由尊处主持办理，票印好即寄。又管鹏来电称：伊已与宁督商妥，由伊十日内在皖先动，需款是否属实？望查复。转沧伯：接吕超、向传义、彭远耀、喻培棣、王维纲通电，已完全克复成都,盼速设法回川。文。有。

据中国国民党中央文化传播委员会党史馆藏一般档案 050/263

致孙洪伊电

（一九一八年二月二十五日）

转伯兰先生鉴：此间秦晋诸议员，请委徐朗西、焦易堂为陕西劳军使，景定成为秦晋劳军使，是否宜委？请酌复，并商之朗西。文。径。

据中国国民党中央文化传播委员会党史馆藏一般档案 050/260

致唐继尧等电

（一九一八年二月二十五日）

急。毕节行营唐元帅、重庆熊总司令、章太炎先生、袁旅长、永宁黄总司令、卢副司令、顺庆石招讨使、绥定顾〔颜〕司令、保宁陈司令、大竹陈司令均鉴：顷接吕司令超、向、彭、喻、王各团长哿电，知成都已于架〔哿〕日收复，刘、张①潜逃等语，闻之喜慰何极。诸君仗义护法，血战半载，今果底定锦垣，克成大功。虽由诸将士力战奋发，亦诸君调度有方之效也。现省城善后事宜如何办理，刘、张窜潜何处？均望详告，并代慰劳诸将士为荷。孙文。径。

据《军政府公报》第五十号（广州一九一八年二月二十八日）《大元帅致四川诸将帅电》

---

① 刘、张，指刘存厚、张澜。

复王安富①电

（一九一八年二月二十五日）

铜仁电局送酉、秀、黔、彭王勃山司令：支电悉。以树义四邑，共策救国，闻之欣慰。现成都已下，川局可告大定，尚望率军旅准备会师大江。近状如何？仍望续告。孙文。径。

据《军政府公报》第五十号（广州一九一八年二月二十八日）《大元帅复四川靖国军酉秀黔彭总司令王安富电》

复吕超等电

（一九一八年二月二十五日）

急。成都吕司令、向、彭、喻、王各团长②均鉴：哿电悉。知成都收复，克树伟勋，欣慰何极。诸公热心半载，再接再厉，今果克奏全功，可谓有志竟成。现省垣善后事宜，如何办理？仍盼续电，并代慰劳诸将士为荷。孙文。径。

据上海《民国日报》一九一八年三月五日《孙大元帅电成都》

通告程璧光被刺逝世电

（一九一八年二月二十六日）

火急。南宁陆巡阅使、陈联军总司令，汕头陈总司令，上海岑西林、谭组庵、孙伯兰，贵阳刘督军，长沙谭联军总司令，岳州程司令，并转黎总司令，毕

---

① 王安富，字勃山，时任四川靖国军酉、秀、黔、彭总司令。
② 吕司令、向、彭、喻、王各团长，即吕超、向传义、彭远耀、喻培棣、王维纲。

节唐联军司令,贵阳刘督军,重庆熊总司令、黄总司令、章太炎先生,香山唐少川先生均鉴:海军总长程公玉堂,于今日午后八时半,在海珠码头遇贼被击,枪中胸部,即时殒命。去年政变,程公以海军南来,首倡大义,护法救亡,功在天下。岂意所志未成,遽遭贼害,痛何可言!现在公推林司令葆怿主持海军,以继程公生平未竟之志。现正严缉凶手,各界安谧。谨此电闻。孙文、莫荣新、伍廷芳、吴景濂。宥。

据上海《民国日报》一九一八年三月七日

致徐朗西电

（一九一八年二月二十六日）

转朗西:陕事赖诸兄主持,得以发展,颇感佩。季龙来,详述兄意,款事因此间窘迫,一时难筹,前已两次电复。参谋长请兄荐任相当者,由军府任命。陕议员等来,请任兄及焦易堂为劳军使回陕,兄意如何?盼即电复。文。转伯兰兄:养日两通电收到否?文。二月二十六日发。

据中国国民党中央文化传播委员会党史馆藏一般档案050/260

致石青阳吕超电

（一九一八年二月二十六日）

急。顺庆石招讨使鉴:同密。转成都吕汉群司令鉴:克复成都,劳苦功高,一切善后事宜,统望妥筹办理,并望随时电告。文。宥。再转复生、锡卿、德基、凤石、炳堃、亮工、勃山①诸兄:望与青阳兄一致赞助汉群,共维川

---

① 复生、锡卿、德基、凤石、炳堃、亮工、勃山,即黄复生、卢师谛、颜德基、陈凤石、陈炳堃、夏之时、王安富。

局。文。宥。

据胡汉民编《总理全集》第三集（上海民智书局一九三〇年版）

致陈炯明电

（一九一八年二月二十六日）

汕头陈总司令鉴：竞密。顷据汝为敬电称：夏述唐所部柏、李两营脱离夏氏来归，由兄委吴忠信统领，乃伍旅长毓瑞来潮称："奉李总指挥之命，接收柏部，当答以俟电请尊处示遵"等语前来。而协和方面，亦得伍旅长电，对于汝为颇有微词。似此两方各执，恐成误会，究应如何处置？文以未悉真相，不便遥断，望由兄就近查明办理，务以有利于军政府之进行为主。孙文。宥。

据中国国民党中央文化传播委员会党史馆藏一般档案 050/278

致陈炯明电

（一九一八年二月二十六日）

汕头陈总司令鉴：竞密。王玉树、王秉谦、杨大实因奉天军事来汕面商，请接洽。文。宥。又华侨义勇队数十人，皆好同志，愿赴前敌，尊处或汝为兄处可收用否？盼复。寝。

据中国国民党中央文化传播委员会党史馆藏一般档案 050/277

致吕超电

（一九一八年二月二十七日）

十万火急。成都吕司令鉴：顷得哿电，知已收复成都，刘、张潜遁，闻之深为欣慰。此次刘、张抗命，以致劳师半载，人民涂炭，今执事乃能悉锐西趋，驱除逆众，克复省城，厥功甚伟。惟省垣初复，民心未定，地方秩序，亟应维持。兹特任命执事为成都卫戍总司令，兼暂行代理四川督军，望抚绥闾阎，安集散亡，以示义军惠民之至意。除已电顺庆石招讨使转达外，特此电闻。孙文。沁。

据中国国民党中央文化传播委员会党史馆藏一般档案
050/256

致唐继尧等电

（一九一八年二月二十七日）

十万火急。毕节行营唐元帅、重庆熊总司令、章太炎先生、袁旅长、永宁黄总司令、卢副司令、成都吕卫戍总司令、保宁陈司令、顺庆石招讨使、大竹陈司令均鉴：顷接吕司令超哿日通电称："已于哿日收复成都，刘、张潜遁，成都秩序如常"等语。闻之至为欣慰。自刘、张抗命违义，负固不顺，以致劳师数月，生民重困。兹该司令竟能悉锐出奇，力复严城，使川事由危乱而复定，厥功甚伟。惟有省垣初复，地方秩序不可无人专负其责，刻已任命吕超为成都卫戍总司令，暂行代理四川督军，使责有所属，此后川省军民事务，应属何人主持，宜由川军各将领迅速协同推举贤能，俾得择任，以裨进行为盼。孙文。沁。

据中国国民党中央文化传播委员会党史馆藏一般档案
050/214

致石青阳转吕超电

（一九一八年二月二十八日）

顺庆石招讨使鉴：同密。转成都卫戍司令①鉴：据本府王参议安富昨自铜仁电称：已由部下公推为四川靖国军酉、秀、黔、彭总司令，现拟扩充军旅，会攻武汉等因。自应酌委军职，望即拟定名称，电请任命，以免纷歧，而便编制，希速电复。孙文。俭。

据胡汉民编《总理全集》第三集（上海民智书局一九三〇年版）

致程潜等电

（一九一八年二月二十八日）

长沙程省长、赵师长、林旅长，零陵刘镇守使均鉴：号电所陈六义，深堪钦佩。伪政府日以停战诳我，使不修备，而日日增兵南下，其心叵测，实不堪问。西南各省若为所愚，稍存迁就，则堕彼奸计，无异自戕。吾辈起兵始于护法，当以护法终。约法无解散国会之条，解散国会，即破坏约法。吾人不能只要求恢复约法，反置恢复国会而不言。义理昭然，无可涂饰，否则此次举兵为无意味，人将以我为权利之争夺。其余六条，均保障共和应有之义，望坚持勿舍。仍冀督率各将校节节进取，不可以有议和之伪令，致隳士气，堕彼术中，毋任祷切。文。勘。

据中国国民党中央文化传播委员会党史馆藏一般档案 050/268

---

① 成都卫戍司令，指吕超。

致许崇智电

（一九一八年二月二十八日）

潮州许崇智司令鉴：佳密。养、宥两电均悉。夏述唐所部两营来投粤军一节，事前此处未据陈明，究竟出闽计划，因此有延滞否？收纳叛亡，是否有诱起部下之邪心，而致违令背叛之虞？此处无从悬揣。现李协和对此颇形愤激，军政府若取为亲军，交吴统带，未必彼方应允，徒损威信，又滋口实；故前电陈总司令请其就近查明办理，务以有利军政府进行为主，希体此意，商承陈总司令命迅妥办结具报。孙文。勘。

据胡汉民编《总理全集》第三集（上海民智书局一九三〇年版）

致唐继尧电

（一九一八年三月一日）

毕节行营唐元帅鉴：申密。有电欣悉。吕司令超克复成都，名城既下，全川指顾可定，将士用命，实赖公之声威，良用称慰。前得该司令哿电：以刘存厚、张澜均已潜遁，成都秩序及一切善后事宜，不可一日无人负责，该司令战胜功高，自应任命以卫戍总司令暂行代理四川督军，已于沁日通电奉闻。至川督继任之人，非得各方面同情及为全川所推许，不足以资统率。是以沁电有此后军政事务，应属何人主持，宜由川军各将领迅电〈协〉①同推举贤能，俾得择任之语。其省长一职，不宜再令督军兼任，致蹈军民不分之覆辙，似应委之川省民选，再加任命。公辑睦川人，声威既震，尤在深得川人之心，

---

① 此电参照云南省档案馆藏收电原稿校勘。

于其军民两政,谅必善为处置,庶无反顾之忧。从此长驱武汉,直捣幽燕,以竟护法之全功,并世孰与伦比。抑更有进者,军政府元帅一职,公虽受印于前,每以师出有功,自为策励,且有必克成都而后就职之宣言。今兹成都已下,厥功甚伟,岂可再事执谦,转〔致〕负国民之望?况非法政府讨伐之令再下,借款借械,积极进行,公若再事迟回,则军政府始终难得外交之承认;坐令国权为逆党断送净尽,纵名一己之高,忍视亡国之痛,甚为执事不取。国民望公已如望岁。务希毅然宣布,即日就职。护法救亡,惟公任之,不胜企盼之至。孙文。东。〈印〉

据中国国民党中央文化传播委员会党史馆藏一般档案050/298

致石青阳等电

（一九一八年三月二日）

顺庆石招讨使鉴:同密。并转章太炎先生、黄总司令①、卢副司令②、陈凤石司令、颜德基司令、陈炳堃副司令、夏宣慰使③、王安福司令暨诸同志均鉴:急。前月梗电及慧生④兄养电,促诸兄迅速推举督军,至今未复,已收到否?此间接汉群攻破成都捷电后,遂以沁电、宥电任命汉群为成都卫戍总司令暂代川督,并促诸兄迅速推举督军,由此间任命,以谋川局之统一。昨得唐蓂帅有电云,命锦帆为督军兼省长,已电令就职,当复电告以此间对于督军问题之处置,及军民应分治、省长应民选之主张。省长关系地方政务至大,已电促沧白兼程回川,盼诸兄迅速疏通省议会,一致选举沧白为四川省长。至督军若非锦帆不可,亦火速公电推举,此间方能任命,倘再迟延,转恐

---

① 黄总司令,即黄复生。
② 卢副司令,即卢师谛。
③ 夏宣慰使,即夏之时。
④ 慧生,指谢持。

锦忌,且无以对蓂帅,诸兄意如何？速电复。并望联同拥护军政府各军,恳切电劝蓂帅速就元帅职,以壮军府之声威,而谋外交之承认。文。冬。

> 据中国国民党中央文化传播委员会党史馆藏一般档案
> 050/298

致覃振电

（一九一八年三月二日）

常德探送覃理明先生鉴:乾密。瀛田、正己两议员请任命吴景鸿为湘西各军联络使,兄及田议员助之,并发给债券若干,筹款接济各军,使倾向军府,李茂吾兄亦赞同此意,是否可行？盼速以尊意见告。文。冬。

> 据中国国民党中央文化传播委员会党史馆藏一般档案
> 050/298

致王文华电

（一九一八年三月二日）

贵阳督署转王电轮总司令鉴:殿密。黔军总司令部敬电报捷,马日入成都,将士用命,赖兄指挥,大敌已歼,川局即定,良用欣慰！前得吕司令超哿电,成都已下,刘、张潜逃,该司令首克名城,深恐各军未集,善后事宜不可无人负责,故任命该司令为成都卫戍总司令,暂行代理四川督军,一面电达川中靖国军各将领,迅推川督,以资择任。嗣得唐蓂帅有电,已令熊总司令克武任川督兼省长,川人治川,谁曰不宜。惟川督一职,宜得各方之同情,且为全川所推许,再由军府任命,庶能辑睦联军,共出武汉,以定中原。锦帆资望,谁不相宜,但蓂帅独行己见,又未就元帅之职,遽以滇督地位,任命川督,稍挟征服之威,足生反应之患。况军民分治,实为今之要图,川局甫定,未可再蹈军民混合之覆辙。省长一职,自应委之川中民选,已以东电将此主张商之蒉帅,并以成都已下,厥功甚伟,请速就元帅职,以壮军府之声威,而谋外交之承认。现在北京非法政府借款借械,积极卖国,自非军府完全成立,不足以资抵制,兄爱国情殷,能见其大,务望本此意义,一致主张,并力劝蒉帅,宣布就职,曷胜盼切。孙文。冬。

据中国国民党中央文化传播委员会党史馆藏一般档案050/298

致孙洪伊徐朗西电

（一九一八年三月四日）

转伯兰：尊电主张,此间必坚持,望力劝长江将领发布此意见。转朗西：陕本盼兄主持,前因省议员屡促,故任焦易堂为劳军使。抵沪后,盼与接洽,今后办法,望即详告。极密,转沧白：吕超克成都后,同时得锦帆电云：兼程赴省,因先任吕为卫戍总司令代理督军,并电黄、卢、石、陈诸兄,迅速推定继任督军,倘锦帆对军府能表示好意,当然可以推举。此电已去多日,至今无复,有日接唐蓂庚〔赓〕电云：任锦帆为督军兼省长。唐本云南督军,何能任命四川督军、省长？惟此间又不能反对,因复电云：已电询川中各军意见,至省长则主由民选。又电黄、卢、石等,嘱其一面公举川督,请军府任命；一面疏通省议会,火速一致选举执事为省长。望兼程返蜀,联合黄、卢、陈、吕等军,收拾川局,迟恐锦帆权力日增,黄、卢不足以抗。款事另电告。文。支。

据中国国民党中央文化传播委员会党史馆藏一般档案050/298

复谭浩明电

（一九一八年三月五日）

长沙谭联军总司令鉴：成密。江电悉，此间亦仅得唐冀帅东电。至靖国第一军计划及行动，如已准备完善，当有续电。望公激励前敌将士，共策殊勋，早定全局。孙文。歌。

据中国国民党中央文化传播委员会党史馆藏一般档案050/298

致唐继尧电

（一九一八年三月五日）

毕节行营唐元帅鉴：申密。东电敬悉。川局底定，靖国联军第一军先行东下援鄂，行见不久。武汉会师，护法功成，定在不远，欣幸何如！此间援闽粤军，亦已次第开赴前敌。昨接沪电：京、奉复辟党人，近复肆其阴谋。张作霖军队一旅，已据滦州，似此魑魅昼行，非大张挞伐，不足以定国本而靖国难。东电谅已达览，祈即赐复。孙文。歌。

据中国国民党中央文化传播委员会党史馆藏一般档案050/298

致陈炯明电

（一九一八年三月五日）

汕头陈总司令鉴：竞密。闻方韵松密电调第八旅全旅回省，确否？如有其事，系何原因？望速复。孙文。歌。

据中国国民党中央文化传播委员会党史馆藏一般档案 050/298

致杨庶堪电

（一九一八年三月七日）

转沧伯，接川省议会来电：举锦帆为督军，兄为省长，盼火速兼程回川，迟恐生变。任命状已公布。下转吴承斋：粤局事盼兄接手，请火速来粤。文。阳。

据中国国民党中央文化传播委员会党史馆藏一般档案 050/225

致唐继尧等电

（一九一八年三月八日）

火急。毕节行营唐元帅并转顾、黄、赵各军长，贵阳刘督军、王总司令，云南刘代督、唐卫戍总司令，重庆章太炎先生、黄复生总司令，永宁卢副司令，顺庆石招讨使，绥定颜、陈总副司令，酉阳王安富司令，资州徐师长、钟师长，成都熊总司令、吕卫戍司令、但旅长①均鉴：顷据四川省议会敬电，公推熊克武为四川督军，杨庶堪为四川省长，请军府任命，以维川局。二君历年为国勤劳，功在民国，不特蜀人交口共誉，亦为全国拥护共和者所心许。前唐元帅已电推熊君督川，足见滇、黔、川军军情融洽，正待征求蜀中各方同意，现既由四川省议会公电推举，二君皆为蜀中民意所归，军府尊重民权，自

---

① 此电以上文字，据中华书局版《孙中山全集》补入。

应特加任命。惟杨君尚未返川,省长职务,不能一日虚悬,其未到任以前,应以四川靖国军总司令黄复生代理。除电复四川省议会,并电促熊、杨二君速行就职外,特以奉闻。务祈诸公协力襄助,以期安抚川民,肃清余孽,克日整旅东下,会师大江,以集大勋,而竟护法之责,不胜切盼之至。孙文。齐。

据中国国民党中央文化传播委员会党史馆藏一般档案 050/221

致四川省议会电

（一九一八年三月八日）

火急。四川省议会鉴：敬电悉。蜀苦暴军蹂躏久矣,今义师攻克成都,刘存厚、张澜畏罪潜逃,川局已定,远聆捷音,欣慰曷极。军府尊重民权,国人共鉴。兹贵省议会电请任熊克武为四川督军,杨庶堪为四川省长,自应特加任命。惟杨君尚未返川,未到任以前,应任命黄复生代理省长,除分电任命并电知各联军司令外,特此奉闻。所有善后事,尚希议会诸君协力赞助,以达护法目的,而解川民倒悬。孙文。庚。

据中国国民党中央文化传播委员会党史馆藏一般档案 050/223

致熊克武电

（一九一八年三月八日）

火急。成都熊总司令鉴：有、宥两电均悉。此次川局纠纷,劳师数月,赖执事维持斡旋,义军日振,毅力苦心,国人同佩。此次成都收复,蜀难克定,拯生民于水火,驱叛乱若振落,尤征运筹之劳。日前唐蓂帅已电推执事为川督,足见滇、黔、川军情之融洽。兹复据四川省议会电推执事为四川督军,请加任命，众意允孚，军府尊重民权，兹特任执事为四川督军，以慰舆情，而作士气。望即刻日就职视事，肃清余逆，分命师旅，会师大江，以集大勋，而竟护法之责，所深望焉。除任状另行寄发外，特此电闻。孙文。齐。

据中国国民党中央文化传播委员会党史馆藏一般档案
050/222

致黄复生电

（一九一八年三月八日）

火急。重庆黄复生总司令鉴：兹任命杨庶堪为四川省长，未到任以前，任执事代理，望克日赴省就职视事，会同熊督军妥筹一切善后事宜，接济各军，俾速东下，登川民于衽席，达护法之目的，无任翘盼之至。任命状另发。孙文。齐。

据中国国民党中央文化传播委员会党史馆藏一般档案
050/224

致黎天才电

（一九一八年三月九日）

归州黎联军总司令鉴：删电诵悉。主张正大，义声炳烺，至为敬佩。北方前假议和之机，节节进逼，近复以兵压岳州，其无悔过之诚，已可概见。文以为此次西南举义，既完全为护法救国，则非至约法回复效力，旧国会完全恢复，断难卸责。执事谋国坚贞，尤富毅力，务望抱一贯彻初终之决心，庶免牵就，而滋后患。孙文。佳。印。

据中国国民党中央文化传播委员会党史馆藏一般档案
050/251

鼓励义军作战电

（一九一八年三月九日）

广州国会非常会议，莫督军、李省长、伍外交总长、林海军总司令、张陆军总长、汕头陈总司令、潮州许司令、广西陆元帅、云南刘代督、唐卫成总司令、毕节唐元帅并转顾、黄、赵各军长，重庆黄、卢总副司令、章太炎先生、夏宣慰使、顺庆石招讨使、成都熊督军、吕卫成总司令、保宁陈总司令、大竹陈总司令、贵阳刘督军、王总司令、长沙谭联军总司令、覃理鸣先生、赵师长、刘镇守使、林旅长、岳州程总司令、常德张、周、胡各司令、津市李总司令、归州黎总司令、三原曹、胡两司令、南京李督军、南昌陈督军、湖北王督军、王汝贤、范国璋两师长、武穴冯旅长、上海孙伯兰、唐少川两总长、岑云阶、谭组庵、谭石屏、柏烈武先生、各报馆①均鉴：近日迭据长沙谭联军总司令东电、岳州程总司令江电称：北军近复分路南犯，战祸重启。又据广州莫督军江电称：敌军分遣悍将进攻岳阳，相迫日亟，忍无可忍等语。读之慨然！此次各省义军，兴师护法，目的惟在拥护国会，恢复约法，职在卫国，势非得已。故自南京李督军等，一再倡平和之议，即约各方按兵相待，至于再三，以为国法倘能有效，则一切问题，皆可待之法律解决，更无多求。无如非法政府，始终弁髦大法，无悔祸之诚，近且公然宣布伪国会组织及伪参政〔众〕两院选举等法，重袭袁氏造法故智，积极违法，颠覆国宪，厥有常刑，凡我国民，人人得而致讨。乃逆军逞其暴力，迭行南犯，虽涂炭生民，牺牲国家而不惜。今复启衅岳州，以重兵相陵，和平已属绝望。祸非我启，罪有所归，我义军将士，实迫处此，不能不谋正当之对待。尚望本厥初志，一致进讨，务完成护法之天职，非至约法有效，国会恢复，则义军万无卸责之余地；必义军能贯彻护法之志，民国始有克臻奠定之望。公理所在，即民意所向，师直为壮，气自百

---

① 此处据《军政府公报》第五十六号同电校补。

倍,幸共纾伟略,协谋进行,克成救国之大义,民国前途,实式赖之。孙文。佳。(印)

据中国国民党中央文化传播委员会党史馆藏一般档案050/230

复李书城电

（一九一八年三月九日）

津市李总司令鉴:顷接勘电,知鄂中将士公推执事出总戎政。三楚为全国中枢,绾毂大江,形势所重,敌所必争。执事历年勤劳国事,谙练戎机,此次主持鄂军,足庆得人。近敌军方逞厥暴力,以重兵陵压义师,幸纾筹伟略,努力进行,以竟护法职责。孙文。佳。(印)

据《军政府公报》第五十五号(广州一九一八年三月十三日)《大元帅复湖北护国军总司令李书城电》

致石青阳电

（一九一八年三月十二日）

顺庆石招讨使鉴:川北招讨使所部早已成师,屡建奇功,现又略定川北,深资得力。兹任命石青阳为四川陆军第二师师长兼川北镇守使,特此电达。孙文。侵。(印)

据《军政府公报》第五十六号(广州一九一八年三月十四日)《大元帅致川北招讨使石青阳电》

致王安富李善波电

（一九一八年三月十二日）

铜仁电局邮送酉、秀、黔、彭靖国军王总司令鉴：并转李善波副司令鉴：两君率师援鄂，来电均悉。义师东下，早建肤功，实深厚望。本日已另令任命王安富为四川靖国军援鄂第一路总司令，任命李善波为四川靖国军援鄂第一路副司令。特此电达。孙文。侵。（印）

> 据《军政府公报》第五十七号（广州一九一八年三月十六日）《大元帅致四川靖国军援鄂第一路总司令王安富副司令李善波电》

致唐继尧电

（一九一八年三月十三日）

毕节唐元帅鉴：义密。前得成都收复捷讯，当即电致执事，以为川事既渐臻统一，执事亦宜迅践前约，宣布就元帅职，共勖国难，树之风声，犹未得复。近据京讯，张作霖已陆续派兵入关，北京将又生奇变。今日欲平大难，而救危亡，非吾人一致动作，则势必涣散，难收良效，而沦胥之祸随之。执事爱国至深，讵忍恝然，务望勉抑谦让，以国事为重，慨任艰难，克日就职。则声闻所布，民气倍振，外交既易磋商，战士益将奋励，一切困难，迎刃而解。大局转机，实在于此，惟熟筹而力断之，国事幸甚。前尊电谓派官顾问①代表来粤，倘已启行，希即见示，俾便接洽。专布悃愊，伫盼复音。孙文。元。

> 据中国国民党中央文化传播委员会党史馆藏一般档案 050/307

---

① 官顾问，即官其彬。

复陈炯明电

（一九一八年三月十三日）

汕头陈总司令鉴：存密。灰电文译悉。联合会议如与军府两不相妨，自可听其成立，现亦莫由阻止。莫督电请兄委派代表，尊见甚是。展堂心灵手敏，若与该会议，当能从中操纵，希即照办。孙文。元。（印）

> 据中国国民党中央文化传播委员会党史馆藏一般档案 050/298

致陈炯明电

（一九一八年三月十三日）

汕头陈总司令：竞密。邓三言已派陈福全赴汕商招兵事，并欲求统领，允否？希复。文。元。

> 据中国国民党中央文化传播委员会党史馆藏一般档案 050/298

致黄复生电

（一九一八年三月十三日）

重庆黄总司令代省长鉴：同密。义师讨逆，及将来对俄关系，不可不预注意于西北边。甘肃事，必须得回部之倾向。马安良有向义之机，此间现已有人赴甘连络，惟甘省通信不便，将来若有函电由兄处转达时，即希速转。如有法连络，或能援助军队，亦望预为接洽。孙文。元。（印）

> 据中国国民党中央文化传播委员会党史馆藏一般档案 050/265

致中华革命党上海本部电

（一九一八年三月十三日）

请速寄《革命方略》数册。转沧白、林镜台：明日起程赴沪。

据中国国民党中央文化传播委员会党史馆藏一般档案 050/298

致唐继尧等电

（一九一八年三月十三日）

毕节唐元帅并转各军长，贵阳刘督军、王总司令，云南刘代督，成都熊督军、吕卫成总司令，重庆黄总司令代省长、章太炎先生、袁纵队长，永宁卢副司令，顺庆石青阳师长兼镇守使并转绥定颜总司令，新津转保宁陈副司令并转大竹陈总司令①，同仁电局邮转王安富总司令、李善波副司令均鉴：石青阳所部早已成师，累建奇功，现又略定川北，自应将该部迅予编制。查四川陆军第二师，自刘存厚逃窜后，其部曲业已溃散，兹任命石青阳为四川陆军第二师长兼川北镇守使，即将该部编为四川陆军第二师，切实训练，以资镇抚。除另电任命外，特闻。孙文。元。（印）

据云南省档案馆藏收电原稿

---

① 刘督军为刘显世，王总司令为王文华，刘代督为刘方峰，熊督军为熊克武，吕卫成总司令为吕超，黄总司令代省长为黄复生，袁纵队长为袁祖铭，卢副司令为卢师谛，颜总司令为颜德基，其余人待考。

致陈炯明电

（一九一八年三月十四日）

汕头陈总司令鉴：竞密。介石知，已留襄助。惟季陶接洽对日事件，实难久离，盼嘱速返。孙文。寒。（印）

据中国国民党中央文化传播委员会党史馆藏一般档案050/209

致范锦堃电

（一九一八年三月十四日）

汕尾范锦堃分统鉴：文电悉。据报破获龙逆机关，殊堪嘉奖。所获逆党及谋逆各证，仰候陈总司令处分。孙文。寒。（印）

据《军政府公报》第五十七号（广州一九一八年三月十六日）《大元帅致汕尾范分统锦堃电》

致李国定电

（一九一八年三月十四日）

叙府李劳军使鉴：虞、东两电均悉。执事身历险艰，卒达使命，宣播义声，激励士气，遂使川局早定，共策讨逆，以定中原。功定国家，曷胜佩慰。前经川省议会来电公推，已特任熊克武为四川督军，杨庶堪为四川省长。杨未到任前，任命黄复生代理。从此川中军民两政，可趋分治而归统一。此时即宜简选师旅，分途北伐，执事准备出师，不争川中权利，亮节可风。尚望会

同滇、黔、川各军克日东下,速奏肤功,实所切盼。孙文。寒。(印)

据《军政府公报》第五十七号(广州一九一八年三月十六日)《大元帅致四川劳军使李国定电》

复唐继尧电

(一九一八年三月十五日)

毕节唐元帅鉴:申密。官顾问其彬奉命来粤,今日晤谈,得诵惠函,藉审一是。尊意关怀四事,龙逆背信负公,竟图祸粤,近已累挫,不足为患。叙泸前事,无关得失,重庆既下,军威已震。成都继定,川局敉平,更足作湘粤之士气。冯国璋向号骑墙,议和本无诚意,岳州战衅再开,已无和议之可言。自张作霖带兵入关,冯、段之争,业经显著。李、陈两督之响义,已不待和议为羁縻。况和战所争,均在根本大法,断不能因和议而稍事让步,在彼争私人权利之武人、政客,或竟不惮于牵就。千钧一发,惟系于公,倘能毅力坚持,亦不患一方之单独媾和。至滇军在粤,方部讨龙,张部拥护军府,足慰尊注,特电奉复。孙文。删。(印)

据中国国民党中央文化传播委员会党史馆藏一般档案050/229

致陈炯明电

(一九一八年三月十五日)

汕头陈总司令鉴:存密。寒电悉。进攻在即,急待饷糈。此间无日不思设法接济,一俟有着,即当拨助。盐税之收回,军府从外交方面经营已久,机会成熟,不意莫督有闻,突于十余日前欲提此款,经英、日领出而抗议,莫又敛手不承。军府知其绝想,遂于前数日决办此事,经分令稽核分所、盐运使、中国银行各机关。莫初欲借口外人以为反对,后知伪政府以此接济龙逆,始觉爽然。继见此款可提,又欲出而攘夺。经人调和,始指定用途。除三分之一仍归稽核分所拨还借款,其三分之二,旺月可收四十万,以十万为国会经费,十三万为海军经费,九万为广东地方还欠外款,五万为军府经费,三万为滇军经费。款由指定之第三者即盐运使提存分拨。但如遇淡月,并无此数,若除前三项,共三十二万,军府经费依然无着。惟军府此举,本非为自身筹款,不过因盐款向属中央,军府自应收管,以震观听。乃莫野蛮抵抗,军府既无实力,只得就此调和。外交方面,惟英领向伍廷芳抗议,函中已明言,知伍为军府外交总长,不啻间接承认。伍若就职,办结此事,可得美名,近已多方劝驾,望兄再敦促。至总代表一席,已示意听其兼就,以免两难。知念详告。孙文。删。(印)

据中国国民党中央文化传播委员会党史馆藏一般档案 050/240

复李国定电

(一九一八年三月十五日)

叙府李劳军使鉴:微电悉。据报新选参院议员杨肇基,以旧部在新津改组成军,来电向义,深堪欣慰。尚望勉以与讨逆各军共相策应,以建殊勋。孙文。删。(印)

据《军政府公报》第五十七号(广州一九一八年三月十六日)《大元帅致四川劳军使李国定电》

致唐继尧电

(一九一八年三月十五日)

毕节唐元帅鉴:鱼电〈悉〉。滇认国会经费,已饬财厅筹拨,护法以实不

以名,他省闻风,孰不兴起,敬佩无既。军府现正力筹,并闻。孙文。删。(印)

据《军政府公报》第五十七号(广州一九一八年三月十六日)《大元帅致唐元帅电》

致陈炯明电

（一九一八年三月十七日）

汕头陈总司令鉴:存密。寒电并季陶删电悉。购械事望季陶来此办理。岳州情形未悉,盼再详电。汝为请转达,抵闽后,速破坏涵江电线二三里,以断漳、福间交通,祈查照。盐款约余十二万,由莫督分给湘、闽前敌军饷。可速电指拨。孙文。洽。

据中国国民党中央文化传播委员会党史馆藏一般档案 050/279

复唐继尧电

（一九一八年三月十八日）

毕节唐元帅鉴:顷诵佳电,惊知庚军长恩旸被刺身〈亡〉,闻耗痛惜何穷。庚军长夙著勋劳,功在民国,方期指挥雄师,再奠共和,何图宵小窃发,遽遭狙击。彼逆众以穷蹙之余,计不得逞,乃施其鬼蜮,歼我名将,殊堪痛恨。望执事督厉诸将士,扫清丑类,以竟吾人护法之职责,庶足以慰英烈于九京也。孙文。巧。

据《军政府公报》第五十九号(广州一九一八年三月)《大元帅复唐元帅痛惜庚军长死事电》

致唐继尧电

（一九一八年三月十九日）

毕节唐元帅鉴：申密。删电悉。张作霖带兵入关，将有奇变，尊意早定大计，诚不容缓。用兵之道，尤贵出奇。武汉北军云集，未易猝攻，宜阳言援鄂，而以精兵攻陕。陈树藩困守西安，不久当遁。会合陕中义军，略定西北，捣鄂之背，较易奏功。请就近与黄复生、石青阳诸君商妥进行，甘肃亦可响应。奠定中原，澄清寰宇，属望执事，幸即日宣布就元帅职，以震军威，而谋统一。孙文。效。（印）

据中国国民党中央文化传播委员会党史馆藏一般档案 050/283

致黄复生电

（一九一八年三月十九日）

重庆黄总司令鉴：同密。篠电悉。执事愿出师援鄂，壮志可嘉，且可就此增厚兵力。惟来电推锦帆兼代省长，未知军府任命执事兼代之意，系为维持沧伯起见。现熊已于蒸日到成都，来电以总司令名义执行军民两政，尚未表明受军府川督任命，纵再特加任何益？且恐熊兼，则沧伯难入川，务望暂在重庆就兼代名义，一面同青阳诸君力促熊受军府任命；如熊承认，再加特任兼代省长不迟。援鄂非旦夕之事，且鄂中北军力厚难攻，宜与青阳诸君，先图攻陕，以定西北，捣鄂之背，则事半功倍，幸熟计之。顷复唐元帅电，即属商执事及青阳诸君攻陕。再，张作霖带兵入关，奇变将作，军府非早日完全成立，不足以定大计，请速电联络川、滇、黔各军将领，一致力促唐就元帅职至要。孙文。效。（印）

据中国国民党中央文化传播委员会党史馆藏一般档案 050/226

致唐继尧电

（一九一八年三月十九日）

毕节唐元帅鉴：申密。护法军兴已久，逆势少挫，而逆焰则方张，国无政治中心，循是以往，将不国矣。国会之开，迫不容缓。昨非常会议决于六月十二在广州开正式会议，已自行分省招集。惟恐观望者犹且裹足，若再得护法要人联衔通电，庶促懦夫决心。倘荷赞成，即请执事发起，密电征求护法各省同意。如得多数赞成，即请执事领衔发表，附列鄙名为幸。孙文。效。（印）

据中国国民党中央文化传播委员会党史馆藏一般档案050/298

致唐继尧电

（一九一八年三月十九日）

云南督署刘护督、并转行营唐元帅均鉴：兹派云南劳军使黄嘉梁及委员秦天枢、马德贵，随带滇军十名，弁目一名，于本月二十日内外，由广州启程经桂赴滇，解送债券七箱，共四百二十万。其较前数增加之五十万一箱，系托刘护督留交宁远张午岚总司令者，到时请电致宁远，以便张处派员来领。并望尊处仍通饬滇省与桂省接境之各官厅军警，一体特别保护为要。孙文。

据胡汉民编《总理全集》第三集（上海民智书局一九三〇年版）

致陈炯明电

（一九一八年三月十九日）

汕头陈总司令鉴：存密。闻驻京美使确将于本星期五到汕，逗留一日，即赴厦门。此行专为考察南方实在情形，务望密探预为布置。俟美使到，以礼欢迎，俾知军府实力已到。且与联络感情，于前途当有裨益。孙文。效。（印）

> 据中国国民党中央文化传播委员会党史馆藏一般档案
> 051/439

致唐继尧电

（一九一八年三月二十日）

毕节唐元帅鉴：申密。本府军事委员赵端，闻有冒称招抚使及本府参军招摇不法情事。兹已明令将该军事委员任命撤销，特电奉闻，即请通令各机关，毋任妄冒。倘有不法实迹，希就近查办，幸勿姑容。孙文。号。（印）

> 据中国国民党中央文化传播委员会党史馆藏一般档案
> 050/282

致中华革命党上海本部电

（一九一八年三月二十日）

盐税收回，莫已就调和，岑谣勿信。精卫既赴川，请沧伯速行。复生电任援鄂，辞代省长，复嘱暂留。熊代表吴、李已善遇，如熊受军府任命，拟于沧伯未到前令兼代。惠生请再拨万元汇川，不可能。

据中国国民党中央文化传播委员会党史馆藏一般档案 050/298

复犬养毅头山满电①

（一九一八年三月二十日）

来函敬悉。现正在粤筹备召集正式国会，阁下所欲面谈之事，倘为南北调和问题，则唐少川先生优为之，无文亲来之必要。若为东亚百年根本之大计，非与文面谈不可者，请即电复。

据中国国民党中央文化传播委员会党史馆藏一般档案 050/253

致黄复生电

（一九一八年三月二十日）

重庆黄复生总司令代省长鉴：顷据四川靖国军援鄂第一路总司令王安富由酉阳邮转铜仁电称：已组织三支队即日出发，欲会同大军，进规荆、宜。已复电令其就执事承受方略，共策进行，望随时指示机宜。孙文。号。（印）

据《军政府公报》第六十一号（广州一九一八年三月二十三日）《大元帅致四川靖国军总司令兼代省长黄复生电》

---

① 日人犬养毅、头山满于3月2日函请孙中山赴日一行，此电即对来函而发。

复王安富电

（一九一八年三月二十日）

　　铜仁电局邮送酉阳王安富总司令鉴：佳电悉。知欲会合大军，进规荆、宜，已电知黄复生联军总司令查照矣。师行在和，尤贵统一，宜就黄总司令承受方略，共策进行。孙文。号。（印）

　　　　据《军政府公报》第六十一号（广州一九一八年三月二十三日）《大元帅致四川靖国军援鄂第一路总司令王安富电》

复石青阳电

（一九一八年三月二十一日）

　　顺庆石镇守使总司令鉴：同密。漾电悉。请缨援鄂，壮志可嘉。惟用兵忌攻坚，尤贵出奇。鄂中北军云集，可以智取，难用力攻；若阳言援鄂，而以精兵攻陕，则可掯鄂之背，取之自易。现在陈树藩困守西安，旦夕可下。但豫旅刘学亚五营已至潼关、华阴，若川军不进，则西安恐垂得而复失，幸速图之。已电复生，并望协商进行。孙文。個〔箇〕。（印）

　　　　据中国国民党中央文化传播委员会党史馆藏一般档案 050/226

致陈炯明电

（一九一八年三月二十二日）

　　汕头陈总司令鉴：存密。据许崇智司令电称："敌已增兵两营到武杭，该处倾向我军之南军来告,若乘敌军初到,地形未谙,利用内应,犹可先发制人。该部拟进扎岩前下坝近地,以图进攻,并请速下攻击命令"等情。所陈不为无见,希迅予酌夺施行。孙文。祃。(印)

据中国国民党中央文化传播委员会党史馆藏一般档案050/298

复陈炯明电

（一九一八年三月二十二日）

汕头陈总司令鉴:存密。皓电悉。潮桥盐款截留军用,此系军事紧急行为,应准照办。季陶已返,数日后仍来相助。得悉军情,可操胜算,甚慰。孙文。祃。(印)

据中国国民党中央文化传播委员会党史馆藏一般档案051/439

致陈炯明电

（一九一八年三月二十三日）

汕头陈总司令鉴:存密。昨据夏述唐电称:"粤滇两军感情益洽,所部移驻漳树,杀贼决心,即开前线待命进攻"等语。电文对于军府极表受命之意,并有不辞赴汤蹈火之言。除电奖并令受总司令指挥外,特闻。再:养电悉,季陶即来。孙文。漾。(印)

据中国国民党中央文化传播委员会党史馆藏一般档案050/280

致夏述唐电

（一九一八年三月二十三日）

汕头夏述唐旅长鉴：哿电悉。该部移驻漳树，搜讨军实，待命进攻，该旅长激励士卒，决心杀贼，义勇飙发，至为嘉慰。惟师克在和，据称滇、粤两军，感情益洽，自能同心灭敌。进攻机宜应受陈总司令指挥，庶趋一致，而奏肤功，有厚望焉。孙文。漾。（印）

据《军政府公报》第六十二号（广州一九一八年三月二十五日）《大元帅奖励夏旅长述唐决心攻闽电》

致李烈钧电

（一九一八年三月二十三日）

阳江李协和总指挥鉴：咸电悉。执事智勇兼资，必能早奏肤功，剿灭龙逆，伫盼捷音。孙文。漾。（印）

据《军政府公报》第六十二号（广州一九一八年三月二十五日）《大元帅嘉奖李总指挥电》

复旅沪各省公民调和会电

（一九一八年三月二十三日）

上海旅沪各省公民调和会鉴：皓电悉。国家兴亡，匹夫有责。诸君以公民之资格，本爱国之热忱，关心时难，奔走呼号，至堪嘉尚。惟阋墙御侮，古有明训，诸君既曰公民，而乃谋及外人，是何居心？倘招干涉之渐，谁任其咎？至此次义军护法讨逆，纯属民国存亡问题，绝无党派权利竞争之可言。何谓调和？岂民国若存若亡、半生半死，诸君将谓调和有成乎？义军之目的，在恢复约法效力，取消非法解散国会之案，拥护国会完全行使职权，早有宣言，布告全国。苟能以和平之手段达此目的，使国内不致糜烂，尤为义军之所深愿。乃非法政府积极违宪，迭布伪国会组织法、伪两院选举法，多方卖国，借款购械，以残杀国人。而叛督跳梁，又各自由行动，如倪嗣冲、张作霖之盗弄兵柄。试问诸君何以调和？能否取消非法政府违宪行为及伪法？有何能力制裁叛督？是否主张恢复非法解散之国会？凡此诸端，誓〔譬〕如痈疽在背，割之则生，不割则死。若惧一割，惟事养痈，其何能国？惟诸君图之。孙文。漾。（印）

据《军政府公报》第六十二号（广州一九一八年三月二十五日）《大元帅复旅沪公民调合会电》

致王文华电

（一九一八年三月二十五日）

贵阳王文华总司令鉴：殿密。元电悉。债券百万已由财政部交严参谋矣。据报岳州小挫，旋得胜利，惟逆军日益增加，湘、桂义师，终形单薄；执事早欲提兵东下，进规长江，尚望克日出师，会合各军，共伸讨伐。段逆于昨日复任伪阁，自此和议更属不成问题，欲达护法救国之初心，惟有根本解决之一途耳。孙文。有。（印）

据中国国民党中央文化传播委员会党史馆藏一般档案 050/284

致黄复生电

（一九一八年三月二十五日）

　　重庆黄复生总司令代省长鉴：同密。顷据陈炳焜副司令由梁山来电称："前克复顺庆，权摄嘉陵道尹；近日石青阳所部诸将通电各处，意在相争"等情。查陈司令权摄道尹，未经任命。石青阳现已任命为师长兼镇守使，亦无须再摄道尹。恐相持不下，发生冲突，望妥为处理，并晓以师克在和之义，务息内争。至嘉陵道尹一职，究以何人为宜，并望密报。沧伯已由沪溯江而上。孙文。有。（印）

据中国国民党中央文化传播委员会党史馆藏一般档案 050/227

复黄复生卢师谛电

（一九一八年三月二十五日）

　　重庆黄总司令代省长、卢副司令鉴：真电悉。何绍培勾匪肆扰，不受招抚，且敢邀击义师，既经该师力剿溃窜，所请通电严缉，务获惩办，应照准。孙文。有。（印）

据《军政府公报》第六十四号（广州一九一八年三月二十七日）《大元帅复四川靖国军总司令兼代省长黄复生等电》

复唐继尧电

（一九一八年三月二十六日）

毕节唐元帅鉴：申密。电悉。前任命石青阳一节，尊见亦谓相宜。惟以论功行赏，尚非其时。且宜先与熊锦帆密商等言相告，思虑周到，甚佩。川北初定，镇抚不可无人，二师既缺，石部亟宜编制。此皆必要情形，绝非论功行赏。前因省议会之请，特任锦帆督川，迄今一月，尚未得复。川电之迟，往往兼旬始达，往返电商，势必诸事搁置。此亦因必要情形，未及电商；犹之前者，尊电命锦帆兼任军民，固亦见为必要，而非论功行赏，并不及待与川人相商也。军府统筹全局，并无成见，尚祈鉴察。孙文。宥。（印）

据中国国民党中央文化传播委员会党史馆藏一般档案 050/298

致唐继尧等电

（一九一八年三月二十六日）

毕节唐元帅、成都熊督军、黄代省长、顺庆石师长、重庆夏招讨使、永宁卢副司令，并邮转各县知事鉴：川局已定，所有一切调查事宜，应由军府特任之军民长官办理，前任四川调查员李元白应即裁撤。除电该员知照外，特此奉闻。再，军府前任各军事委员，如有招摇情事，希指名电知，以便严究。孙文。宥。

据《军政府公报》第七十号（广州一九一八年四月十日）《大元帅通告唐元帅暨各司令等裁撤四川调查员李元白电》

致黄复生石青阳电

（一九一八年三月二十七日）

重庆黄总司令代省长、顺庆石镇守使鉴：同密。昨得唐元帅马电，文曰："此次护法兴师，石青阳深资得力，尊电任命为第二师长兼川北镇守使，甚属相宜。惟川事甫定，百端待举，关于编制军队，出师陕鄂，数理财政，辑绥流亡，现正责成熊督统筹办理，将来在事出力人员，自应妥为分配，当此军心未定之际，若先任命一二人，恐群起竞争，川事即难收束。川局不靖，抢攘经年，其始皆由一二人权利之私，遂致酿兹浩劫。川粤相距辽远，恐我公未能尽悉内容，以后关于川事用人，尚乞先生密商熊督，俾免窒碍。继尧为维持川局计，故特电陈，尚希鉴照。"兹特复电，文曰：（照录廿六日致唐元帅原文）①特此电闻。熊锦帆至今未有电来，川事赖君等维持，务宜力促熊受军府任命，以归一致。唐帅侧重熊一方，而又有忌军府之意，甚非所宜。川中若能一致坚决表示拥护军府，则唐帅可息自树势力于川之私意，而有就任元帅以维大局之决心。望善图之。孙文。沁。（印）

据中国国民党中央文化传播委员会党史馆藏一般档案 050/298

致陈炯明电

（一九一八年三月二十七日）

十万火急。汕头陈总司令鉴：存密。袁带在香山，恐通龙生变；若调袁征闽，则可防止隐患，且增加援闽军力，一举两得，望迅即电省力调，勿迟至

---

① 此为档案原注。

要。孙文。沁。(印)

据中国国民党中央文化传播委员会党史馆藏一般档案
050/272

致黄复生吴兆麟电

(一九一八年三月二十七日)

重庆黄总司令代省长鉴:同密。转吴兆麟先生鉴:电悉。知已在鄂与牟鸿勋、袁家瑞诸君组织讨逆军队,有众五千,殊堪嘉许。深望早日编成,出师讨伐,以策殊勋。仍盼电闻。孙文。沁。(印)

据中国国民党中央文化传播委员会党史馆藏一般档案
050/334

致徐朗西电

(一九一八年三月二十七日)

转朗西:焦易堂所失票,已由粤行径寄沪行,票到即至事务所觅焦往收;请先告焦,预与沪行接洽。

据中国国民党中央文化传播委员会党史馆藏一般档案
050/298

致陈炯明电

(一九一八年三月二十八日)

汕头陈总司令鉴:存密。长沙已失,陆电莫托英领事电北京英公使,向段政府求和,只愿维持彼本有地位,不惜牺牲一切。李耀汉饬属员将家眷迁往香港,欲有举动。欧战英法大败,巴黎有不守之势,日本政府宣言,刻不能出兵于西北利亚。犬养毅函请文往日面商要事,今日遣执信往,探其用意何在,再行酌夺。孙文。俭。(印)

据中国国民党中央文化传播委员会党史馆藏一般档案050/6

致唐继尧电

(一九一八年三月二十九日)

云南唐蓂赓先生鉴:义密。宥电敬悉。军政府新□□,对外对内,关系至多。若我公再事执谦,则外交上之承认与借款,必致阻碍,一发千钧,当仁不让,即乞即日宣布就职,以救危亡。文。艳。(印)

据云南省档案馆藏收电原稿

致唐继虞等电

(一九一八年三月三十日)①

云南督军署唐萍赓先生鉴:义密。请译转李文、宇铤、止塘、静庵诸兄,伯兰来电云:"段氏复出,冯之政策一遵段辙,其所承认某某条件,皆敷衍一时之计,今军借款又由冯相接,向某国要人交涉成立,国家必由渐趋灭亡。况苟且言和,冯、段合谋挟中央以临长江,西南诸公必无幸免。此间已与赣、宁秘密商定,确已密下动员令,抵抗北军。北方各省内溃已甚,我军能坚持,

---

① 此电及下一件《致唐继尧电》原无年月,胡汉民编《总理全集》均定为1918年12月30日,误。两件电文中均提及段祺瑞重任国务总理事,故推断两电发电时间应为1918年3月23日段复出之后的1918年3月30日。(参见陈标《〈孙中山全集〉第四卷五份函电时间辨正》,载《近代史研究》1998年第2期。)

不特段倒,冯亦随之。应请冀公速通电二事:一恢复旧国会;一政府宣誓守法。两事已准,再议其他条件,以为将来根本解决之备,并以为赣、宁之声援。并速分兵下宜昌,冯、段窘,或有明令停战,但我军万勿轻以承认,致贻后患。此电系代陈赣、宁之意。伏乞垂察。洪伊宥。"谨转达。文。陷。

据胡汉民编《总理全集》第三集(上海民智书局一九三〇年版)

致唐继尧电

(一九一八年三月三十日)

云南行营唐元帅鉴:申密。伯兰敬日电云:"段复出,局势大变,北兵陆续南下,并决议先取南京。宁督①已悟,调停无望,且藉调停,以缓我师,决以宁力抵抗。日昨已密下动员令,军队已由浦口出发,事机迫切,请转唐、莫、谭三督及西南各军,迅速一致进行,勿令宁督陷于孤立。岳州北军已有退让之意,天相民国,机不可失。"又电云:"此间与各方接洽,已决议彻底解决。长江战事,恐不在远,亟望粤军攻闽,湘军速攻岳州,以公言之,此机万不可失,以私言之,宁、赣竭诚助我护法,决不可坐视其危,自翦羽翼"等语。查此间所得各路消息,宁已动兵,已成事实,但恐孤立无援,长江或为北军所蹂躏,深望贵埠军克日东下,以分北军之势。武汉北军,久无斗志,事必有成。协和、竞存攻闽之师,已继续出发,若共和有幸,得以保全,破贼必矣。文。陷。

据胡汉民编《总理全集》第三集(上海民智书局一九三〇年版)

---

① 宁督,指李纯。

复张开儒电

（一九一八年四月一日）

尊电敬悉。武器以日本为唯一供给之源,第日政府方与逆亲,必待西南军事发展后,始有可图。出湘一层,乃为便捷计,然攻闽亦非失策,此间所求,唯速出师耳。海军得手后,大兵入闽,则武器购运俱便。来电读竟,令人起舞,老同志究非别人所及也。孙文。东。

据中国国民党中央文化传播委员会党史馆藏一般档案 050/286

致唐继尧电

（一九一八年四月二日）

毕节唐元帅鉴:申密。有电悉。各省护法,不认北京非法政府,自非建立护法政府,则对内既莫由统一,对外即难期承认,理本昭然。无如桂人意气自高,百计调和,终无觉悟。今段氏复出,湘战累却,龙寇又深,倘再事迁延,大局之危,宁堪设想。改组军府之议,中多变幻,文前虽同意,后竟为他力所阻。今时机迫切,尊电及巧电,言之深透,此心实可相印。计自伍、唐、程三君通电以来,迄未表示意见者,厥惟桂人。而一方仍积极进行联合会议之筹备,最近伍、陆之会,陆已表明反对。惟尊意既决,黔督亦有赞成通电,川当从同。湘虽首电反对,近已弃其成见,协和亦迭电敦劝各方,众志如此,不难见诸行事。兹所欲切实奉商者:一则改组原冀桂人加入,如桂人始终不加入,各省是否依然决心;二则改组原冀实力扩张,如桂人不加入,而各省远隔,仅派代表,是否能举共同负责之实。更有应郑重声明者:护法之惟一主张,在恢复旧国会,并使之完全行使职权,无论改组内容如何,此主张绝对不能有所牺牲，必须一致坚约，始可共议改组。

至名义则以于事实上显势力之扩张，于法律上见主张之正当为宜，鄙见宜名为护法各省联合军政府。凡此诸端，均属文掬诚相商之要义。民国前途，希望惟在执事一人，尚冀毅力首出担当，则桂人自难立异，而他省亦可景从。苟达护法目的，文无不可退让。惟此时冒险负重，实非得已，否则军府朝撤，粤局夕变；滇、黔、川军未出武汉，而桂军或已言和；有始无终，能不寒心！此中消息，即希亮察。

再川局诸赖维持，承示已催锦帆、复生就职，具见苦心，曷胜敬佩。专布腹心。黔、川即请尊处喻意。孙文。冬。（印）

据中国国民党中央文化传播委员会党史馆藏环龙路档案02117

致陈炯明电

（一九一八年四月二日）

汕头陈总司令鉴：存密。改组军府之议，自伍、唐、程通电后，程潜首电反对，实系桂人授意，后又声明并无成见。近则李协和迭电赞成统一机关，而唐蓂帅及黔督均有电赞成；惟桂人始终反对。伍、陆之会，陆已表明。昨唐来密电，谓闻文同意，伊必从后，意颇恳切，并言川事已依鄙意，催熊就川督，黄就代省长职。护法必须联唐，故今日与唐切商，提出四义：

一、改组如桂人不加入，是否决心？

二、改组无桂人，各省仅派代表，是否有实力负责？

三、护法以恢复旧国会，使能完全行使职权为惟一主张，必须坚约，始可议改。

四、改组名义，宜用护法各省联合军政府，并嘱唐首出担当。

现国会桂派议员提出联合政府案，实非善意。褚君慧僧来汕，当系商酌以改组为补救，惟唐如不能出实力，则改组仍属空名，而护法主张甚至摇动。

故此议必须唐有切实办法之电复,始可讨论。桂派提案另寄。孙文。冬。(印)

据中国国民党中央文化传播委员会党史馆藏一般档案 050/236

复方声涛①电

（一九一八年四月二日）

汕头方总指挥鉴:勘电诵悉。李逆久据闽中,暴横无道,生民重困,今执事躬率雄师,进讨暴乱,吊民伐罪,足壮义师之气。幸踔厉进取,伫候捷音。孙文。冬。

据《军政府公报》第六十七号(广州一九一八年四月三日)《大元帅复征闽靖国军总指挥方声涛电》

致陈炯明等电

（一九一八年四月五日）

汕头陈总司令鉴:存密。并转方总指挥,夏、伍两旅长鉴:援闽之举,准备已久,迄未进攻。许司令迭电称:前敌有可乘之机,而福建同志来此间报告闽中预备响应者亦甚多,日盼我军进发,即可同时共举。惟攻击之令,至今寂然无闻,敌备日增,且狃于岳长之役,虏气益骄,我军顿兵不进,足以示弱。度季逆将有反守为攻之势,与其待敌之攻,不如攻敌,以寒其胆。况进攻则虽败犹荣,且尚可退守;若仅图自守,则一败将无立足之地,重为义师僇辱,又使闽中内附者寒心而不敢动,坐失事机,尤为可惜。况段贼复出,积极图南,我军纵

---

① 方声涛当时将一部分军队交李根源讨伐龙济光,于3月25日抵汕;28日奉命担任代理征闽靖国军总指挥(原为李烈钧)职务。

事准备,增力几何,而彼则恃有外援,愈久则力愈充,及今图之,惟在速战。诸君迭电讨逆,义勇奋发,当能合力猛进,迅奏肤功,有厚望焉。孙文。微。(印)

据中国国民党中央文化传播委员会党史馆藏一般档案050/298

致陈炯明等电

(一九一八年四月八日)

电汕头陈总司令鉴:存密。并转仲元、汝为、礼卿、介石、天仇诸兄鉴:闻张怀芝率大兵已到赣,不日恐有攻粤之事。又闻北兵二千余由海运至徐,闻登陆援龙。李厚基在闽兵力,日日加增,吾党在闽预备响应者,机关日有破坏,潮、梅东北为李、张所逼,沿海无可防御,现已在三面包围之中,地位极为危险。此时敢冒险,进攻则生,不敢冒险则必致坐困。以攻为守,则士气壮,响应多,敌胆寒,一进必收奇效;否则士气日丧,响应日消,敌胆日壮,而我以可胜不可败之兵,据能进而不能退之地,必无幸免也。诸兄其速图之。文。四月八日发。

据中国国民党中央文化传播委员会党史馆藏一般档案050/7

致唐继尧电

(一九一八年四月九日)

火急。毕节唐元帅鉴:申密。据四川省议会支日快邮代电,推举石青阳以师长兼军务会办,并有电分致尊处。查师长前已任命,至军务会办,既属民意所归,似可照准,尊意如何,即希速复。孙文。青。(印)

据中国国民党中央文化传播委员会党史馆藏一般档案050/228

致陈炯明电

（一九一八年四月九日）

汕头陈总司令鉴：存密。微电悉。林君子超虽已就署理外交总长之职，但尚须赴外一行，故非季陶代理部务不可。俟林君事竣返粤，再嘱季陶前来相助。孙文。佳。

据中国国民党中央文化传播委员会党史馆藏一般档案
050/239

致李元白电

（一九一八年四月九日）

叙州李劳军使转李元白鉴：川局已定，所有一切调查事宜，自应由军府特任之军民长官办理，前任李元白为四川调查员，应行裁撤。仰即知照。孙文。青。

据《军政府公报》第七十号（广州一九一八年四月十日）
《大元帅令知裁撤四川调查员李元白电》

致李国定电

（一九一八年四月十日）

叙府李静安先生鉴：川局已定，执事奔走劳苦，厥功甚伟。惟劳军任务已毕，现在全国正式会议定于六月十二日开会，希即速命驾返粤，共图国是。孙文。蒸。（印）

据《军政府公报》第七十号（广州一九一八年四月十日）
《大元帅致四川劳军使李国定请速返粤电》

复熊克武电

（一九一八年四月十日）

　　成都熊督军鉴：感电悉。川难初平，内之辑睦各军，肃清余孽；外而联络各省，共定中原；非得功高望重如执事者，断难膺此艰巨。前因省议会公电推举，实为民意所归，是以特加任命。日前得唐蓂帅有电，亦谓军府任命，系本民意，深表赞同，已力催执事就职；乃来电犹未肯受任，甚非当仁不让之义。执事之任川督，各方翕服，若再事执谦，转失众望。且段祺瑞复出，执事宜速宣布就职，以坚川中讨逆之决心，而作之气，实所厚望。至执事拥护军府之志，皎若日星，文所深佩。沧白因途梗滞留，即待觅路入川，复生暂代亦必能相得益彰也。

　　再：昨得川省议会支日快邮代电，公举石青阳以师长具军务会办，当能相助为理，除已电商唐蓂帅外，如表同情，并盼速复。孙文。蒸。

据《军政府公报》第七十三号（广州一九一八年四月二十日）《大元帅复成都熊督军克武电》

复唐继尧电

（一九一八年四月十日）

　　毕〈节〉行营唐元帅鉴：申密。支电奉悉。李国定前自叙府来电称"集众三万余，组织第二军，率师东下"等语。此间以未悉真相，未曾加以委任。且因其来电有不争权利等语，似于川中诸人有所不满，恐致抵牾，故复电勉以速行东下。嗣又来电称：杨肇基以旧部二十营，在新津组织第一军，竭诚向义。当亦复电勉以与讨逆各军，共相策应，均未加以任命。接尊电，知李国定所称组织各军，果非事实。前已去电告以国会开会有日，所事劳军任

〈务〉已毕,促其即日赴粤。川、粤远隔,消息每多阻滞,主持西部,专赖执事。以后关于此等情事,尚望就近斟酌办理,并随时电告。孙文。蒸。(印)

据云南省档案馆藏收电原稿

致唐继尧电

(一九一八年四月十二日)

毕节唐元帅鉴:申密。据覃君理民电称:湘西各军已改靖国军,与滇、黔、川一致行动,暂守常德,乘机进攻;并请任田应诏为湘南靖国军第一军总司令,周则范为第二军总司令。特此电商,如尊意赞同,即请尊处通电发布,任命状由军政府发给。盼复。孙文。侵。(印)

据云南省档案馆藏收电原稿

致陈炯明电

(一九一八年四月十三日)

汕头陈总司令鉴:存密。前日刚发去一电后,适天仇回到,始知不能出师之各种理由,殊足浩叹。近日外报载有北京电:李厚基报告北京政府,云已准备三路出师攻潮、梅矣。彼反守为攻,于此可见,特此通告。孙文。元。(印)

据中国国民党中央文化传播委员会党史馆藏一般档案
050/185

复石青阳电

（一九一八年四月十七日）

　　顺庆石青阳镇守使鉴：同密。敬电悉。前得刘扬君电，已知执事有不得已之苦衷，今来电恳辞，并以川北镇守使向未设置，及二师应与四川陆军暨各义军通筹编制，为暂难就职之理由。现正与川议员讨论方法，不致偏重一方，令人生忌。兹准执事暂缓就职，惟应负之责，仍望勿辞。援陕何时出发？并望电闻。孙文。篠。（印）

据中国国民党中央文化传播委员会党史馆藏一般档案 050/306

致陈炯明电

（一九一八年四月十七日）

　　汕头陈总司令鉴：存密，昨电得悉蔡春华等五犯就获，蔡、马两犯已先行枪决，蔡犯较之李嘉品尤为凶狡。此次过汕，未遭漏网，兄之办事精能，实堪佩慰，屠龙之功，可为歼灭李逆先声，望即乘机猛进。孙文。篠。（印）

据中国国民党中央文化传播委员会党史馆藏一般档案 050/273

复郭昌明电

（一九一八年四月十七日）

　　元谋靖国第七军郭昌明军长鉴：东电悉。知奋厉进取，屡复名城，壮天南之义声,新西陲之壁垒,岂胜欣慰。黄君以镛,闻亦规复旧部,力图进行,幸同济艰难,并代慰劳之。至恢复六县情形,及所部军旅编制内容,仍盼续报。孙文。篠。(印)

据《军政府公报》第七十三号(广州一九一八年四月二十日)《大元帅奖励元谋靖国军第七军军长郭昌明恢复六县电》

致陈炯明电

(一九一八年四月十八日)

汕头陈总司令鉴:存密。张藻林得南雄团长报告:北兵一团,已于铣日午后,由南安开向南雄,此闻。孙文。巧。(印)

据中国国民党中央文化传播委员会党史馆藏一般档案050/332

致陈炯明电

(一九一八年四月十八日)

汕头陈总司令鉴:竞密。据美领函称:"美国斯亚德尔埠菲沙面粉公司代表列治臣伙伴柯飞立,于四月十七日下午由惠州来电谓:驻惠州之统领不承认一九一七年十二月十日由美领经手向广州交涉员领得之护照,将柯氏拘禁于该衙门,而列治臣氏所有之钨矿石,亦被截留。请饬惠州统领,将柯飞立省释,并发还矿石"等语。祈即查明,饬令该统领将柯氏省释,并发还矿石,盼电复。文。巧。

据中国国民党中央文化传播委员会党史馆藏一般档案050/241

致陈炯明电

（一九一八年四月二十日）

汕头陈总司令鉴：存密。美人柯飞立在惠州运钨矿石，致被钟司令扣留事，前已电尊处查办。兹美领又函称："柯氏经递解来省，已释放，惟矿石尚未发还，请饬发还业主"等语。此案内容究系如何？如无不合，似宜放行，请即查明电复。文。

据中国国民党中央文化传播委员会党史馆藏一般档案050/242

复陈炯明电

（一九一八年四月二十日）

竞存兄鉴：改组一事，万不可赞同，盖其初西南联合会，本以图外交承认而打消军政府也；乃其事告成，而通告外国之时，为美领事所反对。惟此为西南督军团勾结违法之机关，美国政府及国民决不承认，小伍①于是问计于美领事，领事乃告以人必与军政府联为一致，得国会之通过乃可，此改组之说所由生也。小伍来商之文，文直以违法拒绝之。后彼再请唐来省调和，唐出改组条例，文顺笔改其"联合"二字为军政府，唐始有难色，乃持归示伍，甚满足。次日立欲国会通过，称为经文修改者以惑众；众多为所动，几败乃事矣。为时过促，不能通过。后各议员来问文，文以实答之，故国会搁之为悬案。张开儒闻改组之说，立就陆军总长之职，所以明示反也。兄当与张一致，以维军政府于不坠可也。此复。孙文。哿。

据黄季陆主编《总理全集》下册《文电》（成都近芬书屋一九四四年版）

---

① 小伍，指伍廷芳之子伍朝枢，时任军政府外交次长。

复李烈钧电

（一九一八年四月二十二日）

江门李总指挥鉴：皓电悉。屠龙①防务已竣，执事一出，而大功即成，为粤除巨害，裨益大局已多，曷胜佩慰。现北敌由赣来侵，尤非执事力任防务总指挥不足以资应敌，伫盼班师惠临，面聆伟教。孙文。祃。（印）

据《军政府公报》第七十五号（广州一九一八年四月二十三日）《大元帅复李总指挥电》

复叶荃电

（一九一八年四月二十七日）

重庆叶香石总司令鉴；冬电诵悉。逆〔段〕段〔逆〕再出，力抗义师，近方加重兵于湘、鄂，欲逞其暴横，宰制全国，共和前途不绝如缕。兹闻执事雄麾东指，直趋大江，威棱所播，足褫逆胆。幸努力进取，伫建奇献。孙文。感。

据《军政府公报》第七十七号（广州一九一八年五月一日）《大元帅复叶荃出师援鄂电》

致熊克武等电

（一九一八年四月二十七日）

成都熊督军、省议会、重庆黄复生代省长鉴：前靖国联军第七军长张煦，

---

① 龙，指龙济光。

屡起义师，拥护共和，客冬仓卒变起，被害于川边叛军，深可痛惜。兹据代理第七军长郭昌明电称：张故军长遗族萧条，无以为生，闻之至深恻悯。望尊处亟从优抚恤，以励死义，而慰英烈。孙文。感。

据《军政府公报》第七十七号（广州一九一八年五月一日）
《大元帅致四川熊督军黄代省长省议会宣优恤张午岚遗族电》

复郭昌明电

（一九一八年四月二十七日）

东川靖国第七军郭昌明总司令鉴：冬电悉。张故军长午岚，屡起义师，功在民国，客岁不幸被难，至为痛心。兹据来电称：遗族萧条，益深恻悯。其应予抚恤之处，已电省会督军、省长从优抚恤矣。孙文。感。

据《军政府公报》第七十七号（广州一九一八年五月一日）
《大元帅复郭军长昌明请恤张军长午岚遗族电》

致熊克武黄复生电

（一九一八年四月二十九日）

成都熊督军、重庆黄代省长均鉴：川省议员景昌运等七十余人电称："颜德基、陈炳堃举义绥郡，大小数十战，拓地二千余里，克复二十八城，劳苦功高，应加以相当之军职，以彰劳勋"等情。查颜、陈此次举师，奋勇转战，文早有所闻，但以粤、蜀暌隔，详情无自查悉，故未加委任。兹据议员等电请委任前来，应请查明颜、陈有众几人，应授何职，克日电复，以凭核办。孙文。艳。

据《军政府公报》第七十七号（广州一九一八年五月一日）
《大元帅致成都熊督军重庆黄代省长电》

复景昌运①等电

（一九一八年四月二十九日）

成都省会景昌运先生暨诸先生同鉴：电悉。颜德基、陈炳堃转战千里，劳苦功高，文所嘉许。已电熊督、黄代省长查明电复，以凭加委矣。谨复。孙文。艳。

据《军政府公报》第七十七号(广州一九一八年五月一日)
《大元帅复四川省议会议员景昌运等电》

致陈炯明电

（一九一八年五月五日）②

汕头陈总司令鉴：存密。北氛日盛，闻有分兵由长龙寇惠，直攻虎门消息。此不独海军出路断绝，且危及贵军之后方。昨海军诸人会商，请福林克日派兵前往堵截；福林以惠属系归兄辖，非得兄同意未便派兵为言，现在惠属兵力单薄，如北兵果来，断非贵军所能兼顾。现福林已定与海军提挈，如能出兵长龙，自可摅兄后顾之虑。尊意若何？盼即电复。孙文。歌。

据中国国民党中央文化传播委员会党史馆藏一般档案 050/297

---

① 景昌运时任四川省议会议员。
② 此电原未署年份。按"汕头陈总司令"等字样，1920年5月粤军尚在漳州，此电当为1918年。

致孙洪伊等电

（一九一八年五月五日）

伯兰、精卫、儒堂、慧僧、静江、景良①暨诸同志鉴：支日国会以四票多数通过改组案，同时文即提出辞职，并通电各省矣。特闻。文。歌。

据中国国民党中央文化传播委员会党史馆藏一般档案 050/252

致黄复生电

（一九一八年五月六日）

重庆黄复生代省长鉴：同密。据左丞、镜台由沪报告："熊克武代表吴蔚章、李〈义〉文与刘存厚系之周新甫互相联络，拟以刘督川、熊为省长兼军务会办，已电商进行"云云，未知果否属实？望转知青阳、锡卿特别注意为荷。孙文。麻。（印）

据中国国民党中央文化传播委员会党史馆藏一般档案 050/218

致汪精卫等电

（一九一八年五月八日）

上海密。精卫、景梁鉴：国会决议挽留，暂不离粤。政治活动，恐无补于

---

① 伯兰、精卫、儒堂、慧僧、静江、景良，即孙洪伊、汪精卫、王正廷、谢持、张静江、丁景良。

国家,此后当待机以图根本之解决耳。沪上我能居否？请从各方面细查详复。文。

据中国国民党中央文化传播委员会党史馆藏一般档案 050/9

致许崇智电

（一九一八年五月八日）

镇平许司令鉴：佳密。李无辞职事,莫借以挑拨胡、李恶感,使李以仇胡故,转以仇军府耳。闻克日进攻,至慰。桂、滇两军皆有殊功,而粤军久不发展,诚虑将来无立足地也,望兄与同事诸君勉之。如粤兵一入闽境,当即以竞督闽,并以告仲元为盼。文。庚。

据中国国民党中央文化传播委员会党史馆藏一般档案 050/274

辞大元帅职通电

（一九一八年六月四日）

百万火急。广东省议会、莫督军、李省长、伍秩庸先生,海军林总司令、魏总司令,各报馆,汕头陈总司令、方总指挥、张总长,高州、柳州探送李、刘、沈、刘忠司令,南宁省议会、陆巡阅使、陈代督军、李省长,云南省议会、刘代督军、唐卫成总司令,毕节唐元帅,贵阳省议会、刘督军、王总司令,成都省议会、熊督军、吕卫成总司令,重庆黄代省长,章太炎先生、顾、赵各总司令、卢副司令、夏宣慰使,顺庆石总司令,保宁颜总司令、陈副司令并转大章陈总司令,宁远郭军长,永州谭联军总司令、程、赵、马、陆、韦各总司令、刘镇守使、林旅长、林民政处长,归州黎总司令,常德张总司令,三原县胡、曹、郭、窦各总司令、上海孙伯兰、汪精卫、王儒堂、张敬舆、岑云阶先生,民国日报馆及各报、各省省议会、各报馆均鉴:溯自国会非法解散之中,更复辞之变,民国久无依法成立之政府,使冯、段两氏,果有悔祸之心,虽争个人权利,苟能取消非法解散国会命令,使国会继续开会,则与一言兴邦何异?夫谁得而议其后者,及必因以北洋兵力征服全国,遂致崋启川、湘,而全国之统一以督其时。滇桂之师皆由地方问题而起,而所谓宣告自主者,其态度犹属暧昧,似尚置根本大法于不问。泯泯芬芬,莫知底止,文不忍坐视此义下后鱼烂于滋。上与民国诸老创议护法,民军将士亦有宣言,相率南来。粤省议会乃有请国会议员来粤开会之决议。由是,发生国会非常会议于中华民国六年八月三十一日公布军政府组织大纲,不才被举为大元帅。虽自知弗能胜此重任,然国家多难,匹夫有责。文忝在手造民国之列,不能视大陆之沦亡而不顾,是用不逊险艰,不辞劳瘁,以为护法讨逆,倡使吾国及友邦之人,咸晓然于军政府之职志。至于成败利钝,匪所逆睹,凡以存民国之正气于天壤间而已。自是厥后,粤、桂、滇、黔、湘、川莫不一致宣言护法,始以恢复非法解散之国会为共同之目的。于是,地方之争,一变而为国会之争。军政府虽无天地之凭借,而此志已范围乎六省。而其他表同情而思附义者,尚复所在多有,均在酝酿发难之中,不得不谓护法之助。告之中心者,靡所不至。今自岳长累败以来,十省始悟:分则俱伤,合则全美。然后,知有组织统一机关之必要,并知有以非常会议为护法中心之必要。及今图之,为期未晚。而文之力,固已勉于是矣。计自提取盐税存款以充国会正式会议经费,预定六月十号则一半矣。顾吾国之大弊,莫大于武人之争雄。南与北如一丘之貉,虽号称护法之省,亦莫肯俯首于法律及民国之下。故军政府虽成立,而后举之人,多人就职。即对于非常会议为莫肯明示其尊重之意,内不能谋各省之统一,外何以得友邦之承认。文于瘖口晓音,以祈各省之觉悟,盖已力竭声嘶,而莫由取信。知我者,谓我心忧;不知我者,谓我何求,斯之谓矣。然,个人之去就,其义小;国家之存亡,其义大。文之所以忍辛负重,以托于今者,良以任责无人,非得已也。凡文之所以谋计各省尊重非常会议为护法、为开会之期,文之效忠于国会,任务本已将尽。乃者,非常会议议决改组军政府,以应各省之要求。今而后庶可资群策群力,以光荣护法之大业,而告厥成功,岂非民国之幸。文本匹夫,无拳无勇,所以用其全力以拥护非常会议者,其效果既已任是,庶乎可告无罪于国人。兹仍愿以匹夫有责之身,立于个人地位,以誓其扶助民国之天职。仅略述颠末,向国会非常会议辞大元帅之职,幸惟公鉴。孙文。支。(印)

据中国国民党中央文化传播委员会党史馆藏一般档案 050/310

致朱执信孙洪伊等电

(一九一八年六月六日)①

天祸吾华,群雄粉〔纷〕起,竞争权利,他非所知国法云云,行将摧残尽绝,奚有护法可言。文虽不才,讵忍多累吾同志,作一时傀儡,遗唾骂万年。今与吾同人约:凡夫一切进行,均各暂行停止,务勿操急,其各勉之。

据长沙《大公报》一九一八年六月六日《孙中山最近之态度》

致列宁和苏维埃政府电(译文)②

(一九一八年六月底)③

俄国革命和中国革命抱有同样目的,即解放工人并建立以承认俄、中两

---

① 此电系报载电文大意,所标时间为报载日期。
② 此电未见全文。
③ 孙中山以南方国会和中国革命党的名义致电列宁,据邹鲁所说,孙是在上海发电的。孙在1918年6月26日由广州经日本到达上海。电文中言"一个社会主义共和国在俄国存在八个月之久",自1917年11月俄国革命发生至1918年6月止,正是"八个月之久"。据此推断此电约在1918年6月底发出。

国伟大无产阶级共同利益为基础的持久和平。

> 据《与孙中山交换的外交信件》（原载苏联《国际生活》一九五七年第十一期），载《史学译丛》一九五八年第三期（孙剑晨译）

附录　同题异文

一个社会主义共和国在俄国存在八个月之久，这个事实给了东方人民以希望，一个类似的新的制度一定会在东方建立起来。

> 据［苏］齐赫文斯基《孙中山：在他诞生一百周年之际1866—1966》，转引自［美］韦慕廷著，杨慎之译《孙中山——壮志未酬的爱国者》（中山大学出版社一九八六年版）

致蒋介石电

（一九一八年八月八日）①

汕头陈总司令：存密。转蒋介石鉴：沪电云沪上各码头均有探候缉，万不可回等语。特此转达。孙文。

> 据中国国民党中央文化传播委员会党史馆藏一般档案050/8

---

① 此电原无日期，《中国国民党九十年大事年表》1918年8月8日条云："国父以沪上密探候缉，电阻蒋中正自粤回沪。"故酌定于是日。

致孙科电

（一九一八年八月九日）

父已辞职,唐未就职,虽电无效。此时上策,伍先生父子宜速来沪,乃有办法可想,望将此意转达。父。佳。

据《国父墨迹》(台北"中央文物供应社"一九六五年版)

复于右任等电

（一九一八年九月十五日）

陕西靖国军总副司令于右任、张伯英①两先生暨胡、曹、郭、卢、樊、高②各路司令均鉴:辱电敬悉。事功者一时之荣,志节者万世之业。文于诸君夙知其志节,今者更信必不蹶于事功矣。亭林足迹遍天下,独爱居关中,谓秦人可以有为。远瞻山河,喜昔人先得我心,诸君既思难慎始,必能振落发蒙也。特电伸贺,伫候捷音。孙文叩。咸。

据上海《民国日报》一九一八年九月十七日《孙总裁贺陕西靖国军电》

致国会非常会议及军政府政务会议电

（一九一八年九月二十二日）

广州国会非常会议、军政府会〔政〕议〔务〕政〔会〕务〔会议〕诸公鉴:文

---

① 伯英,张钫字伯英。
② 胡、曹、郭、卢、樊、高,指胡景翼、曹世英、郭坚、卢占魁、樊钟秀、高峻。

沪上养疴,久劳公注。政务总裁一席,职责所归,义难久旷。数承敦促,良用歉然。兹谨依条例,特派徐君谦为全权代表。即日来粤共策进行,诸维公鉴。孙文。九月二十二日。

据上海《民国日报》一九一八年十月六日

与岑春煊等致参众两院电

（一九一八年十月七日）

参众两院均鉴：吴师长、谭联军总司令等之寝电、江电,顾全统一,维持正谊,民意藉兹以伸,不特全国人心所同然,抑亦世界公理所当然者也。护法各省,以拥护国家根本大法,不得已而用兵,叠次函电交驰,苦口危词,深冀北方当国者,有悔祸之心。虚中退舍长岳屯兵,有可乘之机而不乘,遇取胜之时而不取,证诸事实,不欲用兵求胜之心,亦既昭然于天下。而彼昏不悟,倒行逆施,借外款,订密约,自知不足以胜护法各省,日夕思借外力以残同类。自吴师长仗义执言,悁悁护国,惕然外祸之日急,内讧之速亡。于是湘中两军,停战四阅月,信使往还,相见以诚,寝、江两电,用意昭然。使西南无欲和之诚意,曷为言之不惮烦若此？顾煊等渴望统一,然所望者,巩固共和,崇尚法治之统一,而非武力压制之统一。又酷爱和平,然所爱者,确立保障,垂诸永久之和平,而非苟且偷安之和平。倘不顾国家之根本,舍法徇人,养痈贻患,行见一波未平,一波又起,将欲求治,适以滋乱,幼稚之民国,凋敝之民生,何堪再经变乱？此煊等所为凛凛而以求和平之根本解决为救国惟一之方针也。古今立国,首重纲维,共和之治,尤为法纪。苟国会可以意造,议员可以指派,则国中强有力者,孰不可以自造地位,假名号以为娱？国会总统,将如昔人之称帝称王,所在并起;墨西哥五总统之乱,可为寒心！既阶之厉,乱将靡已。护法各省,叠以同一护法为请者,良以惕于乱机之不可再萌,务求根本之统一与和平,一切依法解决,非得已也。夫外患之凭凌,群黎之困危,财政之艰难,兵燹之惨苦,海内贤达,既多痛切言之,护法各省将领,亦曾再三陈说，声与泪俱，战祸之不可再延，和平之急待恢复，各方具有同情。惟必须废斥首祸之人，实行罢兵之举，而尤以徐菊人先生不就非法选举之职为要义。如能以资望与仲珊、秀山、子春、秀峰诸督军实心救国，消除昔日袁氏以武力征服全国之野心，使民宪政治回复正轨，则煊等岂有他求？苟有残民以逞之心，必受降殃及身之祸，殷鉴匪遥，即在袁氏。若夫诡行乱法，巧言文奸，必以绝灭正谊民意为快，煊等不才，所以拥护国法、戡定内乱者，惟力是视，生死以之，邦人君子孰不念乱？敢贡愚戆，幸鉴区区。岑春煊、伍廷芳、唐继尧、陆荣廷、林葆怿、孙文、莫荣新、刘显世、熊克武。阳。（印）

据《众议院公报》第三册（一九一八年十月广州印行）

军政府通电

（一九一八年十一月十二日）①

（衔略）兹因美国总统威尔逊提倡协约国兵工修养基金一举，募额一万七千万美金。为战地协约兵士及中国暨他国工人等，道德上、身体上、智识上及一切关于进修颐养诸事之用。按红十字会事业系救恤伤病，而此则专为非伤病之兵工。实属从来未有之创举。意在使前敌之兵工，保全人格，教养兼施。庶战时服务而不觉其苦，战后复业而无反于长，其用心良美。近主其事者有电，欲在中国募集美金十万元，以联友谊。某某等窃思我护法各省，对于协约国之同情，迄未得当以表示。兹若竭力赞成此举，则我之好意，非托空言，自可共喻。虽当护法饷糈奇绌之时，然合募此区区之款，似非甚难。况华工并受其惠，亦当有所欲助。某等拟请护法各省政府及人民共认五万元。其余五万元听其募自北方，但彼此相形，未便落后。特此电达，务希将尊处各机关及绅商各界，可以认捐若干，从速电复。盼切祷切！伍廷芳、岑春煊、孙文、林葆怿、莫荣新、林森、吴景濂、徐谦、伍朝枢。

据上海《民国日报》一九一八年十一月十二日

---

① 此电原未署日期。今所标时间系上海《民国日报》发表日期。

致美国总统威尔逊电(译文)①

（一九一八年十一月十八日）②

威尔逊大总统阁下：谨贺阁下，当此世界大战，主持扑灭武力主义大获全胜，民治民权，拥护功高，有史以来，未之前闻。

去岁阁下曾劝中国加入战团，予曾极力反对者，盖深知吾国武人必假此时机摧折民权，不幸言中，殊感予心。一年以来，事实具在，想各友邦亦应鉴及。

去岁吾国国会，对于欧战加入问题，方在讨论之中，逆首张勋密承前内阁总理段祺瑞意旨，乘饥〔机〕图乱，迫散国会，致成复辟，谓如此则可扑灭民主政治也。所幸友邦未示欢迎，国民群起反对。段祺瑞阴察大势，知事不成。时冯玉祥旅长已起兵讨贼，段祺瑞乃变策附和冯旅，自称讨逆首领，盗取恢复民国之名，欺掩世界与国人耳目矣。

予闻帝政盗复，民国废坠，即于一千九百十七年七月五日，率中国海军一部南抵广州，从事征讨。及闻段祺瑞所举事件，有先予而为之者，余乃贺其爱国之诚，劝其恢复国会。不意竟失余望，且阴谋诡计，有出于意料之外者。张勋复辟，实彼嗾成，盖段祺瑞谋推覆欧美民治制度之旨，至今未艾也。

余在广州筹复国会，南部军人，初亦怀疑，只以予得舆论之助，始获一致行动。广州人民既欢迎余之主张，广东省议会亦通电各省国会议员请赴广州。艰苦经年，国会议员得法定之过半数，两院乃同时开会。一岁之中，北方抗义之兵，一再南下，南人为自卫计，亦与主持民治主义者结合，为护法之战。南方各军，不必尽在余指挥之下，而与北方激斗者，则北方以武力压迫南方为之也。夫今日之战，非南北之战也。广州国会议员来自北方者实居半数，北

---

① 上海《民国日报》于标题下注明"由英文译出"。
② 报载此电未署日期，现据1918年12月4日孙中山复蔡元培函所云"于十一月十八日致电威总统"酌定。

人处武人专横之下,无可告语,遂孑身南来,盖武力主义对民治主义之战也。北方武人知南方主义,既公且正,非武力所能强服,乃创一伪国会以抗抵正当民选之国会,图淆世界人民之听闻,而行其以伪乱真之技,谋亦狡矣。

自日本寺内内阁改组,北方金钱武器供给之源,于焉告竭。外援既失,无可依恃。北方武人私向南方提出和议,以真伪两国会同时解散,国家官吏两派瓜分为调停之条件,南部军人或不受其愚弄。盖北方武人以为国家财产共同分占,人民权利任其蹂躏为诱惑南人独一无二之好机,而不知其策之谬也。

北方官场消息谓,美国愿中国止息内争,如南方不同意,北派武人将引美国势力压抑南方云云。当世界皆战之日,北方武人曾诬吾辈为反对战争。今和平发轫之时,北方武人又将转诬吾辈为反对和平。吾人不顾利害,曾挟民主主义尽力奋斗,虽日本以金钱武器假手北方摧锄吾辈,始终犹获生存。设美国以道义物质之力为北方武人所假借,以压折人民,则中国民权发达之望,生机必绝,唯搔首问天而已。

余为中国民权正义永久和平计,代国民为诚恳之呼吁,敢明告阁下以唯一无二之平和条件,即民国国会须享有完全自由行使其正当职权是也。如此单简合理易行之条件,尚不能办到,则唯有继续奋斗。虽北方武人援引任何强大压力,吾人为民请命,皆所不顾。国会者吾国革命烈士流血所得民主政治立国之基,万不能坐视武人摧折也。此一次国会受约法上之委托,为民国创制永久宪法,断非非法机关所能伪造。况解散更为国法上所不许乎?昔袁世凯阴谋帝制,威灭国会,国民犹起义兵讨之,袁氏因以败亡。今日之役,实为国会军第二次战争也。此国会者,即美国由阁下代表首次承认之中华民国也。阁下必主持正义,慰予请求。务所以拯救欧人者转以拯救中国。敬愿阁下代中国受压抑之人民致一语于北方武人曰:此国会乃阁下所承认之国会,务须尊重者也,此上。

孙　文

据上海《民国日报》一九一八年十一月二十三日《孙中山先生致美大总统威尔逊电》

致徐世昌电

（一九一八年十一月三十日）①

北京徐菊人先生鉴：自起护法军以来，已历一年有余，南北两方，互相对峙。所谓国是，至今尚无由解决。近顷欧战终息，强权消灭。我国亦须顺世界大势，恢复平和。美国大总统威尔逊氏，本年九月二十八日在募集第四次公债之际所演说，实为解决国际、国内一切兵争之根据，各国均依此为保证。目下世界各国已将尊崇正义、永久停止兵争，岂独我国不能舍兵争以求平和解决耶？执事已令其部下停战，本军政府亦已令前敌将士中止进攻，然彼此尚未实行。平和谈判业经接近，徒坐耗时日，颇为遗憾。兹特披沥诚心表示，希望真正和平，认上海为适当中立地，应仿辛亥前例，双方各派同数代表委以全权，定期开会。一切政治法律问题，不难据理判断，依法解决。务望图谋国利民福，以保永久平和，兹特电致执事，乞速复示。

据上海《民国日报》一九一八年十二月七日

与岑春煊等致参议院电

（一九一八年十二月三日）

参议院鉴：兹致北京徐菊人先生一电，文曰："北京徐菊人先生鉴：接钱君幹臣宥电，斤斤致辩于军与匪之区别。夫淫杀掳掠谓之匪，试问陈树藩、李厚基部下，军其名而匪其实者，何限外人指责，舆论抨击，事实具在，若必指定某某人为匪，则此间亦不难胪列陈、李罪状，以相诘责。因内争之影响，

---

① 报载电文无落款、无日期。与此电并载的徐世昌复七总裁电（孙中山居首）系12月5日发出。徐电中云"卅电敬悉"，据此可推断七总裁致徐电当为11月30日发。

土匪乘机窃发,煊等亦所痛心,然不能牵连混合,藉为一网打尽之计。兹以事实而论,钱电谓许、张所部入关,系本年九月间,陈树藩所请事在停战令前,然何以下令停战后,不即停止进兵,而仍兼程开往?井道之死,钱电谓为郭坚、李良材所刺杀;查李良材诈降诱杀井道,即割首献陈树藩,确凿可证,良材郭坚所杀,何以反献首于陈?钱电谓闽中于十一月二十、二十一、二十四等日,涵江、蒲田均有战事;查此间于十一月二十二日下令停战,在未奉令以前,前敌发生战事容或有之。至于永泰之失而复得,明明北军先袭聘皋所致,现据陈炯明俭电报告,永泰方面本月十四日,北军有公文来商停战,忽于十五日拂晓分路来攻,内有奉军一部,激战至一昼夜,现粤军已退守嵩口,此又何谓者?钱电谓王旅赴闽,系隶于萨督办,以备清乡之用;闽中军队甚多,用以清乡颇有余裕,更加劲旅,岂非增兵?鄂西方面,川军早退,而近据柏文蔚漾电,王督军忽向成鹤峰进兵,且闻有限四星期收复恩鹤之说。至于宁羌沔县之事,系在十一月二十四日以前,彼时尚未停战,何能引为口实?又据熊督军来电,自奉令后,已一体休战。总之剿匪与停战事难分明,若剿匪无已时,亦即停战无期日,待恃往复答辩,迁延时日,恐愈陷大局于纷纠。兹为避免争执,促进和平起见,特以三事相商:一宜定划定停战者,暂就现在驻扎地点为其界线,不妨邀请就地领事或教育会为之证明。二宜担任区域内之治安,各剿其匪,各卫其民,毋相侵犯。三宜禁止逾越界线,如甲军队越入乙军队区域时,即认为有意开衅。对于陕西方面,由双方公推威信素符之大员,前往监视划定驻兵区域,以免纠纷,亦是正办。以上各节关系和议之成否,亦即关系大局之安危,执事素以悲悯为怀,即希迅饬北方各军遵照办理,伫候见复。岑春煊、伍廷芳、陆荣廷、唐继尧、孙文、唐绍仪、林葆怿、冬。"等语,特闻,乞主持公论,促成和局,是所切盼。岑春煊、伍廷芳、陆荣廷、唐继尧、孙文、唐绍仪、林葆怿。江。(印)

据《参议院公报》第二会期临时会第四号(广州一九一九年)

致徐世昌电

（一九一八年十二月十日）

徐菊人先生鉴：微电诵悉，渴爱和平至符素愿。惟昨接钱君幹臣来电，于对等会议及和平会议前途，似生障碍。其电中有唯一政府等名称，此间断难承认，应查照卅电，仍在上海开和平会议，除各派代表十人外，另各推总代表一人，相对开议，毋须首席。如荷同意，即请将代表之人，互相通知。惟接钱君幹臣支电，指陕西为匪区，殊深骇诧。陕西为护法区域，昭昭在人耳目，何得借口剿匪，四面进兵。如果诚意和平，陕西南北两路尽可指定驻兵地点，凡所在驻区域内如有匪患，各自剿办。何可混称匪警，置陕西于停战区域之外？又据确实情报，入浙奉军一混成旅旅长王永泉、团长陈忠贤、高维岳，参谋长程恒式现分两路入闽，一由宁波取道向福州，已有炮兵一营乘超武兵轮出发；一由衢州经赣边向延平，计步兵约二团、机关枪、工程、辎重等队全部，于月念一日由杭州出发。是北方停战其名，激战其实，衅由谁开，责有攸归，支电即其明证。若陕西不在停战之列，闽中又不停止进兵，是尊处不欲和平。前敌各战地不一律切实停战，和议何由而开？故陕、闽问题应请明白答复。嗣后惠教并请径电以昭诚信，是所切盼。岑春煊、伍廷芳、陆荣廷、唐继尧、孙文、唐绍仪、林葆怿。蒸。

据上海《民国日报》一九一八年十二月十九日

致军政府及国会电

（一九一八年十二月十六日）①

军政府暨国会同鉴：美总统威尔逊氏，对于我国之主和条件经已赞同，

---

① 此电所标时间系上海《民国日报》发表日期。

以为我国国会应有完全自由之权行使法理上职责。彼尽其能力,协助我国,俾达民主共和及公正平和之目的。至其他要求,均可让步,惟上述之条件,务须坚持,鄙意主张,由我国政府以正式公文,要求美总统出为我国调人。谨专奉布。孙文。叩。

据上海《民国日报》一九一八年十二月十六日《护法要人对于解决时局之要电》

与岑春煊等联名致徐世昌电①

（一九一八年十二月十七日）

万急。北京徐菊人先生鉴:蒸、真两电,谅均达览。陕中警告迭至,北军增援计有四旅之多。而南军第四路总指挥关中道尹井勿幕于十一月二十一日为陈树藩戕害,事在停战令后。又据漳州陈炯明文电报告,永泰北军于本月五日袭击聘皋。并闻王旅兼程猛进。又据黎天才、唐克明、柏文蔚等冬电称,王占元将施南一隅,划为匪区,并限四星期收复恩鹤等语。似此假借剿匪阴行进兵,于和局大有关碍。井勿幕是官非匪,尽人皆知。黎、唐诸军旗帜鲜明,护法经岁,以此名匪,何难反唇。执事既通告派遣议和代表,所为若此,谅非执事之意。务望约束诸将,严令停止入陕、入闽各军,并饬王占元遵奉停战命令,与鄂西各军驻守原地,静待解决。和局成败,在此一举,立候答复,幸勿推延。岑春煊、伍廷芳、陆荣廷、唐继尧、孙文、唐绍仪、林葆怿。篠。（印）

据上海《民国日报》一九一八年十二月二十六日《七总裁再诘徐氏电》

---

① 1918年5月4日孙中山辞大元帅职后,勉力接受广州军政府政务总裁职务,特派徐谦赴粤为全权代表。但1919年9月9日孙中山致电军政府,声明"所有八月十日以后发出文电署有文名者,概不负责"。为此,本卷将孙中山在1919年8月10日以前以广州军政府政务总裁名义与其他总裁联名所发的文电仍均收录。

致北京政府电[①]

（一九一八年十二月二十一日）

望此次和平会议能使旧国会完全行使其职权,以尊重民主主义。其余条条〔件〕若不妨碍护法大体,均可让步。

据长沙《大公报》一九一八年十二月二十二日《孙中山有急电到京》

致北京政府电

（一九一八年十二月二十二日）[②]

请政府迅将和议所持宗旨电告南方,日来所持问题即不难迎刃而解。一俟和局告成,个人立即赴欧观察之和平会议。

据长沙《大公报》一九一八年十二月二十二日《孙中山有急电到京》

与岑春煊等致李纯电

（一九一九年一月二日）

万急。校正南京李督军鉴:永密。敬、敬二、勘各电均奉悉。各代表均已确定,不日发表。惟此间以为非陕、闽鄂西停战问题解决后,不得开议。敬二电开示各节,具荷关垂。并谓划定区域,各守原防,则军之界限定,而区

---

① 此电及下件电文均为报载电文要点。
② 此电所标时间系长沙《大公报》发表日期。

内之匪,各担任剿除之,极为扼要之论。第军与匪之区别,首宜分明。北方坚持郭坚等为匪,则郭坚等部下驻扎之地点及其人数,纵使开列,亦属无益。今之争点,在北方指军为匪,而非指各军区域内之匪。若如尊电所云,尚复何所争执？尊意拟由双方或居间公团,派员分往指导监视,秉公商定,煊等极表赞同,或请就地领事及教会为之保证亦可。即请转告北方,迅速决定。对于陕西方面,或由双方共推威信素符之大员前往查视,划定区域,以杜纠纷,亦所深盼。岑春煊、伍廷芳、陆荣廷、唐继尧、孙文、唐绍仪、林葆怿。冬。（印）

据秦孝仪主编《国父全集》第五册(台北近代中国出版社一九八九年版)

与岑春煊等致徐世昌电

（一九一九年一月九日）

十万火急。北京徐菊人先生鉴：兹派定唐绍仪君为总代表,章士钊、胡汉民、李曰垓、曾彦、郭椿森、刘光烈、王伯群、彭允彝、饶鸣銮、李述膺诸君为代表,即日赴沪,听候陕、闽、鄂西问题解决,即行开议。特此通告。岑春煊、伍廷芳、陆荣廷、唐继尧、孙文、唐绍仪、林葆怿。佳。（印）

据北京《政府公报》第一○六四号(一九一九年一月九日)

与岑春煊等致徐世昌电

（一九一九年一月十一日）

万急。北京徐菊人先生鉴：佳电谅达。顷接四川熊督军克武勘电称："前月马日,北军乘我不备,突出大队,相继将沔县、宁羌各处占据,且复进逼川境。"闻之骇诧。前接钱君幹丞宥电,方以汉中之事,为笃守信约铁证,今何如者？口血未干，战祸复起，令人痛心。执事果以宁息为怀，应请责令北方前敌各军，退出占据各县。又顷据李督办根源转据成司令阳电称："据报信丰北军增加一团，九渡水亦增加三营，安武军均调回前线，丁效兰所部均转回南克□，吴鸿昌在赣州招募新兵甚众。"似此行为，尤为惶惑。北军于陕、闽等处增兵不已，复又施之赣省，究竟是何用意？是否北军自由行动？应请飞饬查明撤退，以昭大信。鹄候复音。岑春煊、伍廷芳、陆荣廷、唐继尧、孙文、唐绍仪、林葆怿。真。（印）

据秦孝仪主编《国父全集》第五册（台北近代中国出版社一九八九年版）

与岑春煊等致徐世昌电

（一九一九年一月十四日）

急。北京徐菊人先生鉴：佳电谅达。李曰垓职，现改派缪嘉寿君为代表。特此通告。岑春煊、伍廷芳、陆荣廷、唐继尧、孙文、唐绍仪、林葆怿。盐。（印）

据北京《政府公报》第一○六四号（一九一九年一月十九日）

与岑春煊等联名致徐世昌电

（一九一九年一月二十二日）

北京徐菊人先生鉴：顷据于督军右任一月二日函称："自许兰洲、张锡元接防潼关、二华、临潼、蓝田及省城东关等处后，陈树藩、刘镇华之兵替换出战者，不下十五、六营，一一移之西路前线。一面以刘镇华之镇嵩军全部攻敷屋。十二月二十四、五日以来已有战事；一面以陈军全部攻武功，已于十二月二十八日占领武功。又陈部张飞□攻陷兴武，晋军亦有由韩部西进之说。"闻之骇异。陕中以张、许之军填防,以陈、刘军之作战,是张、许所部虽未直接交绥,而间接攻击,事实俱在。北方于停战之后,无故增兵,因增兵之故,重开战祸,变幻不测,真可痛心!今议和代表均已赴上海,陕西划驻办法,亦已电复苏督,宜若可以已矣。乃又节节进攻,一面划驻区域往复磋商;一面使前敌更番攻击不已,似此言和,何以征信。执事如愿平和实现,请明令陕中北军停止进攻,并按照致苏督马电切实划定界线,以释纠纷。鹄候电复。岑春煊、伍廷芳、唐继尧、唐绍仪、孙文、陆荣廷、林葆怿。祃电。

据上海《民国日报》一九一九年二月五日《七总裁诘问陕事电》

致顾维钧王正廷等电①

（一九一九年二月十二日）

照约宣言,以维主权。请将最近交涉真象达知,以释疑念。

据上海《民国日报》一九一九年二月十三日《护法方面之大注意》

致鄂西各将领电

（一九一九年三月二十三日）

夔州黎辅丞先生、施南柏烈武先生、吴厚斋兄及鄂军各将领均鉴:皓电惊悉高君固群被狙殒命。高君起义元勋,有功民国,陡闻凶变,曷胜悲痛!前此蔡君幼香②既已被戕,今兹高君重复遇害。以鄂军所在之地,迭出残害有功之人,凶暴横行,谁尸其咎?即希穷究主名,以昭法纪而慰英灵。孙文。

---

① 为中日交涉事,广州护法政府七总裁联名致电出席巴黎和会的中国代表及专员。
② 幼香,一作"又香",即蔡济民。

漾(二十三日)。

据胡汉民编《总理全集》第三集(上海民智书局一九三〇年版)

致志诚俱乐部诸君电

(一九一九年五月六日)①

成都杨省长转志诚俱乐部魏、游、陶、曹、王诸兄鉴：□密。川地强邻逼处，内氛未靖，正吾同志卧薪尝胆安内攘外之秋，诸兄与沧白皆患难至交，当能协力同心，向前途奋斗。〈文〉现定救国方策，在使国会完全行使职权，否则另图根本解决。各方交涉尚在进行，知注特达。再：接陈璞、颜若愚、曹笃、游运熙、夏之时、郭崇渠诸兄来电，云有组织国民党支部事。如何情形？乞电复。孙文。鱼。

据中国国民党中央文化传播委员会党史馆藏一般档案 049/392

与岑春煊等致徐世昌电

(一九一九年五月九日)

北京徐菊人先生鉴：顷闻北京学生，为山东问题警告曹汝霖、章宗祥、陆宗舆诸人，发生伤毁之举，有将为首学生处以极刑，并解散大学风说，不胜骇诧。青年学子以单纯爱国之诚，逞一时血气之勇，虽举动略逾常轨，要亦情有可原。且此项问题，何等关系，凡属国民有常识者，类无不奔走沈汗，呼号以求，一当义愤之余，疑必有人表里为奸，则千夫所指，证以平日历史。又安

---

① 此电原未标明年月。今据文中所言"〈文〉现定救国方策，在使国会完全行使职权"，又云"各方交涉尚在进行"，当是1919年5月事。

得不拼命以伸公愤。其中真象若何,当局自能明了,倘不求正本之法,但藉淫威以杀一二文弱无助之学生,以此立威,威于何有,以此防民,民不畏死也。作始也微,毕将也巨,此中概括,系于一二人善自转移。执事洞明因果,识别善恶,宜为平情之处置,庶服天下之人心。敬布胸臆,愿熟察焉。岑春煊、伍廷芳、林葆怿、陆荣廷、唐继尧、孙文。佳。(印)

据杨亮功、蔡晓舟编《五四运动》(传记文学社一九八二年版)

与岑春煊等联名致龚心湛①电

(一九一九年五月中旬)②

　　北京龚仙舟先生鉴:现据李代表述膺马日电称:顷接三原于督军③急函称:"我乾县守将王珏、郭英甫于月之五日突围退出,王沿河源退至楼松,郭走醇化,虽沿途迭被陈军④截击,差幸尚无大失。不意陈树藩复使其部下张金印、张飞生、姚振乾、郭金榜、白弋人,分兵五路大举过河,声言追击王、郭,实则冒犯我三原。现郭金榜已开至化刹,姚振乾已开至北杜村,并威逼驻扎泾阳胡司令景翼之部下田玉洁,使其让路。又声言非将社树借伊屯兵,攻打三原不可。此后陕西大战之开,自在意中,刻正在紧急中。查乾县本为王、郭二守将血战数月,死守未失之地,当然属靖国军辖域,本无退出之理。只以张瑞玑、陈树藩誓志争乾,甚至加派重兵,增拨药弹,欲藉我方后援之师,诬为衅自我开之据,包藏祸心,糜烂不顾。我军不忍乡人重罹水火,南北再起干戈,故以陕民为重,乾县为轻,大局为重,乾县为轻,万事隐忍,决然退

---

① 龚心湛,号仙舟,原为北京政府财政总长,1919年6月13日奉令暂代国务总理职务。
② 此电原未标明时间,据电文中斥责陈树藩在上海南北和议开始之时,"抗命纵兵"进犯陕西,现"和平未有破裂,又复首先挑衅",当发于1919年5月21日上海南北"和平会议"宣告最后破裂之前,今酌定为5月中旬。
③ 于督军,指于右任。
④ 陈军,指陈树藩军。

出,亦可以如陈氏之愿矣。何图既据乾县,又犯三原?人咸望和,彼独挑战,贼心如是,天理何存?右任等于军府委曲求和之时,始终以维持陕局为唯一之天职,决未有稍鬻战争之道德,以遗军府羞者。故兹电陈之后,陕西战事再开,右任等决不负责。敢请军府迅向北京政府严电诘责,并饬令陈军退驻原防地点,而以乾县为中立地,以免激成战祸,无任惶悚待命之至。于右任、张钫叩。文。"等语,谨转奉闻等情。阅之骇叹。陈树藩当和议开始之时,抗命纵兵,几坏大局。现和平未有破裂,又复首先挑衅,甘为祸首,始终破坏和局,别有用心,应请严振纪纲,速饬该军退驻原防地点,并以乾县为中立地,俾免接触,致碍和平。仍望速复。岑春煊、伍廷芳、唐继尧、陆荣廷、林葆怿、孙文。

据上海《民国日报》一九一九年七月六日《军政府为陕战重开诘责北庭电》

就南北议和停顿的通电

(一九一九年五月三十日)

上海唐、朱总代表、南北代表,各省督军、省长、各巡阅使、各都统、各护军使、各省议会、商会、教育会、各和平期成会、各和平联合会、各团体、各报馆均鉴:顷复钱干臣电文曰:"北京钱干臣先生鉴:翰、宥电均悉。和会再停,诚时局之不幸。以国际之危迫,民生之痛苦如此其甚,彼此既抛其所信,而降心言和,而又一停再停,抚心自问,实无词可告无罪于国人,故引咎于全国父老之前,则春煊等无所避舍。如翰电因提出八条之故,欲以词胜理有所归咎,是则期期所不敢承者。夫南北两总代表之派出本各异以全权,勿论提出何案,两方当局只可于会议后加以裁定,断不能于会议前遽为干涉。且既名会议,勿论提案如何,要自有磋商讨论之余地。自沪上开会以来,此间始终认定全权与会议两义,绝不从而牵制其间,此海内外所共见者。而北方则一面开会,一面攻陕,停战令之效力至今犹未能完全证实。况此次唐总代表提出八条不过一、二日间,北方当局之逐条痛驳,北总、分代表之辞职,及赴宁待命。种种警报络绎而至,不惟南代表意见不见客纳,即北代表之权能亦无从行使。全权之谓何?同一辞职,南方方极意挽留,北代表已纷纷离沪矣!然则和会之所以再停,谁令致之?自有国人公判,无待费词。春煊等所不释然者,以北代表纷纷离沪,疑有重大变迁,重为吾民累耳!今奉宥电始知北方亦挽留代表,此又国脉、民命断而复续之会,如天之福,时局不致破裂,抑又何求?惟继续和议非有交让之精神,更无接近之机会,此无可疑者也。来电撤回八条全案,或表示切实让步之说。窃以为今日之和会非若城下寻盟,只有一方之意思,彼此既不能相强以必承,又何能明禁其不提,提与承之间尚有会议□政。窃认'撤回'两字不成论据,又和成基于交让,既撤回代表,明明示人,安能责人之让,以今日之混沌,所谓切实让步亦不知从何说起?若来电爱护国家、尊重和平之说,果出至诚,窃谓当先定继续和议之办法,然后进议条件,开诚相见,自有解决之方。如何?即候酌复。岑春煊、伍廷芳、陆荣廷、唐继尧、林葆怿、孙文、刘显世、莫荣新、谭浩明、谭延闿、熊克武。卅。等语。"合转闻。岑春煊、伍廷芳、陆荣廷、唐继尧、林葆怿、孙文、刘显世、莫荣新、谭浩明、谭延闿、熊克武。卅。(印)

据上海《申报》一九一九年六月六日《广东军政府来电》

致徐世昌电

(一九一九年五月)

责以不能为卖国者庇护,且不能妨碍学生与各界之爱国运动。

据《孙逸仙先生言行小识——关于对帝国主义者之奋斗》,载《胡汉民先生遗稿》(台北一九七八年版)

与岑春煊等联名致龚心湛电

（一九一九年六月中旬）①

北京龚仙舟先生鉴：闻尊处电令欧洲和会中国专使，俟奥约签字后，即将代表团解散，并饬陆、王、魏②各使回国，顾③使留办德约。查德约关系至巨，国人注目，当此千钧一发，维系需人，岂宜将得力人员，遽召回国？王使争持最力，尤须始终其事，且匈、布、土三约签字在即，此间业已电令王使留待签约，果有召回之事，应请迅令取消，并责成陆、王等始终办理，免致国内惊疑。并盼速复。岑春煊、伍廷芳、唐继尧、陆荣廷、林〈葆〉怿、孙文。

据上海《民国日报》一九一九年九月十日《南方阻止专使返国电》

与岑春煊等联名致徐世昌电

（一九一九年六月下旬）④

北京徐菊人先生鉴：报载尊处于十二日电巴黎和会专使，令其签字和约，并闻胡惟德报告亦有签字主张。所闻非虚，将于外交史上铸一大错。务恳顾念民意，维护主权，勿令巴黎专使以无条件签字，即使有碍情形，只能让步至保留山东三款而止。存亡所判，乞即表示决心。岑春煊、伍廷芳、陆荣廷、唐继尧、林葆怿、孙文。（印）

据上海《民国日报》一九一九年七月五日《军府之外交主张》

---

① 此电原未署日期，唯电文提及北京当局电令中国出席和会专使"俟奥约签字后，即将代表团解散"，则此电发出日期应在6月底匈、布、土三约签字以前，今酌定为6月中旬。

② 陆、王、魏，指陆征祥、王正廷、魏宸组。

③ 顾，指顾维钧。

④ 此电原无日期。巴黎凡尔赛和约于1919年6月28日签字，此电发于签字之前，当在6月12日至28日间。今酌定为6月下旬。

致陈炯明电

（一九一九年六月至七月间）①

无线电机拟买十架，共价四万元，定在沪与华昌立合同，在沪交价，以归统一。初托美东同志②筹款代办之议，着即取消。各埠筹饷，统寄上海分发可也。孙文。

据中国国民党中央文化传播委员会党史馆藏一般档案 051/254

与岑春煊等联名致徐世昌龚仙舟电

（一九一九年七月五日）

北京徐菊人先生、龚仙舟先生鉴：现据中国银行股东联合会干事陈青峰等漾电称：北京安福派把持政权，蓄意攫夺中行。四月众院先通过恢复二年则例案，经股东反对。北政府通电各省商会，允予维持六年则例，龚财长出为同党疏通，以加股为调停，归安福包办。京中总行定六月念九日召集临时股东会，今距开会不久，忽又通过参院财政，又云暂不公布，更云拟再修正六年则例，安福先以强取，继以巧夺，北政府已无能力主持。查六年则例成绩昭然，绝无修改之必要。加股为安福包买，旧股坐失权利，何必开北京之股东会。两事有一实行，彼派即可自由任命，总裁滥发军费，再蹈五年之覆辙，金融因而大为扰乱，非特股东血本付诸东流，于和局大有妨碍，将至全国鼎

---

① 此电原未署日期。据罗家伦主编《国父年谱》记载，陈炯明于1919年6月15日自漳州上书孙中山请购无线电机。6月29日孙中山批复："写信美洲支部采买电机。"从该电文中有"初托美东同志筹款代办之议，着即取消"看，此电当在6月29日后发出，今酌定6月至7月间。

② 指美国东部中华革命党支部同人。

沸,复启战祸,万劫不复。在沪股东曾于众院通过之日,以北京议院本属非法机关,中国银行南北各省均有分设,曾具公函呈准唐总代表①列入和平会议,今和议解散,安福派野心益炽,与财政部狼狈为奸,欲乘此以财部五百万之股权,以整敌散,逼迫加股,以遂其欲,股东暂不承认。现在上海、北京、天津、汉口、福州、江西、香港、开封各省股东,均已设立股东联合会,声明非俟南北统一,正式国会成立之后,无提议改革之理。为此电请总裁鉴察,于中行一经扰乱,南北金融胥受其害,和议益远。伏望迅电北政府严重交涉,维持中行现状,以免捣乱金融,贻害大局。事机急迫,伏候电示等情。查中行六年则例行之有效,乃尊处利用非法机关,无端修改,扰乱全国金融,而莫之或恤,居心何若,诚可痛心。且国家于商民信用久堕,设若一再巧取豪夺,则缓急举不可恃,莫谓天下为可欺,尚望顾念舆论,维持中行现状,收拾人心,在此一举。幸速图之,并盼见复。岑春煊、伍廷芳、唐继尧、陆荣廷、林葆怿、孙文。歌。印。

据上海《民国日报》一九一九年七月十四日《军府维持中行电》

与岑春煊等联名复吴佩孚电

(一九一九年七月六日)②

(衔略)青电诵悉。外交失败,民气激昂。当局者不能谅民之心,而惟事防民之□。伏阙陈东接踵入党人之狱,噤声刘胜盈庭,无净谏之词,人而云亡国必无。幸某等大声疾呼,竭力□□□,护持民气,赏惠士林之绩,较战胜郊原,折冲樽俎为多。凡有血气,谁不感激。至于请开国民大会,宣示交涉情形,尤能明外交真相,释民众之疑团。同人等欲尽匹夫责任,自当协力

---

① 指唐绍仪。
② 此电所标时间系长沙《大公报》发表日期。

追随。特电赞同,仍希教益。岑春煊、伍廷芳、陆荣廷、唐继尧、林葆怿、孙文叩。

据长沙《大公报》一九一九年七月六日《岑伍各总裁复吴佩孚电》

致广东军政府电

（一九一九年七月十八日）

闻警厅因国民大会拘捕工学界代表,将加以殊刑。方今文明各国,不闻有压抑民意之政府,我粤为护法政府所在之地,岂宜有此等举动？尚冀所闻之不实,万一有之,请即予省释。盖民气以愈激而愈烈,若专恃威力,横事摧残,不惟为粤人之所公愤,亦即全国之所不容也。幸审图之,即候复电。

据中国国民党中央文化传播委员会党史馆藏一般档案 050/299

复许卓然等电

（一九一九年七月十八日）

安密。转许卓然、杨持平、张幹之、潘雨峰诸兄鉴：顷接东电,并据民钟、亚佛面陈近情,知兄等捐除小嫌,同心御侮,谋同志之团结,策国事之进行,大义昭然,深用嘉慰。其善后事宜,可即与汝为军长妥筹进行,庶协力救国,发扬吾党之光荣,有厚望焉。巧。

据中国国民党中央文化传播委员会党史馆藏一般档案 050/299

复龚心湛电

（一九一九年七月十八日）

北京龚仙舟先生鉴：奉真电具见慎重外交。此间已宣告全国，使天下晓然于不签德约之别有原因。尊处电询专使何种手续适用，谅已得复。仍望电知，以便一致对付，此复。岑春煊、伍廷芳、陆荣廷、唐继尧、林葆怿、孙文。啸。（印）

据长沙《大公报》一九一九年八月十六日《岑春煊伍廷芳陆荣廷唐继尧林葆怿孙文电》

致杨庶堪电

（一九一九年七月二十日）

成都杨省长鉴：接铣电，惊悉淡游①溘逝。迩年党中英俊，相继摧折。淡游夙事奔走，万里入蜀，方冀展足，遽闻凶讯，感痛何言。后事既得仙峤主持，稍慰远念。临电怅惘。号。

据中国国民党中央文化传播委员会党史馆藏一般档案050/299

致各军电②

（一九一九年七月至八月间）③

漳州陈总司令转陕、川、滇、黔、鄂、湘、赣、闽、粤、海南北军各督军、各司

---

① 淡游，即周淡游。
② 此电系为恢复国会行使职权致南北各军电。
③ 此电原未署明日期。按自5月13日南北议和中止后，在列强指使下酝酿复会，孙中山认为续议"理固无由可成"，乃于7月2日令胡汉民辞去南方议和代表职务。今酌定此电发出时间为7月至8月间。

令均鉴：今日为求救国，故国人无不希望合法、永久之和平。但合法永久之和平，断不能求之于个人权利关系之和议。须知国内纷争，皆由大法不立。在法律，国会本不能解散，若不使国会复得完全自由行使其职权，则法律已失其力，根本先摇，枝叶何由救正？内乱何由永绝？况国家以外患而致艰危，一切有损主权、危及国脉之条约，其订立，本未经国会之同意，故亦惟恢复国会完全自由行使职权始能解除之。盖订约解约之权，本在国会，擅订固属违法；不以未经国会同意为基础而言解约，亦无可解之理由。故和议初开，文即以恢复国会完全自由行使职权为惟一条件，必令此后南北两方蔑视合法国会之行动，一切遏绝，凡与合法国会不相容之机关组织，悉归消灭，则和平立谈可致，外患内忧，皆不足虑也。国民对我主张，多数赞许，乃不幸议和数月，竟无结果。今虽日言续议，理固无由可成，抑且外法律以言和平，其和平岂能永久，外患又何由可息哉！今日言和平救国之法，惟有恢复国会完全自由行使职权一途。苟此而不行，则是已将八年来我国民苦心维护之民治，根本推翻。文惟有与我同志重行根本之解决，以改造一更合民意之政体，必使外患消除，内乱永绝。文非好言破坏也，欲谋救国，不得不然，抑且民方倒悬，亦断无束手待毙之理。诸君虽处境不同，置籍于中华民国，则一栋折榱崩，岂能无惧。希以中华民国国民之资格，受此忠言，一致通电，主张共谋救国之业。苟使国会得恢复完全自由行使职权，永久合法之和平，于焉可得，则文之至愿也。若有沮格此议，以便其私者，则和平破坏之责，自有所归。尤望诸公以救国之本怀，捐弃猜嫌，与文共达此重新改造中华民国之目的。国步方艰，时不待人，苟且迁延，为厉滋大，诸公爱国，幸速图之。

据中国国民党中央文化传播委员会党史馆藏一般档案
050/356

致广州非常国会电[①]

（一九一九年八月七日）

广东参议院、众议院公鉴：前岁文以国会受非法解散，民国中绝，偕同海军至粤，宣言护法。国会议员相继到粤，开国会非常会议，组织军政府，推文为陆海军大元帅，以国事相付托。就职数月，以武人掣肘，大业中沮，良所歉怀！去岁国会非常会议，遂有改组军政府之议。文以为改独任制为多头制，委托不专，责任不明，必无良果，未敢苟同。不幸意见未蒙采纳，改组议定，仍举文为总裁，两院代表诸君复再三敦迫，谓文不就职，军政府组织不完，故勉派代表列席军政府政务会议，所以委曲迁就，以尊重国会之意旨者，原冀不坠护法初心。当时北方非法国会，选徐世昌为总统，经文嘱所派代表提议申明讨伐之令，而军政府诸武人明示赞同，暗为延搁，讨伐令遂无形消灭。及国会议决改军政府名称为护法政府，又拒不执行。文嘱所派代表力争，卒归无效。文于是得诸武人并无护法诚意之确证，及伪廷势绌停战，文嘱代表与伍总裁共主张合法和平永久和平，以为国民庶可小息。而军政府内不法武人，蔑视国会所信任之代表，与经两院议决之和平会议条例，以军政府总裁之地位，或勾结叛人，或私订牺牲国会之密约，更有不经会议，径电各省以征求意见之名，唤起不利国会之主张者，暨阴私显露，尚以个人函电来往自解，文于是知诸武人止图私利，不顾国法之决心。至最近粤省人民，以爱国之热诚，与安义地方之至意，基于约法上之自由，为表宣民意之集会，军政府之陆军部长指麾军警，枪击公民，捕其代表，欲置死地，用日本对朝鲜所未用之手段，敢犯伪政府所不敢犯之民意，虽经文嘱代表再三忠告以当从民意！仍置若罔闻。更知不法武人，已以割据西南为志，故于人民参与政治之举，力图破坏，徒使民国名存实亡。彼借国会所授之权，以行国民所深恶之政

[①] 此系孙中山为抗议桂系军阀操纵军政府大权致广州国会辞军政府总裁电。

治,移对付非法政府之力,以残虐尽力救国护法之人,毒害地方,结连叛逆,欺骗国会,蔑视人权,文决不忍与之共饰护法之名,同尸误国之罪。兹特辞去军政府总裁一职,以后关于军政府之行动概不负责,望国会同人努力奋发,使用国会之最高权,为国家求根本正当之解决,庶不负诸君子护法初衷,是则文之本志也。阳。

据上海《民国日报》一九一九年八月八日《孙中山先生辞总裁电》

致湖南国民大会电

（一九一九年八月三十一日）

郴州湖南国民大会鉴:南中往事,国人共见,纵勉附虚名,于事何济？今文虽辞职,个人救国之责,仍未敢自懈,要当黾勉前趋,廓清危乱,以答诸君之意。卅一。

据中国国民党中央文化传播委员会党史馆藏一般档案 050/299

复林森转刘治洲等电①

（一九一九年九月二日）

林子超先生转刘治洲并各先生公鉴:电留甚感！文以护法之局无望,特脱离军政府,得以自由行动,另图根本之救国耳,非置国事于不顾也。所望诸公行使最高职权,毅然取消误国之军政府,毋使强盗利用,以致一误再误,

---

① 胡汉民编《总理全集》将此电时间定为1921年。据电文"电留甚感！文以护法之局无望,特脱离军政府,得以自由行动"等内容,时间当在1919年。孙中山致电广州国会参众两院正式辞政务总裁职在8月7日,辞职后给林森冬电,当是指9月2日。

庶不负国民之所托也。如公等能此，文当惟力是视，以从公等之后，而图根本之解决也。孙文。冬。

据《退出军政府复国会议员电》，载胡汉民编《总理全集》第三集（上海民智书局一九三〇年版）

复唐继尧电

（一九一九年九月七日）

云南唐督军鉴：支电悉。过承奖饰，非所克当。鄙意大局日危，国民所企，乃在有精神之护法。今兹躯壳故存，而甚者乃假以图便其私；其所作为去民意愈远，此诚有识者之所愤慨，文复何能隐默？且意亦非以洁身自了为贤也。公此时方系中外重望，如何宏济艰难，必有异于常人者。尚祈深察民意所在，矫正一切，无任企盼。阳。

据中国国民党中央文化传播委员会党史馆藏一般档案 050/299

复广州军政府电[①]

（一九一九年九月九日）

广州政务会议诸公均鉴：歌电悉。文志已决，义不再留。救国文之本怀，尽力则不必在军府中也。所有八月十日以后发出文电署有文名者，概不能负责。以后希勿再加入文名，以昭实际。孙文。佳。

据上海《民国日报》一九一九年九月十日《孙先生与军府往返电》

[①] 9月5日广州军政府政务会议致电在沪的孙中山，请勿辞总裁职。为此，孙中山复此电。

致王文华电

（一九一九年九月十六日）

王殿轮先生鉴：殿密。电悉，近顷国势危殆，北方固不足道，南方亦鲜振奋，其甚者更藉护法以便私图，遂失民望。来教独能审察世界大势与社会思潮，有发展民族精神、增进人类幸福之抱负；而执事才力，固足以左右时局，为当世所共信者，方来建设，岂异人任。闻着手运动，已著成效，不觉为之神旺〔往〕。沧伯、青阳幸得依倚，若能解决川事，既为大局改造之基础，苌筹伟略，方始发抒。临电欣企不尽，请并转沧伯、青阳，一致努力。孙文。铣。

据中国国民党中央文化传播委员会党史馆藏一般档案 050/299

致田中节子唁电

（一九一九年十月三十日）

惊悉令尊仙逝，谨电至悼。孙文、胡汉民。

据《孙文先生与日本关系画史》（日本印刷株式会社印行，一九六六年版）影印原件

复徐树铮电

（一九一九年十一月二十六日）

北京徐又铮先生鉴：比得来电，谂知外蒙回面内向。吾国久无陈汤、班超、傅介子其人，执事于旬日间建此奇功，以方古人，未知孰愈。自前清季世，四裔携贰，几于日蹙国百里。外蒙纠纷，亦既七年，一旦复归，重见五族

共和之盛。此宜举国欢忻鼓舞之不已。然还视闾阎,颂声寂然不作。此无他,内部之关系,过于边陲;心腹之忧患,重于枝末故也。国于天地,恃法律而存在。自国会被非法解散,而民国基础动摇。连年战争,以重累我四亿〔万〕万人民者,至今未艾。北方持权者,徒以为三五武人、政客,得遂其利益之要求,天下遽可无事?此不惟蔑视民意,其不通乎法治之本原,抑已甚矣。故文以为今日转危为安,拨乱反治,无过于依照约法使国会恢复其自由之职权,即外交之失败其遗害于国家之生存者,亦可由是而矫正消灭。夫治国而反以乱之,爱国而反以害之,此不智者之所为也。睹其失败,因循覆辙而不能改,非才勇之士所宜出也。今我国民莫不集矢于卖国之行动,而曩之与接为构者,岂果抱此不仁之心,抑岂更无自拔之路?惟不知诉之于法律、国会为根本解决,则祸终不息,而责无所逃。文与执事夙昔未尝通一介之信使,今乃电及,其或予我以尽言之机。而执事或亦观察国中之政象,而悾然有不安于心者,文因敢白其所见。执事能立功于国境,何必不能解罪于国民?大局转圜,事在俄顷耳。不然,内忧未宁,外患方亟,卧榻之侧,可以寒心。执事虽劳,能保不为他人作嫁衣者,而谁敢为执事贺?专复,即企鉴察。孙文。宥。

据中国国民党中央文化传播委员会党史馆藏一般档案 050/215

复廖湘芸林修梅电

(一九一九年十二月二十九日)

养电悉。军事贤劳,近日兴居何仍,念切!时局为斯,有志救国之士非抱定方针,不辞艰险,猛勇奋斗而为之,则大局前途终不易有一线光明之望;而湘中同志各军,以此时南北武人与绿林盗匪方在交相争持之际,暂得保无事。然彼等分赃割据之议成,即不难以其余力来相逼迫,至此尽图挽救之方,则其势愈难。诸同志非前进莫退守、非奋斗莫可图存。至望执事与同志各军赶行筹备,一同动作,先归除广西游勇以去内顾之忧,而免心腹之患,然后乃可另议其他。昔孔明未出师中原,先擒孟获,以今视昔,其事正复相同。岳州、长沙之役,湘中同志所身历而亲见之者。故今日唯一之计,非先除游勇,无从建立民国也。

据中国国民党中央文化传播委员会党史馆藏环龙路档案04494

复吴醒汉电

(一九一九年十二月)

施南吴师长鉴:新成密。各电均悉。唐克明在夔,尚能发电自由,相逼太甚,恐激变,缓图为上。财政一节,沧白名为省长,实亦甚困,即电知,恐不能代筹。文处沪,一介无所取与,更不能设法。请兄仍从地方财政着手整理。治军之道如治家然,坐食山崩,势必溃变,故欲固军心,必示军士以绝大目的,令其抱绝大希望,然后可与共患难。方今绿林肆毒于西南,不去绿林,西南必溃。兄处冲要,地瘠民贫,不能奋斗,即不能生存;奋斗无目的,亦不能成。湘西已经统一,向目的地进行。希兄即与湘西联络一致动作。此间当派人来,与兄面陈一切。李旅长此次有功,无任欣慰,请代致意,努力前途,共谋大业。先此电复,诸希垂察。孙文。

据中国国民党中央文化传播委员会党史馆藏一般档案050/308

致北京政府电

(一九二〇年一月二十三日)

迭据报载日使向北京政府交涉,声称:协约国对德条约已发生效力,日政府自己完全继承租借胶州权,并德国在山东各种利权等语。查我国拒绝签字和约,正当此点。如果谬然承认,则前此举国呼号拒绝签约之功,隳于一旦,即友邦之表同情于我者,至此亦失希望,后患何堪设想。如果日使提出上列各节情事,亟应否认,并一面妥筹应付方法。再查此案我国正拟提出万国联盟申诉。去年盛传日使向北京政府直接交涉,当即电询,旋准尊处复电:青岛问题关系至重,断不敢掉以轻心,现在并无直接交涉之事等语。此时更宜坚持初旨,求最后胜利。究竟现在日使有无提出,尊处如何对付,国脉主权所关,国人惴惴,特电奉询,统盼示复。

据王芸生《六十年来中国与日本》第八卷(生活·读书·新知三联书店一九八二年版)

致北京政府电

(一九二〇年二月七日)

自欧洲和会外交失败,山东问题予吾国以莫大之惩创。其尤为全国人民所痛苦呻吟者,莫如《军事协定》一端。查去岁对德战争告终,国际会议开始,尊处为《军事协定》继续延长期间之声明,一错铸成,至今为厉。迩者欧战已完全告终,《平和条约》亦已施行。就事实论,凡尔赛之和约既签,则所指出批准《平和条约》云者,已无复问题。即以所谓协约国军队同时撤退而言,和约既签,彼此即言归于好。协约名词,已无存在余地。且驻欧军队久已弛防;即驻俄之兵,亦同时撤退。终了之期已过,尚安用此协定何为?就理论言,《军事协定》指为防敌而设,今敌已不存,防于何有?若必牵引附会,强指俄之广义派为敌,则与前此协同防敌之主旨,殊属不符。况中俄原属友邦,边地相衔,亘万余里。此次俄国人民之政争,又完全属彼邦内政,我无干涉之理。吾国乃犹假借名目,故树一帜,毋乃不智。事实如彼,理论如此,此种协定,实无丝毫存在理由。半载以来,全国各界函电纷驰,要求废除《军事协定》,异口同声。煊等外察大势,内顺舆情,敢进忠告。尊处果以国家为前提,请取消《军事协定》;一切密约,宣布中外;当机立断,属望台端。谨布愚忱,立候明教。

据王芸生《六十年来中国与日本》第八卷(生活·读书·新知三联书店一九八二年版)

复陈炯明电

（一九二〇年二月二十日）

巧电悉。滇、桂冲突,实意中事。然由印泉起变,则出意外。观此今后种种变局,其有造于粤人复粤者甚多,未审兄能早日决心率粤军回粤,以收渔人之利否？如兄已决心,文当能使两粤内部数处先发动,以扰乱而牵制之;然此必兄能随即回粤方济于事,否则徒劳也。如何？望切实答复。孙文。(二月二十日发)

据中国国民党中央文化传播委员会党史馆藏一般档案 050/393

致刘显世电

（一九二〇年二月二十七日）

贵阳刘汝舟督军鉴:□密。接湖南来电称,陆荣廷派兵至永州,复派代表至尊处,商改编湘西靖国军归彼势力范围。是否属实,虽不可知,惟此次莫荣新挟李根源抗命,不啻破坏西南,形同叛逆。陆荣廷以老奸巨猾,佯为不闻,实欲乘此驱逐滇军,取消国会军政府,单独投降。近且益肆猖獗,令刘志陆围攻潮州赣军,缴械解散,以杜福建粤军入路;屯兵永州,挟谭延闿以防湘西靖国军之攻桂林,狼子野心,志不在小。文为西南大局,不忍坐视,已电在粤海陆军同志,起救协和,共除桂贼。我公为大局计,为赓续并协和计,若令一军出柳州,以冲陆贼巢穴,则彼直无所逃命耳。前此廖湘芸因名号不正失败,文已命其重张旗鼓、复出洪、溆,以收永、桂①。务祈我公电令驻湘西黔军各将领,凡遇廖军到处,即希妥为接洽,并望协同动作,以期早靖桂氛,而定西南大局,是为至祷。如何?盼复。孙文。沁。

据中国国民党中央文化传播委员会党史馆藏一般档案050/257

致唐继尧电

(一九二〇年二月二十八日)

蓂赓兄鉴:协和此次以维持兄之威信,故间道出始兴。所走之路,与广韶铁路为平行。桂贼利用铁路之便,为拦路、抄侧、尾追三面之攻击,协和能脱险而抵始兴,实天幸也。然始兴亦绝地,桂贼今用数倍之众,围而攻之,非速救恐仍不免。昨接兄漾电,具体之言,只有已以全权委托协和一语。夫协和冒九死一生而蹈绝地,实为兄也。当此千钧一发之时,所望于兄者火速出兵耳,非全权也。况滇军已有一部附李根源,则权已分裂,尚何全之足云。文为大义计,为兄并协和计,已着陈竞存出兵相救。惟桂贼对于竞存,早有戒备,则竞存一路,恐难达目的。查桂贼之徒众,现分二大部:一围攻协和,一防制竞存。其老巢则甚为空虚。闻桂贼之意以为兄之兵力,皆在川、粤,且多为李根源勾结,其中必有不为兄用者;彼料云南必不能出兵,故对兄有此轻侮之举。兄为自救计,宜火速出兵百色,其数无论多少,必能夺其胆气,而摇其根本,盖此为彼之弱点也。如兄百色之兵已动,文必令钦、廉乡团并起以扰之,而绝西江之交通。如此,则彼攻协和、防竞存之兵不能不回救老巢,而协和之围可解,竞存之阻可消,便可合攻广州。广州一下,彼众必解体矣。兵法曰:攻其所必救。今扑其老巢,非兄莫属,而胜负亦在此一着。桂

---

① 洪、溆、永、桂,分别指湖南洪江、溆浦、永州(零陵)与广西桂林。

贼灭,而兄之威信乃可复也。望勇决图之,万勿迟疑,幸甚。文。勘。

据中国国民党中央文化传播委员会党史馆藏一般档案 050/291

致陈炯明电

（一九二〇年三月二日）

琼州孤悬海外,影响不大。必高、雷、钦、廉起后,琼队内渡以助,合力攻南宁,始足制其死命。广、肇亦可起,以牵动省城。以上各属需费数万,请火速电汇来沪,以便着人回粤立即发动,然后潮、梅应之。潮、梅一动,兄当拔队入粤,则桂贼可平矣。唐处当另电着彼出兵百色,第恐彼无力耳,然亦无足轻重也。孙文。冬。

据中国国民党中央文化传播委员会党史馆藏一般档案 050/368

致石青阳电

（一九二〇年三月二日）①

顺庆石青阳师长鉴:三月二日收到段蓬仙君交来汇票八张,共伸银三万五千两正,为买飞机用之一部分。俟款到足时,乃与前途交涉立约。今先电闻。孙文。冬。

据秦孝仪主编《国父全集》第五册（台北近代中国出版社一九八九年版）

---

① 此电原无年份,据1920年10月20日石青阳致孙中山函云:"前托尊处代购飞机手枪,拟请暂缓购置……"（见《国父年谱》）,今将此电时间酌定为1920年。

致陈炯明电

（一九二〇年三月十五日）

漳州陈总司令鉴：密。近有可靠之路，有步枪二千、马枪五千、子弹七百万，总共价沪洋二十万元。银先存贮银行，然后立约，二个月可以交货。如欲购之，请即备款与前途交易。盼复。孙文。删。

> 据中国国民党中央文化传播委员会党史馆藏一般档案 050/370

致孙科电

（一九二〇年三月十六日）①

着邓子瑜、黄福芝与李绮庵接洽，酌称为讨贼军第几路司令便可。委任状须待起义立功后，乃能论功发给。其起义时期，动作须与李安邦一致。此复。父。铣。

> 据中国国民党中央文化传播委员会党史馆藏一般档案 050/384

致廖湘芸电

（一九二〇年三月十七日）

长沙督军署转廖湘芸兄鉴：高密。前接张督军元电，谓兄将来沪，今言

---

① 原电未署年月。按其内容及电末所署"铣"字，可知时间应在1920年3月16日。

派员,想系图谋进行之故,张督军英勇亢爽,诚意自矢,我极佩之。望即与绪先兄切实计划,并随时将进行情形电沪。此复删电。篠。

据中国国民党中央文化传播委员会党史馆藏一般档案 050/269

致唐继尧电

(一九二〇年三月十七日)

云南唐总裁鉴:申密。兄既具最大决心,前途光明,准可实见。〈文〉已加电各处,力促援协,惟急待商者如下:一、此次事变名为莫荣新助逆,实则陆荣廷以老奸巨猾之手段,行使其破坏护法、窃据西南、投降复辟首领之预定计划。不幸莫等胜而协败,陆则统有两广,势必拥李根源返滇,与兄为敌。即协胜而莫等败,陆则以罪名加莫等,而自处调和地位,仍不失其两广地盘。故此举必具决心,以剿平游勇,奠定西南为唯一之目的,无调和之可言。二、为达最后目的,必须合川、滇、黔全力图之。然熊克武不去,则不能纾后顾之忧。去熊计划,已命吕、向、石、颜、黄、卢、刘、廖①各同志早作准备,想已与兄接洽,今当促其速举。请兄电令驻川滇军助而促之,熊可麾而去也。熊去则废督,川省所有之众,可指挥如意矣。三、竞存决行动员,因方声涛捣乱,妨害后方,故稍稽迟。来电云,求韵松共起为助,殆未知韵松之近来隳落。此后如致电韵松,宜令其顾全大局,毋滋纷扰。四、悦卿为人不如玉堂,而海军动须巨款,今欲使其出力,只有给钱,取其可用者用之。文已着手运动。五、已电王殿轮协同湘南大举。兄对于军事计划,希随时电告。此复寒电。孙文。篠。

据中国国民党中央文化传播委员会党史馆藏一般档案 050/285

---

① 吕、向、石、颜、黄、卢、刘、廖,即吕超、向育仁、石青阳、颜德基、黄复生、卢师谛、刘湘、廖子明。

致王文华电

（一九二〇年三月十七日）

贵阳王殿轮总司令鉴：殿密。足下主张正义，欣慰之至！但婉劝莫督以大局为重，则是未知桂贼之用心。此次事变名为莫荣新助逆，实则陆荣廷以老奸巨猾之手段，行使其破坏护法、窃据西南、投降复辟首领之预定计划。假如莫等胜而协和败，两粤完全为陆势力，恐根源亦为李耀汉第二，何有于国会军政府？即协和胜而莫等败，陆则归罪莫等，而自处调和地位，仍不失两粤地盘。强盗用心，肺肝如见。故为今之计，惟有以剿平桂贼、奠定西南为唯一之目的。足下逼近贼巢，一举足以冲破桂贼之腹。刻下竞存实行动员，先收湘南、广、肇方面。湘南居韶州上游，与桂军积有恶感，若足下就近电促湘南将领，率军南下，直抵韶州，非惟解协和之危，且制广州之命。其他钦、廉方面，亦可摇动南宁巢穴者，亦着着进行。甚望足下统率精锐，就近与唐、刘二公协商出师方略。西南成败在此一举，若舍此不图，贻误滋大。希察纳赐复。此复元电。孙文。

据《讨莫之役致滇湘黔闽浙粤各省当局要电》，载胡汉民编《总理全集》第三集（上海民智书局一九三〇年版）

致陈炯明电

（一九二〇年三月十八日）

一、云南已决定出兵。二、湘南可望援应，请由兄处发一电与谭延闿，晓以大义，请他协力与滇、粤一致讨桂。三、海军可以毋虞，此间当设法制之。四、沪上粤商筹款难望。五、港商甚望粤军回粤，请兄致一函与余育之，托彼纠合港商筹款。此函寄工商银行小儿孙哲生转交便妥。六、粤中计划，前本欲先起钦、廉以扰南宁,次起潮、汕为兄前驱,三起广属以助兄取省城。今事急先起广属,次起潮、汕,三起钦、廉。七、兄款未到,颇有迟滞,近已另为设法矣。孙文。

据中国国民党中央文化传播委员会党史馆藏一般档案 050/364

致王文华电

（一九二〇年三月二十六日）

贵阳王殿轮总司令鉴：殿密。尊通电历数某会包办投降,目为西南蟊贼,词严义正,足寒奸胆。惟为根本解决之障碍物,西南方面不在某会而在游勇,篠日复足下元电曾经论列。尔时甚望足下出师,并电促湘西南同志将领,合力捣游勇巢穴。此电未知达否？不幸协和中辍,杨、鲁①退兵,两广地盘完全落于游勇之手。彼旦夕所谋直接与复辟首领讲和,不惮盗卖西南以求逞其私者,至此乃实现矣。吾辈不欲言救国则已,如言救国,则此根本为害之游勇,非先扑灭不可。或有以先剿游勇,有似内讧,恐为敌人所乘,不如北进讨贼,易得多数之同情。不知兵家之所忌,最在后顾之忧,昔孔明未出祁山,先擒孟获。盖内患不清,则外侮无由御。今两广完全为游勇占有,即欲前进,后方之补充接济,将何取资？况贵州与黔、桂犬牙相错,尤足扰害后方者乎？足下智勇过人,知必抱最大决心,以先扫游勇为清内患之唯一任务也。〈文〉已与蕢赓、协和迭电商榷,均荷赞同,共筹讨贼,汝舟②兄亦曾电告。千钧一发,伟画如何？立候电示。孙文。宥。

据中国国民党中央文化传播委员会党史馆藏一般档案 050/254

---

① 杨、鲁,即杨益谦、鲁子材。
② 汝舟,即刘显世。

致陈炯明电

(一九二〇年三月二十七日)

梯云尚未到,若到,则此款当然可交来。惟以钱而与以省长,此风不可开。海军不必买,只能得省城,则彼必来。今日之要,在兄能勇决猛进,余事皆可顺手,不必分心顾虑也。文。

据中国国民党中央文化传播委员会党史馆藏一般档案 050/365

致陈炯明电

(一九二〇年三月二十八日)

海军绝无可虑。就使方、魏①作祟,亦无能为力,只在我能破桂贼耳。倘桂贼胜,则彼必依桂还,以全闽亦不能动也。若我胜,则其中必有一大部分,仍惟我命是听。总之兄军能扑广州,则海军我可负完全责任。请放心速进。孙文。

据中国国民党中央文化传播委员会党史馆藏一般档案 050/366

致陈炯明电

(一九二〇年三月三十日)

粤民望兄,如望云霓,此行回粤,必可成功。介石、仲恺有船即来。传闻

---

① 方、魏,即方声涛、魏邦平。

协和已攻下大桥,离韶城四五十里,桂贼死六七百,伤者过千云。陆贼已急电岑调和,此可见贼胆已寒,贼焰已衰,可一击而破矣。速进。孙文。

> 据中国国民党中央文化传播委员会党史馆藏一般档案 050/361

致李绮庵李安邦电

（一九二〇年三月三十一日）

绮庵、安邦兄同鉴:电汇万元为安邦计划用。筹备后须与协和代表徐鹤仙接洽,查确协和无调和乃可动。若协和已调和〈则〉息。再则,绮庵须另备钦廉、潮汕同时发动,为粤军回粤之先导可也。孙文。卅一叩。

> 据中国国民党中央文化传播委员会党史馆藏一般档案 049/224

致陈炯明电

（一九二〇年三月下旬）①

香港来电,海军愤兄攻方②,已与莫合派兵船,护泰顺轮载刘达庆兵来闽攻兄。海军不足畏,所患者仍为桂贼耳。闻兄曾阻海滨图刘志陆,不先发制人,反使刘得从容灭伍③,及隔绝其部下之革命党人与外间通消息,致敌势固张,同志胆寒,殊为失策。此后汕头不可图矣。桂贼今请岑与协和调和作缓兵计,一面以大兵欲先灭兄。今刘志陆、刘达庆、沈鸿英及海军作三面

---

① 此电原未署明日期。据电中"桂贼今请岑与协和调和作缓兵计"内容,今酌定为1920年3月下旬。
② 方,即方声涛。
③ 伍,即伍毓瑞。

围攻,而夏述唐、吕公望为内应。倘彼计得行,兄立陷于四面楚歌矣。兄为自救计,当破釜沉舟,勿恋防地,速集中军队为一大突进于东江流域,与协和联络而扑广州。广州一下,桂贼必瓦解,而海军可就范围矣。广属甚空虚,文已派李安邦起事,信其必有影响也。望兄速图利之。文。

据中国国民党中央文化传播委员会党史馆藏一般档案
050/394

致陈炯明电

(一九二〇年三月下旬)①

一、万元到时,当派人回粤发动,颇有把握。在广州则个月内可动,钦廉则两个月乃可。如协和尚可支持,则先发广州;如协已散,则先钦廉而后广州。二、钦廉动,必当促潮汕继之,而兄又当继潮汕后而入粤。广州则以兄将到省城时方动,则效力乃大。三、海军不易夺,只能收买,此非大款不可。置之不理,想亦无后患,不必虑也。四、着北方不扰南闽,当可办到。五、现正设法,欲使在厦浙军全部来助。六、子云处,姑着周子贞一试。

据中国国民党中央文化传播委员会党史馆藏一般档案
050/367

致唐继尧电

(一九二〇年三月下旬)②

蓂赓兄鉴:港函,协和以侵日抵始兴,莫等散布协允调停之说,故各方稍

---

① 据3月31日孙中山致李绮庵等电中,提及"电汇万元为安邦计划用",并指示李等相机发动以响应粤军回粤,故此电拍发时间亦应在3月下旬。
② 胡汉民编《总理全集》将此电时间定为1918年。据该电言及李烈钧赴始兴、伍毓瑞部被缴械、四川军人"驱熊"诸事,此电应在1920年3月下旬。

持观望。来电以全权委协和,办法甚是。惟协和近为桂军、印军包围,消息不通,无从接洽。潮、澄伍旅①又被刘志陆逼令缴械解散。今所恃以救协和者,各路民军耳。非有正式大军以持其后,民军力薄,能救协和与否,尚不可必。近闻陆复派兵至永州,派代表至贵阳,有收复湘西民军势力之计划。请致电湘西各军,勿为所诱。要之,老贼心一而力齐,我则兵众而号令动作皆不一致,前途利钝未可逆料。又川事当即解决,即使不能遽行移兵而去熊②,亦大足为粤声援,不宜置于粤事之后。报载尊处又出师百色,此诚上着,亦救协和之急着。如尚未行者,宜火速举行。兄果出兵百色,文必促竞存同时入粤,及令钦、廉速起制之,则游勇可灭也。孙文。

据《讨莫之役致滇湘黔闽浙粤各省当局要电》,载胡汉民编《总理全集》第三集(上海民智书局一九三○年版)

致孙科等电

(一九二○年三月下旬)③

电汇广东银行万元,收交李安邦用。前有借单一纸,在李绮庵手,向之收回取消可也。下电译交绮庵、安邦同鉴:兹电汇万元为安邦计划用。筹备之后,须与协和代表徐鹤仙接洽,查确协和无调和乃可动。若协和已调和息兵,则绮庵须另备钦廉、潮汕同时发动,为粤军回粤之先导可也。下电译交徐鹤仙鉴:兹着李绮庵、李安邦回粤起事,以解协和之围;请与接洽,将协和实情相告,以定进止为荷。文。转致子超先生,不来亦可。

据中国国民党中央文化传播委员会党史馆藏一般档案 050/390

---

① 伍旅,指赣军伍毓瑞部。
② 熊,即熊克武。
③ 此电未署日期。查此电内容与3月31日孙中山电李绮庵等指示回粤方略文义相近,且与3月31日孙中山致李安邦等电部分内容吻合,故酌定此电发于1920年3月下旬。

致徐鹤仙电

（一九二〇年三月）

徐鹤仙兄鉴：已派李绮庵兄回粤，解协和之围。请即转致协和兄，以励士气。孙文叩。

据中国国民党中央文化传播委员会党史馆藏一般档案
049/224

致张敬尧电

（一九二〇年四月一日）

顷接廖湘芸电称：彼与桂派接战，连日不利，以械弹两缺，不能再振，以贯切〔彻〕初志云云。窃思桂派欲图足下，亦非一日矣。是足下与湘芸有利害共同之势，倘湘芸竟至一蹶不起，则足下之地位，亦必难保。为利害计，务望足下力予接济，俾湘芸械弹不缺，以竟前功，早进桂境，以引起两广之内应，则山贼可扑灭也。幸速图之，并转致湘芸。孙文。东。

据中国国民党中央文化传播委员会党史馆藏一般档案
050/388

致李绮庵徐鹤仙电

（一九二〇年四月二日）

绮庵兄鉴：汇哲生交安邦万元，想已收到。广属筹划如何？有把握否？钦廉若确能起事，赶当再筹五千元来。务望与竞存同时动作，幸甚！

电译交东京酒店徐鹤仙鉴:函悉。竞存后路现已肃清,即日动员回粤,望速传达协和,振作士气,同时攻击可也。孙文。冬。

据中国国民党中央文化传播委员会党史馆藏一般档案
049/224 及 050/389

致张佐丞等电

(一九二〇年四月二日)

佐丞转同志各将领诸兄鉴:顷悉诸兄已决议解决四川问题,甚喜甚慰!惟四川问题解决之后,宜先统一南方,然后对付北敌,方为万全。若南方未统一以前,即出师武汉,是以四川一隅而对付北方全体,且后面更有桂贼助敌以扰我,则胜算未可操也。北敌向分两派:冯派向守中立而与桂贼结;段派向主用兵。是南北之争,其在前线作战者,殆全属吾党与段派耳。近来段派大有觉悟,已与我党调解,愿归和好。是此时北敌全数可以按兵不动,我正可乘时以清内奸;内奸清则南方可以统一,而段派当可就轨道也。且目前之为患者,心腹为大,外敌为小;而吾党现有之力,攻桂为易,攻北为难。此孔明所以未出中原先擒孟获,吾党今日正宜师之。幸为留意。孙文。冬。(四月三日发)

据中国国民党中央文化传播委员会党史馆藏一般档案
050/379

致陈炯明电

(一九二〇年四月四日)

竞存兄鉴:闻协和已与桂贼调和归省,如此不武,殊出意外;然桂贼无能,亦于此见。今兄后路已肃清,正宜毅然猛击,先发制人,毋为人制,则必操胜算,万勿以协和息兵而馁。盖此正兄独立以建功立名之良机也。各路之响应视兄之进止为定。不审兄之决心有无因协和而中变,望为切实答复,以便转致响应者。文。

据中国国民党中央文化传播委员会党史馆藏一般档案 050/369

复李绮庵并附转粤舰队同志电

（一九二〇年四月六日）

绮庵兄鉴:微电悉。海军果确,则省城可袭,北舰可夺。二事得手,大功便成,不待粤军之回矣。如省城不能袭,只能夺北舰,亦可先握花地、河南及黄埔、虎门各要塞;然后一面合各路围攻省城,一面以舰队进攻西江,节节取之,至梧州为止,握而守之以堵桂贼之出路。若二事皆不得手,则以舰队收三水以下各邑为根据,而合水陆进攻西江如前,以待粤军之回,则大功可成也。

下电译交粤舰队同志公鉴:顷得丁、陈[①]代表电,悉诸公有志杀贼,以救桑梓。三千万同胞将有出水火之望,快慰何似。进行方略请与安邦、绮庵详商,谋定后动,务期一举破贼可也。孙文复。鱼。

据中国国民党中央文化传播委员会党史馆藏一般档案 050/363

致李绮庵并附转陈策电

（一九二〇年四月十日）

绮庵兄鉴:欠煤当在港设法为便,连发动费需款几何？竞存广属一动,

---

① 丁、陈,似指丁培龙、陈策。

即必出兵,兄能先动否?如不能动,则候竞存定期再报。

下电译转陈策君鉴:令电委丁培龙为正指挥,黄达观为副指挥,统率舰队,协力讨贼。孙文。灰。

据中国国民党中央文化传播委员会党史馆藏一般档案 050/224

致孙科并附转李烈钧电

(一九二○年四月十五日)

今日由广东银行电汇二万元,以五千元备钦、廉用,五千元备买煤用,三千元备汕头用,二千元备朱本夫所谋之路用。以上皆当与绮庵详慎查明,确有把握,乃可支用。又支五百元,由绮庵交马伯麟用,余款作香港筹备用,由你酌量开支。各路筹备之后,钦、廉可先发,相机自由动作;潮、汕次发,当与粤军共同动作;广属后发,水陆一致动作。父。

下电译交鹤仙转协兄鉴:云南远水恐难救粤中近火。现闻湘南有望,请兄设法速离粤来沪,转入湘南,统率一部赴韶,与滇军联合,约定竞存同时进攻,桂贼必破。文。

据中国国民党中央文化传播委员会党史馆藏一般档案 050/383

致李绮庵电[①]

(一九二○年四月十五日)

绮庵兄鉴:今日由广东银行电汇二万元,以五千元备钦、廉用,五千元备

---

① 此电系致孙科请转李绮庵(见上一电文)。因具衔用绮庵名,故仍分别另存。

买煤用,三千元备汕头用,二千备朱本夫所谋之路用。以上皆当与绮庵详慎查明,确有把握,乃可支用。又支五百元,由绮庵交马伯麟用,余款作香港筹备用,由你酌量开支。各路筹备妥当,钦、廉可先发,相机自由动作;潮、汕次发,与粤军共同动作;广属后发,水陆一致动作。孙文。删。

据中国国民党中央文化传播委员会党史馆藏一般档案
049/224

致陈炯明电

(一九二〇年四月二十日)

巧电悉。一、子和①巧日往粤,日内当有确耗。二、陆战队半为邓鼎封所带,此人可以设法招致。三、兄处计划万不可因夐赓转移,当进而转移夐赓乃可。文。号。

据中国国民党中央文化传播委员会党史馆藏一般档案
050/362

复李绮庵电

(一九二〇年四月二十日)

绮庵兄鉴:皓电悉。若要他方一致动作,始能持久者,则不宜先发,须待各方筹备,然后由此电约乃可发。发时须照前电,钦先潮次广后;此议非得极佳之机,或遇万不得已之故,切勿更改。竞存动期未定,然若潮汕得手,彼必随时回粤。煤价不能多备,尽此五千,请告陈君②酌量善用可也。文。号。

据中国国民党中央文化传播委员会党史馆藏一般档案
050/376

---

① 子和,即饶子和。
② 陈君,即陈策。

致李绮庵电

（一九二〇年四月二十三日）

绮庵兄鉴：竞存必动，惟期未定，广属须静候。闻刘志陆部下林百民有意来向，请绮庵派人密访此人如何？究可靠否？查实即复。孙文。梗。

据中国国民党中央文化传播委员会党史馆藏一般档案 049/224

复卢永祥电①

（一九二〇年四月二十五日）

杭州卢子嘉先生大鉴：漾电奉悉。督军制不适于共和，一语破的。废督之要求，在今日已成为有力之舆论。惟身任督军而肯牺牲个人权利以救国者，实以此为第一声；言人之所不敢言，舍人之所不能舍。天牖其衷，人心悔祸，谅必有群起而和之者矣！抑更有进者，废督乃消极之行为，而救国则积极之意义。他人或有责执事先行其言，以为今之督军表率者，而愚意则不止于此。昔日本之维新，其号召全国者，厥为尊王倒幕一义；今吾国国体不同，所尊者自异，而要倒者则同。督军恣行割据，祸国殃民，无殊于日之幕府，故欲号召全国，亦惟一义：曰尊民废督。《书》曰：民为邦本；《孟》曰：民为贵。吾国早有先觉之古训。苟能废督军而黜武力，是即民意之所归；于以尊之，以成民治，和平之根本即在是。执事若真欲舍身救国，即应树尊民废督之义，起而号召。文虽不敏，请从其后。再者，今之学生，无拳无勇，然

---

① 浙江督军卢永祥于4月23日发出通电，指出督军制是"和议之梗"、"政治之害"，与共和国体"似不相宜"，主张取消督军"请自永祥始"。

犹全国罢课,奔走呼号,此亦如原电所谓"抱爱国之热诚,为爱国之运动"也。不图沪、杭军警,宣布戒严,如临大敌;仇视学生,横加殴捕。此等军警之残民以逞,在他省屡〔原〕不足怪,惟皆隶于执事之麾下,适为漾电之反应,至觉可惜。果欲废督,当自约束军警以尊民始。率复布臆,惟亮察焉。孙文。径。

据上海《民国日报》一九二〇年四月二十六日《孙中山奖责卢永祥电》

致徐鹤仙电

（一九二〇年四月二十五日）

译交徐鹤仙①鉴:前致协和电收否?何久不答?湘南可出全力攻桂,最好协和往湘南指挥,与竞存互相策应,同时进攻,则桂贼可平,而西南大局可以解决矣。务请协和速来沪,此间可设妥法安全通过各地。如何?即复。文。有(二十五日)。

据中国国民党中央文化传播委员会党史馆藏一般档案 050/382

致李绮庵电

（一九二〇年四月下旬）②

绮庵兄鉴:林良儒即仲循者,前电误告其兄名耳。慎密探查之,闻其人以权利为归。如能设法消其阻力,亦佳也。钦改期甚是,惟到时务望果决猛

---

① 徐鹤仙为李烈钧代表。
② 此电未署日期。据4月20日孙中山电李绮庵谈及起事方略时谓:"钦先潮次广后"、"切勿更改"。此电则称"钦改期甚是",可见此电时间当在20日后,现酌定为下旬。

进;如得手,则广属与舰队当继之。此时粤军必能回也。孙文。

<small>据中国国民党中央文化传播委员会党史馆藏一般档案 049/224</small>

致许崇智电

（一九二〇年五月十四日）

汝为兄鉴:近日桂贼罪恶已显,西南各省同志皆欲去之;惟各存观望,不敢先发。李协和迫而走险,先试其锋,以千数百人当桂贼二万余众。桂贼尚无如何。倘协和稍为持久,各军冒险应之,则桂贼必可淘汰。惜莫赓望竞存先动,竞存又要莫赓先动,遂失良机,而使桂贼惊魂复定。今桂贼为生存计,知非先灭粤军不可,自与协和调解后,已聚全力以对粤军。今闻彼布置已定,日来以集大股于潮汕,为先发制人之计,其攻漳之期不远。文料彼一进攻,恐竞存不能抵御,漳州或致失陷。所幸我之计划亦将就绪,如桂贼深入闽南,则吾必能伤其要害于广州,及制其行动于潮汕。所虑者则漳州一失,恐致粤军全部解体耳。今特预先告兄,望兄有以备之。万一漳州失陷,请兄切勿张皇,务须镇静处之,集中部众于上杭、武平一带,为一突进东江之举,则必能转败为胜也。盖东江之防营、乡团及绿林皆已布置,到时必能欢迎助力。我则或到厦门与臧军①共同动作,或去珠江流域指挥皆未定。如兄尚能保存一部分粤军,则吾党必可再复广州也。湘西廖湘芸已增加数倍之力,不久再出攻桂;湘南谭延闿正在交涉中,或可转其联桂之心以攻桂;滇、黔则必不坐视,将必出兵相助。如此,则不患桂贼之势力不倒;所患者彼败后其余众复为游勇以害民耳。故先约滇、黔预备以堵其入山之路。予拟六月初离沪,往闽往粤,尚在未定。如至此时桂贼尚未攻闽,吾决先击之,望兄集中

---

① 臧军,即厦门镇守使、段系师长臧致平部。

所部以候令。余事由礼卿①另为详报。孙文。寒。

据中国国民党中央文化传播委员会党史馆藏一般档案 050/386

指示海军讨桂电

（一九二〇年五月二十五日）

港敬电云：魏子浩带海琛、毛仲芳带永丰昨日开往汕头，海军陆战队暂由礼卿兼领云。海军自饶子和回粤后，尚无一切实报告，其态度仍不明了。望兄注意。文。

据中国国民党中央文化传播委员会党史馆藏一般档案 050/391

致谭延闿电

（一九二〇年五月二十八日）

谭组庵先生鉴：靖密。西南护法，而桂系始终乱之，往昔行为，已为公论所不赦。最近对于滇军，贼谋益露，国会既去，军府无名，使人无复投鼠忌器之患。闻蕢赓已决从滇边进兵，贵州定与携手，竞存亦拟回戈图粤。湘当其中，若与首尾相应，则彼必败亡。且湘为桂所左右，纵胜北方，无异为渊驱鱼，前事已可为鉴。计宜共力先绝后患，于理于势，俱无疑义。兄与所部为国奋斗，久历艰瘁，今有机可乘，必能遂除民害，望速决定。军事准备，倘有可以为力之处，不敢辞谢。专电敬候好音。孙文。勘。

据中国国民党中央文化传播委员会党史馆藏一般档案 050/288

---

① 礼卿，即吴忠信，时为许崇智部支队司令。

致唐继尧电

（一九二〇年六月九日）

　　来电诵悉。比年以来，国家多故，民生疾苦，日以加甚，于是废督裁兵之议，遂成时势之要求，而为国民一致之主张。然此为有权位者所不乐闻也。独卢君永祥，曾一度宣言，天下犹相与称其立论之公，而不忍遽责其践言之缓。今执事毅然行之，以为天下倡，且不以独善为已足，而更欲行其所信于力所能及之地，谋国之忠，为议之勇，诚无愧于护法之柱石矣。韩愈有言：小人好议论，不欲成人之美。今之訾议者，动谓滇督之号虽去，联帅之权犹在，异名同实，于事何益？曾不知督军为定职，与联帅之临时设置，事平即已者，其性质截然不同。今督军于吏治民事，无所不干涉，省长供其颐指，与尊电所述联帅专心戎务，不问地方政事，以养成民治基础者，尤不可同日而语。故悠悠之口，可以置若罔闻。惟望执事削平大难，贯彻主张，俾平民政治，由云南而普及于全国，则国民幸甚！孙文。佳。

据上海《民国日报》一九二〇年六月十日《孙总裁致唐总司令电》

复刘显世电

（一九二〇年六月二十四日）

　　贵阳靖国联军刘副司令鉴：篠电诵悉。废督之议，酝酿数年，徒以积重难返，致辜民望。今唐公与执事以身作则，毅然行之，诚所谓德不孤必有邻者。民国肇造，于今九年，奸宄屡作，兵革未息。彼拥兵自卫者，固不足道，即以拨乱反正自期者，亦以军事旁午，心有专注，于民治所不暇顾，坐视之故，治丝愈棼。得唐公与执事有此一举，然后尊崇民治之本心乃大白于天下。滇、黔本为护法之根据,行见风声所树,全国景从,而凡同立于护法旗帜之下者,尤宜当仁不让,乃得以顾名思义也。颇闻有惎此议举,以为不便邪图,因而妄作蜚语者,文于前复唐公电中,已辞而辟之。切望执事早芟大难,以定邦本,循民治之正轨,谋亿兆之安宁,是所至幸。孙文。敬。

据上海《民国日报》一九二〇年六月二十五日《孙中山复刘显世篠电》

致李绮庵邓子瑜电

（一九二〇年六月二十八日）

绮庵、子瑜兄同鉴：钦、廉尚无发动消息,恐不能办。款用之几何？如不能办,该处款能收回几何？桂贼集重兵于东江,子瑜所联络营兵、乡团当能活动,如不能,则当改响应为发难,与各路同时并起,以牵敌之后路。如何之处？复。孙文。俭。

据中国国民党中央文化传播委员会党史馆藏一般档案
049/224

致李绮庵电

（一九二〇年六月二十八日）

绮庵兄鉴：徐总司令（固卿）①乘广利来,所定之期必动,切勿失约,幸甚！一失约,则七月十五日以后由总司令另行招集大众,以图发动可也。孙文。勘。

据中国国民党中央文化传播委员会党史馆藏一般档案
049/224

---

① 固卿,徐绍桢字。

致陈炯明电

（一九二〇年七月一日前后）①

漳州：执信已来。介石有病，需两礼拜始能出院，出后，当劝之来助。先发制人，乃救亡上策，切勿中变。幸甚！孙文。

据中国国民党中央文化传播委员会党史馆藏一般档案
050/371

致李绮庵电

（一九二〇年七月二日）

江门李总指挥鉴：成密。俭电悉。阳江克复，足壮军威。惟昨闻鹤山有警，尚望设法堵截，毋使内犯。尊电迭劝各方注重统一机关，具见苦心，尚望力任调和，共济时艰。孙文。冬（二日）。（印）

据中国国民党中央委员会党史委员会编《国父全集》第三册（台北一九七三年版）

复李绮庵电

（一九二〇年七月七日）

绮庵兄鉴：陷电悉。（一）事后当需款及担任起后可由地方筹款之议，不能不应。（二）各军只得称路，已再三申明，来函犹欲称军，决不能许可。

---

① 此电原无日期，电称"介石有病，需两礼拜始能出院"。按蒋6月25日得病入院，7月15日出院。则此电应发于1920年7月1日前后。

徐总司令①已到港，一切指挥皆当为彼命是听，兄不可总指挥。以后关于各路权限，悉由总司令定夺。望转各同志，务要遵照为是。孙文。阳。

据中国国民党中央文化传播委员会党史馆藏一般档案
049/224

复李绮庵电

（一九二〇年七月九日）

绮庵兄鉴：齐电悉，甚慰！总司令十日左右可到，到后当赶速发动。潮汕与广属各起粤军，亦同时返攻，望赶速预备一切。孙文。佳。

据中国国民党中央文化传播委员会党史馆藏一般档案
049/224

复李绮庵电

（一九二〇年七月十日）

绮庵兄鉴：两函悉，甚喜！粤舰果有八舰②能来起义，则粤省已在掌握中。惟所虑者兄等非军事专家，恐临时不善运用，致为敌所乘耳。故特派居正来粤为总司令，黄大伟为参谋长，由余面授作战方略。望各同志一律称几，不得称军。而各路司令悉听总司令指挥，而立功后再定等级。此次事成，兄之功当居第一，务望勉旃。孙文。灰。

据中国国民党中央文化传播委员会党史馆藏一般档案
049/224

---

① 徐总司令，即徐绍桢。
② 粤江防舰队中八舰，即四江（大、汉、巩、固）和四广（元、亨、利、贞）为争取对象。后实际参加起义者仅有江大、江固两舰；江巩舰虽经联络，但因用人不当，谋虑不周，未及发动即告失败。

致陈炯明电

（一九二〇年七月十一日）

竞兄鉴：仲兄往漳，曾致函述及刘志陆炮营营长事。今得港消息，彼约三办法：一、兄进攻潮汕时彼即响应。二、如事前调出前线，则与粤军接时即倒戈。三、如以上二事皆办不到，则毁炮以消阻力等语。此间派梅放洲到汕联络；彼现尚在汕，可差熟人访之，便知详确情形也。广州李安邦确能响应，江防舰队全体可来归。请兄放胆回粤，而先以全力击破刘志陆之众，则破竹之势成，而三日粮两战弹，亦可于此得之矣。何日开始攻击？望先电闻。孙文。真。

据中国国民党中央文化传播委员会党史馆藏一般档案 050/360

致梅放洲电

（一九二〇年七月十三日）

放洲兄鉴：得电甚喜！可着静候，以待各方准备，同时并举，则桂贼可灭也。到时再电。孙文。元。

据中国国民党中央文化传播委员会党史馆藏一般档案 050/381

致陈炯明电

（一九二〇年七月十四日）

竞兄鉴：今日饶子和来谈甚久，说彼日内回粤，当竭力调解海军，使之释怨转圜,助粤攻桂,欲知兄处条件如何。文答以此事我可代竞存负责定之:一、海军当助粤军攻下汕头,汕头下后,竞存即回潮汕,悦卿可到漳州。二、海、粤两军一致行动合攻广州,广州下后,另议计划进取。饶对此甚满意云。到粤后四五日当有切实回答。倘海军能转圜,则广州自在掌握,而由海道出一奇兵于钦廉,以扑桂贼之老巢,亦易如反掌,诚便利也。如不能转圜,亦宜积极进行,不必畏也。惟对于悦卿部下,暂宜取缓和态度,以待饶之调解,结果如何,然后再酌。孙文。寒。

据中国国民党中央文化传播委员会党史馆藏一般档案 050/359

复刘泽荣电(译文)[①]

(一九二〇年七月十六日)

莫斯科刘绍周君:莫斯科中国工人大会七月五日来电,我于七月十日在上海收到,并已立即向全国公布。但是,请允许我指出,当前中国仅仅在名义上是一个共和国,政权仍掌握在封建军阀手里,人民是没有自由的;还应再来一次革命,以扫荡这些当权集团,您来电中谈到的第四点内容[②]才能够实现。此复电因上海电报局拒绝拍发,只好托在纽约的马素转给您。孙中山。

据苏联《亚非人民》杂志一九六三年第一期第七十二至七十三页(周兴梁译,蔡鸿生校)

---

① 刘泽荣,又名刘绍周,广东高要人,自幼随父刘兆彭应俄国之聘赴俄指导制茶工作,后在俄求学和工作。十月革命期间,刘泽荣任中华旅俄联合会会长。1920年6月18日,侨俄华工第二次大会在莫斯科召开,刘任大会主席,25日大会发表宣言,并电请孙中山赴苏俄访问。7月5日,侨俄华工第二次大会再致电孙中山及全国各界,请求中国政府及早承认苏俄劳农政府。此系孙中山对该大会7月5日来电的答复。

② 指准许侨俄华工通行无阻返国一事。

致唐继尧电

（一九二〇年七月十八日）

莫赓兄鉴：铣电悉。知兄处尚着着进行，甚喜！竞存处现筹备已竣，到时当能分桂贼大半之力。海军初以方事①，几至与竞存决裂，今已设法和解，想可一致攻桂。如此，东面有粤军为中坚，海军为辅助，西面有兄大军以临之，钦、廉、广、肇更有民军以牵制之，桂贼必难兼顾，当可一扑而灭也。证之此次协和以千余人出巡，桂贼利用铁路以十倍之众作三面攻击，而协和犹能安全到始②，与该处之滇军会合，桂贼复软而求和，可见桂贼之战略斗志殊不足畏也。孙文。巧。

据中国国民党中央文化传播委员会党史馆藏一般档案 050/385

致饶子和电

（一九二〇年七月二十一日）③

粤江防舰队于铣日输诚，集中澳外准备讨贼，讵被贵舰队豫章、同安等舰追击，曷胜骇异！日前兄在港面约以海军取闽，粤军逐桂，各守中立为条件；纵不然，必不助桀为虐。况该条件已经文于文日电负责代粤军完全答应。今忽食前言，信义安在？请明白答复是盼。文。马。

据中国国民党中央文化传播委员会党史馆藏一般档案 050/335

---

① 方事，指此前陈炯明与亲桂滇军军长方声涛在闽粤边境发生冲突一事。
② 始，即广东省始兴。
③ 秦孝仪主编《国父全集》编者称，原标题为《七月二十二日代致饶子和马电》，无年代。按此电所指"粤江防舰队铣日输诚"，当系指1920年7月16日周之贞等联络粤舰队起义一事。故此电应发于1920年。

致李绮庵电

（一九二〇年七月三十一日）①

绮庵兄鉴：钦、廉能起，甚佳！竞存不日动，各宜先后继起。舰队若遇被令分防，宜立即集中江门，与附近各营同时起事，立起少步队与数小舰进攻三水，握而守之，以断其交通之路；以大队水陆并进，取香山、顺德，握而守之，以容奇为舰队根据，以大良为步队大营，以甘竹、勒楼、黄连、紫坭菉、蕉门一带之水为防线，水陆军握而守之，为持久计。此防布置妥当，即分军进取虎门、东莞、石龙一带为右翼，以绝彼东江之交通。然后分东西路水陆夹攻：西路取道官窑石门，水路以攻石井；东路取道广九铁路，进攻长洲、牛山各炮台，得手进攻河南花地，与西路联络，而包围佛山陈村敌军，尽缴其械。如此省城可不攻而下矣。此作战方略之大要也，务望与舰队同志谨识而执行之。觉生现改派往湘指挥，如兄等能临机应变，实行方略，则不必派人来，否则，另择人来总粤事。子瑜款筹得即汇。孙文。卅一。

据中国国民党中央文化传播委员会党史馆藏一般档案 049/224

致粤军将领电

（一九二〇年八月五日）

江电悉。拨弹既有要领，则竞兄决心必可充分施行矣。甚慰！昨日李代表余筹来见，察其言外之意，闽李之所以不拨者，以在厦浙军曾与南北海

---

① 此电时间秦孝仪主编《国父全集》定为6月。但6月仅30日；又粤军在漳州誓师、分三路回粤讨桂，在8月12日，与电文中"竞存不日动"相吻合。故此电应是发于1920年7月。

军有约图闽,恐竟存一发,彼等亦乘机而动,则殊难对付。故必要浙军撤回后,乃拨粤军子弹。如今浙军不日可以全数撤回,彼当在沪雇船云。此说与来电所说相符。以后支节,只陈部浙军问题耳。此问题若能解决,则子弹必不假也。文。歌。

据中国国民党中央文化传播委员会党史馆藏一般档案 050/392

致陈树人①电

（一九二〇年八月十九日）

陈树人先生鉴:粤军讨桂,铣日、篠日连得大埔、黄岗、饶平等处,全线压入敌境百余里,桂贼溃降无数。请转电各分部及金山。孙文。皓。

据秦孝仪主编《国父全集》第五册（台北近代中国出版社一九八九年版）

致颜德基电

（一九二〇年八月中旬）②

颜师长鉴:密。闻川局复变,甚诧。熊刘勾结,何以竟未防及？今事已至此,惟有迅速出师,协同戡定。吾人之驱逐熊氏者,实因于救川救国之计,根本不能相容。今既干戈相见,更无所用其犹豫,以陷入进退失据之境。兄

---

① 陈树人当时系加拿大国民党总支部负责人。
② 此电原未标日期。颜德基原系川军熊克武部第七师师长。1920 年 7 月初与吕超、刘湘、石青阳等参加唐继尧组织的"同盟倒熊"活动,并迫熊当月 10 日离开成都。据电文中"闻川局复变"、"熊刘勾结"等语,当系指熊克武退出成都后,与依附北军之刘存厚部勾结,举行苍溪会议,组成"靖川军"一事,熊且于 8 月上中旬连下广元、昭化及顺庆、合川等地,分两路对成都取钳形反攻态势。此电日期据此酌定为 8 月中旬。

为吾党健者,又同盟军主要份子,甚望剑及履及,以竟全功。假令熊氏死灰复燃,则前之同盟反对者,必无相容之余地。兄共患有年,见事明敏,幸踊跃毋失时,至盼至勉(八月)。

据中国国民党中央文化传播委员会党史馆藏一般档案 049/29

致陈炯明等电

（一九二〇年八月二十一日）

汕头粤军陈总司令鉴:请转粤军各路司令暨前敌诸将领均鉴:得悉陈总司令电,知粤军分路进兵,所向大捷,连得名城险要,使敌闻风而溃。良由执事等指挥素定,谋勇兼优。捷报传来,欣喜无量!由此绥定百粤,预祝最大之成功。孙文。箇。(八月二十一日)

据《讨莫之役致滇湘黔闽浙粤各省当局要电》,载胡汉民编《总理全集》第三集(上海民智书局一九三〇年版)

复滇黔川三省军政长官电[①]

（一九二〇年八月二十一日）

飞急。云南参众两院议员、唐总裁,贵阳刘总裁,成都吕总司令、杨省长,并转川军各官长,重庆王总司令、黄总司令、廖师长,简州滇、黔联军顾、赵、叶军长,袁、胡总副指挥,田梯团长,杨、邓、项、耿、朱、金、胡旅长,四川护法救国军卢总指挥,杨纵队长、邓旅长,绥定颜师长均鉴:诸公养、陷、东、梗、

---

① 前此因川滇军冲突,熊克武部于7月10日退出成都,在川各军推吕超为川军总司令,川局略定。滇、黔、川三省各界迭电沪上各总裁、各议员速赴重庆,组织合法政府。孙中山与唐绍仪、伍廷芳获电后,极表赞同,并急电答复该三省军政长官。

皓、鱼各电均悉。天祸民国,丧乱频仍,南中护法,于兹三载,不图奸人内讧,致兆离析,大法未伸,蹉〔嗟〕痛何似!乃者国会在滇,宣言移渝,重建中枢;复欣诸军克仗斧钺,肃奠巴蜀。昔殷少康以一旅重兴商祚,华盛顿率十三州建设美邦。前征未远,敢自后人?文等谨当随诸君后,共奠邦家,以新国命。专此奉复,并希审照。孙文、唐绍仪、伍廷芳。马。

据上海《民国日报》一九二〇年八月二十二日《孙唐伍三总裁复滇黔川三省军政长官电》

复赵又新①电

（一九二〇年八月二十三日）

重庆黄总司令②译转泸州赵军长鉴:式密。支亥电诵悉。川乱原因,洞见症结。兄以出师为救川救国,标本之论,确切不移,无任佩慰!即望亟行准备,并商告各军一致主张,俟协和到川时,即可实行出兵。现得竞存来电,自铣日与桂军开战,粤军连日大捷,业将潮、梅各属、汕头重镇完全收复,现在前进惠州。闻惠州桂军已有内变,不难克复;惠州既得,则广州可传檄定矣。甚望此时蓂公能以一部出击广西,使桂贼首尾受敌,一举歼灭。巩固西南,回戈北指,奠定中原,奋斗先锋,非兄莫属。尚希时惠好音。盼切。孙文。梗。

据中国国民党中央文化传播委员会党史馆藏一般档案
049/29

---

① 赵又新,时为驻川滇军第二军军长。
② 黄总司令,即黄复生,时任滇、川、黔靖国联军援鄂军第一路司令。

致朱执信周之贞电

（一九二〇年八月二十九日）

执信兄鉴：函电皆悉。李、魏①尚有意效顺，则广州无难下也。各地民军，宜着立刻发动，以验真假。下电转之贞兄鉴：兄承宝安响应之责，今潮、梅已下多日，正合时机，务望速动，与虎门、东莞同志一致行动，以扰惠州后路。文。艳。

据中国国民党中央文化传播委员会党史馆藏一般档案050/378

致伍学熀电

（一九二〇年八月三十日）

下译交伍学熀。学熀兄鉴：此次率先筹饷，以助粤军，热诚义侠，实深钦佩！现闻桂贼聚全力于惠州，以图抵抗，恐惠州一时未易攻下；此时能致桂贼于死地者，在令各地民军纷起，扰彼后方。而尤以钦、廉、高、雷起事，扑彼南宁老巢为要着。请兄与执信兄酌夺，分别拨款接济，务使各地能立即纷起，使彼首尾不顾，则惠州可破，而省城必下。千钧一发，幸即图之。孙文。

据中国国民党中央文化传播委员会党史馆藏一般档案050/377

---

① 李、魏，即李福林、魏邦平。

致粤军将领电

（一九二〇年八月下旬）①

潮汕伍部多〈数〉同志，早已跃跃欲动。兄此时宜速与伍切实磋商，着彼攻桂党。如伍不愿动，则可由文着其部下自动。

据中国国民党中央文化传播委员会党史馆藏一般档案
050/358

致陈树人电

（一九二〇年八月下旬）②

粤军贺〔哿〕日收复汕头，请转各埠及金山。孙文。

据秦孝仪主编《国父全集》第五册（台北近代中国出版社
一九八九年版）

致陈炯明电

（一九二〇年八月）③

即汇二万两来沪，以还短期债。此款入粤军开消〔销〕。孙文。

据中国国民党中央文化传播委员会党史馆藏一般档案
050/374

---

① 此电原无日期。据其内容"着彼攻桂党"，似应在8月下旬。
② 此电原未署日期。据其内容，当在陈炯明收复汕头之后，今酌定为8月下旬。
③ 此电原未署日期，今据秦孝仪主编《国父全集》第五册收录的同电文考证日期编订为1920年8月。

复唐继尧电

（一九二〇年九月六日）

唐总裁鉴：密。感电诵悉。公急于粤事，至抽调在川滇军，合力讨桂，至为感佩！惟桂贼已空其老巢，精锐尽赴惠、广，图最后抵抗，其濒湘一带，皆极空虚。以现在形势，只令在湘滇军移师攻之，已足制其死命。请公即日电在湘将领，返旆南征，使彼腹背受敌，粤事既指顾可定，山贼亦不能更为边患。此举关系至重，企速裁夺，立盼好音，以振起西南全局。再粤军收复潮、梅后，右翼进克老隆、龙川、河源、中路进占永安，左翼由海、陆丰直抵平山、三多祝，距惠城四十里，并此报捷。孙文。鱼。

据中国国民党中央文化传播委员会党史馆藏一般档案 050/292

致陈炯明电

（一九二〇年九月十五日）

竞兄鉴：今日报载，顺德被民攻陷，知事逃。又谭浩明电调炮兵第三营第八连回桂，李子青率桂军四营来粤助战，五日抵罗定，此足见响应续有。桂省尚要炮兵回防，来者不过零星数营，其倾巢而出与我一拼者，实无可虑也。文。删。

据中国国民党中央文化传播委员会党史馆藏一般档案 050/323

复四川省议会电①

（一九二〇年九月十六日）

四川省议会鉴：敬电奉悉。西南自桂逆破坏，法统几乎中绝，幸贵省及时戡定，奠我宏基。自应本改造之精神，建民治之极轨，〈文〉虽不敏，愿随其后。忝承电促，感奋交并。特复。孙文叩。铣。

据《总理函稿》049/29，转录自秦孝仪主编《国父全集》第五册（台北近代中国出版社一九八九年版）

复李明扬电

（一九二〇年九月十六日）

赣军李梯团长鉴：密。元电诵悉。并抄转伍、唐两总裁矣。执事奉命，踊跃兴师，见义勇为，实深嘉尚。此后师行所届，获地克城，自有因粮之便，文等亦当竭力接济，决不使赴义之师有枵腹之困。前途努力，企听捷音。此复。九月十六日。

据《总理函稿》049/29，转录自秦孝仪主编《国父全集》第五册（台北近代中国出版社一九八九年版）

致陈炯明电

（一九二〇年九月十八日）

竞兄鉴：今日报载民军占鹤山，桂军缴械降。又番禺有民军起事，破坏

---

① 8月24日，四川省议会致电孙中山等，欢迎军政府迁川。此系孙中山对该电的答复。

石龙、省城间之铁路。又日领消息,军政府与督军署拟迁肇庆。由此观之,彼贼已无与我一拼之心矣。望毅力猛进,以博〔搏〕最后之五分钟。文。巧。

据中国国民党中央文化传播委员会党史馆藏一般档案050/318

复李厚基电

(一九二〇年九月二十四日)①

余田侯参议鉴:筹密。转呈李督军鉴:漾电敬悉。王旅②及厦门方面军队,已出发助防,俾粤军先无后顾之忧,铭佩奚似!此次粤军回粤,屡战获胜,俱赖尊处接济援助之力,已深感荷!惟我师转战月余,不无疲乏,而桂贼则尽倾两省之兵,死力相抗,故惠州未能即下。今王旅以精兵助我,声威立壮,尤企早清内患,即赶至前方,闽、粤合兵,一得惠州,则广、肇各地不成问题矣。今日得湘省祃电云,湘、赣两军已出发在途,计五日内必入粤边云云。此亦可分敌人兵力,知注并及。孙文。敬。

据《讨莫之役致滇湘黔闽浙粤各省当局要电》,载胡汉民编《总理全集》第三集(上海民智书局一九三〇年版)

复李烈钧电

(一九二〇年九月二十四日)

重庆李参谋部长鉴:黄密。元电奉悉。桂贼尚顽抵〔抗〕于惠州府城,

---

① 此电时间胡汉民编《总理全集》定为1918年。据电文中有"惠州未能即下"等语,则此电当发于1920年援闽粤军返粤后围攻惠州之际。又电文中称"我师转战月余",电文末又署"敬"日,故此电应系于9月24日。

② 王旅,即王永泉旅。

粤军连战,颇见疲劳。赣军已开动,甚善!此间得李梯团长自湘元电云,不日出发。即于巧日汇去一万元,迄今未得复电,不知已行届何地?惟今日得湘中周道腴电云,湘军及赣军都已在途,五日可抵粤境,即望电令急攻;加派之别军,亦望兼程并进。接惠生来电,兄将调杨、张①各部由左州直冲柳、桂,得此一着,桂贼必歼,请迅即行之。川事如何?至念!滇、川、黔相互之间,得兄为之中绾,内部定能巩固,想对熊、刘有余力也。孙文。敬。

据《总理函稿》049/29,转录自秦孝仪主编《国父全集》第五册(台北近代中国出版社一九八九年版)

复谢持电

(一九二〇年九月二十四日)②

重庆黄总司令转惠生兄鉴:守密。青电据悉,已致电德基矣。惠阳铣日攻下③,但惠州府城尚未得手。连日未接战报,想迭有胜负。因桂贼陆续增援,李根源亦助逆,粤军久战颇疲,故待助甚急。今日报载根源已败,未知确否?兄电谓协和将调鲁④、张、杨各部,由左州直冲柳、桂,此着极佳,请就近催其实行。前星期虎门独立,邱谓南、执信前往主持,正为快意;不料一部民军内变,竟将执信击杀,闻报之下,痛惋难言,虽尽歼桂贼不足以偿也。今日得周道腴电,湘军七千人及赣军均已在途,约五日可入粤。此次组安决心尚好,亦情势使然耳。川事似须将滇、川、黔相互之间极力妥协,乃可应敌。近状如何?希速告。

据《总理函稿》049/29,转录自秦孝仪主编《国父全集》第五册(台北近代中国出版社一九八九年版)

---

① 杨、张,即张怀信、杨益谦。
② 此电原未署日期。据电文中有"今日得周道腴电"等语,按孙接周电在9月24日,故此电应系发于是日。
③ 铣日即16日。查攻占惠阳为9月7日,此说16日攻下,时间疑有误。
④ 鲁,即鲁子材。

致吴忠信电

（一九二〇年九月二十六日）

粤军总司令行营转吴礼卿兄鉴：长江机会渐趋成熟，皖局尤佳，请兄速回沪助理进行，切勿延迟。至要，至要！孙文。宥。

据中国国民党中央文化传播委员会党史馆藏一般档案 050/325

致周震鳞电

（一九二〇年九月二十九日）①

周道腴先生鉴：道密。沁日魏邦平以所部及江防舰队进省，与海军、李福林联合，限莫贼二十四时退出，闻莫尚抵抗，省垣已有战事。惟湘、赣各军，应早入粤边，吾辈望之如岁，请促其兼程并进。北江空虚已甚，可以顺流而下。此时形势，若只遥为声援，非所望也。孙文。艳。

据《讨莫之役致滇湘黔闽浙粤各省当局要电》，载胡汉民编《总理全集》第三集（上海民智书局一九三〇年版）

---

① 此电时间胡汉民编《总理全集》定为1918年。查广州警察厅长魏邦平、广惠镇守使李福林等率部在广州南岸宣布独立，以迎粤军回粤，事在1920年9月27日。孙此艳电，应是1920年9月29日所发。

致李福林魏邦平电

（一九二〇年九月二十九日）

　　福林、丽堂两兄鉴：得丽兄沁电，为之狂喜，剿除桂孽，还我河山，兄等之功也。闻莫贼①尚有要求，缓兵待救；我宜急击勿失，盖为我粤安全大局计，俱不能容此丑类，以遗后患。莫贼更罪无可逭，除恶务尽。贼兵非解除武装，勿俾轻走。请与朗廷②兄努力毋懈。领事团既向莫严重警告，彼必无力无胆与我抗也。孙文。艳。

　　　　　　　　据上海《民国日报》一九二〇年十月九日《孙伍唐三总裁反对调停》

致林葆怿等电

（一九二〇年九月二十九日）

　　译送林总裁、汤朗亭、林籁亚、饶子和、魏子浩诸先生鉴：桂贼绝灭公理，残我粤人，私媾和议，谋危西南大局；从前暗害玉堂总长，证据确凿。海军于公谊私仇，均宜讨伐。今者丽堂、福林两兄，声罪致讨，悦公③宜率海军，开炮助战，勿留余孽，以祸中国。粤人幸甚！大局幸甚！孙文、伍廷芳、唐绍仪。艳。

　　　　　　　　据上海《民国日报》一九二〇年十月九日《孙伍唐三总裁反对调停》

---

① 莫贼，指莫荣新，桂系任命之广东督军。
② 朗廷，即汤廷光。
③ 悦公，即林悦卿（葆怿）。

致林葆怿等暨各界电

（一九二〇年九月三十日）

　　译送广东林总裁、汤海军次长暨海军全体将士、李镇守使、魏总司令、虎门吴司令、教育会、总商会、七十二行、九善堂、各界联合会、机器总会、学生联合会、报界公会、香港华商总会、东华医院、公使馆公鉴：桂贼视我粤地方，为彼私产；视我粤人民，为彼奴隶；贪淫残暴，无恶不为。数年以来，我粤同胞已痛深创巨。最近粤军回粤，持粤人治粤主义，人民望风归附。而桂贼倾其巢穴，以阻我师，且贼兵所至，奸淫焚杀，动数十村，不堪言状。是以魏、李各军，仗义而起，联同海军，直取省城，志在歼厥罪魁，救民水火；露布传来，天下动色。惟闻莫贼尚有要求，以缓我师而望外救。查莫等罪在不赦，无调和之可言；其余众解除武装，亦不能附有何等条件。一日纵敌，遗患无穷，狼子野心，势难姑息。即我有一部分之牺牲，歼灭奸凶，永除祸害，亦当为全粤父老所共谅。为此飞电我军，急击勿失，并布告粤城各界知之。孙文、伍廷芳、唐绍仪。卅。

　　　　　　　　　据上海《民国日报》一九二〇年十月九日《孙伍唐三总裁
　　　　　　　　　反对调停》

致臧致平电

（一九二〇年九月下旬）①

　　子荫②兄鉴：转臧致平师长鉴：自闽、粤交涉以来，深荷援助，至为纫感！

---

①　胡汉民编《总理全集》将此电时间定为1918年。据电称"近项粤垣发生巨变"，当系指1920年9月27日魏邦平、李福林在广州南岸宣布独立一事。故此电时间当在1920年9月下旬。
②　子荫，即黄大伟。

竞存入粤,幸不辱命,俱麾下之力。近顷粤垣发生巨变,桂贼后方动摇,因拼命力战,以牵制我师而图自救。我军久战疲乏,故攻惠未能得手。闻麾下已请命李督开前助战,苾筹胜算,良足斡旋大局。今得闽电,知李督亦已同意,许麾下助战杀贼。计粤、桂合战后甚疲,一得精锐参加,成功必大;况麾下谋勇兼优,岂惟破惠,直可由兹底定百粤。师行贵速,敬盼露布捷音。孙文。

据《讨莫之役致滇湘黔闽浙粤各省当局要电》,载胡汉民编《总理全集》第三集(上海民智书局一九三〇年版)

致谭延闿电

(一九二〇年十月一日)

周道腴先生鉴:道密。转谭总司令鉴:据李国柱来信,曾迭请出兵攻桂。查李从事革命有年,极为可靠,该部组织,煞费苦心,今当桂贼猖狂之际,多一份兵力即多一份功效。况闻该部已有编并计划,文意即可令其协同攻桂,俾使向外发展,于粤于湘,两得其益,谅可行也。文。

再据港电①,自魏、李独立②,海军同时逼莫离省。全局当可解决,乃有倡调和之说,莫利用之以缓兵,且要求条件,离间粤人,以遂狡计。除由文与唐、伍③诸公电告魏、李,速驱莫贼以安粤局外,特恐贼心不死,重以糜烂粤人,实不堪命。请念救兵如救火之义,迅饬所部,直下北江,驱除桂贼,岂惟粤人受赐,全局实利赖之。孙文。东。

据中国国民党中央文化传播委员会党史馆藏一般档案 050/287

---

① 此句以下原件缺,今据胡汉民编《总理全集》等补入。
② 魏、李,即魏邦平、李福林。
③ 唐、伍,即唐绍仪、伍廷芳。

致陈炯明许崇智电

（一九二〇年十月一日）

竞存、汝为两兄鉴：省城除观音山一部已属完全占领。昨据翟、汪①电，彼部已占清远、从化。现岑、温②逃沙面，托领事调和停战为缓兵计，久恐生变。兄等宜全军速移向长宁，取道从化，长驱进省，以定粤局，然后再行处置后方之穷寇可也。如行动为麻子③所缠，能灭则灭之，否则以权利联之。明日遣程潜往汕，赶赴前线，专为此事，可酌量图之。孙文。东。

据中国国民党中央文化传播委员会党史馆藏一般档案 050/322

致孙科电

（一九二〇年十月一日）

支日将飞机两架寄广生船来省。如省不稳，则在港设法上陆，或托利古公司代收运澳存放。因汕头前去过两架，今各船皆不肯再运该埠，故不得不冒险寄省也。父。东。

据中国国民党中央文化传播委员会党史馆藏一般档案 050/326

---

① 翟、汪，肇军总司令李耀汉部属，曾任代理广东省长、肇阳罗镇守使等职，前为桂系排挤，今起而逐桂。
② 岑、温，即岑春煊、温宗尧。
③ 麻子，即李根源。

致李绮庵电

（一九二〇年十月二日）①

江门李总指挥鉴：成密。俭电悉，阳江克复，足壮军威。惟昨闻鹤山有警，尚望设法堵截，毋使内犯。尊电迭劝各方注重统一机关，具见苦心，尚望力任调和，共济时艰。孙文。冬。（印）

> 据中国国民党中央文化传播委员会党史馆藏环龙路档案02673

致李厚基电

（一九二〇年十月二日）②

培之督军鉴，此次竞存回粤，得公之助，故能所向无敌，桂贼丧胆，四方响应。至虎门为民军占领以后，海军亦改态度助粤，于是魏邦平、李福林乃得占领广州，而莫荣新降服。粤事本可从此解决，独惜竞存不能同时以大军至省，而莫贼乃生狡狯，正图离间粤人。海军亦以是生心，欲由海军全握粤权，于是有以海圻舰长汤廷光为粤督之议，而绅商各界只图苟安，多附和之。魏、李本为部下所迫，今有调和之说，正中彼怀。倘此事终成事实，则不独竞存苦战四十余日之功终归幻影，而公一番玉成之力亦等空谈。且海军必得陇望蜀，借调和而收拾桂系残部，大唱闽人治闽主义，而与公为难矣。今日为竞存挽回九仞之功，非有一师以上之生力军助战，不能歼灭东江之敌。此股一灭，则桂力全消，而魏、李不能不就竞存之范围，海军亦必随风转舵，如

---

① 此电原未标明年月。按其内容，有"阳江克复，足壮军威"等语，应系指9月26日桂军第二军林虎部营长陈铭枢在阳江独立事，故此电似应发于10月2日。

② 此电原未标明年月，胡汉民编《总理全集》定为1918年。按，此电促李厚基令所部助粤军行动以定粤局，应系发于粤军未攻占惠州之前；且粤军于8月12日誓师返粤，至10月2日，与电文"苦战四十余日"之数相近。故此电拍发日期应为1920年10月2日。

此则粤局可定,而闽局亦安矣。若公以为然,请速令王①旅兼程取道大埔、梅县以赴前线,并速令臧师②取道潮汕,助我左翼,则胜算必操,可无疑义。救兵如救火,不能一刻或延,如何?急切盼复。孙文。冬。

据《讨莫之役致滇湘黔闽浙粤各省当局要电》,载胡汉民编《总理全集》第三集(上海民智书局一九三〇年版)

致颜德基电

(一九二〇年十月四日)

绥定颜师长鉴:式密。来电所述,具见苦衷。现在又与同盟军协力讨贼,剑及履及,益见坚持主义,终始无渝。所望急将川局奠定,共出长江,企图远大,则于川于国,两有其利。广州已被我军占领,莫荣新负固观音山,旦夕可平,并告。孙文。支。

据《总理函稿》049/29,转录自秦孝仪主编《国父全集》第五册(台北近代中国出版社一九八九年版)

复翟浩亭电

(一九二〇年十月四日)

翟浩亭先生鉴:浩密。东电悉。淡然权利,一矢精诚,此为成功基础,至为佩慰!现莫氏负固待援,希即协助魏、李,迅速扫除,毋误调停,致滋棘手。切盼。孙文。支。

据《总理函稿》049/29,转录自秦孝仪主编《国父全集》第五册(台北近代中国出版社一九八九年版)

---

① 王,即王永泉。
② 臧师,即臧致平师。

致孙科电

（一九二〇年十月六日）

一、传令琼州各军①，即渡雷州，会合高、雷、钦、廉同志，直捣南宁，以破桂贼老巢。二、美商军器一事，恐有不实，须防骗局。三、水飞机二架已转载，纸交 Jowsing 名字收，可通知卓文。父。鱼。

据中国国民党中央文化传播委员会党史馆藏一般档案 050/327

复陈炯明电

（一九二〇年十月八日）②

广东老隆陈总司令鉴：支电悉。款已陆续分汇由港转汕，前后共十五万三千六百元。最后一批十万八千元，艳日湘芹由港带汕，此时想已达前线矣。惠州若一击不下，宜即变计，与乡民协同锯〔掘〕壕，围其东南面，分军队防守要点，与乡民策应，与敌相持。然后分小队二支取道新丰，一西袭英德，一南取从化，声言由此路以取省城。俟此二路发生影响，即引敌兵于北江方面，乃以大队由龙门、增城以取石龙。石龙一得，则惠州可不战而降，彼之军实，我可尽得矣。报传乐昌、坪石有战事，北江每日有数百伤兵至省云。湖南已决意出兵攻桂，赣军李明扬部定佳日返粤。陆贼对人言，宁失广西，

---

① 琼州各军，指前由李根源率赴琼崖的驻粤滇军赵德裕等部。
② 此电时间秦孝仪主编《国父全集》定为9月8日。据电中谈及前后汇款事及围攻惠州等情，谓"最后一批十万八千元，艳日湘芹由港带汕"，"赣军李明扬部定佳日返粤"云云。查古应芬系九月底携款离港，于10月2日抵汕头；赣军李明扬部9月下旬离赣赴粤，佳（9）日当是预定返粤日期。故此电应发于10月。

断不愿失广东。故惠州为彼死守之地,我不宜老师于此,宜四出活动,保全朝气,则贼必立沮丧溃败也。孙文。齐。

据中国国民党中央文化传播委员会党史馆藏一般档案050/317

致卢永祥电

（一九二〇年十月九日）

杭州督署石小川先生鉴:觉密。译呈卢督军大鉴:粤垣因各方面之障碍,魏、李未能急用武力驱除莫氏,自非由粤军剿除桂系在惠州之重兵,使其失恃,全局未易解决。此次培督节节相援,实赖执事间接助力,至为感荷!最近臧师长更决定开赴前线,与粤军合力讨贼,惟闻子弹不甚充分,求尊处为之接济。此举关系重大,粤军久战稍疲,一得精锐参加,破惠无疑,而省局亦迎刃可解。三省谊切同舟,早在洞鉴,望即赶拨臧师所需子弹,俾得助战,以成大功。有如欧战,美国援兵一到,德人即溃败无余。两方合战俱疲,有生力军援助,其效力至大。事机迫切,专电陈请,立盼明教。孙文。佳。

据《致杭州卢永祥电》,载胡汉民编《总理全集》第三集(上海民智书局一九三〇年版)

致黄志桓等电

（一九二〇年十月九日）

香港分电钦州黄镇守使①、江门陈督办②鉴:闻兄等起义,与陈竞〈存〉兄一致讨贼,忻慰无量。桂贼祸粤,凡有血气,莫不切齿,望即率劲旅协同竞

---

① 黄镇守使,即黄志桓。
② 陈督办,即广东省属恩、开、新、台、赤五邑清乡督办陈德春。

〈存〉兄将各贼悉数驱除,还我乡土,使粤人回复自由,则兄等之功为不没矣。孙文。佳。

据上海《民国日报》一九二〇年十月十八日《为讨桂之要电——孙总裁勖勉黄陈》

致赵德裕等电

(一九二〇年十月上旬)①

香港转靖国联军赵总司令、蔡、何②、莫梯团长、蒋司令均鉴:东电敬悉。诸君扶持正义,一致讨贼,于粤有敌忾之功,于滇报夺军之耻,风声所树,义愤同钦。即希速出琼崖,共清珠海。特电驰劳,伫听捷音。

据中国国民党中央文化传播委员会党史馆藏环龙路档案02642

致李厚基电

(一九二〇年十月上旬)③

余田侯参议鉴:密。转呈李督军鉴:前电谅达左右,未蒙赐答,至切悬盼。粤省局以海军徘徊,故魏、李不能急攻逐莫。桂贼知后方动摇,则亟以死力反攻粤军,欲令我军受创,且不能分力援省,彼乃回兵图魏、李,故连日粤军不甚得手,此为成败紧急之关头。盖彼已首尾受敌,我有全胜之势,惟粤军久战甚疲,彼亦窥我弱点。若粤军援〔无〕助,则彼贼得伸缩自如,渡过

---

① 此电原未署日期。据本年10月6日孙中山致孙科电,"传令琼州各军即渡雷州"等语,酌定此电发出日期为10月上旬。
② 赵、蔡、何,即赵德裕、蔡炳震、何福昌。
③ 此电时间胡汉民编《总理全集》定为1918年。据该电催促李厚基令所部援粤,系魏、李在广州宣布独立而未能以武力逐莫之际,且其时惠州未下,故此电应发于1920年10月上旬。

难关,转败为胜。目前救急之着,专在麾下,有如欧战,美国援师一到,德人即溃败无余。以两方久战俱疲,故生力精锐之援师成功至大。闽、粤安危一体,臧师、王旅早办助防,开往前线助战,只须更进一步。臧师善战,尤为桂贼所畏惧;臧师长、王旅长亦素秉承麾下意旨,决心杀贼。敬望麾下即速电令臧师出发,开至前线,粤军得此,则破贼无疑。若彼贼前方大兵溃败,省局亦迎刃而解。成败得失,只数日间事,想我公此时必不忍使粤事败于垂成,而吝此最后之援助。事机至迫,惟企速行。专电陈请,立盼捷音,并祈复电。再,北京已无力约束各省,公以锐师破惠,大局竟解决,彼必不敢责难。而臧师、王旅在外,适可而进,公固不患无词以相抵也。孙文。

据《讨莫之役致滇湘黔闽浙粤各省当局要电》,载胡汉民编《总理全集》第三集(上海民智书局一九三〇年版)

致卢永祥电

(一九二〇年十月十一日)①

佳电想已达典签。顷得竞存来电,言七九子弹告乏,闽督已无可拨,请求尊处济以百万,解由闽督转交。此事不落痕迹,而粤军受惠至大。故敢代陈,幸为援助,无任感盼,并候复教。孙文。真。

据《讨莫之役致滇湘黔闽浙粤各省当局要电》,载胡汉民编《总理全集》第三集(上海民智书局一九三〇年版)

---

① 此电时间胡汉民编《总理全集》定为1918年。据该电催促卢永祥以子弹支援陈炯明,以解陈部七九子弹"告乏"一事,应系1920年援闽粤军返旆作战之时。

复湖南省议会电

（一九二〇年十月十二日）①

长沙省议会鉴：庚电悉。此次粤人驱逐桂匪，实迫不获已；贵省人民及统兵长官，多数主张出师援粤，义声所播，溥〔薄〕海同钦。目下战事正在进行，匪势仍未潜销，所望共抒互助精神，以清西南余孽。上月王育寅派员来称，愿率所部攻桂以抒粤患，颇嘉其知义；当嘱务与湘中将领，一致进行，并派林君修梅前往察看助理矣。护法军兴，扰攘数载，民生之憔悴亦甚矣。顾欲减缩痛苦之期限，惟有相率而起，速清内奸。桂匪祸粤，非名〔片〕言所能罄。湘人好义，实出自第二天性，尚乞督促进行，不胜盼祷，孙文。侵。

据《讨莫之役致滇湘黔闽浙粤各省当局要电》，载胡汉民编《总理全集》第三集（上海民智书局一九三〇年版）

致李烈钧电

（一九二〇年十月十三日）

重庆李协和部长鉴：黄密。粤事相持未决，湘军又徘徊不进，故前电极望兄由湘入粤，肃清两广。湘中我方可靠军队，亦有万余，尚敷调遣。惟今时局忽生剧变：一、李纯确于昨日自杀身死。二、西报载北京谋复辟，张作霖兵逼京津，曹锟南逃。三、林葆怿真日与北方海军联名通电，宣告统一。四、浙、闽为自卫计，皆有动机。五、鄂中段系军队，已陆续发动；赣陈②又与赣南军队恶感甚深，与赣西、赣北镇守均有猜忌。似此长江机会绝佳，亟宜统

---

① 此电时间胡汉民编《总理全集》定为1918年。据电述援粤攻桂事为1920年。
② 赣陈，即江西督军直系军阀陈光远。

筹全局,确定大计。现得竞存报告,李根源军队被我截获子弹三百箱,并击毙团长一名,李军大困,粤事渐可解决。长江形势,今较粤为急为重,务请兄迅驾来沪,决定机宜。至盼,并速电复。

据《总理函稿》049/29,转引自秦孝仪主编《国父全集》第五册(台北近代中国出版社一九八九年版)

致陈炯明电

（一九二〇年十月十三日）

老隆陈总司令竞存鉴:真电悉,甚喜!此时宜乘势扑灭麻子,以振军威,而寒贼胆。传闻桂贼欲将惠州交与李根源,调回林虎、马济,以对李、魏。有从桂军中来者云,目击桂军士气沮丧已极,战斗力差极,若我军能再振作士气,仍取攻势,则最后之胜利,必归诸我也。昨日李纯自杀于南京,张作霖兵逼京津,曹锟南逃,将有复辟之举。真日林保〔葆〕怿、蓝建轵〔枢〕通电,南北海军统一。此最近南北之变局也。孙文。冬①。

据《讨莫之役致滇湘黔闽浙粤各省当局要电》,载胡汉民编《总理全集》第三集(上海民智书局一九三〇年版)

致陈炯明电

（一九二〇年十月十四日）②

竞存兄鉴:本省响应之事,因江防被海军击怕后已失去最重要之力,又

---

① 冬,即为2日,原文疑系笔误。电称"昨日李纯自杀于南京",据苏督李纯于10月12日在南京自杀,故此电发期当为10月13日。

② 原电无具体日期。据此电中有"望见再振其锐气,分小队猛扑北江,以大力强取石龙,则惠州可不攻而下"等语,所指系10月22日粤军攻克惠州之前事,故此电应系发于10月14日。

以粤军动后,此间财力悉以供大军之用,不欲分耗于小举。然前所谋及者,今已陆续生效,则不能起之处,亦费桂军数营之力。彼贼已有风声鹤唳,草木皆兵之恐,处处设防,断不敢尽抽其兵于一处也。据近日报上广州消息,乐昌、坪石确已开战事,遂溪、新兴已失,香山小榄轮渡不通,四邑有警,此皆廿日内响应之影响也。又传桂省已分东西北三面设防,防滇、黔、湘之进攻。陆裕光有折回桂之消息,陆、岑有向北乞救,愿取消两广自主之举。其主要人物一切举动,悉属手忙脚乱,而兵士已无斗志,孤注一拼,彼贼实已无此能力矣。望兄再振其锐气,分小队猛扑北江,以大力强取石龙,则惠州可不攻而下。近日李根源部下及钦、廉绅士俱有代表来,欲谋响应。已促他等回去,相机即动,想不日必有影响也。孙文。寒。

据中国国民党中央文化传播委员会党史馆藏一般档案 050/324

致李厚基电

（一九二〇年十月中旬）①

福州督署余田侯谘议鉴:筹密。译转李督军后〔鉴〕,海军各舰决意北归,开向厦门,与北舰合力,以图占领马江各要塞,现已准备出发等语。查北廷买收海军,屡用巨款;以闽籍人多,图闽之说,亦早有所闻。最近桂贼虑海军助粤,更多用贿赂与之联络,恐将次第见于事实。此间已电省港同志,竭力设法阻止,俟得当再报。惟海军中人素来胆怯,且无陆军为助,则更退缩观望。其在诏〔潮〕安、汕头坐观粤军攻取潮汕,不敢为桂贼及方声涛之助,可见一斑。近日惟见粤军形势稍钝,阴谋又露,其易为利用、易为威慑如此。今日

---

① 此电时间胡汉民编《总理全集》定为1918年。据1920年10月11日上海《申报》载:海军统一问题,业由双方将领协商就绪,专候军费实行拨付,所有在粤海军,一律开出粤境,服从北京政府,云云。此电谓"海军各舰决意北归,开向厦门,与北舰合力"等语,即系指此。故此电时间应为1920年10月中旬粤军尚未攻下惠州之时。

为闽、粤共存之计,惟有催促藏师、王旅,同时并进,火速攻破惠州,使桂贼重兵溃败,粤垣大局,定见解决,则海军无援,其势亦必不敢逞。兵法有以攻为守者,此类是也。若非扩张目前之势力,使彼不敢相逼,而我仅言自守,则北方有反对我者,不难于其时以一纸命令买海军之欢心,此时我亦失先发制人之机矣。事势万急,而胜算在我,故急电奉闻。望速裁定,以挽大局。孙文。

据《讨莫之役致滇湘黔闽浙粤各省当局要电》,载胡汉民编《总理全集》第三集(上海民智书局一九三〇年版)

致陈炯明电

(一九二〇年十月二十三日)

竞兄鉴:马电悉。战局有此转机,诚属大幸。此后粤军势力当可不摇。魏、李之适时响应,实为粤军之救命汤。然桂军之退,万不可掉以轻心,测其用意,必为集中大力,先将魏、李击灭,然后对付粤军。粤军久战疲劳,不堪再遭失利,兄以为独立〔力〕能解决粤局,实恐不然。务望促藏师全部速来为要,盖非此粤局必难遽定也。千万毋忽。孙文。漾。

据中国国民党中央文化传播委员会党史馆藏一般档案 050/321

致徐世昌等电[①]

(一九二〇年十月二十三日)

北京徐菊人先生、靳翼青先生[②],各省、各议会、各报馆均鉴:粤军回粤,

---

① 粤军10月22日攻占惠州城,桂军溃退,广东局势解决在望,岑春煊、陆荣廷却以军政府名义代表西南,企图与北京当局签订和约,孙中山等人因此致电徐世昌、靳云鹏及各省各议会各报馆,坚表反对。

② 徐菊人,即北京政府大总统徐世昌;靳翼青,即国务总理靳云鹏。

两月以来,全省九十余县,为粤军收复及响应附义者,计逾八十。就省会言,各车歪炮台、中流砥柱等要塞、菁华所在之西关一带、河南全岛,及海防、江防全数舰队,均隶粤军范围。莫荣新困守老城,负隅抗拒,岑、陆计穷力蹙,惧失地盘,先后派遣代表,星夜晋京,促签条件,卑鄙龌龊,摇尾乞怜,殆欲趁此在粤生机垂尽之时,求与北方订约,冀得现在或今后之援助。以事实论,岑、陆匪特不能代表西南,广东一省,已十九为粤军所有。以法律论,七总裁缺其四,广州已无军政府。岑、陆私人签订之条件,直等废纸,绝对不生效力。倘或北方不察,贸然与签,固不能拘束西南,亦足贻笑中外。文等护法救国,矢志靡他,酷爱和平,岂在人后?北方果诚意谋和,不仅图纸上空文之统一,则固不必与秘密勾结暮夜乞怜之辈,订定条件;应将一切法律事实问题,付之沪上和会,公开解决。迭经文等郑重宣言,邦人君子,其共鉴之。孙文、唐绍仪、伍廷芳、唐继尧。

据《军政府公报》一九二〇年十月二十三日"布告"光字第一号《四总裁第三次宣言》

致赵恒惕等电

(一九二〇年十月二十五日)①

长沙赵总指挥、宋、廖、鲁旅长、林处长②,各司令、各团营长,周道腴、李懋吾先生,各报馆均鉴:粤军讨贼,义师景从;然寇势虽穷,尚未去粤。倘邻省同张挞伐,何难歼厥渠魁。前据周君震鳞等电称,贵省各军多主张出兵援粤,近复征诸舆论,则更对于援粤万众一心。即谭总司令仗义执言,亦有粤

---

① 此电时间胡汉民编《总理全集》定为1918年。据电文中"前据周君震鳞等电称,贵省各军多主张出兵援粤",此指长沙湖南省议会在1920年10月致孙中山"庚电",表示湖南人民及统兵长官多数主张出师援粤"驱逐桂匪"事。又据10月12日,孙中山复湖南省议会电内容,此电当在10月25日。

② 赵总指挥、宋、廖、鲁旅长、林处长,即赵恒惕、宋鹤庚、廖家栋、鲁涤平、林支宇。

人治粤之鱼电。夫桂匪非能容纳人之忠告,若不临以武力,直所谓对盗贼谈仁义也;文窃以为不然。曩者王育寅派员前来,自请援粤。文以其颇知大义,遂令林修梅亲往该处视察一切。顷据来电,公推林修梅为湘西靖国军总司令。林修梅就职后,复有攻桂之通电。湘中民气,素有激昂慷慨之称。林君起义衡州,艰难百战;今又勇于讨贼,登坛誓师,此湘军之光荣,亦前民之矩矱。望赞此义举,毋使林君独为其难,且树之风声,尤能得民意之助,他日荡涤瑕秽,攘除奸凶,公等之功,皆在民国矣。孙文。有。

据《讨莫之役致滇湘黔闽浙粤各省当局要电》,载胡汉民编《总理全集》第三集(上海民智书局一九三〇年版)

致湖南省议会电

(一九二〇年十月二十六日)①

长沙湖南省议会议员诸君均鉴:新成密。元电计达。窃此次粤人力谋自决,与湘中军士力谋援粤,而助其自治,皆人类最合理之冲动,实为中国政治之一线生机。贵省当局亦既有鱼电与粤人之自主矣。然桂匪始终不悛,则湘人为维护人格计,托林君修梅回湘肩此重任,并电致赵师长等,劝其与林君一致。今惠州、石龙虽已克复,然桂匪之占据粤境,备极残暴者,其地尚广。粤人现视桂匪之在粤,比虎、疫、蝮蛇之近在盘匜枕席间者尤甚。为今之计,惟有速求解除粤人此等恐怖观念,缩短其时间,缩小其区域,勿使再为一晷一寸之延长,故不得不亟望湘人之互助。且此举亦正惟平昔富于公义心、勇敢心之湘人及湘军,乃能堪之。故甚望贵省军事当局,勿再有所瞻徇,与林君为一致之行动。尤望贵议会代表人民之真意,促进贵省行政当局,维持其宣言,庶美国国会宣言助欧之名誉,不能专美于西方也。人类伦理上之

---

① 此电时间胡汉民编《总理全集》定为1918年。据电称"此次粤人力谋自决,与湘中军士力谋援粤",及"今惠州、石龙虽已克复,然桂匪之占据粤境,备极残暴者,其地尚广"等语,应系指粤军已占惠州(22日)而未克广州之时,故时间应为1920年。

最高善意,决不能以孤立之抽象名词代表之,亦非与世推移所能取得,惟能及时努力抵抗,或征服社会所公认之恶魔如桂匪者,乃真善耳。惟诸君实利图之。孙文(廿六)。

据《讨莫之役致滇湘黔闽浙粤各省当局要电》,载胡汉民编《总理全集》第三集(上海民智书局一九三〇年版)

复陈炯明电

(一九二〇年十月三十日)

俭戌电悉。致悦卿等电已照办。惟彼辈最后态度,亦视兄力为转移。此后战略宜大变更:集中全力速趋省城为上策,集中全力以扑灭麻子为中策。缩短战线,握要固守,以保势力而待援军亦为一策;惟不忍舍去地土,与敌相持,分薄兵力,则为下策。望兄速酌施行。孙文。卅。

据中国国民党中央文化传播委员会党史馆藏一般档案050/320

否认北京政府宣布南北统一的通电

(一九二〇年十月三十一日)

北京徐菊人先生、靳翼青先生转各省议会、督军、省长、各报馆均鉴:

窃文等尝以南北构争数年,海内困苦,而友邦劝告亦望早息兵争。文等夙爱和平,因而与北方开诚相见,企外交、法律一切问题得正当之解决。盖西南兴师所以护法救亡,非有个人权利之见,故和会公开将使天下无所私隐,中虽一度议无结果,然和会正式之机关并未废止。文等亦既于六月三日、七月二十八日、十月二十三日再三宣言,通告中外,以为北方苟有诚意谋和,决无有舍正式公开之和会而与一二不负责任之人私相勾结,认为得当之理。

最近粤军回粤,岑、莫败亡,乃于相率逃窜之余,辄为取消自主之说,其情可怜,其事可笑!初不意北方竟引为口实,据闻有伪统一之宣言,似此举动过于滑稽儿戏,直无否认之价值。惟深察北方之用意,实思以伪统一名义,希图借取外债,以延长其非法政府之命脉。

文等甚不惮烦,更为正式宣告:须知岑春煊早丧失地位、资格,而军政府依然存在,初不因岑等个人反复致生问题。此次北方宣言,文等绝不承认,内而国民,外而友邦,勿为所欺。北方既毫无诚意,而用此种狡狯无稽之手段,使大局更起纠纷,咎有所在。为此通告中外知之。孙文、唐绍仪、伍廷芳、唐继尧。三十一日。(印)

据天津《大公报》一九二〇年十一月一日《孙文等不承认统一之通电》

致谭延闿等电

(一九二〇年十月底至十一月初)①

长沙周道腴先生:道密。转谭总司令、赵总指挥鉴:歌电悉。王育寅原电,此间尚未接到,究竟内容如何,无从悬揣。惟前者粤桂战事发生之时,湘中将领多主张援粤讨桂。育寅亦曾派人来此接洽,愿率所部前驱,以其响义心切,当即嘱其与各将领联络进行,并派林君修梅前往查察是否出于诚意。兹接来电,似与前项事实稍有歧异。如果育寅仍系依据前情,出师援粤,似未可指为悖谬。且其人前以复父仇,行动稍有逾轨,于情尤有可原。应请两

---

① 原电未署日期。前王育寅起兵为父报仇,攻占大庸、慈利等地,为湘督谭延闿所不容,林修梅亦因受谭排挤,互有夙怨。1920年10月,以林修梅、王育寅为正副司令的湘西靖国军,要求假道援粤,15日林修梅部进攻常、澧,湘省守军迎战失利后,谭延闿即派第一旅宋鹤庚部攻林,至11月2日,谭部省军攻下慈利、大庸、桑植等县,王育寅逃往汉口。孙中山在此电中谓"勿遽加兵",当系指上述谭部进攻林、王一事。据此,此电当发于10月底至11月初。

公体察情势,勿遽加兵,并将育寅原电迅速转示,以便商处。一面仍由文径电林君,从速查复。特此电闻,并希见复。孙文。

据《讨莫之役致滇湘黔闽浙粤各省当局要电》,载胡汉民编《总理全集》第三集(上海民智书局一九三〇年版)

致孙科电

(一九二〇年十一月二日)

冬电悉。若钦、廉如报上所言黄志垣已在该处独立,则桂贼已尽失海口,无地可以接收军器矣。然此等〈军〉器亦正合吾人之用,可与前途交涉云。现款一时难得,但在沪可觅银行担保,俟粤局定后,则当先以关余还之。可约其船先驶入汕头停泊。若交易不成,当通知沿海一带同志防备,免其偷接;并请李锦纶向美领抗议可也。父。冬。

据中国国民党中央文化传播委员会党史馆藏一般档案 050/319

复靳云鹏电

(一九二〇年十一月五日)

北京靳翼青先生鉴:奉卅一日尊电,藉悉一是。窃以西南兴师,服膺两义,护法救国,中外闻知。曩岁文等鉴于海内望和之殷,友邦劝告之切,亦尝披肝沥胆,与北方对等议和。事令纷歧,停顿匝岁,每一念至,辄用疚心。近者岑、莫避窜,情急求和,北方不察,竟据以宣言统一,中外各报,咸肆讥评,谓为滑稽,良非无故。执事自问,当亦哑然。中国通病,在一伪字。执事斧柯在手,正宜力矫积习,导人以诚。文等之愚,以为欲解南北纠纷,图全国事实上之统一,必自赓续和议,该军事协定,乘时取消,各种密约,完全废止,法律问题完满解决始。否则,求统一而去统一愈远,言和平而破坏和平愈甚。天下其谓之何?辱承明问,敢布区区。言尽于斯,诸维亮察。孙文、伍廷芳。歌。

> 据上海《民国日报》一九二〇年十一月九日《两总裁电质靳云鹏》

与唐绍仪等联名致北京政府电

(一九二〇年十一月七日)①

南北统一,诚不反对,但政府手续,殊欠明晰。兹特提出办法四条:一、于最后宣布统一之前宜开和会;二、取消中日军事协定;三、和会讨论法律上难题;四、公布各项密约。

> 据上海《民国日报》一九二〇年十一月八日《四总裁和议主张京讯》

致护法各省各军电

(一九二〇年十一月九日)②

(衔略)组庵东电否认岑、陆、林宣言及岑漾、敬两电,词严义正,钦佩莫名。自西南护法,国会南迁,由各省各军合组军府,原期同心协力,贯彻始终;不意劣马害群,莠草乱苗,岑、陆、林,莫与政学系诸奸,盘据军府,扰乱国会,种种罪恶,罄竹难书,揭其大端:(一)对于湘军:则长岳既复,既力阻其进攻武汉,致并弃湘省以资敌。(二)对于北廷:则密使往还,日谋单独乞

---

① 本电讯日期为7日,此电应于是日发出。
② 秦孝仪主编《国父全集》编者注:原件无年月日。上海《民国日报》(1920年11月10日)亦刊出此电,内容互有出入。据报载于"佳"日发电,故此电应在是月9日。

降,以破坏上海之对等和议。(三)对于宪法:则地方制度,方经二读,彼少数人即结合捣乱,屡次缺席,致功败于垂成。(四)对于驻粤滇军:初则擅易师长,继则助逆抗命,终则威迫改编,致讧不已,竟召分裂。(五)对于川事:则挑拨熊氏反对联军出师,并离间滇军之颜〔顾〕、赵①,致川军与川〈军〉战、与滇、黔军战,致联军失败,出师绝望。(六)对于粤军:则汀、漳方复,则断其后援,近复逞其假道灭虢之计,增兵进逼,欲消灭之而甘心。及粤军自卫反攻,桂军屡战皆北,岑、莫临逃,乃通电取消军府及广东自主。滑稽儿戏,无聊亦复无耻。竞存电谓:彼等仅能取消其窃据之名器及自身之人格。诚哉是言。因思我西南各省、各军,坚苦卓绝,转战数年,支撑危局,砥柱中流。此后仍宜联合一致,共策进行,本护法之初衷,成救国之大计,实行民治,永奠国基。艰难共济,始终如一,惟诸公实图利之。

据中国国民党中央文化传播委员会党史馆藏一般档案 050/346

致何成濬电

（一九二〇年十一月上旬）②

雪竹兄鉴:我军艳日克复广州,莫、林、沈③诸逆俱逃。马济拟率残部绕道北江回桂,粤事当可稍定。岑、陆见难再容于西南,遂公然降北庭。北庭亟欲假统一以借外债,为征服异己之图,遂置护法各省之主张,中外共认之和会于不顾,悍然以伪总统一纸命令,宣布统一。此不独视西南为一二桂贼所私有,蔑视我护法团体之人格,外人不察,滥予援助,北庭愈有所恃,以遂

---

① 顾、赵,即顾品珍、赵又新。
② 此电原未署日期。据电称"我军艳日克复广州"、"马济拟率残部绕道北江回桂,粤事当可稍定",及"某等为护法救国计,不得不有十月三十一日之宣言"等语,今将此电时间酌定为11月上旬。
③ 莫、林、沈,即莫荣新、林虎、沈鸿英。

其毁法卖国之私,和平将永无望。故某等为护法救国计,不得不有十月三十一日之宣言。组庵护法决心,至所佩仰,前沪报载其反对桂系单独构〔媾〕和,义正词严,尤足慑服群奸。此次对于北庭统一伪令,想必有坚决之表示,以慰群望。会间希为致问,并盼示复。孙文。

据"中央改造委员会"党史史料编纂委员会编《总理全书》
(台北一九五〇年至一九五二年出版)之九《文电》

致陈炯明电

(一九二〇年十一月上旬)①

竞兄鉴:今得湘、赣、燕等处秘密消息,我军在惠相持之际,桂贼电使纷驰于三处乞援,定有计划,以惠州为战略之退却,而固守省城或肇庆。北方则派某某取道赣南而趋东江,派张宗昌取道湘南而趋北江。二路援军一到,桂贼则反攻。今幸我军追击之猛,民军牵制之力,使彼一退而不可收拾,北方为之失望,我可得一息安全。惟北方随有宣布统一之令,此实为援桂之先声,粤局此时犹未得以为安也。四期之作战,以速为妙,否则桂贼惊魂一定,必有反攻,而北敌则随之而至,粤恐成为垓下矣。此时一面宜解散桂之嫡派降军,以清后患;一面宜厚抚民军,以致多助;使民军速进桂边,以扰彼归路,然后以大军临之,一溯西江以取梧、浔,一由海道集中钦州,以取邕、龙,则桂贼可全灭矣。最妙使藏军从汕航钦,能办到否?再朱卓文前由此间委为飞机队司令,今两方已联络,应由兄处委他,并接济其饷费,以归统一。孙文。

据中国国民党中央文化传播委员会党史馆藏一般档案
050/372

---

① 此电原未署日期。据粤军于1920年10月29日攻占广州,北京当局于30日发表统一通电,孙中山等于次日宣言否认伪统一。按此电称"四期之作战",当系指11月15日出兵攻肇庆之计划。今酌定此电发于11月上旬。

复林直勉电①

（一九二〇年十一月十二日）

直可回，芦隐准署总干事。孙文。（十一月十二日）

> 据《党务杂纪》第七号，转引自秦孝仪主编《国父全集》第五册（台北近代中国出版社一九八九年版）

复唐继尧电

（一九二〇年十一月十五日）

云南唐总裁鉴：申密。歌电奉悉。北庭三十日发表伪统一令，自欺欺人，腾笑中外。尊电谓不独关于国家正义主张，吾辈为保存人格计，万不能中道背驰。肝胆之言，我心如一。已联列尊衔暨秩庸、少川两公通电否认，计邀省览。现广东虽复，若不改造广西，仍多后患；兹正促令诸军，鼓勇前进。惟滇、桂密迩，可与粤成犄角之势，旋师稍息，尚望转向桂边，并图犁扫。桂定，则滇、粤脉络贯通，西南可成强固之局。彼盗国者虽百方控纵，莫能破我中权矣。希图利之。十一月十五日。

> 据《中央党务月刊》第十三期（南京一九二九年八月）"特载"《复唐继尧电》

---

① 林直勉原呈请辞去美洲三藩市国民党总支部总干事职务，孙中山电准辞呈。

致蒋介石电

（一九二〇年十一月十六日）

宁波濠河头新顺行转蒋介石先生鉴：刻有要事面商，请即返沪。孙文。铣。

据毛思诚编《民国十五年前之蒋介石先生》第六编（一九三七年三月印行）

致成谷采等电

（一九二〇年十一月二十三日）

译交中环康乐道中四十六号四楼尚信李兴高先生收，谷采、柱洲、德裕三兄均鉴：吴倚沧兄到沪，详报各情，知滇军志存讨贼，欲与粤军取一致行动，扫除游勇、巩固西南，实深欣慰！至于名义一节，惟诸君之意是从。此时惟望立即击桂，以为表示诚意。文当负完全责任，与竞存方面疏通，可保得美满之结果。兹并汇上小费三千元，交成谷采兄收。望速进行，幸甚。孙文。漾。

据中国国民党中央文化传播委员会党史馆藏一般档案 050/328

致陈炯明暨粤军各将士电

（一九二〇年十一月下旬）①

广州陈总司令并分转各军司令、指挥、统领暨诸将士鉴：新成密，密。桂

---

① 此电原未署日期。似发于11月25日孙中山离沪赴粤前后，今酌定为11月下旬。

贼恃其凶悍,盘据两粤,假窃名义,实作内奸,西南护法之不达目的,彼实厉阶。今幸我师回戈一指,大盗立摧,士气则凌厉无前,人心则壶浆以待。此非独粤人之幸,实民治前途之福。惟念诸君擐甲戎行,躬冒矢石,虽凭义愤,允著勋劳,特以诚恳之词,用劳袍仇之友。此际桂人尚殷请命,西征在即,秣厉尤劳,勉完康济之功,用造承平之局,实嘉赖焉。

据《中央党务月刊》第十三期(南京一九二九年八月)"特载"《致粤军各将领》

致陈炯明电

（一九二○年十一月）①

竞兄鉴:粤军未返旆时,江防有丁基龙、陈策两同志纠合舰队,约同李安邦、李绮庵举事,以破坏桂贼势力。事虽不成,然已足令桂贼失措,不无微劳。丁、陈为海军难得之同志,欲谋粤局巩固,以防北方运动,宜量才录用之,以固江防团体;二李则现带民军,亦望善遇之。孙文。

据中国国民党中央文化传播委员会党史馆藏一般档案 050/373

致许崇智电

（一九二○年十一月）②

火急。广州潮州会馆许汝为军长鉴:新成密。顷得粤讯,知兄于东日抵

---

① 此电原未署日期。据电称"粤军未返旆时"及"欲谋粤局巩固"等语,此电当是发于1920年10月29日粤军占领广州之后。

② 此电原未署日期。按粤军于10月29日克复广州,粤军第二军军长许崇智于11月1日进入广州,孙中山致电嘉奖。据此电文义,发出时间应在许进入广州之初。

省,元气旺盛,至为欣慰!桂贼窃据粤东,盗憎主人,非徒粤民饮恨,吾党革命事业,实兹梗厉。幸赖兄等回戈,亲冒矢石,肉薄〔搏〕争先,血战二三月之久,遂能放逐蛮酋,用康屯难,固公理之战胜,亦策略之靡遗。民国九年粤军战史,第一功当属兄矣。会当把晤,为兄策勋。尚希再厉戈矛,迅图扫穴,出桂人于强盗之手,使两粤联为一气,固我初基,进而解决大局,庶三民主义得有贯彻之日。文愿与诸兄共勉之。

据《总理函稿》049/29,转录自秦孝仪主编《国父全集》第五册(台北近代中国出版社一九八九年版)

复何成濬电

(一九二〇年十一月)

长沙督军署转何雪竹先生鉴:濬密。真电悉。组安与我同心,至为欣慰!惟粤省虽复,不亟将桂省根本改造,则游匪死灰复燃,终成后患。况彼既附北,而居我湘、粤之背,联鄂即可覆湘,联赣即可祸粤,此形势之显然者也。组安既准定出师,务请即由郴、永突入广西,扫彼老巢,清吾内患。西南兴师已阅数载,虽中多波折,然局势近乃转佳。盖借名窃利者,今已揭穿假面;而真正主张正义者,正可成纯粹之团体,一致行动,以解决大局,较之左支右绌者尤愈也。即望转告组安,戮力扶持,使省民自治之义,得推及兄弟之邦,庶可相扶共进,不陷于踽凉之境。组安洞明治乱,所见当同也。

据《中央党务月刊》第十三期(南京一九二九年八月)"特载"《复何雪竹》

复赵恒惕电

(一九二〇年十一月)

长沙赵总指挥鉴:新成密。歌电奉悉。桂贼强横是恃,自取灭亡,于兹益信军阀无存在之理。执事殷望联省组织,亦实救时之策;惟民治畅行之日,必在强梁摧尽之时。执事手复〔绾〕乡邦,已达湘人自治目的,尚祈推己及人,抑强扶弱。如桂人今图自治甚急,乃尚为强盗所压,非藉外援,莫能突起;且此贼未除,民治基础亦难巩固。切望贾其余勇,协力驱除。吊伐之师与侵略者根本不同,想执事必能成此宏愿也。

据《总理函稿》049/29,转录自秦孝仪主编《国父全集》第五册(台北近代中国出版社一九八九年版)

致各省军政长官电

(一九二〇年十二月一日)

各省省长、总司令、督军、省议会、各团体、各报馆均鉴:本军政府于十一月二十九日在广州重开政务会议,继续执行职务,特此通告。孙文、唐绍仪、伍廷芳、唐继尧。东(十二月一日)。

据《军政府公报》一九二〇年十二月四日"通告"光字第一号《军政府通告重开政务会议继续执行职务电》

与唐绍仪等通告今后护法政府之建设方针电

(一九二〇年十二月一日)

各报馆鉴:文等前因北方军阀毁法祸国,乃在粤建立护法政府,中经奸人扰乱,致阻进行。兹则障碍既除,建设伊始,谨为宣言以告国人曰:民国成立,于今九年;始以袁世凯称帝,继以督军团叛国,张勋复辟,祸乱相寻,建设事业,百未一举。今当以护法诸省为基础,励行地方自治,普及平民教育,利便交通,发展实业,统筹民食,刷新吏治,整理财政,废督裁兵,进国家于富强,谋社会之康乐。共和政治,民为主体,同心协作,有厚望焉。孙文、唐绍仪、伍廷芳、唐继尧。东。

> 据上海《民国日报》一九二〇年十二月五日《四总裁宣布建设方针》

致卢焘等电

（一九二〇年十二月二日）

　　贵阳卢代总司令暨胡、谷、张、窦各旅长①鉴:养电悉。诸君出任艰巨,对于大局计划,仍与西南护法各省一致主张,甚为佩慰!望即本此决心,共策进行。孙文、唐继尧、伍廷芳、唐绍仪。冬。

> 据《军政府公报》一九二〇年十二月二十日"公电"光字第二号

致赵恒惕电

（一九二〇年十二月三日）

　　长沙赵总司令鉴:先生以宏才硕望出膺巨任,至湘民有托,极惬风怀。尚祈本夙昔之主张,迅驱桂贼,出吾人于水火,庶民治有策源之地,西南无心腹之忧。硕画如何?诸希匡济。孙文、唐绍仪、伍廷芳、唐继尧。江。（印）

> 据长沙《大公报》一九二〇年十二月五日《孙唐伍唐致赵总座电》

---

① 胡、谷、张、窦,即胡瑛、谷正伦、张春甫、窦居仁。

致赵恒惕电

（一九二〇年十二月八日）

长沙。赵总司令鉴：新成密。江电敬悉。程颂云兄学识勋绩，素见重于国人。昨日政务会议，议决任陈总司令竞存为陆军部长，拟任颂云兄为陆军部次长，协力整理军政。除迳电颂兄请即来粤就职外，特电奉复。孙文。齐。（印）

据长沙《大公报》一九二〇年十二月五日《孙文齐电》

致徐世昌电

（一九二〇年十二月十八日）①

广州联省政府成立，各总裁及各部长均已任定，前途自当巩固团体〔结〕，以谋护法进行。但今有不能已于言者，各总裁未曾至粤以前已分电北方，力主和议。乃听之又久，中央始终不悟，嗣后即再演成冲突，或竟同归于尽，西南亦不负责。

据天津《大公报》一九二〇年十二月十八日《孙文致徐总统电》

致北京政府电

（一九二〇年十二月）

须实行下述三项办法，否则广州不能议和：（一）政府军阀中人一概免

---

① 此电所标时间系报纸刊载日期。

职；（二）撤回统一命令；（三）不借外债。

> 据上海《民国日报》一九二〇年十二月十六日《南方三项警告之京讯》

致吴景濂电

（一九二一年一月四日）

法界渔阳里一号吴莲伯先生鉴：子超①于冬日抵粤，盼速偕留沪议员来粤开会。孙文、伍廷芳、唐绍仪、王伯群。支。

> 据《中华民国法统递嬗史》，转录自秦孝仪主编《国父全集》第五册（台北中国近代出版社一九八九年版）

致蒋介石电

（一九二一年一月七日）

转介石兄鉴：援桂克日出师，请兄速来臂助。兄本允赴粤追随，勿再迟延为幸。盼复。孙文。阳。（印）

> 据毛思诚编《民国十五年以前之蒋介石先生》第六编（一九三七年三月印行）

致某人电

（一九二一年一月十七日）

琼崖租法，奸人造谣，并无其事。孙文。篠。

> 据《党务杂记》第七号，转录自秦孝仪主编《国父全集》第五册（台北中国近代出版社一九八九年版）

---

① 子超，即林森。

请西南各省派代表来粤磋商要事电

（一九二一年一月二十五日）①

请派代表来粤，俾将三种要项解决：（一）改组政府。（二）详议护法方针。（三）联合西南团体之办法。

据天津《大公报》一九二〇年一月二十五日《孙文电请各省派代表》

致西南各省要人电

（一九二一年一月二十六日）②

个人此次赴粤，实为默察民心。群起护法，只在酝酿之中，无人提倡，终难获有成绩，是以毅然不避艰险，随诸各首领出担巨任。深望向在团体省份出兵、出资，竭力辅助，乃多有漠视之弊。嗣后在粤公仆愿与起义各省相约：宁为玉碎，争我人格，专冀北方之省悟。

据天津《大公报》一九二一年一月二十六日《孙中山训诫西南各省》

---

① 此电所标时间系报纸刊载日期。
② 此电所标时间系报纸刊载日期。

致唐继尧电

（一九二一年三月四日）

云南唐总裁鉴：

此间政务诸待协商，望即命驾来粤，共图进行，无任延伫。孙文、唐绍仪、伍廷芳。支。（印）

据《军政府公报》一九二一年三月五日"公电"光字第二十四号

致各省军政长官电

（一九二一年三月十六日）

广东参众两院，陈总司令兼省长，云南顾总司令、周省长，贵阳卢代总司令、任省长，长沙赵总司令、林省长，三原于总司令、张副司令，各省省议会、军民长官公鉴①：卢子嘉先生佳、江两电，根据法律参证事实，对于北庭选举，力加反对，钦佩无已。自民国六年正式国会被违法解散之后，北京伪政府以旧选举法于己不便，乃号召私人创立新选举法，召集新国会，产生北京非法之伪总统。今被选出之伪总统，又以新选举法为不便，而旧选举法较为有利，复欲用旧法选举国会。对于国家重要法律，可以上下其手，随意变更，法律何辜，乃为奸人播弄一至于此？徐世昌本为非法新国会所选出之非法总统，虽无法律上之地位，尚有一非法地位，今乃自行取消新选举法，是即自行取消其非法总统，则并〔其〕非法之地位，亦丧失无余，何从有权施用旧法

---

① "陈总司令"至"张副司令"，依次为：陈炯明、顾品珍、周钟岳、卢焘、任可澄、赵恒惕、林德轩、于右任、张钫。

重召国会？前者南北和会，本有合法解决和平之希望，而徐世昌则以舞文弄法之手段破坏之，又复伪称统一，以欺天下，而图自固其私人篡据之地位。曾不思公论在人，识者早议其后。可知护法大义，本无南北可分。是非既明，顺逆斯见。我国人之取舍从违，至此，亦可不烦言而决矣。孙文、唐绍仪、伍廷芳、唐继尧、刘显世。铣。（三月十六日）

据《军政府公报》一九二一年三月十九日"公电"光字第二十八号

致蒋介石电

（一九二一年三月二十九日）

介石兄鉴：西征关系重要，一切须在事前筹划，兄来更速进行，幸即趣装。孙文。艳。

据毛思诚编《民国十五年以前之蒋介石先生》第六编（一九三七年三月印行）

致蒋介石等电

（一九二一年四月五日）

介石、静江、季陶、展堂、仲恺诸兄鉴：昨开大会，以外交紧急，不可无政府应付，已决议设立建国政府，并通过克日北伐案。万端待理，务恳诸兄速来商筹大计。精卫兄如可分身，亦望一临，无任企盼。文。歌。

据毛思诚编《民国十五年以前之蒋介石先生》第六编（一九三七年三月印行）

致各国驻北京公使电

（一九二一年四月十二日）①

现闻贵团致训,令驻京公使以关余款应交付中国政府,如何支用外人绝不得干涉。等语。贵国政府尊重我国主权,深为感佩,但所指定交付之人,乃认北京政府为足代表中国,此点之误会,容有未达我国内情之故。其结果所及,使贵国承认中华民国之好意未能贯彻,且予我国民前途以莫大之阻障。不得已声叙理由,希达贵国政府,注意之点如下:(一)中华民国之成立根据约法国会,国会者,民国主权之所寄也,故一九一三年四月八日民国国会开会之日,贵政府即承认民国之成立,嗣后开会两次,会期先后不满二年,屡为袁世凯及其后武人等暴力所解散。至一九一七年正式总统期满后,中华民国事实上已无合法之总统,而首都北京一隅迄为非法的武装的内乱犯所蟠踞。(中略)吾人为维持国法、伸讨内乱,乃有广州政府之组织,而迭经通电申告中外。(二)广州政府者,依国会所选合议之总裁摄行总统职权者也。不幸政府中少数佥壬与北方暗相勾结,自一九二〇年使其余总裁一时出走,而国会亦迁播。今此辈叛徒既经驱除,国会仍于广州集会,护法系续而未断。北京既未有合法政府,国会所在地之政府当代表中华民国更无疑义。(三)本上所陈,关余者应交付民国主权所在正当之政府,不应交与北京政府明甚,但吾人数年来以尊重友邦交谊,不愿为严重之抗议。自一九一九年以来,勉允北京总税务司支配之办法,即按西南所在各关收入之比例,全数一三七□□是也。近乃并此数省全行委交北京政府之说,则武人等得此款后即用为屠割吾人,或供推翻国体之用。此吾人为自卫计只得申请,所望诸友邦之深为注意也。(四)(中略)夫吾人深感各友邦渴望吾国之统一与和平,吾人尤深谂吾国之和平关系于全亚及世界之和平,则吾人不得不

---

① 此电所标时间系报纸刊载日期。

深望吾友邦了解真正和平之所在及可以达到统一之真正办法,是关余交付问题,实维持正义、渴望真正统一之所表示,而望友邦之勿为助暴之举也。以上各端,吾人本正义之所在、救国之决心而为自卫之宣言,对于关余之委与北京政府为决然之抗议,所望友邦之了解而为正当之援助。若必不获已,或应自卫之必要而执不得已之处置,尤非吾所愿言者也。迫切陈词,至希力扶正道是幸。

据天津《大公报》一九二一年四月十二日《孙文等致驻京各使电》

致蒋介石电

（一九二一年四月十八日）

密转介石兄:军事紧急,昨已下动员令。汝为病新愈,非兄来计划助理一切不可,接电速来。文。巧。

据毛思诚编《民国十五年以前之蒋介石先生》第六编(一九三七年三月印行)

复陈炯明电①

（一九二一年四月十九日）

广州广东省长兼粤军总司令陈竞存先生鉴:来电诵悉。贺词藻饰,感愧交并。猥承国民授权、议员公选,义无返顾,责不容辞。兄与文夙具同心,誓戡国难,此后建设,倚畀尤殷。所以振民治之精神,奠邦基于磐石者,诸待相助为理,愿与同观厥成。尚希传语各将士,代宣此意,并慰勤劳。特复。孙

---

① 1921年4月7日,国会非常会议众参两院在广州举行联合会,通过《中华民国政府组织大纲》,并选举孙中山为非常大总统。此系对陈炯明贺电的答谢。

文。效。（印）

据《广东群报》一九二一年四月二十一日

复上海全国各界联合会电

（一九二一年四月二十一日）

上海中华民国全国各界联合会鉴：皓电诵悉。远承电贺，无任感愧。惟既由公选，义不容辞，敬当依国民之授权与议会之付托，勖勉厉行。贵会为各界代表，尚希时锡嘉言，藉资考镜，远瞻淞沪，不尽神驰。孙文。個〔箇〕。（印）

据上海《民国日报》一九二一年四月二十六日《孙总统复各界贺电》

致李选廷电

（一九二一年四月二十七日）

云南第六混成旅长李选廷先生鉴：远劳电贺，无任感愧。根本大计，自以正式政府为重，既荷公选，愿竭棉力，拨乱反正，幸共勖之。孙文。感。（印）

据《广东群报》一九二一年五月十日

复勉李烈钧电

（一九二一年四月）

兄本文患难之交，久资臂助，拨乱反正，尤期共勉。

据上海《民国日报》一九二一年四月二十二日

致各报馆电

（一九二一年五月四日）

各报馆鉴：中华民国大总统已定于五月五日就职，正式政府成立；军政府即应于是日取消，所有军政府政务总裁职务，是应解除。除咨明国会非常会议外，特此电闻，希为察照。军政府政务总裁孙文、唐绍仪、伍廷芳、唐继尧、刘显世。支。

据《广东群报》一九二一年五月九日《取消军政府政务总裁之通电》

致徐世昌电

（一九二一年五月五日）

北京徐菊人先生鉴：韩退之有言曰：鼎不可使挂车，马不可使守闾。惟人亦然，非其才而用之，则用之者与为之用者，皆受其殃。中国之民主政治至于今日，其为痛苦，所不俟言，然此痛苦，非民主政治之自身所使之然，由运用民主政治者非其人故也。民国纪元以还，政治之权操于袁世凯之手。袁世凯之为人，即在君主专制之朝，亦将为王莽、董卓；以民国付之，其倒行逆施，有必然者。君平日自命当继袁世凯之后，论者或亦以君与袁世凯同科。然平心论之，袁世凯者，乱世之奸雄，君则承平时一俗吏耳。使君早生数十年，或足以杜受田、祁寯藻之流，以趋伧应付，保全令名；不幸所处时势不适于君，故君立晚清之朝而清以亡，立袁世凯之朝而袁世凯以亡。天下后世，或将以君为凶人，然原其心术，或不幸灾乐祸至是。特"鼎折足，覆公餗"，则不能为君讳。夫以君之才，立于专制君主之朝，为一臣仆，犹不能有所展布；况任中华民国之重乎？世界之民主政治，既非君所尝闻；中国之何以实行民主政治,又非君所能解,贸贸然受此重任,而佻然不以为意,其为害于国家,夫何足怪?夫中国今日政治之窳败,由于骄兵悍将、贪官污吏之肆无忌禅〔惮〕,此人人所知也。此骄兵悍将、贪官污吏,实袁世凯所翼而长之;至于今日,君则依其肘腋而仰其鼻息。六年有毁法之乱,君居天津参与督军团逆谋,是为君依人肘腋之明证。七年有非法选举之乱,君名为受人拥戴,实则供人傀儡,始终为军阀所颐指气使,不敢枝梧,是为君仰人鼻息之明证。最近蒙乱洊逼,实有人唆使,与复辟阴谋有关,道路所传,君亦与闻其事。识者知君无此胆气,不过当年故智,俯仰随人,成则分功,败则不任咎耳。君曾以此伎俩,一误前清,两误袁世凯,今将三误中华民国矣。君纵不以屑意,而天下之人,具有耳目,具有血气,决不忍君之所为,故已相与投袂而起,拯此中华民国,俾不致覆亡于君之手。此后之中华民国,置于国民全体之怀抱;建设中华民国之责任,荷于国民全体之仔肩。于选任公仆之际,以为民主政治,惟忠于民主政治之人始能知其所以然而为之不二,故遂以文承其乏。文虽不敏,诚不忍中国之民主政治有名无实,寖假并其名而亡之;既受国民之付托,则惟尽力所能至,以实现中华民国于世界。今日之事,君宜自省,名之不正,君所已知。君之不能有益于中华民国,而反以害之,亦君之所已觉。即日引退,以谢国人,则国人必谅君之不获已,且善君之能改过也。爱人以德,故为此言。若夫怙恶不悛,必不惜以国家之生命,易一己之虚荣,则非所望于君矣。孙文。歌。

据上海《民国日报》一九二一年五月十四日《孙总统促徐世昌引退》

致北京国立八校辞职教员电

（一九二一年六月七日）

北京国立大学转八校辞职教员诸先生均鉴:闻伪政府摧残教育,致大学专门各校同时停止,实深愤慨。在北伪政府之下,必无发展教育之希望。所有各校辞职教员全体,可移至广州共商进行。

据上海《民国日报》一九二一年六月十三日《新政府欢迎北京教育界》

附录 同题异文

在伪政府之下,决无教育发展希望,况复摧残至此。欢迎全体来粤,共商进行。七日。

据上海《民国日报》一九二一年六月八日《本社专电》

关于召开联省政府代表会议的通电

（一九二一年六月十五日）

民国成立,十载于兹,叛乱相寻,迄无宁岁。始则袁世凯称帝,继则督军团毁法、放逐总统、迫散国会,不旋踵而有复辟之乱。自是厥后,我中华民国遂无正式政府之存在。文及伍、唐各公痛共和之颠覆,大法之凌夷,爰集南中,建设军府,与伍、唐诸公共负护法戡乱之大任。不幸岑春煊、陆荣廷等背信弃誓,牵制破坏,荏苒数年,正义不伸,大法未复,戡乱救国,迄未成功。而徐逆世昌,乘机窃据,以伪乱真,举国徬徨,莫知所措。自乎粤军返粤,岑、莫潜逃,薄海人民,望风鼓舞,本改造之决心,行政府之改造。近桂省陆、谭又复称兵,本内外之舆情,佥谓民国成立以来,国本飘摇,民生凋敝,武人专制,法纪荡然,皆由民国元年授权袁氏,付托非人。始基不固,致流毒无尽,旁致村官走卒,因拥封圻亡清妖孽,僭立大号,欺蒙中外,淆混观听,以聚敛为内治,以卖国为外交。贫墨盈庭,□□□□,教育停课,财政破产。侈言统一,而晚唐藩镇五代割据之威信不尽,借口和平,而萧墙构兵争夺相杀之事实不绝。近更外蒙乱作,复辟之说复炽,共和命脉,不绝如缕,人民久困于水,一切内治外交,纵有方策,谁为设施?盖彼帝馀孽、满清废僚,但知利禄之争,岂知建设之术。又或标举自托称联省,膜视国家,势同割据。不知国积于省,省属于国,国之不存,省于何有?缓急倒置,益兆分崩。今为根本解决计,非扫除群逆,无以开创新之机。非实行联省,不克树统一之基,建民治之楷。秉此意见,请愿叠求。文受民委托,职责所在,讵容诿卸。复定于九月一日开联省政府代表会议,应请迅派代表会议〔与会〕,务期发扬民治之精神,涤除专制之馀秽,排息纷纭,而谋建设。海内贤达,谅表同情,谨此奉闻,尚希示复。孙文。咸。

> 据长沙《大公报》一九二一年六月三十日《孙文电召联省会议》

致蒋介石电

（一九二一年六月十六日）

介石兄鉴:闻太夫人仙逝,哀悼之至。兹委陈祖焘代表致祭,并询孝履。孙文。铣。

> 据中国国民党中央文化传播委员会党史馆藏一般档案 049/15

致谷正伦等电①

（一九二一年六月二十一日）

贵军奉令出师,扶植桂人自决,深堪嘉慰。望即猛进柳、桂,肃清邕、浔,

---

① 此电为孙中山奖励镇远谷正伦司令、晃州胡若愚司令,由总统府秘书处奉谕发电。

助成改造之荣。

据上海《民国日报》一九二一年七月十七日

致蒋介石电

（一九二一年六月二十三日）

竞存、汝为已赴前敌，军事吃紧，望即来粤，墨经从戎。孙文。梗。

据毛思诚编《民国十五年以前之蒋介石先生》第六编（一九三七年三月印行）

复陈炯明电

（一九二一年七月十三日）

梧州陈总司令鉴：文日捷电快悉。我军占领藤县，军威足撼浔江，鼓行而西，必可势如破竹。该总司令指挥若定，奖率三军，扫穴擒渠，大功可待。他日拨乱返治，该总司令所造于民国者大矣。前敌各将士咸能用命，迭克名城，浃旬以来，备极劳苦。本大总统喜捷书之叠至，思士卒之勤，冒暑远征，实深系念，着该总司令嘉慰。大总统。元。（印）

据香港《华字日报》一九二一年七月十六日

致李烈钧电[①]

（一九二一年七月十四日）

沈鸿英现已势蹙归降，惟其人反复无常，万难深信，现其军队已开往桂

---

① 此电系孙中山面谕蒋伯器电知李烈钧。

林、柳州、庆远一带,若滇黔军到达桂、柳、庆时,尽可相机处置。

滇黔军第一步于桂、柳、庆地方,必须先到占为根据,若时间延滞,被他人先入据者,则我可令其退防,如不遵办,虽以武力处分亦所不惜。现李师广(明扬)、赖肇周(世璜)赣军两梯团已饬其开赴富川、恭城,期与胡若愚、李友勋、谷正伦等部队取联络。

据吴宗慈《护法本纪》(续),载《革命文献》第五十一辑

复陈炯明电

（一九二一年七月十八日）

梧州陈总司令鉴:据寒、铣电称,我军寒日克平南,铣日占浔州,又据删电称:刘师长震寰真日克昭平,元日占平乐等情。查浔州克,则南宁可立下;平乐克,则桂林不待攻,援桂之功,已收过半。此次我军乘胜克捷,固由前敌将士奋勇可嘉! 尤见该总司令善任知人,算无遗策。肃清之日,即在须臾。倾盼捷意,待加奖劳,并着宣慰前敌诸将士为要。大总统。啸。(印)

据香港《华字日报》一九二一年七月二十一日

复顾品珍电

（一九二一年七月二十四日）

云南顾总司令鉴:佳电悉。宣言援桂,伐罪救民,当豺狼在邑之秋,励风雨同舟之志,再三循诵,大义凛然。昨据前方报称,我军克复南宁,陆、谭①均已出亡等语。桂局已完全解决,惟环视全国,各人日夕所蕲望之拨乱反治,尚非一蹴所能几〔及〕,则国策进行,益当努力也。

据广州《国华报》一九二一年七月二十五日

---

① 陆、谭,即陆荣廷、谭浩明。

复洪兆麟电

（一九二一年七月三十日）

梧州洪师长鉴：径电悉。该师长攻克藤县，俘获甚多，勇将旌旗，足寒贼胆，深堪嘉劳！惟大盗既去，余孽尚存，宜乘破竹之威，尽扫负隅之寇，是所厚望。大总统。卅。（印）

据香港《华字日报》一九二一年八月三日

致蒋介石电

（一九二一年八月五日）

西寇击破易，收拾难，须多一月，始得凯旋。我军经入邕宁，明后日余当驰往巡察，速来相助。孙文。歌。

据毛思诚编《民国十五年以前之蒋介石先生》第六编（一九三七年三月印行）

致谷正伦电

（一九二一年八月十三日）

该部众连日剧战，占领柳州，追击溃众，并夺获器械无算，足见该司令调度有方，深堪嘉慰。仍盼协同滇军肃清余盗，毋使妨害进规中原大计，是为至要。诸将士冒暑遄征，并着传谕勉劳。

据上海《民国日报》一九二一年八月二十三日《大总统奖励诸将电》

致李友勋电

（一九二一年八月十三日）

该司令统率有方，将士用命，得以占领柳州，良深欣慰。仰即督饬所部与黔军将士，协谋合力，扫除余孽，使进规中原促成统一，是所厚望。蒋、马二支队长及诸将士冒暑遄征，并着传谕嘉奖。

据上海《民国日报》一九二一年八月二十三日《大总统奖励诸将电》

致赖世璜电

（一九二一年八月十三日）

该第三支队占领阳朔，所向有功，足见该梯团长调度有方，殊堪嘉尚。仰迅与各军协谋合力，进规桂林。诸将士溽暑遄征，并着传谕勉劳。

据上海《民国日报》一九二一年八月二十三日《大总统奖励诸将电》

致各省军政长官电

（一九二一年八月十五日）①

民国成立，十载于兹，叛乱相寻，迄无宁岁。始则袁世凯称帝，继则督军团毁法，放逐总统，迫散国会，不旋踵而有复辟之乱。自是厥后，我中华民国

---

① 此电所标时间系北京《晨报》刊载日期。

遂无正式政府之存在。文及伍、唐各公,痛共和之颠覆,大法之凌夷,爰集南中,建设政府;与伍、唐诸公,共负护法戡乱之大任。不幸岑春煊、陆荣廷等,背信弃誓,牵制破坏,荏苒数年,正义不伸,大法未复,戡乱救国,迄未成功。而某某乘时窃据,以伪乱真,举国徬徨,莫知所措。自〔平〕粤军返粤,岑、莫潜逃,薄海人民,望风鼓舞,本改造之决心,行政府之改建。近桂省陆、谭忽又称兵,本内外之舆情,金谓民国成立以来,国本飘摇,民生凋蔽〔敝〕,武人专制,法纪荡然,皆由民国元年授权袁氏,付托非人,始基不固,致流毒无穷。材官走卒,坐拥封圻。亡清妖孽,僭立名号。欺蒙中外,淆乱观听,以聚敛为内治,以卖国为外交,贪墨盈庭,教育停课,财政破产。侈言统一,而晚唐藩镇、五代之局势以成。借口和平,而萧墙构兵、争夺相杀之事实不绝。近更外蒙乱作,人民久困水火,一切政治外交,纵有方策,谁为设施?盖彼但知利禄之争,岂识建设之术。又或标举自治,漠视国家,势同割据。不知国积于省,省属于国,国之不存,省于何有?缓急倒置,益兆分崩。今为根本解决计,非扫除群逆,无以开刷新之机;非实行联省,不克树统一之基。文受民委托,职责所在,讵容诿卸。爰定于九月一日,开联省政府代表会议,应请迅派代表来粤会议,务期发扬民治之精神,涤除专制之余孽,排息纷纭而谋建设,海内贤达,谅表同情。谨此奉闻,尚希示复。孙文叩。

据北京《晨报》一九二一年八月十五日《孙文欲以联省政府自居》

致李友勋电

(一九二一年八月十七日)

　　该司令统率各部与黔军协同转战,收复柳州地方,秩序晏然不惊,足见指挥若定,因应适宜,殊堪嘉尚。惟刻下桂境义师云集,关于地方善后事宜,不可无中枢以总其成。前经畀陆军总长陈炯明以办理广西军事善后事宜全权,该司令即饬所部以原官名义,维持地方秩序。嗣后遇有军事善后事宜,应即商承陈总长主持。其地方民政即商由马省长办理,以明系统,而免纷歧,庶不负义师胜残除暴,扶植桂人自治之本旨。该司令宣力有年,闻望夙著,当能共体此意也。

据上海《民国日报》一九二一年八月二十五日《大总统训勉李友勋》

致陈炯明电

（一九二一年八月十七日）

南宁陈陆军总长兼粤军总司令鉴:顷得虞电,欣悉执事于当日入驻邕垣①。旌旗所指,氛祲全消,皆由执事刚柔兼裕,仁智兼施,故能兵不血刃,收复省会。渠魁宵遁,悍将输忱,数旬之间,砥定桂省。现在各路义师,星罗棋布,不可无中枢以总其成。已明令各该统兵长官,遇有关于地方军事事宜,悉商承该总长办理,以一事权而肃纲纪。执事职掌军政,功高望重,尚望不辞劳怨,毅力主持为要。孙文。

据上海《民国日报》一八二一年八月二十六日《大总统奖勉陈总司令》

嘉奖潘正道电

（一九二一年九月七日）

巴东探送鄂军西路潘总司令鉴:奉大总统谕,马电悉,该总司令仗义兴师,略地得城,深堪嘉慰。该部将士,为国勤劳,着一体传谕奖勉等因。特达。陆军部。虞。

据《广东群报》一九二一年九月八日《大总统嘉奖潘总司令电》

---

① 邕垣,即南宁,亦名邕宁。

致顾品珍电

（一九二一年九月十五日）

万万急。滇顾总司令鉴：民密。佳电悉。公忠体国，良深佩慰！湘军援鄂，事前不与我谋，至于失地丧师，危及我西南屏蔽。洵如来电所云，在湘为危急存亡之秋，在我犹有千钧一发之势。政府出师北伐，久有成算，际兹形势骤变，尤为刻不容缓。惟吴佩孚欺世盗名，国中人士在昔鲜不为其惑；今虽揭去假面而已拥重兵，非合西南全力攻之，虑未易收统一之效。此间已积极准备，不日即可移师湘境，相机分路进攻。川军沿江东下之师，已占宜昌上游各地。邓泰中司令志在国家，勇敢善战；执事既令其移师北伐，改道出湘，希电令迅速前进，共同作战。滇省如能再有抽调，厚我兵力，尤所切盼。孙文。删。（印）

据云南省档案馆藏原电函影印件

致顾品珍电

（一九二一年九月三十日）

千万急。顾总司令鉴：民密。养电悉。主张及时准备北伐，荩筹硕画，良深欣佩。此次出师，兵力务求厚集。邓司令所部兵数及编制□□如何？何日由何地开拔？并希速告。至赴湘路程，以取道义兴沿黔桂边境直出桂林，由全州入湘与诸军会合，较为利便。仍希就尊处军队开拔地点，酌定路程，见复为妥。孙文。卅。（印）

据云南省档案馆藏原电函影印件

致各省总司令电

（一九二一年十月二日）①

联军北伐问题不能再延。然查南方各界意见仍未划一，此固护法之憾事。恐因渊源斯点发生互相龃龉之事，救民宗旨反成祸民，希于联军派出后，各均就近联防，以保省界。如何入手之外，并望电复，以备存查。

据天津《大公报》一九二一年十月二日《孙文北伐之目的》

致陈炯明电

（一九二一年十月四日）

南宁陈陆军总长鉴：东电悉。自南宁收复，陆、谭诸贼相率奔窜，政府宽大为怀，但令缴械，不予穷追。讵意该贼等冥顽性成，负固龙州，冀图抗命，致将士久劳征戍，人民频苦烽烟，每念边陲，辄为叹息。兹幸犁庭扫穴，克奏肤功，既嘉诸将士之勇敢善战，尤佩兄之决策定计，调度有方也。仍希督饬前方将士，乘胜廓扫余孽，期绝根株而竟全功为盼。孙文。支。

据上海《民国日报》一九二一年十月十二日《嘉奖援桂将领电》

致黄大伟电

（一九二一年十月四日）

龙州黄子荫司令鉴：东电悉。陆、谭抗命，负固龙州，冀燃死灰，再祸南

---

① 此电所标时间系报纸刊载日期。

服。迭经该司令节节进剿,血战匝旬,卒得捣其巢穴,克奏肤功,足澂〔征〕果敢善战,调度得宜。捷报传来,毋任嘉慰。廓清余孽,在指顾间,是所厚望。孙文。支。

据上海《民国日报》一九二一年十月十二日《大总统嘉奖援桂将领》

复陈炯明电①

（一九二一年十月十八日）

广西各大城镇,均宜亲到演说,加以抚慰,沿途已由许（崇智）军派兵一团护送,可无意外之虞。

据长沙《大公报》一九二一年十一月十六日

致墨西哥支部开幕贺电

（一九二一年十月）

休启宏基,永建民权。此祝墨国支部开幕纪盛。文。

据中国国民党中央文化传播委员会党史馆藏一般档案 050/194

---

① 1921年10月17日孙中山抵梧州后,即电陈炯明,告以行期。旋得陈炯明复电谓:"左江一带,盗贼充斥,非有大军护送不可。而上水船抵南宁又较迟,且路有危险,不如请在梧州稍候三四日,……"孙中山乃复电,于18日决意向南宁进发。

复李烈钧电

（一九二一年十一月一日）

　　急。桂林李参谋总长鉴：迭电悉。杨部擅自开动，别事企图，内启友军之疑，外授敌人以隙，实属不顾大局。执事曲突徙薪，措置如法，获免燎原，具征智珠在握，毋任钦佩。益之①大节凛然，有谋有勇，不愧干城之选，领袖滇军，定能胜任愉快。胡、王旅长以次，悉庆得人，均应照委，以资倚畀，委任状随寄。竞存日内进梧，俟与一晤，即行出发。执事国事贤劳，不遑宁处，郊迎殊非所安。我军将领来电欢迎，热诚可感。军书旁午，不及一一复答，并望代为致意。孙文。东。

　　　　据大本营秘书处编《陆海军大元帅大本营公报》第一号
　　（广州一九二二年一月三十日）

致蒋介石电

（一九二一年十一月六日）

　　介石兄鉴：余拟于十五日与汝为往桂林。请节哀，速来臂助一切。孙文。麻。

　　　　据毛思诚编《民国十五年以前之蒋介石先生》第六编（一九三七年三月印行）

---

① 益之，即朱培德。

致广州国会非常会议电

（一九二一年十一月十五日）

广州国会非常会议、林议长暨各议员鉴：齐电悉。伪廷滥发国库券，抵押国内外银行借款，增人民之负担，紊全国之金融，饱私人之贪囊，长军阀之凶焰。贵会议代表人民公意，通电反对，钦佩无极。本大总统月前探悉此事，已于九月十四日布告否认，并由秘书各处录电省矣。谨此电复，希为察照。孙文。删。（印）

据上海《民国日报》一九二一年十一月二十七日《总统由梧出发之行旌》

复廖仲恺汪精卫电

（一九二一年十一月二十二日）

广州财政部次长廖仲恺暨精卫先生鉴：电悉。徐君①惠临，慰我数年渴望。且我等已积极进行，由粤至桂，动需月余，虑于彼此所事有所妨碍，兹请两兄及介石为我代表，与切商军事之进行。现我军决于旧历年后用兵，吴佩孚若来，则用小包围之法，击之于衡、宝一带，彼若退守武汉，则用大围之法，以荆汴②长岳为正面攻击，由汉水出襄樊为左翼，由赣出九江、黄州为右翼，三路以制其死命，两者皆以有他军为援，应为我之大利。闽王③攻赣之背面，鄂孙④乱吴之后方，尤须应时，请先注意于此。形势既利，浙卢⑤、皖马⑥

---

① 徐君，即徐树铮。
② 汴，疑系"沙"之误。
③ 闽王，指福建北军师长王永泉。
④ 鄂孙，指驻湖北之直系长江上游总司令兼北军第二师师长孙传芳。
⑤ 浙卢，指浙江督军卢永祥。
⑥ 皖马，此处疑误，应是指安徽督军张文生。

即可据长江下游,而豫赵①、鲁田②共起,使直系更无归路。自来战略因于政略,吾人政略既同,斯为南北一致,以定中国,其庶几也。此电已兼示汝为。孙文。养。(印)

据毛思诚编《民国十五年以前之蒋介石先生》第六编(一九三七年三月印行)

复蒋介石电

(一九二一年十一月二十三日)

广州总统府谢秘书长转介石先生:电悉。作战计划昨电略告廖、汪两兄,可询之。一切仍俟兄来商榷,即偕季陶兄启行。孙文。梗。

据毛思诚编《民国十五年以前之蒋介石先生》第六编(一九三七年三月印行)

致周震麟电

(一九二一年十二月三日)③

孙文已电周震麟以湘省劳军使名义与湖南各界接洽四事:"第一,详询赵恒惕,如果以自治为重,应表示欢迎联军。第二,与旅湘、鄂省民军首领磋议联络。第三,再对湘省议会及绅商团体表白联军北伐决不扰湘。第四,邀集湘南各路统兵长官担任北伐前线。"

据天津《大公报》一九二一年十二月三日《孙电周震麟接洽四事》

---

① 豫赵,指河南督军赵倜。
② 鲁田,指山东督军田中玉。
③ 此电所标时间系天津《大公报》刊载日期。

复马君武电

（一九二一年十二月十日）

南宁马省长鉴：迭据永古中三属联合会、永福县议〔参〕参〔议〕会、桂林南乡六塘团绅秦用奚等，全县四延难民代表王云阶等先后上书陈苦匪、苦兵、苦官各情形，览之殊堪悯念。查桂人憔悴于盗阀之下，十年来痛苦已深，故各军扶义而西，民之望之谓可以出水火而登衽席。军兴之际，戎马仓皇，关于地方之治安，吏治之整顿，或有未能兼顾之处，今已荡平群盗，亟当尽力于抚绥，则土匪应如何肃清，兵士应如何约束，各县知事应如何刷新一切，此皆当务之急。仰即切实办理，务令闾阎获享安宁之福，民治得有发展之机，是所至望。孙文。蒸。（印）

据大本营秘书处编《陆海军大元帅大本营公报》第一号
（广州一九二二年一月三十日）

复顾品珍卢焘电

（一九二一年十二月十三日）①

滇黔派出联军后，决无其他意外。唐、刘亦不希望回省，请勿生疑。

据天津《大公报》一九二一年十二月十三日《孙文复顾卢电》

---

① 此电所标时间系天津《大公报》刊载日期。

复顾品珍电

（一九二一年十二月十三日）

贵阳卢总司令转云南顾总司令鉴：巧两电均悉。执事辞卸兼职，专理军政，躬率劲旅，驰赴北方，俾地方举分治之实，疆场收合作之功，体国公忠，洵属超越流辈，毋任欣佩。所委各司令，皆一时干城之选，底定中原，胥于此举是赖。划定区域，分防专责，尤为战略上要着，当就各省坏〔境〕地及交通上之便利，妥为区划，再行分达。孙文。元。

据大本营秘书处编《陆海军大元帅大本营公报》第一号（广州一九二二年一月三十日）

益智书报社八周年纪念贺电

（一九二一年十二月）

宣传主义，启牖文明。孙文。

据"中央改造委员会"党史史料编纂委员会编《总理全书》（台北一九五〇年至一九五二年出版）之九《文电》

吉礁坡中国阅书报社十周年纪念贺电

（一九二一年十二月）

振三民之木铎，导五权之先河。孙文。

据"中央改造委员会"党史史料编纂委员会编《总理全书》（台北一九五〇年至一九五二年出版）之九《文电》

致廖仲恺等电①

（一九二一年十二月）

俄国经济状况，尚未具实行共产的条件，故初闻苏俄实行共产，甚为诧异。今与马林谈，始知俄国的新经济政策，与我们的实业计划，相差无几，至为欣慰。

据蒋介石著《苏俄在中国——中国与俄共三十年经历纪要》（台北"中央文物供应社"一九五六年印行）

致顾品珍等电

（一九二二年一月十三日）

万急。云南顾总司令、北伐先遣军范司令、第一路杨司令、第二路蒋司令、第三路杨司令②鉴：前接顾总司令艳电称：各路动员已准备完竣，准下月初旬次第开拔等语，极用欣慰！现在时机迫促，滇省道途修阻，希即赶紧拔队前进为盼。孙文。元。

据大本营秘书处编《陆海军大元帅大本营公报》第一号（广州一九二二年一月三十日）

---

① 1921年12月，孙中山在桂林会见共产国际代表马林晤谈后即电广州廖仲恺、汪精卫。
② "范司令"至"杨司令"，依次为：范石生、杨希闵、蒋光亮、杨蓁。

致李福林电

（一九二二年一月十七日）

孙文十七日电李福林,谓该军总指挥前委叶荃充当,现出发在即,除令叶克日就职外,特电该司令查照。等语。

据长沙《大公报》一九二二年一月二十五日《上海快信摘要》

复全国各界联合会电

（一九二二年二月七日）

上海全国各界联合会鉴:侵日代电诵悉。贵会痛心国难,慷慨建言,以秣马厉兵、肃清中原而相属望,何敢不竭忠殚虑,励我戎行,顺宇内之推心,拨乱世而反之正也。文自广州出发以赴戎机,至于桂林,搜讨军实,今已部署粗定,将届师期矣。然陈师鞠旅,人民所望诸政府者甚深;而戮力同心,政府所求诸人民者尤切,亟盼全国各界爱国之士一致进行,各尽所能,赞助政府。若谓因循自误,苟且偏安,人非至愚,安能忍而与之终古？文忠于主义三十余年,本革命之精神,蕲战胜乎一切。此次督师北伐,亦即吾人根本改造之道耳。况今日之中国,诚如来电所谓事急时迫者,则为国讨贼,迟迟其行可乎？敢布腹心,即希公鉴。孙文。阳。（印）

据上海《民国日报》一九二二年二月二十三日《大总统督师北伐复电》

复全国国民外交大会电

（一九二二年二月七日）

　　上海全国国民外交大会鉴：来件收悉。贵会特伸大义，否认北庭，并经发布宣言，拥护正式政府，甚感甚感！徐世昌以满清余孽，洪宪遗臣，为复辟之罪魁，实叛国之首祸；而乃与其私党运用阴谋，盘踞北京，僭窃伪号，民国而有历事五朝之冯道俨然称尊，此中华人民皆当引为深耻者也。贵会今日之组织，实痛心疾首于外交之失败。夫卖国之举，无一非徐世昌之所为，承诺二十一条，当时为袁政府之国务卿者徐世昌也。高徐、顺济之路权，以其借款而充伪总统选举之运动费者，亦徐世昌也。昔国人误于因循，徐世昌乃乘间而售其术，迨凡尔赛会议、华盛顿会议，均由徐世昌而失败。国人始悔噬脐之莫及，觉补牢之太迟，奔走牺牲，欲以民气为外交之后盾。顾徐世昌不知悔过，反使军警施其暴力，压抑人民。盖亡国之大夫，不可与图存；又况石敬瑭、张邦昌之居心，吴三桂、李完用之行事，尤足惧耶。最近之鲁案直接交涉，及九千万盐余借款，在徐世昌亦不过视为故常而已。若夫梁士诒者，帝制犯也，可以同恶相济，则以之为伪阁总理，盖又徐世昌与共和宣战也。他若蹂躏教育，摧残实业，且任其野蛮之军队，纵火而劫宣武，决堤而溺嘉蒲，率兽食人，又其余事。故欲列其罪状，罄竹难书。总而言之，有徐世昌，必不容有民国；有民国，绝不可有徐世昌，此理易明。贵会亦见及于此，足征国人之觉悟。吾国存亡之机，我军胜负之数，胥系于此一念间矣。文三十年来，本革命之精神，为救国之事业，忠于主义，始终不渝，去岁受国民付托之重，责以戡乱图治，扫除凶逆，改造社会，不敢不勉。特为四万万人讨卖国之贼，故不得已而用兵。甚愿贵会弘此远谟，发为谠论，使天下咸喻政府伐罪吊民之意，得竟吾人拨乱反正之功，则贵会所造于民国者甚大。孙文。阳。（印）

　　　　　　　　据上海《民国日报》一九二二年二月二十二日《大总统督
　　　　　　　　师北伐复电》

致美国记者大利电[①]

（一九二二年二月十五日）[②]

华盛顿会议关于中国内部及国际上之地位，实无如何物质上之感受。盖限制裁军条约既成后，虽为世界上可庆之事，然以事实上言之，则日本在远东占有优势及特殊之地位，固未尝稍变。且其能力及权势更足使其高压之策，有加无已。前此美国海军势力之扩张，本为约束日本之要因，今既弃同敝屣，则蒙其害者惟中国耳。夫近年中国历次之变乱，日本皆尝偏助其一方，其政策不外欲使中国常陷于变乱之境，此实最著之事实。然余对于此次日本在华会永不干涉吾国内政之宣言，则深望其不致徒托诸空言也。至于解决中国问题，则国内倾向余统治下之统一运动，今已逐日得势。盖北京政府之孱弱腐败，皆足增助吾人政府革新之进步，余信此种渴望之统一，大足以催促列强撤消北京政府之承认。此北京政府于法律及事实之官能，不久消失净尽，而中国人民固已公然弃绝之矣。余之政策在于各种和平方法统一国家，但列强之外交政策，如继续承认北京方面为统治机关，则殊与吾人之北伐军相左，实非余之愿望。大抵中国于今年内可以完成统一，将来之政府决不挟有军阀之性质，而纯为宪法上之民意所造成，此固吾人奋斗而得之者。民政上之最高权当建立军权之上，而中国和平之发展及进步，将于此觇之矣。

据上海《民国日报》一九二二年二月十五日《美记者莅粤考察政治》

[①] 美国芝加哥记者大利氏抵粤，本拟赴桂林谒见孙中山，探问建国政策，适由郭泰祺转到孙中山自桂林致大利氏电。

[②] 此电所标时间系上海《民国日报》发表日期。

饬粤军救护队赴桂林电

（一九二二年二月二十日）①

饬粤军红十字救护队克日调拨桂林，听候差遣。

据上海《民国日报》一九二二年二月二十一日《大本营军队陆续开拔》

致李福林电

（一九二二年二月中旬）②

（二十日香港电）孙文电李福林，言十五日会议各问题均解决，全军准三月中全开拔，集中柳州，仰速筹备进行。

据长沙《大公报》一九二二年二月二十六日《上海快信摘要》

致马君武等电

（一九二二年二月二十三日）

万急。南宁马省长、都安刘师长，云南省议会、顾总司令、金代省长③，贵州省议会、卢总司令兼代省长鉴④：迭据云南省议会、三迤总会、教育会、

---

① 此电所标时间系据上海《民国日报》1922年2月21日载"昨孙总统特电回粤"酌定。
② 据长沙《大公报》刊载港电时间酌定日期。
③ 上海《民国日报》1922年3月14日刊载《孙总统制止唐继尧回滇》，作"金代总司令"，并于此下增加"刘省长"三字。
④ "马省长"至"卢总司令"，依次为：马君武、刘震寰、顾品珍、金汉鼎、卢焘。

总商会、农会、贵州省议会电请制止唐继尧回滇；顷又据滇、黔军将领朱培德、谷正伦等吁请下令讨伐唐继尧各等情。本大总统初以唐继尧数载以来，颇知大义；乙卯、丁巳两役，不无劳勋。当此大军北伐之时，西南皆一致讨贼，唐继尧身虽在野，自当以其力所及者为国驰驱。自希图回滇之事发生，本大总统犹电令来桂，盖深惜其为奸人所惑，思有以启其悔祸之机。故于滇、黔议会及各公团先后电呈，均置未答。本大总统之优容如此者，无非为国家惜有功也。旋闻唐继尧行抵柳州，擅设总司令部，私自委任各军长；近更调遣军队，自由行动，假名筹备北伐，实翼〔冀〕反戈回滇。兹得确讯，唐继尧已率队取道河池，向东兰、凤山一带前进，显系违抗命令，不顾大局。若不迅予制止，势将妨碍北伐进行，而扰乱地方，为害何极。特再通令，着各该省长、总司令等，迅即严行制止唐继尧前进，毋任其以一己权利之私，为西南大局之梗。切切。此令。大总统。梗。（印）

据《广东群报》一九二二年二月二十五日《大总统再电制止唐继尧》

致赵恒惕等电

（一九二二年二月二十七日）①

长沙赵总司令、吴、钟、李三厅长并转湖南诸同志鉴：铣日任命覃振为中国国民党湖南支部长，敬派萧翼鲲、扬道馨为湖南支部筹备员。萧、扬二君已于本日启行赴湘，到湘后关于本党一切事宜，希与努力进行为要。孙文。沁。（印）

据长沙《大公报》一九二二年二月二日（六）《孙中山派员来湘办党》

---

① 此电所标时间据报纸刊载日期酌定。

申斥刘其贤等电

（一九二二年三月七日）

用人行政，政府自有权衡。中央直辖黔军于受令北伐之时，该军参谋长刘其贤等，竟于歌日联合通电，干预政治，自作主张，殊属不合。即着传谕申斥，以肃军纪。

> 据上海《民国日报》一九二二年三月二十五日《大元帅申斥军人干政》

致粤省电

（一九二二年三月十五日）①

此次北伐，有破釜沉舟之志，除旧布新，更示吾人以决心。

> 据长沙《大公报》一九二二年三月二十二日《上海快信摘要》

致陈炯明等电

（一九二二年三月二十三日）

广州陈总司令、财政部廖次长、古厅长鉴：梗电悉。仲元遽以创死，伤哉！平日忠于国事，勇于奋斗，前途之望，正复无限。壮年遽殒，不止粤中惜此人才也！身后宜从优异〔议〕，倘有所志未竟之事，亦企完成之，以慰英

---

① 此电所标时间系据长沙《大公报》1922年3月22日载"孙文因总统府失火，十五日电粤"酌定。

魂。临电不胜凄怆。孙文。漾。(印)

据上海《民国日报》一九二二年四月二日《邓仲元被创殒命,孙大总统电文》

复陈炯明电①

(一九二二年四月六日)②

吾之所以赞成与段氏携手者,以段之势力牵制关外势力耳。无非利用其一时,而护法根本计划依然不变。

据长沙《大公报》一九二二年四月六日《孙陈对奉态度》

致唐继尧电

(一九二二年四月二十七日)

久要不忘,至为钦佩。奉、直交哄,天予吾人以统一之好机,文决定日内至韶督师,示不失信于内外,将伯为助,是所望也。

据上海《民国日报》一九二二年五月八日《五月三日通信》

---

① 陈炯明对伍朝枢北上与段祺瑞联系后携回的条件,认为乃西南向关外求和之变相,有失护法威信,对孙中山有所建议,此系孙的复电。

② 此电所标时间系长沙《大公报》刊载日期。

敦劝陈炯明电①

（一九二二年四月二十七日）

提前万急。陈总长鉴：湘芹等归述各事，深中肯要，弟极赞同。一、总部已饬陆军部以总长名义赶紧接收。二、昨日湘芹等未返，已派李济深、冯祝万解饷八万元，接济南凯旋军伙食，叶、杨等部分拟使驻防肇庆、西江及灵山一带，以巩固两粤。三、滇、赣军已严饬按照原定计划，迅速开赴韶关；粤军第二军及第一路军队，已陆续由火车路开进；省城秩序，责成第三师担任；第二师之一部，拟挈同北伐。此外尚有目前须急商办之重要事件，非兄速回，不能就绪。如陆军部当即如何拓张组织？粤中军队当如何编成北伐，分别留守？子弹各项，当如何计划补充？种种均须兄为我统筹负责，庶几出师有功。弟拟刻日移大本营于韶关，亟盼兄来决定一切。革命既无半途而废之理，十年患难道义之交，一旦相弃，纵弟不求谅于人，兄则何忍为之？望兄速取消退隐之志，投袂而兴，终始国事，庶几执信、仲元得以瞑目，惟兄察之。孙文。感。

据上海《申报》一九二二年五月八日《粤局转变之消息》

致古巴同志恳亲会电

（一九二二年四月）

历尽艰虞，此志不懈，诚谊相孚，无分内外。孙文敬祝。

据《民信日刊》一九二二年五月十九日《孙大总统祝电》

---

① 陈炯明因反对孙中山北伐，电辞本兼各职，退居惠州。1922年4月21日孙中山下令免除陈炯明广东省长兼粤军总司令、内务总长三个职务，但仍保留其陆军部总长一职。此电孙中山企望他能醒悟过去，支持北伐大计。

复唐继尧电

（一九二二年五月四日）

滇允北伐，久要不忘，文决日内赴韶关督师，望相助。四日。

据上海《民国日报》一九二二年五月五日《本社专电》

致杨庶堪电

（一九二二年五月十二日）

沧兄：展密。一、已电达浙卢，派兄就商大计。二、答卢及应商者如下：甲、协和、汝为皆当留主持中央事务，不使涔赣政；乙、已屡促竞存出任军事，竞语精卫云，要我同时分踔出具粤中，实若饷弹不足，莫如专用于一方面，较有把握；丙、切盼浙、闽皆与我军同时一致动作；丁、浙能于我军攻赣时即攻江苏，据南京为上策。我军得赣后会攻江苏为中策。然中策非我志也。我计由九江夹攻武汉；戊、海军可助卢守沪，亦可助嫦〔长〕南京，不知卢欢迎否，能助饷否？三、第二各节，望切探速复。文。侵。

据中国第二历史档案馆编《中华民国史档案资料汇编》（江苏古籍出版社一九八六年版）第四辑《广州国民政府档案》

复叶举等电①

（一九二二年五月二十五日）

广州叶督办、魏卫戍总司令、熊、翁、何、钟、陈、邱、陈、杨、罗、李、姜、太、

---

① 上海《民国日报》1922年5月26日《本社专电》刊载此电，标明此电发于5月25日。

贺、余、袁、纪、王、陈各旅长、司令鉴：新克密。得电，惠词恳切。国家多事，非贤者高蹈之时；况竞存遄征，实关大局安危。故自上月漾日以来，每亟欲挽之复出，电报秘叠，信使不绝于道。顾竞存虽云继任陆军，犹未取消退志。最近桂寇披猖，粤防告警。竞存切念时艰，亦再借箸为筹，或当幡然而退，不卸仔肩。巧日已托精卫商以联军总司令之重任。此皆入春以来，与竞存之预约，可使内外兼维。同日文更有电往商。盖文于竞存，始终动以至诚，而不肯稍参客气。以竞存生平大义，炳著中外。君子爱人以德，若操之过蹙，不任有回旋余地，殊非待士之道。烈山寻介，重〔熏〕穴求玉，长此相迫，文所不忍，亦君等所当知者。知君等袍泽谊深，爱乡爱国，故言之切切。专此布复。孙文。

据李睡仙编《陈炯明叛国史》（《新福建报》经理部一九二二年十一月版）

附录　复凯旋各将领电①

（一九二二年五月）

　　最近桂寇披猖，粤防告警，竞存切念时艰，亦再借箸为筹，或当翩然而返，不卸仔肩。巧日已托精卫商以中路联军总司令之重任。此皆入春以来，与竞存之预约，可使内外兼维。

据《广州民国日报》一九二二年五月二十六日

慰劳前敌将士电

（一九二二年五月二十九日）

　　我军连日攻克要隘名城，所向皆捷，三军用命，树讨伐之先声，捷电飞

---

① 此电似为前"复叶举等电"之一部分，唯内容略有不同，今附录并存。

驰,至堪嘉慰。愿各督励所部,早拔洪都,本国家之威灵,拯赣民于水火,将士备尝劳苦,本大元帅实深廑念,仰各传语慰劳。此令。

据上海《时报》一九二二年六月三日《五月二十九日广州通信》

致许崇智等电

（一九二二年五月三十一日）

南雄许军长、朱总司令、彭总司令、梁师长、李司令①,并转各旅、团、营长:我军既定南安、新圩,遂克信丰、崇义,足征帅将指挥若定,士卒有勇知方。捷报传来,良用嘉慰。敌本乌合,慑于义师声威,一再弃险溃退,全赣肃清,在指顾间。希即乘胜直追,早奏肤功。诸将士沐雨栉风,为国劳苦,至深廑念,并望传谕慰劳。大元帅。世。（印）

据上海《民国日报》一九二二年六月十二日《大元帅犒奖前敌将士》

致李烈钧等电

（一九二二年六月一日）

急。始兴李总长,南雄许军长、朱总司令、彭总司令、梁师长、李司令,仁化黄司令,并转各旅、团、营长均鉴:我军出发之初,即已伸讨贼之义于天下,故攻赣数日,迭克名城,盖仁者之师,所向无敌。然实由诸将士忠于主义,勇于牺牲,而亦由于各军长官本革命之精神,有以成其运用之妙。夫改造国家之责任,惟文与诸君能负荷之,亦惟文与诸君为能相与有成。愿我师徒交相

---

① "许军长"至"李司令",依次为:许崇智、朱培德、彭程万、梁鸿楷、李福林。

劝勉。兹派大本营参军黄实、副官宾镇远前来犒劳,定于明日启程,用嘉转战之功,以示廑念之意。孙文。东。(印)

据上海《民国日报》一九二二年六月十二日《大元帅犒奖前敌将士》

致蒋介石电

(一九二二年六月二日)

立转介石兄:粤局危急,军事无人负责,无论如何,请兄即来助我。千钧一发,有船即来。至盼。文。冬。

据毛思诚编《民国十五年以前之蒋介石先生》第六编(一九三七年三月印行)

致李烈钧等电

(一九二二年六月八日)

提前万急。南雄局速转李总长①、许军长②、朱总司令③、彭总司令④、梁师长、李司令并转各旅、团、营长均鉴:各电报捷均欣悉。如次敌注全力以守赣州,为冥顽之抵抗,我军出奇制胜,痛摧强敌,激战三日,以破竹之威扫负嵎之寇,于歌午将赣州完全克复,章贡会流之地,巍然见讨贼之旌旗,敌胆已寒,军威益壮矣。赣南形势,今皆属我范围,亟宜奖帅三军,肃清全赣。前敌

---

① 李总长,即李烈钧。
② 许军长,即许崇智。
③ 朱总司令,即朱培德。
④ 彭总司令,即彭程万。

诸将士转战千里,迭奏肤功,为国宣劳,良用嘉念,着即传语宣慰。此令。大元帅。庚。(印)

据上海《民国日报》一九二二年六月十六日《大元帅鼓励赣州将士》

致陈炯明电

(一九二二年六月上旬)①

现全力攻赣,饬粤军勿胁迫,致受牵制,如得手,即全入赣,败亦离粤,不问国事。

据长沙《大公报》一九二二年六月十七日《上海快信摘要》

致护法舰队各舰的密电

(一九二二年六月十七日)②

余十二日向广东各界及各报记者嘱其以舆论之力于十日以内令陈炯明部下之军队退出三十里以外,若至期尚未撤退,则海军可以开炮向陆上陈军攻击。

据北京《晨报》一九二二年六月十七日《孙陈部下起冲突》

---

① 此电原未署日期,今据报载原文"十一日香港电:孙电陈炯明"酌定为6月上旬。
② 此电所标时间系北京《晨报》刊载日期。

致叶举电

（一九二二年六月十七日）①

令粤军退出广州,限二十四小时答复,否则再击,较前为烈。

据天津《益世报》一九二二年六月二十三日《广东军民对粤省政变之态度》

致蒋介石电②

（一九二二年六月十八日）

宁波江北岸引仙桥十号蒋纬国先生：事紧急,盼速来。孙文。巧。

据毛思诚编《民国十五年以前之蒋介石先生》第六编（一九三七年三月印行）

致各省通电③

（一九二二年六月三十日）

粤都之变,幸天相民国,我犹不死,遂有十七日炮轰之举,以表护法政府,尚非全坠。今设行营于黄埔,专待北伐大军之回戈,则乱贼实不足平,前以姑息养奸,今则彼罪通天,惟有诛戮而已。望各省同志,幸勿失望。孙文。

据长沙《大公报》一九二二年七月六日《孙陈相持之粤中形势——中山之状语》

---

① 报载原文称："孙文率舰自炮击广州后,即用无线电致叶举"。此电原未署日期,据报称："接此电后,叶举即开军事会议,决置不理,至十八日下午已到期亦无事。"今酌定为17日。
② 此电系促蒋介石速赴粤的电报,为守秘,电文用蒋纬国名。
③ 本电与1922年6月20日致杨庶堪函内容相同,文字有异。

复利介诸同志电

（一九二二年七月九日）

利介诸同志：电款均悉，至佩热忱！北伐军已克韶梅，逆势日蹙。请将存款尽汇应急。孙文。佳。

据中国国民党中央文化传播委员会党史馆藏环龙路档案02936

复芝加哥分部电

（一九二二年七月十日）

五千五百元收，承助至佩！现率舰队进驻省，以会许军。望续筹电沪。孙文。蒸。

据中国国民党中央文化传播委员会党史馆藏一般档案050/293

复大溪地分部电

（一九二二年七月十日）

大溪地同志：二万佛郎收，谢后援。望续助。孙文。蒸。

据中国国民党中央文化传播委员会党史馆藏一般档案050/293

复吉隆坡同志电

（一九二二年七月十一日）

（一）转占梅兄，款收。（二）现率舰驻鹅潭候许军。孙文。真。七月十二日复吉隆坡陈占梅。

据中国国民党中央文化传播委员会党史馆藏一般档案 050/294

致北京政府电

（一九二二年七月十九日）①

彼日内即将叛逆（指陈炯明）铲除，终须与北和议。

据天津《大公报》一九二二年七月十九日《专电》

致李烈钧等电

（一九二二年七月二十二日）

闻叛军贿买肇和、永翔二舰来白鹅潭攻击各舰，诚所谓匪夷所思，叛军谋害总统，盖无所不用其极矣！无论肇和舰吃水甚深，不能驶入省河，即使能之，则海军将士，深明大义，必不为其所买。无奈叛军谋害心切，不计可否，徒见其枉费金钱，多耗人民脂膏而已。

据蒋中正著《孙大总统广州蒙难记》（上海民智书局一九二六年版）

---

① 此电所标时间系天津《大公报》刊载日期。

复 黎 澍 电

（一九二二年七月二十四日）

北方欠诚意，须觉悟后方能接洽。

> 据上海《申报》一九二二年七月二十五日《北京二十四日电》

复海外同志电十件

（一九二二年八月一日至十七日）

一　复芝加哥分部电

款已收，承竭助至慰。现将韶关、翁源、英德等处逆军击破。惟我军冒暑奋斗，劳苦倍加，尚望海外同志源源续助。以励士气。孙文。东。（八月一日）

> 据中国国民党中央文化传播委员会党史馆藏一般档案 050/295

二　复小吕宋黄海山电

感世款均收，承助至感。现将韶关、翁源、英德等处逆军击破。惟我将士冒暑奋斗，劳苦倍加，尚希海外诸兄源源续助，以励士气。照电收转。孙文。东。（八月一日）

> 据中国国民党中央文化传播委员会党史馆藏一般档案 050/295

三　复星加坡同志电

兆兰兄鉴：承石、何、胡兄共来星币两千，至感。韶关以下逆军为我击散，粤局不日可定。惟饷需甚急，尚希力筹续助。孙文。东。（八月一日）

据中国国民党中央文化传播委员会党史馆藏一般档案
050/295

四　致泗水支部电

万急。并转荷属各支分部鉴：北江军事，均甚得手。惟海陆军糈，待济良急，特恳火速续助，或暂借应急。无任盼切。孙文。冬。（八月二日）

据中国国民党中央文化传播委员会党史馆藏一般档案
050/301

五　致仰光支部电

万急。请转各支分部鉴：北江军事，均甚得手。惟海陆军糈，待济良急。特恳火速续助，或暂借应急，无任盼切。孙文。冬。（八月二日）

据中国国民党中央文化传播委员会党史馆藏一般档案
050/301

六　致驻荷属党部电（由泗水支部转）

万急。转荷属各支分部鉴：北江军事，均甚得手。惟海陆军糈，待济良急。特恳火速续助，或暂借应急，无任盼切。孙文。冬。（八月二日）

据中国国民党中央文化传播委员会党史馆藏一般档案
050/295

七　复古巴支部电

款收。俟许军到省,粤局即定。惟军饷紧急,希续助。电沪林焕廷收转。孙文。微。(八月五日)

据中国国民党中央文化传播委员会党史馆藏一般档案050/305

八　复檀香山同志电

电款均悉。诸兄协助讨贼,海陆军士闻之倍奋。现我军将抵韶关,第用兵之际,需款仍巨,望续电焕①转,俾先靖粤局而安桑梓。孙文。麻。(八月六日)

据中国国民党中央文化传播委员会党史馆藏环龙路档案02935

九　复古巴支部电

三千元收。文来沪谋中国统一计划,至平乱事,由许、李负责。请各同志接续助款,以竟全功。孙文。删。(八月十五日)

据中国国民党中央文化传播委员会党史馆藏一般档案050/301

十　复三藩市总支部电

铣电悉。商妥再报。惟该货寄港交何名收,先复。文。篠。(八月十七日)

据中国国民党中央文化传播委员会党史馆藏一般档案050/301

---

① 焕,即林焕廷。

致陈总司令电

（一九二二年八月五日）①

电报陈总司令②：南雄昨日失守。文。

据中国国民党中央文化传播委员会党史馆藏一般档案 050/186

致宋庆龄电

（一九二二年八月七日）

有敌造种种惨谣，切勿信之。

据上海《民国日报》一九二二年八月十日《孙总统政躬安康》

给各将领的电令③

（一九二二年八月九日）

南雄李总长、胡文官长、许军长，并转仁化滇军朱总司令、乐昌湘军陈司令、翁源黄司令、李司令、赣州赣军彭总司令、平乐滇军张总司令、庆远卢总司令、黔军谷总司令、梧州桂军刘总司令、粤军关师长、魏师长、四川酉阳石总司令均鉴：文于六月十六日率舰应变以来，与叛军相持二月之久，正期与

---

① 此电原无时间，按南雄系于1922年8月4日失守，推断该电当于5日发出。
② 陈总司令，疑为北伐时任讨贼湘军第一路司令之陈嘉祐。
③ 孙中山以北伐军失利，待援无望，陈军又频袭永丰舰，乃召集各舰长会议，决定有关事项，遂于8月9日午后离穗经港赴上海，行前发此电令。

我各将领会师广州,歼此叛逆;徒以孤军粮绝,变生肘腋,故文于本日不得已离粤来沪,相与我护法同志讨论善后与中国统一计划。惟讨贼之志未终,平乱之责犹在,特令李总长统率各省义军,集合粤境,同心戮力,讨此叛逆,以彰国法。望各将领懔遵毋违。此令。孙文。佳。

据《广州民国日报》一九二二年八月十五日

复北京政府电

（一九二二年八月十七日）①

西南势力现集上海,实无北上必要,个人亦未定行踪。

据天津《大公报》一九二二年八月十七日《专电》

复曹锟吴佩孚电

（一九二二年九月三日）②

保定曹仲珊先生、洛阳吴子玉先生均鉴:艳电奉悉,藉审体国公谦,翻然憬悟,回环雒诵,良用钦迟。护法数载,卒荷赞同,薄海具瞻,匪惟私幸。至冀守正不阿,一切依法解决,不为少数政客私见伪行所蔽,法统诚立,纠纷自解,而国事乃真可为也。化兵为工之策,自信为今时救国不二法门。盖举世多訾言裁兵,不得其方,弊且立见,此策易简无虞,朝决夕行,寝诸滞碍,实施次第,当更为藉箸之筹;一得之愚,或将为数世之利也。国人症结,不独成见,在乎诈伪相乘,各私其属,阳假嘉名,阴图幸利,鬼蜮政蠹之为国人厌弃固矣。军阀窃柄,尤易滥用权威,僭越非望。公等怵于民敝国艰,当与共雪

---

① 此电所标时间系天津《大公报》刊载日期。
② 此电原未署年月。吴相湘撰《孙逸仙先生传》考订为9月3日,今从之。

斯耻,推诚共济,何难不纾?时危事棘,岂胜企祷。专此布复,并鸣谢悃。孙文。江。

据中国国民党中央文化传播委员会党史馆藏一般档案050/311

致北京当局电

（一九二二年九月四日）①

大局日非,个人须察形式〔势〕,再次办法。

据天津《大公报》一九二二年九月四日《专电》

复北京政府电②

（一九二二年九月八日）③

北方果能辨明真正法统,与南方竭诚共谋统一,文当低首下心维持政局。北上与否决无关系,厚意容当图谢。

据天津《大公报》一九二二年九月八日《孙中山在沪之近状》

---

① 此电系报载电文要点,所标时间系天津《大公报》刊载日期。
② 黎元洪以个人名义致电孙中山,请"早日来京,勿再迟延"。此电系报载孙中山复电大致内容。
③ 此电所标时间系天津《大公报》刊载日期。

复黎元洪电

（一九二二年九月十二日）①

　　南北统一，早宜积极进行。厥以法统尚未辨正，前途纠纷不易解决。特请速从此处注意，俾便南北共谋统一。否则长此迁延，前途难免不生枝节。

据天津《大公报》一九二二年九月十二日《南北统一前途之焦点》

复刘成勋电

（一九二二年九月十三日）

　　成都刘总司令鉴：冬电奉悉。川局奠定，具仰奇勋，诸将乐推，出膺节钺，尤为庆慰。蜀人苦兵祸久矣，建设闳业，凡足以与民休息更始者，至冀贤者锐志图之，俾可纾难而作其气。承以善后暨大局见访，雅意殷拳，钦迟靡极。育仁到时，会当竭怀以告。顷日并已派遣宋辑先上谒，代述鄙忱，唯进教之。诸将为国宣勤，亦希传语嘉励。执事导率，共襄伟绩，非独吾党之光，亦学国之幸也。时事日棘，幸崇明德，以副厚期。孙文。元。

据上海《民国日报》一九二二年九月十七日《孙总统嘉勉川将》

---

① 此电所标时间系天津《大公报》刊载日期。

致曹锟吴佩孚电

（一九二二年九月十四日）①

迭接来电，蒙奖过当。当文自民六国会遭非法解散后，即与诸护法议员辗转西南，无非欲藉法津〔律〕以谋大局之解决。今幸诸公及时觉悟，非法命令得以取消，法统赖以重光，方冀数年来之纠纷从此解决。乃与我共艰难、功高之护法议员竟被拒绝出席两院，则未免不符诸公恢复法统之初意。文恐真伪不明，法律仍无解决之希望，即使宪法为非法议员所制定，能否得中外之谅解，切实施行，则系一大疑问。文恐国宪施行之日即南北再战之时，统一何望哉！倘诸公真有恢复法统、和平统一之诚意，则对此次民六、民八双方之争议，即应作公道正义之处置，万不可口是而心非，使法津〔律〕无解决之希望，而反有破坏之举动。事关统一前途，尚望诸公留意焉！

据长沙《大公报》一九二二年九月十四日《孙中山致曹吴电》

反对善后借款电

（一九二二年十月七日）②

孙中山间接电请中央不得进行善后借款，非俟和平后不能办理。

据天津《大公报》一九二二年十月七日《专电》

---

① 此电所标时间系长沙《大公报》刊载日期。
② 此电为报载电文要点，所标时间系报纸刊载日期。

致北京政府电

（一九二二年十月八日）①

中山结束党务②，手续未竣，所有大局政见碍难发表，请勿催促北上。

据天津《大公报》一九二二年十月八日《专电》

复黎元洪电

（一九二二年十月十八日）③

国会无所谓分离，承中央嘱托疏通，名义既分，殊难为力。

据天津《大公报》一九二二年十月十八日《专电》

致齐燮元萧耀南电

（一九二二年十一月七日）

南京齐抚万先生、武昌萧珩珊先生均鉴：报载武昌杀金华衮、南京杀韩恢，皆密向上海租界诱捕，不与审判，遽处极刑；而杀之之名，则以金、韩曾隶民党，党人惶惑，奔走相告。文自来沪后，已密令各省党员，停止军事进行，黎、曹、吴暨抚万诸先生，信使往还，亦共商和平统一之方，开诚共见。不图

---

① 此电为报载电文要点，所标时间系报纸刊载日期。

② 天津《大公报》于10月14日对党务问题有如下报道："孙中山滞沪改组民党，迄未竣事。……此次改组国民党，目的深远，实具至大希望。主张尽将全国持有改造理想政客加入，作空前未有绝大之举动，并于党务结束即行发表挽救大局方针。"此电文由秘书代拟，因系孙中山意旨，现作为孙中山文献载录。

③ 此电为报载电文要点，所标时间系报纸刊载日期。

斯时乃有任意捕戮党人之举,破坏和平,孰任其咎?盖自袁氏以惩治盗匪条例罔杀党人,数年以来,骈首相望;然此尚于国家变乱之际,谬肆淫威,未有阳言和平阴行屠戮者。辛亥以前,癸丑以后,吾党人之横罹凶刃者,不乏其徒,然此时犹为各走极端,互相谋制;未有举世趋向和平,而军吏方以启发杀机,为其快意,窃为两公不取也。金、韩两君私人行止,别为问题,就当不至遽蒙死罪;若以往时谋国,概被以土匪恶名,则海内同志,人人自危,前途险恶,将有不堪设想者。共和国家,官吏视民命如草芥,此于两公令望,不无歉然。心所谓危,不敢不告,其何以示国人而消海内不平之气,唯两公实利图之!孙文。阳。

据上海《时报》一九二二年十一月十日《孙中山为金韩被杀致齐萧电》

致许崇智等电①

（一九二二年十一月十四日）②

孙中山电许、李、黄③今发表对粤通电以为讨陈张本。

据天津《大公报》一九二二年十一月十四日《专电》

复蒋介石电

（一九二二年十一月十九日）

介石兄鉴:接函甚愕。我以回粤讨贼重任,托汝为与兄,无论如何困难,总须完此任务,方能释肩,万勿轻去,以致偾事。如有阻力,当随时为兄解

---

① 此电为报载电文大意。
② 此电所标时间为天津《大公报》刊载日期。
③ 许、李、黄,指许崇智、李福林、黄大伟。

除。仲恺即来相助。孙文。皓。

据毛思诚编《民国十五年以前之蒋介石先生》第六编(一九三七年三月印行)

致徐谦电

（一九二二年十一月）[①]

北京徐季龙先生：偶密。请告冯，北京国会为不合法。若仍声声以此非法国会为言，当无商量之余地。倘北方武人知其冒牌之非，而有彻底之觉悟，以救国为前提，吾等亦不坚持合法国会。盖国会分子多属无望，则当用革命手段以救国。如能本此意与民党携手，则除绝陈之外，再无条件矣。孙文。

据杨雪峰《国父给徐谦几封未见发表的函电》，载台北《传记文学》第四十一卷第五期

致张开儒朱培德电

（一九二二年十一月）

请译转张藻林、朱益之两兄鉴：闻我军[②]已决心东下，甚慰。冠南[③]兄迭次表示一致同仇，务望切实提携，迅速进行讨平逆贼。滇军在内运济维艰，冠南愿为我助，请向挪借桂币若干万，以解燃眉。彼此结合，利害同之，望各视力所能及，以尽互助之谊。孙文。

据中国国民党中央文化传播委员会党史馆藏一般档案 050/313

[①] 此电未署年月日。电中"请告冯"，冯当为冯玉祥。1922年11月，冯玉祥率所部移驻北京。同年9月，徐谦应北京政府国务总理王宠惠之邀，北上任司法总长，一个月后，王宠惠辞职，徐谦也离职回沪。是此电应为11月所发。

[②] 我军，指驻桂滇军。

[③] 冠南，即沈鸿英，字冠南。

悼宫崎寅藏唁电（译文）

（一九二二年十二月八日）

惊悉滔天同志去世，谨致哀悼之意。

孙逸仙

据[日]近藤秀树编，禹昌夏译《宫崎滔天年谱稿》，载《辛亥革命史丛刊》第一辑

附录　同题异文

痛失滔天盟兄。

据中国宋庆龄基金会研究中心编《宫崎滔天家藏——来自日本的中国革命文献》（人民美术出版社二〇一〇年版）

致蒋介石电

（一九二二年十二月十日）

转介石先生：美运械船因讼事停沪过久，超武舰不能待，致相失。该舰现在往香港，已电其将货船转运福州，约本星期六可到，届时要秘密设法接收。盼兄速来商议，并即返闽。孙文。蒸。

据毛思诚编《民国十五年以前之蒋介石先生》第六编（一九三七年三月印行）

致国民党北京党部电[①]

（一九二二年十二月三十一日）[②]

孙电国民党京都〔部〕嘱暂勿参预最高问题。

据天津《大公报》一九二二年十二月三十一日《专电》

致在京议员电[③]

（一九二三年一月十日）[④]

据日来粤中情形观察，粤局解决指日可望。此后法统问题，后援之实力愈见充裕。深望在京议员于此机会，团结一气，与南方同时对法统问题一致奋斗，俾收解决之功效，幸勿南下，致分实力。

据天津《大公报》一九二三年一月十日《孙中山嘱护法议员勿遽南下》

致李易标电

（一九二三年一月十二日）

陈炯明作困兽之斗，乘胜将其实力完全摧破，西林亦同此意。

据长沙《大公报》一九二三年一月二十一日《快信》

---

① 此电为报载电文大意。
② 此电所标时间系天津《大公报》刊载日期。
③ 此电为报载电文大意。
④ 此电所标时间系天津《大公报》刊载日期。

致西南各首领电①

（一九二三年一月十四日）②

沪讯孙中山电西南各首领，嘱实行伸张民权，并一律制定宪法。

据天津《大公报》一九二三年一月十四日《专电》

致南斐洲支部电

（一九二三年一月十七日）

南斐洲支部转各同志鉴：广州下后，即令各军追击贼军，以绝后患。惟需款至急，请即筹款电沪。孙文。篠。

据《中国国民党本部公报》一卷七号，转录自秦孝仪主编《国父全集》第五册（台北近代中国出版社一九八九年版）

致杨希闵等电

（一九二三年一月十八日）

广州电局转肇庆电局沿途探送杨总司令、刘总司令、沈总司令、广州魏总司令③览：陈逆炯明祸粤残民，罪大恶极，前经明令申讨。该总司令等发难濛江，转战梧、肇，不匝月而桂、粤底定，具见该总司令等指挥有方，各将士奋勇用命，殊堪嘉许。仰即传令慰劳出力将士，准予择尤呈候核奖，伤亡士

---

① 此电为报载电文要点。
② 此电所标时间系天津《大公报》刊载日期。
③ 即杨希闵、刘震寰、沈鸿英、魏邦平。

兵妥为抚恤。陈逆残部现尚盘踞惠州，据报密谋窜赣，希图勾结为患。查逆军屡败，士无固志，不难一战而定，该总司令等务须趁此声威，派兵穷追，勿令稍息残喘，功亏一篑，是为至要。孙文。巧。

据《民信日刊》，转录自秦孝仪主编《国父全集》第五册（台北近代中国出版社一九八九年版）

致伍学煜杨西岩电

（一九二三年一月十九日）

学煜、西岩兄并示科儿：前日电委邓泽如为广东省长，伍学煜为盐运使，杨西岩为财政厅长。徐固卿有要务，需驻北京。泽如为二十年来华侨同志中之健者，历次革命，皆竭诚勷助，且能深体商情，洞达治理，兄等与之共事，必无隔阂。孙文。皓。

据邓泽如著《中国国民党二十年史迹》（中正书局一九四八年印行）

致胡汉民等电

（一九二三年一月十九日）

胡汉民、李烈钧、许崇智、魏邦平、邹鲁为全权代行大总统职权。因军、民两政需人综理，必须征集众长，方能治理。今粤局纠纷，文一时未能来，深赖诸贤共济，奠定桑梓，为改造全国之基。希善体此意，毋负委托。孙文。皓。

据邹鲁著《回顾录》第一册（南京一九三七年版）

致魏邦平电

（一九二三年一月二十日）

广州魏丽堂总司令：兹特委兄为讨贼联军总司令，以期统辖讨贼各军，指挥如意。望勉为难，底定粤局。孙文。号。

据孟德居士编《孙大元帅回粤记》（上海民权初步社一九二三年版）

复李易标电

（一九二三年一月中旬）①

李总指挥易标鉴：庚电悉。执事与各军顺流而下，旬日之间，所向皆捷，羊城指顾底定，诚不世之勋也。闻陈家军有回东江之意，宜乘胜穷追，不令休息，西林亦同此意也。

据孟德居士编《孙大元帅回粤记》（上海民权初步社一九二三年版）

致林森电

（一九二三年一月二十二日）

福州林省长鉴：兹特任执事为福建省长，祈整饬内政，浚启富源，以阜民生而臻民治之盛轨，八闽有厚望焉。孙文。祃。

据天津《大公报》一九二三年一月三十一日《许军回粤时之闽省情形》

---

① 此电原无日期，今据电文内容酌定为1月中旬。

复温树德电

（一九二三年一月二十四日）

海军温司令鉴：巧电今日始达，无任快慰。广州联军迅速收复，赖兄以海军内应为多。粤省为文桑梓之地，果非文归无以抚绥安辑，则亦不敢辞劳。兹拟二十七日乘大洋丸归，二十九晚可抵港，请派员往接。惟兄整饬舰队，奋励精神，为文股肱心腹之寄，是所切盼。孙文。迥。（二十四日）

据孟德居士编《孙大元帅回粤记》（上海民权初步社一九二三年版）

致温树德电

（一九二三年一月二十四日）

沁（二十七日）乘大洋丸回粤，即派海圻、永翔舰赴香港口外迎候；并派海圻副舰长李毓藩、副官长缪庆福到港布置，以策安全。

据上海《申报》一九二三年一月二十七日《温树德接孙电》

复熊略翁式亮电

（一九二三年一月二十四日）

兄等悔悟来归，文不咎既往，况中国前途，尚有障碍，行将要为指臂之使，安有瑕疵足言，疮痕脱落，即属完肤，是在兄等之自处耳。

据上海《申报》一九二三年二月一日《香港卅一日下午电》

复王宠惠徐谦电

（一九二三年一月二十五日）

王宠惠兄、徐季龙兄鉴：敬及上日数电均悉。文顷已通电宣言，根据去年六月六日通电，主张以化兵为工为条件，期和平统一之推行办法，先裁全国兵数之半，请第三国出而佐理此事；并任借款为举办之费，以昭征实；由全国农、工、商、学、报每界举一人为监督，以昭信用。请告敬舆、子玉：果欲和平统一，此其捷径，且最善法；倘能在现内阁手中完此大业，则衮衮诸公，名足千古，民国将蒙其庥。请兄善为说辞，通电明早可见各报。孙文。径。（印）

据北京《益世报》一九二三年一月二十九日《关于裁军问题之两电》

致广东某官员电①

（一九二三年一月二十七日）②

省〈议〉会问题未经法定机关解决前，暂缓开会。

据上海《申报》一九二三年一月二十七日《国内专电》

---

① 此电为报载电文大意。
② 此电所标时间系上海《申报》刊载日期。

致齐燮元冯玉祥电

（一九二三年一月二十九日）

粤事变化，绝对非民党与政学战争，本人暂待数日，仍将返粤。

据上海《申报》一九二三年一月三十日《国内专电，二十九日下午二点》

致全粤父老电

（一九二三年一月）①

自陈逆炯明叛国称兵，残祸吾粤，七月于兹矣。文惟无知人之明，至重劳父老忧，实深抱疚，故自离粤以来，无日不亟图拯救。兹幸各军举义，诛锄暴逆，吾父老亦深明顺逆之所在，上下一心，为义师后盾，用是不俟兼旬，克靖粤难。全粤局主持有人，各军将士体念父老艰虞，自能力维秩序。至各省援军，亦皆仗义而来，为国宣劳。将来各有任务，实无丝毫权分之思，凡我父老，其各安居乐业，毋滋惊扰为盼。

据"中央改造委员会"党史史料编纂委员会编《总理全书》（台北一九五〇年至一九五二年出版）之九《文电》

致杨希闵电

（一九二三年二月一日）②

闻魏邦平此次行动，虽不无观望之嫌，而平日为人，悉为商民爱戴，望兄

---

① 此电原未标明时间，今据电文内容酌定为1月下旬。
② "杨希闵致上海岑西林等人电"中有"昨奉大总统东电……"句，由此推定孙中山致杨希闵电系于2月1日。

商同冠云,即予省释,以慰众心。

据上海《民国日报》一九二三年二月二十一日

致温树德电

(一九二三年二月七日)

宜就省河各舰,切实做去,服从文命,所有汕头数舰,及各面谣言,可置不理,有事直接电沪。

据上海《申报》一九二三年二月十九日《国内专电》

致温树德电

(一九二三年二月上旬)

某某到沪,一切已悉。文任兄依然如故,幸勿自疑,致愤大事。各舰伙食当电港筹得酌发。当兄自疑不定之时,必有谗言乘间而入,言似为兄谋,其实误兄不浅。兄现宜就现泊省河各舰,切实努力做去,所有汕头数船及各方面谣言可以置之不理。

据上海《时报》一九二三年二月二十五日《孙中山致海军温树德电》

复蒋介石电

(一九二三年二月十三日)

电悉。弟寒晚或删早行,如兄赶不上,请乘他船速来为祷。文。元。

据毛思诚编《民国十五年前之蒋介石先生》第六编(一九三七年三月印行)

致魏邦平电

（一九二三年二月二十日）

广州魏丽堂总司令：兹特委兄为讨贼联军总司令，以期统辖讨贼各军，指挥如意。望勉为〈其〉难，底定粤局。孙文。号。

> 据孟德居士编《孙大元帅回粤记》（上海民权初步社一九二三年版）

致蒋介石电

（一九二三年二月二十五日）

转介石兄鉴：各要事须兄相助，万望速来，并示行期。文。有。

> 据毛思诚编《民国十五年前之蒋介石先生》第六编（一九三七年三月印行）

致林焕廷电

（一九二三年二月二十七日）

上海林焕廷：请云陔同仲恺即回粤，有要务付托，千万勿却。孙文。二月廿七日发。

> 据《中山墨宝》编委会编《中山墨宝》第八卷（北京出版社一九九六年版）影印原件

致张绍曾电①

（一九二三年二月）②

观乎已过之和平会议,皆无良好成绩,安能望其解决统一事件,欲求统一,非由裁兵不可,此外不敢盲从。

据重庆《国民公报》一九二三年四月一日《孙中山致张揆电》

致田士捷等电

（一九二三年三月一日）

汕头海军田司令、盛指挥③及各舰长鉴:顷据海军各舰舰长吴志馨等及全体官佐感日电禀,并通告全国辟北归之谣,吁请本大总统命令汕头军舰归队,俾温司令树德即日回省等情。查此次军舰开赴汕头,本为避免北归,爰持正义,用意极堪嘉尚,今各舰舰长,既已通电表明爱戴本大总统,一切谣诼不辩自明。海军护法光荣之历史,因是尤为显著。从此同心同德,为国宣劳,本大总统亟用厚期。所有前赴汕各舰,着速行归队,切切勿违。此令。孙文。东。（印）

据大本营秘书处编《陆海军大元帅大本营公报》第一号（广州一九二三年三月九日）

---

① 原电未见,此应系报载电文大意。
② 报载未标明此电日期。2月初,张绍曾数度致电孙中山,对裁兵及和平统一主张表示赞成,并建议召集国事协商会商量解决。孙中山此电,当系为此而发,故酌定为2月。
③ 盛指挥,指盛延祺。

裁 兵 通 电[①]

（一九二三年三月一日）

本月一日，孙发出通电，仍主张现在须裁全国兵额之半数，并谓："直系诸将，对文主张缄默，文此时深冀吴佩孚觉悟"等语。

据北京《晨报》一九二三年三月五日《孙文主张裁兵及粤局》

致岑春煊电[②]

（一九二三年三月五日）[③]

孙文特致电上海之岑春煊，请其即日南下，协力收拾粤、桂大局。

据北京《晨报》一九二三年三月五日《孙文主张裁兵及粤局——孙请岑春煊南下》

致蒋介石电

（一九二三年三月十八日）

介石兄鉴：顷阅兄与沧白、湘芹兄函，甚慰。展、季二兄现时均有重要职务，须暂留沪及赴浙、奉，此间须兄助至切，万请速来，勿延。并已发表兄参谋长，军事枢机，不可一日无人也。文。巧。

据毛思诚编《民国十五年前之蒋介石先生》第六编（一九三七年三月印行）

---

① 此电系报载电文要点。
② 此电系报载电文大意。
③ 此电所标时间系报纸刊载日期。

致上海国民党本部电

（一九二三年三月二十七日）

兹由广东银行汇一万元，支代表①三月份薪水及公费，每人二千，共八千元。又北京支部月费二千元。以后当每月照汇，收到复。孙文。感。

据《中山墨宝》编委会编《中山墨宝》第八卷（北京出版社一九九六年版）影印原件

复胡汉民等电

（一九二三年三月三十一日）②

仍矢志和平统一，苟北方诚意，仍可洽商。

据上海《民国日报》一九二三年三月三十一日《总统矢志和平》

命催廖仲恺等速来电

（一九二三年三月）③

廖仲恺、朱和中电皆不到，当再电催速来。并切催介石，不可再延。文。

据中国国民党中央文化传播委员会党史馆藏一般档案 050/134

---

① 指当时在上海办理和平统一事宜的全权代表胡汉民、汪精卫、徐谦、孙洪伊。
② 此电所标时间系报纸刊载日期。
③ 此电原无日期，按内容今酌定为1923年3月间。

致蒋介石伍朝枢电

（一九二三年三月）①

电上海，催蒋介石、伍梯云速来。文。

据中国国民党中央文化传播委员会党史馆藏一般档案050/136

致蒋介石电

（一九二三年四月一日）②

函悉。款有，同安健速来。东。

据中国国民党中央文化传播委员会党史馆藏一般档案050/348

致三藩市总支部电

（一九二三年四月二日）

同志公鉴：请将存放金山之飞机速付香港，以应急需。港政府近来对吾人态度颇好，机到港后，可另行设法接收，当可无虞，务望火速照办。寄何船？何日开行？电复。孙文。冬。

据《中山墨宝》编委会编《中山墨宝》第八卷（北京出版社一九九六年版）影印原件

---

① 此电原无日期，按内容今酌定为1923年3月间。
② 此电原只有日期无年份，"东"即"1日"，按同期相关函电内容考订，今酌定为1923年4月。

致林焕廷电①

（一九二三年四月二日）②

电汇五千元，由焕廷交。冬。

据《中山墨宝》编委会编《中山墨宝》第八卷（北京出版社一九九六年版）影印原件

致安庆各界电

（一九二三年四月三日）

安庆省教育会转烈士墓筹备处暨各界公鉴：兹派张秋白君前往致祭，准歌日抵皖，祈赐接洽。孙文。江。

据《中国国民党本部公报》第十一号，转录自秦孝仪主编《国父全集》第五册（台北近代中国出版社一九八九年版）

致许崇智电

（一九二三年四月四日）③

此间拟出师东江，为夹击之计，需介石来助，望兄加电促之来粤。前敌之事，介石所能者，陈翰誉当能之，望重用之，必有补也。孙文。豪。

据中国国民党中央文化传播委员会党史馆藏一般档案 050/125

---

① 4月1日，孙中山收到林焕廷请求电汇蒋介石安家费的来电，此为孙复电。
② 此电原未标明年份，根据所用的大本营公用笺当为1923年。
③ 此电原无日期。按蒋介石于4月15日由沪赴粤，20日抵广州。"豪"为4日代电，故定为4月4日。

致居正电

（一九二三年四月六日）

转居觉生兄鉴：子荫现尚在港，与陈逆往还，挟有多金，运动讨贼军将士。而兄前日来电，竟有子荫已回沪，一切未有问题等语。似此是何用意？请明答复。孙文。鱼。

据《中山墨宝》编委会编《中山墨宝》第八卷（北京出版社一九九六年版）影印原件

致李烈钧电

（一九二三年四月十二日）

饶平探送李边防督办鉴：得鱼、蒸电，知率所编各军移防，已为周妥，极用嘉慰。吾兄连年戎马，未获安居；而移驻闽疆，师行日远，想念贤劳，钦迟靡暨〔既〕。幸努力前途，以副厚期。孙文。侵。

据大本营秘书处编《陆海军大元帅大本营公报》第七号（广州一九二三年四月二十日）

复张作霖电

（一九二三年四月十二日）

奉天张雨亭先生鉴：蒸电辟复辟谣诼，并嘱宣布，转饬各报更正，具见矢忠民国，曷胜钦佩。国建共和十余稔矣，中经复辟之变，不旋踵而灭。国体既定，诚有非顽民所能颠覆者，执事之明，岂或屑此。不图乃有以是为中伤者，人心之险，良可浩欢〔叹〕。执事通电明志，国人皆将喜闻此祥和之言。

文亦将视力所及,勉为执事剖白之。更冀本爱护共和之初衷,进而为解决大局之盛举。文虽不敏,至愿与时贤共之也。孙文。侵。

据大本营秘书处编《陆海军大元帅大本营公报》第八号
(广州一九二三年四月二十七日)

复程德全等电

（一九二三年四月十四日）

程雪楼①先生暨王、欧阳、周、狄、许、顾诸先生鉴：来电奉悉。此间议售官产,仅为寺旁隙地,佛寺、佛像,均在保存之列,幸勿过虑。孙文。寒。

据上海《民国日报》一九二三年四月十六日《孙总统复为
佛请命电》

致许崇智电二件

（一九二三年四月十六日）

一

汕头许总司令：(△密)沈逆鸿英图谋不轨,形迹已露,今晚果集队攻城。着东路各军火速集中河源,向翁源、韶州袭击,以断逆贼与江西之联络。刘震寰已集中增城,向从化方面前进；李福林集中龙眼洞,向花县方面前进；滇军由粤汉铁路并北江东岸一带向北攻击；江门海陆军向肇攻击,得手后则向四会、清远追剿,以扫灭逆军。仰该总司令案〔按〕照所定战略,速赴机宜。此令。孙文。(四月十六日午前四时。)

---

① 程德全,字雪楼。

二

汕头许总司令：（△密）沈逆昨夜谋攻城，今朝果然发动。幸滇军向有准备，不至贻误，现正在白云〈山〉脚一带激战中。逆军数日前已悉数集中源潭以下，其上至韶关，则兵力甚弱，但闻大庾到有北兵两旅，想此时尚未至韶城。兄宜火速饬精锐数旅，向翁源、英德方面前进，以截彼铁路之交通。此间已饬江门军队先取肇庆，再抄出西江北岸，以截敌之归路。倘东西能如期合围，则贼可灭矣。孙文。（四月十六日发。）

据中国国家博物馆藏原件

致古应芬电三件

（一九二三年四月十六日）

一

万火急。江门古主任鉴：（相密）一、沈逆鸿英分三路攻我省城，我滇军今早在白云山及西村附近与逆军激战中。二、第一师全部及第四旅即刻开赴三水，协同我滇军第四师向芦苞、新街、源潭前进攻击敌之后方；周之贞所部及第三师、海防司令陈策协同对肇庆方面警戒，并相机占领肇庆城。大元帅孙。铣。

二

江大舰转江门大本营古全权主任：（△密）沈逆鸿英图谋不轨，形迹已露。着江门海陆各军即时出发，约同陈天太所部，合力攻取肇庆、四会、清远各地，并分途追击扫灭逆军。此令。孙文。大元帅铣令到复。（中华民国十二年四月十六日午前二时发。）

三

江门大本营主任：（△密）战事已开，刻在白云山一带激战中。江门军队宜速来三水，向石井方面进攻，以击敌人之背。因敌已全数集中于此以图省城，故我亦宜集于一处以对付之，至急至要。孙文。（民国十二年四月十六日发。）

据中国国家博物馆藏原件

致胡汉民等电①

（一九二三年四月十六日）

彼辈阳为言和，阴实迷信武力，且借以懈我之备，言之殊堪痛愤，望严予质问。否则，战事再起，破坏和平，责有攸归也。

据上海《申报》一九二三年四月十八日《总统质问北廷图乱》

致许崇智电

（一九二三年四月十七日）

陈天太部已出四会矣。现战情已变，江门军当全数出三水芦苞，向高塘、新街方面进攻，以速扫灭袭击省城之敌为先，然后再为第二步进取。孙文。篠。（中华民国十二年四月十七日）

据《中山墨宝》编委会编《中山墨宝》第八卷（北京出版社一九九六年版）影印原件

---

① 当时孙中山派驻沪代表为胡汉民、孙洪伊、徐季龙等，嘱严责北廷嗾沈乱粤、破坏和平之责任。

致古应芬电二件

（一九二三年四月十七日）

一

江门大〈本〉营古主任:(△密)敌人大股集中于白云山、石井一带,为顽强之抵抗。着江门军队火速运至三水,即行向石井方面袭击,以期迅速破敌。此令。孙文。(民国十二年四月十七日子时。)

二

江门大本营(△密)。湘芹兄鉴:前令有江门军队担任北江西岸战事,乃今敌人悉集其力于白云山、兵工厂一带,其志在夺取省城。虽一发则被我击退,然我反攻亦被其顽强抵抗。闻北兵两旅将到韶关,若彼有新力兵而我无之,则吃亏矣。故江门之军不可固执前定计划,当火速加入白云山、兵工厂之战,以期一鼓而灭敌。望兄速照此意施行。颂云明日到三水指挥。孙文。篠。(以上电分一份用无线电发,一份用有线电发,务期速达。)(民国十二年四月十七日九时半发。)

据中国国家博物馆藏原件

致上海议和代表电

（一九二三年四月十九日）

沈逆已被我击溃,白云山、兵工厂相继占领,近已追过江村以上,各路兜剿,摧灭自易。该逆此次叛变,系受吴佩孚指使。黎、张、曹①如犹言和,非先罢免吴佩孚,不得认为诚意;如其游移,和议立可停止,免堕术中。撤销伪令②,今日已不成问题矣。孙文。皓。

据重庆《国民公报》一九二三年五月十七日《粤变后孙中山之态度》

致许崇智电

(一九二三年四月二十三日)

汝为兄鉴:梅培回,携函及简电俱悉。数日以来,沈贼势力殆尽扫灭,今日源潭以下已无敌军踪迹矣。昨日韶关无线电消息,似该处之残贼亦预备他走。刻肇庆、四会、清远一带尚有小战,然不日必可肃清,至此形势一变。前着由海道运兵到省援应,今可不急矣。兄处队伍仍当由陆到惠,沿途肃清陈贼残部,并拆卸汕尾子弹厂,将机器运省,以归统一。此间滇军已令全数追击韶关。如日来财政能解决,当乘势北伐,以为一劳永逸之计,未审兄意如何。孙文。漾。(四月二十三日发)

据中国国家博物馆藏原件

致徐谦电

(一九二三年四月二十三日)

季龙兄鉴:沈逆已击退至琶江口外。孙文。漾电。

据上海《民国日报》一九二三年四月二十五日

---

① 黎、张、曹,指黎元洪、张绍曾、曹锟。
② 伪令,指3月20日北京政府颁发的任命沈鸿英为督理广东军务善后事宜的命令。

致程潜等电

（一九二三年四月二十六日）①

并译转程总指挥潜、梁军长鸿楷、陈师长天太、周师长之贞、陈司令策均鉴：（应密）进攻肇庆各部队，转归梁军长指挥调遣可也。孙文。宥。

据中国国家博物馆藏原件

致梁鸿楷电

（一九二三年四月二十六日）

并译转梁军长：陈部②兵力究有若干？希该军长相机处置，免制肘腋。如彼尚有诚意，则当令其为攻肇先锋。兹特务〔发〕给别令。如其不能先攻肇庆，则当离去后应调往四会防守，以明任务而专责成。别令应否交陈，盼酌之。孙文。宥。

据中国国家博物馆藏原件

致李烈钧电③

（一九二三年四月二十九日）④

将前议援赣计划积极进行。

据天津《大公报》一九二三年五月二日《粤战近讯》

---

① 此电及下篇致梁鸿楷电均未署年月。按进攻肇庆战事在1923年4月下旬至5月中旬，故定为1923年4月。
② 陈部，指陈天太所部。
③ 此电系报载电文要点。
④ 此电所标时间系香港发电讯日期。

致汪精卫电

（一九二三年五月三日）

精卫兄：雨亭函已收到。渠主协和回赣、组安回湘，与鄙见极同。唯协和需五十万元，组安需二十万元，此间因战事剧烈，费款至巨，力难兼顾，拟由兄力向雨公商助见复。协、组得款，均可立发，别无他顾，已专函雨公言之矣。我军连日大胜，北军两旅，均已击溃，已占领琶江，日内可得韶关。唯江东余孽，尚思蠢动，已严备，当不至为巨患也。孙文。江。

据中国国民党中央文化传播委员会党史馆藏一般档案050/3

复林建章电

（一九二三年五月七日）

上海海军林司令鉴：佳电迟至昨午始达。雒诵回环，欣慰无量。以为此时全国兵士皆如在沪海军袍泽，其将领皆如执事者，则和平统一盛业不难指挥立定。年来国事蜩螗，由于一二军阀之凭借武力恣行攘夺，实由于多数军人昧厥卫国保民之天职，甘为强权所制〔利〕用，而供无主义之牺牲。尊论一语破的，读之令人快慰。方今和平统一，已为全国人心所蕲向，少数冥顽之徒，乃必背道而驰，于川、闽、粤诸省，均已屡试其技，野心未达，而吾民颠沛流离之苦，已激增至不忍见闻矣。文迭次宣言，标明主旨，凡赞助和平统一者皆吾友，反抗和平统一者皆吾仇。如执事之明达，与在沪海军之彻悟，文当竭其棉薄，相与戮力同心，共纾国难。南来海军诸将士，亦极表同情，幸勗前途，以竟全功。临电钦迟，至深企祷。孙文。阳。

据大本营秘书处编《陆海军大元帅大本营公报》第十一号
（广州一九二三年五月十八日）

致杨希闵等电

（一九二三年五月十日）

韶州杨总司令、杨、杨、范、蒋①师长鉴：顷据韶关无线电局报称："沈逆逃窜，我军已于今早进驻韶城"等语。此次沈逆倡乱，勾引北敌，盘踞北江，倾危大局。赖我军将帅忠勇，士卒用命，摧破强敌，克复名城，奠安粤局，功在国家。本大元帅欣慰之余，深用叹赏。所有此次战役出力人员，着该总司令先行传令嘉奖，以励有功。其负伤、阵亡诸将士，并着从速造报，优加抚恤。至各士兵血战兼旬，劳苦可念，所需饷项，应即发给，着一并造具饷册，前来请领。并着该总司令激励将士，跟踪追击，以竟全功，有厚望焉。大元帅。蒸。

中华民国十二年五月十日

据大本营秘书处编《陆海军大元帅大本营公报》第十一号
（广州一九二三年五月十八日）

致许崇智电

（一九二三年五月十一日）

汕头许总司令：（△密）叶举、洪湘臣等逆已于十日到惠州，成立粤军总指挥部，现已大举来犯石龙、增城，望为注意。孙文。（中华民国　年五月十一日）

据《中山墨宝》编委会编《中山墨宝》第八卷（北京出版社一九九六年版）影印原件

---

① 杨、杨、范、蒋，即杨池生、杨如轩、范石生、蒋光亮。

复徐谦等电

（一九二三年五月十一日）

蒸电悉。战胜，对北自仍可言和。此次获沈军前后密码，中有曹锟致沈电多通，亦积极主战。以后勿轻听其甘言，必其觉悟不能以武力统一，乃可从长商议也。孙文。真。

据上海《民国日报》一九二三年五月十三日《孙总统不改变平和主张》

复越飞电（译文）①

（一九二三年五月十二日）②

贵国五月一日回电③使我们感到大有希望。第一，我们当感谢贵国的慷慨允诺；第二，我们同意贵国的一切建议；第三，我们将用大部分精力去实施这些建议，并派代表赴莫斯科详细磋商。④

据荷兰阿姆斯特丹国际社会历史研究所斯内夫利特档案第234号英文手稿（李玉贞译）

---

① 此电英文手稿有马林手迹注："五月十二日自广州发出。三天后派信使赴维里杰处。怎样安排斯托扬诺维奇。可能在爱内德办事处或维里杰处。赴莫斯科的代表可能是张继或蒋介石将军。极力坚持改组党和政治宣传。建议把我留在这里，任命我们为你的情报员或南方的顾问。"——译者

② 该电拍发给苏政府的日期据电报上马林手迹："Twelve May from Canton（5月12日自广州发出）"判断，同时，在马林笔记本上4月30日至7月18日期间收发电记录中的5月12日这一天也载明他拍发电报一事和电报全文（斯内夫利特档案第232号）。——译者

③ 电报内容见李玉贞主编《马林与第一次国共合作》，光明日报出版社1989年版，第170—171页。——译者

④ 代表团一行共四人：蒋介石（团长）、张太雷、沈定一、王登云，1923年8月离沪前往莫斯科。11月邵元冲也在莫斯科加入。——译者

致古应芬等电

（一九二三年五月十八日）

三水古主任并转魏总指挥、梁军长，李、郑各师长，陈、谭各司令鉴①：叠接捷报，欣慰无已。此次克复肇城，各将领劳苦功高，士卒忠勇用命，殊堪嘉奖。仰该总指挥会同该主任调查各部伤亡官兵人数及功勋卓著者，即日呈报，俾资奖赏，破城详情，及获得战利品若干，尚希查明速复。大元帅。巧未。

据大本营秘书处编《陆海军大元帅大本营公报》第十二号（广州一九二三年五月二十五日）

致魏邦平电

（一九二三年五月十九日）

三水古主任速转魏总指挥鉴：(礼大密)希即着邓演达所部即日来省（为大本营卫队）。此令。（五月十九日发。）孙文。

据谭延闿编《总理遗墨》第一辑（一九二八年印行，广东省社会科学院藏）

致许崇智电

（一九二三年五月二十三日）②

汕头许总司令鉴：(△密)东江战事甚为得手，不日当可肃清。此时形

---

① 受电人依次为魏邦平、梁鸿楷、李济深、郑润琦、陈策、谭启秀。
② 此电原无年月。按内容当系与下一电同时。

势与沈逆围攻广州时不同,故潮汕万不可放弃,当固守之,以待此间战况之发展,则逆贼必无能为。此时能固守潮汕,便是胜利,须识之勿忘。孙文。漾。

据《中山墨宝》编委会编《中山墨宝》第八卷(北京出版社一九九六年版)影印原件

致海军将士电

（一九二三年五月二十三日）

汕头许总司令：（△密）译转海军各将士鉴：现在我军已肃清西北二江，现正用力扑攻东江余孽，已节节胜利，不日当可肃清。近闻洪逆兆麟图攻潮汕，务望各将士与许总司令协同一致,巩固潮汕,毋使逆贼得逞为要。孙文。漾。（中华民国十二年五月廿三日）

据谭延闿编《总理遗墨》第一辑（一九二八年印行,广东省社会科学院藏）

致达夫谦越飞电①（译文）

（一九二三年五月二十三日）②

致驻北京全权代表和越飞电：我将立即开始改组党，在广州、上海、哈尔滨办日报，在北京、上海办周报；在上海设立通讯社；在广州办月刊；在北方士兵中尽快开展宣传。望支付已承诺的援款③中的第一次付款。请立即电

---

① Я. Х. 达夫谦（Давтян），苏俄外交官。1922年8月随越飞使团来华任参议。1923年1月越飞离北京，由达夫谦暂行代理执行事务。此电系打字稿,由孙中山英文签名。——译者
② 孙中山原电未标日期,此据马林笔记中的收发函电记录确定日期。——译者
③ 指5月1日苏联在致孙中山电报中承诺的给予国民党200万金卢布的贷款。——译者

告莫斯科。关于在西北边界组织军事力量的事，①代表们很快将赴莫斯科详细磋商。关于铁路协定事，为使张②接受，已再次向奉天代表提出强硬建议。孙中山（签名）

据荷兰阿姆斯特丹国际社会历史研究所斯内夫利特档案
第234号英文打字件（李玉贞译）

中国国民党致公使团电（译文）③

（一九二三年五月二十四日）

北京驻华领袖公使并转各使均鉴：此次临城劫案，固完全由于北京政府及其所任命之巡阅使、督军之溺职所致，而根本原因，则在不能裁兵与统一。本党总理孙中山先生前曾代表本党及西南各省迭发宣言，倡议裁兵，并派遣使者冀与北政府及其将吏协商一切，讵北政府仍悍然扩张军储。孙先生曾主张用和平方法促成统一，而北政府与其将吏反以穷兵黩武相号召，征诸全国人民所历次呼吁，及四川、福建、广东等省痛遭北兵蹂躏之事实，即可证其不诬。因不裁兵不统一之故，以致兵愈多、匪愈炽，国家分裂，地方糜烂，吾人民被其害者不知凡几，今更波及中外人士矣。彼僭窃之北京政府及其将吏，溺职肇祸，固属责无旁贷，惟本党负有改进国家责任，对于贵公使曾有被难人民之友邦，实应深致歉忱。犹有进者，北京僭名窃位之徒，已为国民所共弃，现在彼所以苟延残喘者，无非仅赖诸友邦之尚予承认而已；以如此不克尽责之政府而使其存在，徒足以延长中国之内乱，各友邦对之，竟仍予以维持，直不啻无意中干预中国之内政也。今吾人以最诚恳之意志，希望各友邦对于北京政府之承认立予撤销，并予中国人民以另行建设一全国公认之

---

① 指1923年5月1日苏联政府致孙中山电报中所说，苏联帮助孙中山"利用中国北方的或中国西部的省份组建一个大的作战单位。"——译者
② 指张作霖。——译者
③ 此电原文为英文，致各国驻华公使。

政府之机会。中国国民党。五月二十四日。

据上海《民国日报》一九二三年五月二十四日《为临城劫案致公使团电》

致魏邦平等电

（一九二三年五月二十五日）

肇庆魏总指挥、古主任、梁军长、李师长、郑师长、陈海防司令①鉴:古主任、陈司令敬电均悉。我水陆军队追击逆敌,已至封川江口,西江余孽即可肃清,皆由将士忠勇,迅奏肤功,殊深嘉尚。本应穷追痛剿,以绝根株,惟念桂人皆吾赤子,粤境已奠定,不欲更烦兵力,以苦吾民。我军应于粤边暂取守势,以待桂人之觉悟。如桂人幡然向义,自除败类,则两粤一家,更无畛域;即或自知悔悟,不复从逆称兵,我军亦当宥其既往,不更进攻,以示大公。仰各军队长官遵照出示,晓喻〔谕〕广西军民一体周知为要。大元帅。有。

据大本营秘书处编《陆海军大元帅大本营公报》第十三号（广州一九二三年六月一日）

致刘纪文电

（一九二三年五月二十五日）

江门大本营办事处刘纪文鉴:敬亥电悉。李逆耀汉附逆倡乱,糜烂地方,经我军迭予痛剿,仍复顽强抵抗。此次我水陆各军包围攻击,大挫逆氛,乘胜追剿,指顾肃清,皆由各官长调度有方,士卒踊跃用命,闻之嘉慰。杨旅长锦龙往来应战,不避艰险;梁旅长②及其余各部队长官奋勇克敌,出力异

---

① 受电人依次为魏邦平、古应芬、梁鸿楷、李济深、郑润琦、陈策。
② 梁旅长,即梁士锋。

常,均着先行传令嘉奖,以励有功。仍饬令督队穷追,净绝根株,毋留遗孽为要。大元帅。有。

> 据大本营秘书处编《陆海军大元帅大本营公报》第十三号(广州一九二三年六月一日)

致刘芦隐电

(一九二三年五月二十九日)

委任刘芦隐为加拿大总支部总干事,着即赴任。总理孙文。民国十二年五月廿九日。(用SS密)

> 据谭延闿编《总理遗墨》第一辑(一九二八年印行,广东省社会科学院藏)

致杨庶堪电

(一九二三年五月三十日)

广州大本营杨秘书长鉴:文已到石龙,各部队均向博罗前进。孙文。三十日下午七时发。

> 据上海《民国日报》一九二三年六月六日《孙总统巡视石龙情形》

致孙洪伊电

(一九二三年五月)

电上海伯兰兄:前在沪所定联曹主张,托兄并皙〔晳〕子①竭力进行,目

---

① 晳子,即杨度。

的所在,即图曹、吴之分离,而曹能舍去武力之迷梦。及至掳获沈鸿英之密电,乃知乱粤之举曹亦与谋,如此则联曹之根本悉行打消矣。从此对于联曹,则不得不提出鲜明之条件,即彼能绝吴乃能联之,否则必在吾党同击之列,望兄照此办去可也。孙文。

据《中山墨宝》编委会编《中山墨宝》第八卷(北京出版社一九九六年版)影印原件

致大本营电

（一九二三年六月八日）

接许崇智阳由黄麻坡致刘震寰手书,称智军得河源后,昨午抵黄麻坡,准即晚进驻柏塘,准备克日向惠州前进。

据上海《申报》一九二三年六月十一日《国内专电》

致廖湘芸电

（一九二三年六月十五日）

湘芸兄鉴:昨过东莞城,见有浅水电船一只,挂王字旗者,泊在该处。近日东江兵站需此等船运送粮食甚急,望兄查明该管之人,即转饬将船交石龙兵站差遣,以利戎机,幸甚!关于此事,已有通令令各军长官办理矣。此王字一船,望兄专责,必要办到为荷。孙文。删。(中华民国十二年六月十五日)(电邮两发)

据《中山墨宝》编委会编《中山墨宝》第八卷(北京出版社一九九六年版)影印原件

复焦易堂电

（一九二三年六月二十三日）

易堂兄鉴：删电悉。已派精卫赴沪，关系大计，可与就近筹商一切也。文。漾。

据天津《大公报》一九二三年七月三日《国会南下中之孙焦往来电》

致海外党部电

（一九二三年六月二十六日）

美国三藩市、加拿大总支部、雪梨支部：据上海本部函称："财政支绌，前恃广州接济，沈、陈两逆叛后，军饷紧急，无可挪移，本部益窘"等语。现时北京扰乱，本部在沪应付时局，需款尤急，希将所属年捐党金，速行扫数电汇沪本部，以资接济而维党务。孙文。宥。

据中国国民党中央文化传播委员会党史馆藏一般档案 050/206

致两院议员电

（一九二三年六月二十七日）①

北京民党议员通讯处转两院议员鉴：艰苦备尝，始终不渝，民党精神，惟

---

① 此电原无日期，今据北京《晨报》有关报道酌定。

寄国会。此次时局陡变,大盗横行,暴力之下,已无国会行使职权之余地。
亟应全体南下,自由集会,以存正气,以振国纪。兹特派汪君精卫驻沪招待;
刘君成隅〔禺〕、符君梦松北上欢迎。请毅然就道,联袂出京,无任盼切。

据北京《晨报》一九二三年六月二十八日《孙文又来拉拢国会》

致某人电①

（一九二三年六月二十九日）

俭电悉。自兄行后,我已将中国大局长为考虑,觉得与段合作不过比较上或善耳,仍不能彻底以行吾党之主义。故对段之事只有十分水到渠成,毫无障碍方可允之。若尚要费力,则不如将现在时局放去一切,另图根本之改革,故拟粤中军事大定之后,则亲赴俄、德一行,以定欧亚合作之计划,以为彻底之革命。望兄注意:如段事不洽,则对国会、对黎、曹皆主不问,并请速回为荷。孙文。艳。

据中国国家博物馆藏原件

致越飞电（译文）

（一九二三年六月三十日）②

东京越飞收:关于北京的事,这是我们前些时候工作的结果。既然危机已出现,我们就权且任其发展,它无疑会导致我们所期望的美满结果。我们

---

① 该电受电人不明。
② 此为马林收到孙电的时间。孙中山嘱马林拍发给越飞,拍发日期为7月2日。原电下面系马林德文手迹:"孙的电报、达夫谦的成就都要求通过汪精卫,'只字未谈党的发展'。由于广东政策,孙丧失了最好的时机。俄国对广东的援助意味着慷慨解囊资助热中于继续争战的将领们。马林。"——译者

之间合作的时机很快会臻于成熟，所以我们必须为最后的行动作好准备。但同时我们绝不可做任何有损我们计划的事。故此文坚请贵政府将有关中东路的谈判推迟至适当时候。文急需经费以解决广州事，届时方能抽身为最后解决全中国问题制定出西北计划。

据荷兰阿姆斯特丹国际社会历史研究所斯内夫利特档案
第231号（李玉贞译）

致杨希闵电

（一九二三年七月一日）

源潭一失，不特文须离粤，公亦须逃之海外，生死关头在此一举。

据北京《顺天时报》一九二三年七月十日《西北江之战况》

批复汪精卫胡汉民答臧致平电

（一九二三年七月三日）①

答臧如下：陈逆阴险，非至势穷力竭，岂肯宣布攻曹。其老巢在惠，已至穷蹙而将灭亡，正宜夹攻而歼灭之。此间军队两星期当可尽灭惠敌而至潮梅。务望坚持，毋使功亏一篑。幸甚。

据中国国民党中央文化传播委员会党史馆藏一般档案
050/114

---

① 此电原无日期，按汪精卫电署江日，即7月3日，而7月4日孙中山致胡汉民、杨庶堪函已有"臧电已批答"之语，是此批电应作于7月3日。

致上海中央干部会议电

（一九二三年七月五日）

干部会议诸兄：杨度本奉有密命与直系接洽，特无代表名义耳。孙文。歌。

据中国国民党中央文化传播委员会党史馆藏一般档案 050/245

复上海国民党本部电①

（一九二三年七月五日）

电悉。沈鸿英未叛以前，因力谋和平统一，曾与北方有所接洽，此不但对曹锟为然，对其他各方亦有同样之接洽。自首次克服韶关，搜得沈鸿英电稿，证实犯粤之事，曹实主谋，遂与曹决绝，迄于今日绝未有所往还。此为彼方制造空气，勿遽信之，是所至盼！孙文。印。歌。

据北京《晨报》一九二三年七月十四日《孙文否认联曹》

复上海中央干部会议电

（一九二三年七月九日）

中央干部会议鉴：齐电悉。沈鸿英未叛以前，本有与曹接洽和平统一事之举，后得鸿英电底，证实犯粤之事，曹实主谋，遂电伯兰及杨度，与曹决绝

---

① 此电与下篇电文应为一电文，唯电末所署电码代号一为"歌"，一为"青"，且北京《晨报》有"已于五日致电上海国民党本部否认其事，其原电曰"等文字，故并存于此。

久矣。曹有否冬电,此间并未接到,若知悔祸,亦必其有彻底觉悟与极端表示,然后乃有和平会议之可言。今日□尚未与其人有若何之接洽,彼方制造空气,勿遽信之。孙文。青。

据中国国民党中央文化传播委员会党史馆藏一般档案 050/246

复国会议员电

（一九二三年七月上旬）

诸君南迁,出于为国之诚,区区之金钱,谅不计及。此间拮据万分,无法筹汇,如抵广州,文无论如何,定为设法。

据长沙《大公报》一九二三年七月十一日《快信摘要》

复孙洪伊电

（一九二三年七月十二日）

上海孙伯兰兄鉴:转来仲珊电悉。前此所揭和平统一宗旨,仲珊亦经赞同。乃数日以来,见诸事实者,则乱闽、祸川、扰粤之政策,无一不与"和平"二字为敌。今兹云云其觉悟耶？抑仍敷衍耶？我与人以诚,不能逆臆不信。然不直则道不见,主张武力,谁为戎首？咎无所归,徒务空言,天下孰能听之！请本此意以答仲珊。如系觉悟,则我亦可相谅。

据北京《晨报》一九二三年七月十八日《孙文请曹锟以诚相见》

致魏邦平等电

（一九二三年七月十九日）

梧州魏总指挥、梁军长、李师长①并转各旅团营长、永翔舰赵参谋长②钧鉴：迭电均悉。诸将士奋勇苦战，遂克名城，至用欣慰。溽暑行师，辛勤堪念，望并传令慰劳。讨贼伐叛，首重安民，宜约束将士，秋毫无犯，用副本大元帅顾念元元之至意，有厚望焉。大元帅。皓。

据大本营秘书处编《陆海军大元帅大本营公报》第二十一号（广州一九二三年七月二十七日）

复何东电③

（一九二三年七月十九日）

何东爵士鉴：予素来主张中国南北和平统一，今君倡议南北各方领袖应开平等联席会议，予极表赞同。孙文。

据上海《申报》一九二三年七月二十一日《南北政局观》

致大本营电

（一九二三年八月二日）

偕许总司令驻扎飞鹅岭，日夕召集联军各上级军官会议，讨论围攻剿抚

---

① 受电人依次为魏邦平、梁鸿楷、李济深。
② 即赵梯昆。
③ 此电《申报》未载上下款姓名，据上海《民国日报》1923年9月19日《和平联席会议之回声》同一电文补缺。

战略,俟攻破惠州之后,始行返省。此次督战东江,期在破惠,克复潮梅,肃清东江余孽,使省局早日安静。现士气奋发激昂,大约破惠之期,引领可望。

据《广州民国日报》一九二三年八月三日《大元帅前敌督战昨讯》

复 谢 持 电

(一九二三年八月四日)

慧兄:感电悉。吴明浩往联姜①旅,可以文名义致函激咄〔励〕之。孙文。支。

据中国国民党中央文化传播委员会党史馆藏一般档案 049/220

致美国总统柯立芝电

(一九二三年八月六日)

唁哈定逝世。并称中美永为好友。

据上海《民国日报》一九二三年八月八日《广州六日电》

附录 同题异文

吊慰柯立芝总统。并谓中美人民交谊笃厚,始终不渝。

据上海《民国日报》一九二三年八月八日《路透社七日港电》

---

① 姜,即姜明经。

致杨庶堪等电

（一九二三年八月七日）

　　大本营各部长、杨秘书长、张参谋长、朱参军长、广东廖省长、孙市长、杨卫戍总司令、各军长均鉴：据外交部长伍朝枢支电呈称：准驻广州美总领事电话称：美国哈定大总统于本年八月二日逝世等语。恳通令文武各机关，自五日起，至举行葬礼之日止，一律下半旗志哀，除另文呈报外，谨先电呈等情。据此，合行电仰转饬所属各机关，一体遵照办理是要。大元帅。虞。（印）

据大本营秘书处编《陆海军大元帅大本营公报》第二十四号（广州一九二三年八月十七日）

致韶州各界公民大会电

（一九二三年八月八日）

　　诸君子以沈逆①北敌，复有勾结，希图南犯之耗，特开公民大会，议决通告各属民团，一致准备抵御，足见爱国爱乡，公忠义勇，至为嘉许。尚宜热心毅力，始终不懈，以民意之大顺，作无形之天堑，有厚望焉。

据《广州民国日报》一九二三年八月十一日《大元帅传谕奖励韶州公民》

---

① 指沈鸿英。

致臧致平及闽南同志电

（一九二三年八月十五日）

一、漳、泉虽失败，不必灰心，务期毅力奋斗，必有挽救。敌本不一致，今以得胜而骄，互争权利，更为易与，必归扫灭之途。

二、此间已令滇军蒋光亮（全）部，王、胡①两师九千之众，即日集中淡水，取道海陆丰，而出潮汕。此部滇军身经百战，一可当十，陈逆、林虎等闻之丧胆。

三、汝为全部已陆续开向河源，取道梅县，而出潮汕。公等稍能坚持，则敌必全灭于闽粤之间也。

四、亲自督许、蒋两军同来，非全灭此残敌不已。孙文。（八月十五日）

据《中山墨宝》编委会编《中山墨宝》第八卷（北京出版社一九九六年版）影印原件

致赵成梁电

（一九二三年八月十八日）

韶州赵师长鉴：铣电悉。南、始②克复，逆敌溃退，遥聆捷音，至用欣慰。前敌出力将士，仰即传令嘉奖，并饬令绥辑人民，保卫地方，力整军备，以资捍御，有厚望焉。大元帅。巧。

据大本营秘书处编《陆海军大元帅大本营公报》第二十六号（广州一九二三年八月三十一日）

---

① 王、胡，即王秉钧、胡思舜。
② 南、始，指南雄、始兴两地。

致中央干部会议电

（一九二三年八月十八日）

一、劝民八议员勿争出席国会问题；二、劝国民党籍议员注意进行革命工作，勿误于因循调和之中。

据《中央干部会议记录原稿》，转录自罗家伦主编《国父年谱》增订本下册（台北一九六九年版）

致李福林电

（一九二三年八月二十六日）

提前万万急。广州河南海幢寺李军长鉴：营密。兄部之郑旅李团均于今日开往博罗下之苏村，希兄即来督战，勿延为要。大元帅。俭西。文。

据广东省文史馆藏原件影印

复刘震寰电

（一九二三年八月二十九日）

（万急。飞鹅岭刘总司令鉴：营密。）宥酉电悉。敌人当然有计划，所幸其数不多，自易击灭。绍基已亲率五千精锐出击淡水，兄之后方断无危险。少泉①闻博罗被围，非常焦急，已征集所有，赶速出发，大约两日后可到。信之亦与全部来援，大约三日后，其他西北江各队亦陆续调来。今日省城已运

---

① 少泉，即范石生。

到米粮四十万斤,余尚当陆续运来。此次东江之事,无人不焦急万分,断无见危不救,想不出十日,贼必消灭。我俟各军出发后,当再来梅湖,亲督攻城。故望兄急调一部渡白沙堆,一以绝敌人后路,一可保我航线。闻敌人粮食辎重,皆在风门坳附近,若兄能照此行事,可悉夺之,则博围可解,我军实亦加利莫大也。幸速图之。孙文。

据《中山墨宝》编委会编《中山墨宝》第八卷(北京出版社一九九六年版)影印原件

致日本皇室电(译文)[①]

(一九二三年九月四日)

天皇陛下、摄政王殿下。东京。请接受中国人民诚挚的慰问。由于你们国都发生了巨大灾祸,使贵国生命财产遭受严重损失。我相信贵国有勇气毅力能够克服这种困难。孙逸仙。

据秦孝仪主编《国父全集》第五册(台北近代中国出版社一九八九年版)

慰问日本遇灾电

(一九二三年九月五日前)

贵国遇灾为前古未有,民国闻耗,举国哀悼。素闻贵国人民勇毅,余信不致因此而弱。

据长沙《大公报》一九二三年九月十三日《快信摘要——孙文电日本》

[①] 1923年9月1日,日本关东地区发生大地震。原电为日文,译者不详。

复中央干部会议电

（一九二三年九月五日）

　　精卫、慧生并转干部会议诸君鉴：一、黎南下，据浙卢意，只承认其私人资格，似未能遽组政府。闻此次乃由段系利用，亦未便置词，以拆台为取得吾党同意故也，由党宣布反对非宜，仍以不理为是。二、川、湘为吾党支配，搭台当不能得多数赞同，团结西南，必联其当道。力唱党义，乃为正办，余均苟且，不能共肩救国之任。诸兄良策，亦愿闻之。孙文。歌。

据《中央干部会议纪事》原件418/6，转录自秦孝仪主编《国父全集》第五册（台北近代中国出版社一九八九年版）

致卢师谛电

（一九二三年九月五日）①

　　樟木头探送卢军长师谛鉴：顷据许总司令、刘总司令由惠、博来报告，略称：我东路第八旅及杨锦龙旅于三日在永湖遇敌军约三千人，激战一日夜，经将敌人击溃，夺获军用品无算。现淡水已无敌军等语。仰该军长即率全部开往淡水接防，以便许军进攻平山，勿稍延缓为要。孙文。歌。（印）

据广东省文史馆藏原件影印

---

① 此电原未署年月。据东路讨贼军在永湖与敌军激战是在1923年9月，故此电时间应是1923年9月5日。

复 何 东 电

（一九二三年九月五日）

何东爵士鉴：阁下发起各领袖联席会议，弟届时当躬亲列席，专此奉闻。孙逸仙。九月五日。

> 据上海《民国日报》一九二三年九月十九日《和平联席会议之回声》

致 谭 延 闿 电

（一九二三年九月七日）

急。耒阳探转谭总司令鉴：迭电均悉。该总司令奉命入湘，兴师讨逆，出兵未及一月，已迭下名城，收复省垣，行师之速，立功之伟，足征该总司令指挥若定，诸将士有勇知方，至堪嘉尚；亦见仗义执顺，以临残逆，民意攸归，军威自壮，得道多助，易奏肤功也。宜乘胜分遣将卒，戡定全湘，西联川军，以待后命。溽暑用兵，前敌诸将士勤苦堪念，仰即传令慰劳，勖竟全功。大元帅。阳。

> 据大本营秘书处编《陆海军大元帅大本营公报》第二十八号（广州一九二三年九月十四日）

致 胡 汉 民 电

（一九二三年九月十一日）

速由无线电传令永丰舰长：澳头我军退却，但两日后可恢复。现杨总司令希闵亲率滇军由龙岗出击淡水、平山之敌,该舰长搜击海上偷渡之敌,毋使漏网;并相机与杨总司令联络,协同动作。若无线电不通,着盐运使派安北舰传令,并助永丰击敌。再绍基已赴龙岗、淡水矣,可慰也。

据古应芬《孙大元帅东征日记》(民智印刷所一九二六年版)

复加拉罕电(译文)

(一九二三年九月十六日)①

苏维埃社会主义共和国联合全权代表加拉罕君鉴:阁下对余与新俄友谊之尊重,使余深为感激。中俄两国之真实利益,使双方采取一种共同政策,俾吾人得与列强平等相处,及脱离国际帝国主义之政治、经济的压迫。余断言,一切对于贵国所持意见之批评,均不足阻余与贵国拥护此种实〈际〉利益。阁下抵华,备受同情与欢迎,因而越信实现中俄亲善之可能,此言诚是。余深信中国国民诚挚的希冀贵代表团之成功,尤以对于正式承认苏维埃政府,是有诚恳的愿望。但阁下最大之困难,即与彼不独完全不能代表民意,且已失去国家政府的外貌之政治团体进行磋商,彼辈之外交政策,实际上仰列强之鼻息,远甚于根据独立自主的中国之利益。北京招待阁下时,阁下已得中国阿谀外人之好例。彼请阁下以美国为模范,而阁下则驳之以"俄国永不追随美国;更决不签署于某一牒文,若临城为通牒者;俄国决不要求治外法权及强迫订约,在中国组织司法、行政机关;凡损及中国主权之种种利益,俄国均愿放弃;俄国对于中俄关系已建设绝对平等之原则"等语,可谓切当之致〔至〕。余代表中国国民,对于阁下向此北京主人的伶俐仆役,训以深堪忎念的政治现实论,谨致赞扬与感谢之忱。孙逸仙。

据上海《民国日报》一九二三年十月九日《孙大元帅与加拉罕电》

---

① 此电原未署明时间,据《苏联对外政策文件集》第六卷《复加拉罕电》(莫斯科1962年出版),该电时间为1923年9月16日。

附录　同题异文

　　我对新俄国始终不渝的友谊,得到您高度的评价,使我深为感动。我确信,对您所捍卫的思想体系的任何批评,不可能妨碍也没有妨碍我和您的共同看法:我们两国真正的利益要求制定一个共同的政策,这个政策使我们能够在和其他大国平等的条件下生活,并使我们从凭借武力及帝国主义的经济方法而行动的国际体系所强加的政治经济奴役中摆脱出来。

　　您说得对,您到中国后显示出来的给予您的友好和殷勤招待使您重新感到有了信心。我深信,我的同胞真诚的希望您的使命成功,尤其是在关于正式承认苏维埃政府问题。但是,您的最大的困难在于负责与您谈判的政治集团,它除了绝对不能代表中国人民以外,且已失去国家政府的样子。它的外交实质上宁愿遵照某些外国列强的愿望和指示,也不把国家的独立和主权这个准则作为中国的切身利益。

　　在被任命来和您进行谈判的北京代表为您举行的招待会上,您已看到中国效忠外国利益这种奴颜婢膝行为的明显例子。他建议您按照美国的榜样制定苏维埃政策,而您以应有的方式回答了他,声明"俄国永远不会仿效美国的榜样,而且也不会在像临城照会这样的文件上面签字。俄国任何时候也不要求治外法权和领事裁判权,同样也不会在中国领土上设立法庭或行政机关。俄国放弃侵犯中国人民主权和利益的所有租借权和特权。俄国的宗旨在同中国的关系方面确立完全和绝对平等的原则。"

　　我应该以中国人民的名义向您致敬,并感谢您给现在的北京主子这个忠顺奴仆上了难忘的现实主义政治的这一课。孙逸仙。

据《苏联对外政策文件集》第六卷(莫斯科一九六二年版)
第四三六页俄文(郭景荣译,蔡鸿生校)

复邹鲁电[①]

（一九二三年九月二十二日）

坚密。马电悉。如有此事,当为季龙私人之意,于我无关。困〔因〕季前往洛,乃为私人行动,非我代表。孙文。祃。

据中国国民党中央文化传播委员会党史馆藏一般档案 050/301

致胡汉民电

（一九二三年九月二十四日）

提前万急。广州大本营胡总参议鉴:(公密)。下电希致组安。文曰:"衡州谭总司令鉴:(组密)益之所部原拟调湘,其前锋已抵湘境,嗣因东江战事仍未结束,博罗之逆虽窜西,惠城未下,林、洪两逆后由闽边移至,图解惠围,不得不调朱部来惠,俟彼到时,聚而歼之,为一劳永逸计。如东江解决,即各军皆可入湘以奠全局,不独朱部已也。大元帅。"此电拍发后并钞示廪丞为盼。大元帅。敬。(印)文。九月二十四日。

据中国国家博物馆藏原件

[①] 徐谦(季龙)本受命联络直系军人冯玉祥,却赴洛阳吴佩孚处活动。孙中山在得到邹鲁关于这方面的报告后,特复此电。

致胡汉民朱培德电

（一九二三年九月）①

提前万急。广州大本营胡总参议朱参军长鉴：（公密）益兄箇、祃两电均悉。探报林、洪两逆均来援惠，我军不能不厚集大队，聚而歼之，为一劳永逸之计。望益兄迅将全部克日调回，所需各款，希展兄妥为筹付。切盼。大元帅。文。

据中国国家博物馆藏原件

复 何 东 电

（一九二三年九月）

电悉，承询各节，文意苟他党重要领袖将与文会议，谋所以解决国是之方者，不论何日何地，皆当谨践宿诺，亲自出席。目下时局之酝酿，将使统治机关有全体瓦解之虞，唯有以政治家之行为，因彼时势上权力上负有安邦利民之责者之同意，妥谋协定全国之条件，庶可挽大厦于将倾。否则此约不定，将见扰攘愈甚，使大好中原陷于凶顽武夫之野蛮政治下也。

据上海《申报》一九二三年十月三日《孙中山最近复何东电》

---

① 此电原未署日期。按林虎、洪兆麟率军从闽边来援惠，事在9月下旬，与9月24日《致胡汉民电》内容相关，故编排于此。

致张国桢电

（一九二三年十月五日）

急。博罗转东路讨贼军张总指挥鉴：东电悉。此次河源之战，各将士奋勇效命，克复名城，本大元帅实深嘉慰，仰即传谕嘉奖。大元帅。歌。（印）

据《广州民国日报》一九二三年十月九日《大元帅嘉奖克复河源将士之歌电》

致汪精卫电

（一九二三年十月八日）①

精卫兄鉴：本日下令讨曹，通缉附逆国会议员，并电天津段芝泉先生、奉天张总司令、浙江卢督办，约共讨贼。孙文。庚。

据《广州民国日报》一九二三年十月十五日《大元帅致汪代表要电》

致外交团电

（一九二三年十月十日）

关于北京最近举行之所谓总统选举，余不能不特别请各友邦注意于中国全国人民一致反对曹锟为中华民国总统是也。曹锟未受教育，目不识丁，

---

① 原电未署月份。按《讨伐曹锟令》发于10月8日，此电称"本日下令讨曹"，故应为10月8(庚)日。

彼之被反对及否认，不但因一九一二年二月间之北京兵变，系彼之所为，即最近临城劫车案，彼为山东等省最高军事长官，亦负主要责任。但最大原因，则为彼之被选，系以违法及贿赂之情形致成之。此等情形，乃凡属思想举动文明之国家，所认为奇耻大辱者也。夫历史上未尝无卑污授受之事，但贿赂公行，强攫政权，恬不知耻，未有如此次曹锟被选之甚者。如人民对于此种行为，尚帖然默认，而不反对，则实无权再事生活，而为一自尊之国家。是故中国人民，认曹锟之当选为总统，为一种篡窃叛逆之行为，在理在势，皆须反对而讨伐之。吾国人民此项决心，将立见一具体之表现；此具体表现维何？即全国代表人民之诸领袖，正在组织一国民的政府是也。余今请各友邦及彼等驻北京之代表，勿为任何举动，即能使北京新篡窃者认为国际承认及赞助之表示者。列强如承认曹锟，将促进中国之内争及扰乱，中国人民将认列强为反对中国人民，有意破坏彼等反抗一种污辱国民人格之举动之明显意志。孙逸仙。

据秦孝仪主编《国父全集》第五册（台北近代中国出版社一九八九年版）

嘱喻毓西等敦促但焘赴粤电①

（一九二三年十月十日）

上海但植之先生赐鉴：奉帅谕，现拟设立法制局，请兄负责，盼速来粤。喻毓西、黄昌谷。灰叩。

据天津《大公报》一九二三年十月十七日《中山邀但焘筹办法制局》

---

① 广州大本营高级参谋喻毓西等致电在沪非常国会秘书长但焘（字植之）转达孙中山的意旨，故作孙中山文电收录。

致上海本部职员电

（一九二三年十月十一日）

本部职员公鉴：本部应改组，各部不设正副部长；设主任一人，干事、书记各二人。所余职员，听候遴用。总理全权代表及总理办公处，一并裁撤。总理孙文。真。

据《会议纪要》418/6，转录自秦孝仪主编《国父全集》第五册（台北近代中国出版社一九八九年版）

复全国学生总会电①

（一九二三年十月十一日）

上海全国学生联合会总会鉴：青电悉。庚日已下令讨贼，联合义师，共纾国难。仗义执言，全国同胞，晓然是非顺逆之所在，则深望于诸君子也。孙文。真。

据上海《民国日报》一九二三年十月十四日《孙大元帅讨贼》

复许崇智电

（一九二三年十月十二日）

广州许总司令鉴：虞代电悉。所拟将第四师名目撤销，改编第七旅，以

---

① 10月9日，全国学生联合会总会致电孙中山，要求兴师讨伐贿选总统曹锟。

莫雄为旅长各情,均事属可行,准予如拟办理。仰即知照。大元帅。侵。（印）

据《广州民国日报》一九二三年十月十五日《莫雄改编第七旅之帅电》

复谢持电

（一九二三年十月十四日）

慧生兄:元电悉。开会可用干部会议名义召集。文。寒。

据《会议纪要》418/6,转录自秦孝仪主编《国父全集》第五册（台北近代中国出版社一九八九年版）

复上海中央干部会议电

（一九二三年十月十七日）

干部会议鉴:删电悉。一、章程可修改,将有大改革及扩张,望仍照前电,暂以部长为主任。二、裁员之际,不必添委。孙文。篠。

据中国国民党中央文化传播委员会党史馆藏一般档案 050/213

致上海事务所电

（一九二三年十月十九日）

事务所诸同志鉴:已委廖仲恺、汪精卫、张继、戴季陶、李大钊为国民党改组委员。请孙伯兰密电北京李大钊即来沪会商。孙文。皓。

据《会议纪要》418/6,转录自秦孝仪主编《国父全集》第五册（台北近代中国出版社一九八九年版）

致许崇智等电

（一九二三年十月二十五日）

汝为、绍基、显丞三兄同鉴：增城方面，我军已由平陵退至龙华。博罗、惠阳方面，现在情形如何？敌之主力究在何处？此次决战究有把握否？望为详答。孙文。（民国十二年十月廿五日）

> 据《中山墨宝》编委会编《中山墨宝》第八卷（北京出版社一九九六年版）影印原件

致蒋介石电①

（一九二三年十月二十五日）②

（孙先生来电说）谁是我们的良友，谁是我们的敌人，我们胸中都有十二分明了。

（孙先生来电又称谢）友邦政府及政党，派代表鲍罗廷到粤援助之热心与诚意。（又嘱）吾等与诸同志从长计议。

> 据毛思诚编《民国十五年以前之蒋介石先生》第六篇（一九三七年三月印行）

致广东省长廖仲恺电

（一九二三年十月二十五日）

据沙田清理处林处长直勉祃日电称："顺德两县沙捐及特别军费，现值

---

① 此电未见全文，仅见到当时访问苏俄的蒋介石致苏俄外长齐契林函的引文。
② 该电时间据上述函称是1923年10月25日。

开收时期,若稍延迟,则下期收入,又恐落空。所有香属西海沙田,请朱县长派队保护,东海沙田,请周县长派队保护,以专责成,伏乞迅赐明令,俾各遵照办理。"等情。据此,仰该省长查照,转饬顺德、香山两县长遵照办理。省长廖艳印。

据《广州民国日报》一九二三年十月三十一日《饬县保护开抽沙捐》

致许崇智等电

（一九二三年十月二十八日）

（急电。（无线）许、杨、刘各总司令。△密。）汝为、绍基、显丞、益之、玉山各兄同鉴:我正面与左翼军方得大胜,而蒋信之忽败至平湖,事殊可怪,望显丞、玉山抽一劲部抄敌人后路为要。孙文。（俭戌）

据《中山墨宝》编委会编《中山墨宝》第八卷(北京出版社一九九六年版)影印原件

致范石生电

（一九二三年十月二十八日）

（急电。石龙范军长石生:△密。）小泉兄鉴:我军在东江北岸者,已获大胜,将敌人之主力军林虎部队击破。而蒋信之竟由平山一败而至平湖,几不可收拾,何其相差之远?顷得信之电称,恐平湖、樟木头亦不能守,催救甚急。现龙门、增城方面既缓,望兄急往樟木头救信之可也。孙文。（俭酉）

据《中山墨宝》编委会编《中山墨宝》第八卷(北京出版社一九九六年版)影印原件

致廖湘芸电

（一九二三年十月二十八日）

（虎门廖司令）湘芸兄鉴：我军正面与左翼正得大捷，而右翼之蒋光亮急败至平湖，事甚可怪，望兄对于东南方面严为警戒，切勿疏虞，且务要固守虎门为要。孙文。（俭戌）

> 据《中山墨宝》编委会编《中山墨宝》第八卷（北京出版社一九九六年版）影印原件

致蒋光亮电

（一九二三年十月二十八日）

（急电。蒋军长光亮。△密。）信之兄鉴：闻兄一败不可收拾，何其怯也？平山之敌为洪兆麟、叶举等残部，殊无战斗力，敌本以此方面为守势，而其主力聚于老隆方面，日前向我河源攻击，来势甚凶，几不可遏。其后我军一反攻，便击破其主力之林虎。现在左翼与正面之敌，已狼狈向东北方退却，我许部已缴得陈炯光枪千余枝，缴得刘志陆枪六百枝，闻朱益之与第一师缴得林虎枪甚多，云现尚未得其确数。敌受此一大挫，不独无力再进，且已无力抵抗我矣。兄处想尚未知，故一退而不知止也。敌人正面与右翼已受此大败，岂尚有力以追击兄乎。幸稍定勿惊，再鼓余勇，以收拾部曲。小泉已在石滩，数日必可为兄缓急之助也。孙文。（俭亥）

> 据《中山墨宝》编委会编《中山墨宝》第八卷（北京出版社一九九六年版）影印原件

致刘震寰电

（一九二三年十月三十一日）

博罗刘总司令鉴：定密。梅湖重炮有拆卸炮闩及移去各件否？文。（民国十二年十月卅一日）

据《中山墨宝》编委会编《中山墨宝》第八卷（北京出版社一九九六年版）影印原件

致杨希闵等电

（一九二三年十月三十一日）

万急。博罗杨总司令、刘总司令、许总司令、朱军长、胡师长、李师长、各将领，石龙蒋军长、范军长、王师长、李魏总指挥、各师旅、各将领，广州廖师长、各将领均览：师直为壮，克之以和，古有明言，罔不时若。陈、沈叛乱，粤局粗安，将士勋劳，永昭岭表。统军作战，各将领夙所研求，复多经验，自明真谛。残寇重犯，溯海来侵，主力既已惩歼，余敌自投法网。故此时之战局，在我方实有利，而在逆军则反之。甚盼各统将贾兹余勇，竭力扫荡，务使老隆方面之敌，悉就房围；其由海岸来寇者，不获生还。此作战之义使然，诸将领固深知之。窃国待诛，群黎待拯，正诸军展布之时期也。特待数言，用当面晤，诸维勉之。大元帅。卅一巳。（印）

据《广州民国日报》一九二三年十一月一日《大元帅训勉前敌将官之电令》

致刘震寰电

（一九二三年十月）

刘总司令：△密。刻香港探报，惠州电灯局附近，敌人埋有六棺材炸药，以图炸我军，攻惠时须小心提防为要。孙文。

据《中山墨宝》编委会编《中山墨宝》第八卷（北京出版社一九九六年版）影印原件

复谢持电

（一九二三年十月）

（上海谢惠生：□SS密。）江苏事已任钮惕生①办理，当然由彼统一事权，其他各部应劝归一致。若有万不得已而分道进行，则必得有成效者乃可承认。此复。孙文。

据《中山墨宝》编委会编《中山墨宝》第八卷（北京出版社一九九六年版）影印原件

致许崇智等电

（一九二三年十一月一日）

万急。博罗许总司令、杨总司令、刘总司令、朱军长、李师长、各将领，石龙蒋、范两军长、胡、胡、王、李四师长、各将领，广州李军长、梁军长、廖师长、欧阳舰长、各将领，韶关赵师长、乐昌王师长、虎门廖司令、长洲马司令②、各

---

① 钮惕生，即钮永建。
② 受电人依次为许崇智、杨希闵、刘震寰、朱培德、李济深、蒋光亮、范石生、胡思舜、胡思清、王秉钧、李根沄、李福林、梁鸿楷、廖行超、欧阳恪、赵成梁、王均、廖湘芸、马伯麟。

军政机关长官均鉴：治军首重纪纲，服务应知奋勉，况值兹大局扰攘、戎务倥偬之时，职责悠关，有宜更加惕厉者。嗣后各军队、机关人员，弗论驰骤疆场、折冲樽俎、运筹帏〔帷〕幄、供职地方，各宜尽瘁国家，恪共乃事，共维大局，早竟全功，勿得擅离，致荒职守。前途无量，其益勉之。大元帅。东巳。

据《广州民国日报》一九二三年十一月二日《大元帅训勉将领电》

致许崇智等电①

（一九二三年十一月四日）

府密。文江（三日）午刻到石龙，如有军情战况，速电石龙驻所为要。大元帅。支（四日）。（印）

据《广州民国日报》一九二三年十一月七日《大元帅到石龙后之所闻》

致古应芬电

（一九二三年十一月七日）

石龙古秘书长：△密。石滩福军②昨着尽开往增城，今李、罗两部③既往增城，则石滩守兵当调回原防，以备不虞，至要。文。（十一月七日晚十一时发）

据《中山墨宝》编委会编《中山墨宝》第八卷（北京出版社一九九六年版）影印原件

---

① 本电报发给驻博罗的许崇智、刘震寰、刘玉山及驻樟木头的范石生。
② 福军，指李福林所部。
③ 李、罗两部，指李海云旅、罗家馼团。

致古应芬等电

（一九二三年十一月七日）

急。石龙大元帅行营古秘书长，分转范军长、蒋军长、胡、胡、王、李四师长①、各军将领钧鉴：石龙把晤，快睹鹰扬。此次忠勇克敌，贼胆已寒，乘胜穷追，肃清可待。鱼申返省，地方安谧〔谧〕，要皆贤良干国之征。念疆场辛劳，倍增我拳拳耳。特电慰问。大元帅。阳辰。

据《广州民国日报》一九二三年十一月九日《大元帅慰问前敌将领电》

致蒋光亮电

（一九二三年十一月十一日）

蒋军长鉴：□密。佳、灰电具悉。曩者陈逆叛变，我兄以百战之师，间关援粤，大义凛然。余孽稽诛，战祸延长，徒苦民生，重劳师旅。此次逆贼倾巢来犯，深赖我兄暨诸将士忠勇奋发，迭克要隘，逆胆已寒，肃清余孽，指顾间事，岂惟东粤之幸，抑亦西南之光。李指挥根云〔沄〕，英姿飒爽，深明大义，杀敌致果，益见精毅。国家多故，盗贼恣睢，吾党责任益重且大，愿共勉之。大元帅。真。（印）

据《广州民国日报》一九二三年十一月十三日《大元帅嘉勉蒋光亮之真电》

---

① 受电人依次为古应芬、范石生、蒋光亮、胡思舜、胡思清、王秉钧、李根沄。

致许崇智等电

（一九二三年十一月十二日）

　　石滩分探探送许总司令、杨总司令、刘总司令、范军长、朱军长、胡师长、王师长、李师长①鉴：△密。今日午前，石龙忽有溃兵汹涌而至石滩，文竭力制止无效，亦被溃兵冲动，不得已只有上车回省，另筹补救。到省得接石滩车站来电话云，石滩无事，请速派兵前往等话。刻已派廖师②前来巩固石滩阵地，并杨师长廷培沿铁路收容溃兵，事尚可为，望诸君奋斗，以收最后之成功。孙文。

据《中山墨宝》编委会编《中山墨宝》第八卷（北京出版社一九九六年版）影印原件

致李烈钧古应芬电

（一九二三年十一月十二日）

　　仙村、东浦各站探投李参谋长协和、古秘书长湘芹：文午后四时抵省，得石滩站长来电话：石滩无事，请速派兵往维持。刻已派廖师前往石滩，并派杨师长廷培沿铁路收容退兵。省中无事，现各路精兵已来省。孙文。（十二日）

据《中山墨宝》编委会编《中山墨宝》第八卷（北京出版社一九九六年版）影印原件

---

① 受电人依次为许崇智、杨希闵、刘震寰、范石生、朱培德、胡思舜、王秉钧、李根沄。
② 廖师，指廖行超部。

致胡谦电

（一九二三年十一月二十五日）

　　增城命令传达所胡所长鉴：养午电悉。该所长提疲困之兵，当方张之敌，居无险之地，守援绝之城，率〔卒〕能团结军心，效死无去，苦战旬余，力全危城。城存与存。吾国数千年军人之美德，于今再见。兹阅来电，慨焉兴感，嘉许之怀，有逾恒量。着军政部详查此役出力人员，汇案从优议赏以酬殊勋。尚宜努力戎行，用竟全功，有厚〈望〉焉。此令。大元帅。有。

据大本营秘书处编《陆海军大元帅大本营公报》第三十九号（广州一九二三年十一月三十日）

致廖湘芸电

（一九二三年十一月二十六日）

　　虎门廖司令鉴：△密。我追击军大破残敌于石滩之东，现已占据福田、石龙之线，残敌向惠州溃退。虎门各部着速出击，以扫荡石龙南东之残敌为要。孙文。

据《中山墨宝》编委会编《中山墨宝》第八卷（北京出版社一九九六年版）影印原件

致谭延闿鲁涤平电

（一九二三年十一月二十七日）

湘军谭总司令、鲁总指挥鉴：鲁总指挥文酉电悉。此次湘军奉命来粤，正值北江告警。该总指挥受任危难之际，奏功旬日之间，破敌受降，厥勋甚伟。现在南韶耆定，正谋北伐进行，眷念前劳，尤资倚畀。亡秦分楚，益彰受蔑之荣，我武维扬，仍仗麾戈之力。愿宏远略，勉抑谦怀，所请辞去总指挥一节，应毋庸议。孙文。感。（印）

据《广州民国日报》一九二三年十二月十八日《帅电挽留鲁涤平》

致上海事务所电

（一九二三年十二月七日）

事务所诸兄鉴：本党中央执行委员会已在粤成立，沪本部与中央干部着即取消，另组驻沪执行部，以符新制。孙文。阳。

据中国国民党中央文化传播委员会党史馆藏一般档案 050/210

致许崇智等电

（一九二三年十二月十三日）

急。广州分抄送许总司令、樊总司令均鉴：据前方报告，欣悉由温山下大岭嘴来犯之敌，侵日被我军猛击，纷纷溃窜等语。残敌收合余烬，冀燃死灰；赖各军先后协攻，遂寒逆胆，果敢精锐，嘉慰良深。仍望乘胜猛追，俾得早日会师，扫清巢穴，定粤局以向中原，有厚望焉。大元帅。元午。（印）

> 据《广州民国日报》一九二三年十二月十五日《大元帅嘉奖许樊电》

复杨希闵等电

（一九二三年十二月十三日）

杨总指挥并转刘军长玉山、李师长根云均鉴：杨佳真电均悉。逆军怙恶不悛，久劳挞伐，罪无可逭，法所必诛。我联军诸将士，奋勇疆场，肤功迭奏，每怀勋伐，倚畀殊殷。刘部马嘶之役，李部樟木头之役，均能大破悍逆，俘获甚多，并堪嘉慰。

敌锋已挫，亟宜乘势穷追，使敌无收容整顿之余地，肃清丑虏，自可计日成功也。望统为策筹，并传谕各将士努力为之。孙文。元。（印）

> 据《广州民国日报》一九二三年十二月十七日《大元帅电慰前方将士》

致刘震寰电

（一九二三年十二月十五日）

急。谢岗刘总司令鉴：阅青辰捷报，具悉敌众渐退，我军节节进攻，数月来风云弥漫，赖兄忠勇，迭建殊勋；尤复驰骤前方，贤劳可慰。

寇锋已挫，仍望乘一鼓之气，肃清东江，中原多事，尚冀猛力，奋勉图之。文。删。（印）

> 据《广州民国日报》一九二三年十二月十八日《大元帅奖慰刘震寰》

致美国国民电

（一九二三年十二月十七日）

友爱之美国国民公鉴：

我华人于发动革命时，美国之言行深足引为鼓励，而视作模范。吾人为自由而战，深愿美国有一如法将拉法义脱①之人，以予一臂之助。本年吾人因自由而奋斗，美国非但无如法将拉法义脱其人，反有一海军大将率领多于他国之军舰合力为毁灭吾中华民国之谋。美人此种举动岂已拖〔抛〕弃华盛顿、林肯二氏之高尚自由主义，由解放者一变而为摧残自由、蹂躏人权之人耶！吾人对此固不敢信，而贵国海军官员于开炮攻击之前，深望其对此加以思索。

吾人在政府领土以内要求征收关税，对于以全国关余作抵之外债亦愿于收得之税内扣拨，此事极为正当，何故贵国等欲以枪炮饷吾人耶？此项权利，他国政府均得享受，故吾政府亦可享受之。广东税关所收之税均被北京政府充购置杀人凶器之用，吾人加以阻遏，亦犹曩时贵国人士投茶叶于波斯敦港内，不令纳税收归英人所有。

贵国当局或有权不能援他人者以助吾人，然若指挥贵国海军在吾人疆土内以武力征收税捐，而供北方奸人军阀之滥用，是为一种罪恶，诚堪引为羞耻也。

十二月十七日孙文自广州发

据长沙《大公报》一九二三年十二月二十七日《孙中山致美国国民之电》

---

① 又译拉法叶特(1757—1834)，法国资产阶级革命家，曾参加北美独立战争。

复津银行公会电

（一九二三年十二月十八日）

西南对关余，必据理力争，或不得已而辟南方港口自由贸易。所虑破坏基金之责，在北不在南。

据长沙《大公报》一九二三年十二月二十五日《孙中山将宣布广东为自由港》

致美国政府抗议电

（一九二三年十二月十九日）

我争应得关余，美舰压境独多，助恶长乱，深为公理惜。

据上海《民国日报》一九二三年十二月二十一日《本社专电》

致英国会工党议员电

（一九二三年十二月二十一日）

广州政府现为十余艘巡洋舰、炮舰之联军所迫，势将决裂，武装军队已在沙面登岸，此举乃北京外交团从英使之请而为之，英使则从广州英总领事及英籍中国总税务司之请。夫中国为英货最佳之市场，不能以旧时外交所用之炮舰政策博取之。而求之之道，唯有能得华人欢心之政策，务请注意及此。

据上海《民国日报》一九二三年十二月二十二日

致英国工党领袖麦当路电

(一九二三年十二月二十一日)

伦敦下院林斯·麦当路：

请将英皇驻华代表在羊城所用全力助成之严重时局，转告英人，而尤以贵国工人为最要。以此间本政府现被国际强力之战事行动所恫吓，巡舰与炮舰几有二十艘之数，武装英兵已进驻沙面，此乃驻京外交团纳英使提议所实行之事业。而向英使进言者，为羊城先领进事①，即英领事与海关总税务司。彼固英籍人也。

外交团之取此行动，盖因本政府（本政府自一九一七年以来，虽人员间有更换，实管辖南华土地重要部分，信然成立）要求取回在辖地内所收关税扣除应摊外人债额之余款。此种外债，多是一九〇一年因拳匪乱事而施诸中国之罚款。如本政府辖地内之关税，不复如列强在华所施之条约外现行办法，尽数移交京政府，则京政府将无此款以组织及资助扰粤军队。本政府坚持其要求，欲以终止敌军之屡侵吾圉。关余之处置，纯属中国内政，外交团已切实承认之，则英国与别国代表现时对待本政府之仇视恫吓，实难解释其理论。仆今警告英人；诸君为在粤损害英国名誉者之主人翁，当知英政府所最烦恼之失业难题，非发展外国市场不能完全解决。中国为行销英货最佳市场之一。而此市场，只可以博得华人好意之政策获取之，而非炮舰政策之旧外交术所能收效。若以战事行动，威胁吾人，势难发生好意，有不啻宣示其牺牲正义公道，以殉强力与权势之外交政策。

孙逸仙

据香港《华字日报》一九二三年十二月二十五日

---

① 原文如此。

致蒋介石电

（一九二三年十二月二十四日）

译转介石兄：兄此行责任至重，望速来粤报告一切，并详筹中俄合作办法。台意对于时局政局所有主张，皆非至粤面谈不可。并希约静江、季陶两兄同来，因有要务欲与商酌也。孙文。敬。

据毛思诚编《民国十五年以前之蒋介石先生》第六编（一九三七年三月印行）

致许崇智廖仲恺电

（一九二三年十二月二十八日）

东江敌势渐蹙，北伐及建设大计，诸待筹商，盼速回粤。

据上海《民国日报》一九二三年十二月二十九日《本社专电》

致美国国务卿电

（一九二三年十二月）

美国首倡华会①，主持公道，举世同钦。今竟主动派军舰赴粤，干预中国内政，实属违反华会精神。请将军舰撤退，以符中美亲善之旨。

据上海《民国日报》一九二四年一月一日《美国对粤海关事软了》

---

① 华会，指1921年11月12日由美国发起、在华盛顿开幕的太平洋会议。

致林焕廷电

（一九二三年）

电上海林焕廷，给旅费，使飞机人员九人来粤。文。

> 据《中山墨宝》编委会编《中山墨宝》第八卷（北京出版社一九九六年版）影印原件

致周之贞等电

（一九二三年）

拟电周之贞、朱卓文并江门、肇庆，西江督办事，不准封用常行省乡渡船，免阻交通，而起谣言。文。

> 据《中山墨宝》编委会编《中山墨宝》第八卷（北京出版社一九九六年版）影印原件

致国民党北京支部电

（一九二四年一月初）

请派代表六人赴广州接洽党务。

> 据《京报》一九二四年一月六日《国民党在京党员派代表赴粤》，载《李大钊生平史料编年》（上海人民出版社一九八四年版）

致廖仲恺汪精卫电

（一九二四年一月五日）

着即动程返粤，商议建国政府大纲事宜及筹划北伐大计。

据《广州民国日报》一九二四年一月八日《大元帅电召汪精卫廖仲恺回粤》

致宋庆龄电①

（一九二四年一月十九日）

Mrs. Sun Yat sen：

Sucessful iolainulev somilyhsu。

文

中华民国十三年一月十九日发

据胡汉民编《总理全集》第四集（上海民智书局一九三〇年版）"总理英文笔迹"影印原件

复叶恭绰电

（一九二四年一月二十三日）

马电悉。此间目前并未组织政府，仅将《建国大纲》提出交国民党全国代表大会讨论。现已通过，拟发往各省宣传，征求全国国民同意。此正欲与

---

① 此电内容系英文密电码。

各方合作之诚意也。文。漾。

据《总理复电》，载《叶遐庵先生年谱》（年谱编印会一九四六年版）

复加拉罕电

（一九二四年一月二十四日）

北京全俄苏维埃代表加拉罕君：尊电致祝全国国民党代表大会，情词恳挚，不胜感谢！本会目的，在继续辛亥事业，以底于完成，使中国脱除军阀与夫帝国主义之压迫，以遂其再造。夫以积弱而分裂之中国，而自然之富甲于天下，实为亚洲之巴尔干，十年之内，或以此故而肇启世界之纷争。故为保障亚洲及世界之平和计，其最善及唯一之方，惟有速图中国之统一及解放。本会深信，全世界之自由民族必将予以同情，而俄国人民来此先声，尤为吾人所感激。中俄两国人民，行将共同提挈，以进于自由正义之途。文谨代表国民党全国代表大会，致敬于邻友全俄苏维埃。孙文。

据《复北京全俄苏维埃代表加拉罕电》，载《中国国民党全国代表大会会议录》第十七号《附录》

致加拉罕电（译文）

（一九二四年一月二十五日）

当伟大的列宁离开苏俄朝气蓬勃的生活之际，我请求您向您的政府代达我的深切的哀悼。然而他的名字和对他的纪念将永世长存，人们将继续珍视他那种造成最高度的政治家和有创造力的领袖的英雄品质。他的著作也将永存，因为他的著作是建立在一定会掌握和统治未来人类的思想和希望的这样的社会观念上的。

孙逸仙

据北京《人民日报》一九五六年十一月六日影印英文唁电原稿附载译文

致麦克唐纳电

（一九二四年一月二十八日）

中国国民党各省区及华侨代表大会,现开会于广州,通过议决案如下:查本党政纲关于促进民治、增益社会幸福诸大端,皆与英国劳工党之宗旨相同。今英国劳工党已获得在英国劳工史上空前未有之胜利,中国于潜势上实世界之最大商场,亟需机械工具为经济上之发展,故深足资助英国劳工政府以解决种种经济问题,尤以失业问题为最要。惟中国政治上、经济上之发展,现因北京及中国大部为军阀与反动派所盘据,以致妨碍进行。兹特致电英国劳工党杰出之首领,庆贺其成功及其党之成功。并希望此后英国之对华政策,不复援助军阀与反动派,而能予中国之民治主义与解放运动以自由发展之一切机会焉。中国国民党全国代表大会主席孙文叩。

据《广州民国日报》一九二四年一月二十九日《国民党电贺英首相》

训 勉 各 军 电

（一九二四年一月二十九日）①

奠定大局已及时机,肃清东江更宜速进。已令第一路联军总指挥杨希闵,督率各军即时进剿,先行扫荡北岸之敌,规复惠州、河源之线,进定潮梅

---

① 此电所标时间系《广州民国日报》发表日期。

作战要领。并已由参谋处函达联军总指挥部总参谋长周自得转报分达。频年戎马,本大元帅暨诸将领所以始终靡懈者,为救人民于水火,奠国基于盘石也。现对外展布,对内肃清。时机两好,正吾人达此目的之时。特〔时〕势造英雄,而吾辈则应造时势也。惟诸将领勉焉。特此令达,仰即遵照。奋勉图功,勿疏勿懈。此令。

据《广州民国日报》一九二四年一月二十九日《大元帅训勉各军电》

致许崇智电

(一九二四年二月十六日)

陈军早一日铲除,粤局即早一日奠安,吾弟岂能恝然?电致速来。

据北京《晨报》一九二四年二月二十三日《孙文积极筹饷》

制止滇军退回石龙电

(一九二四年二月十七日)①

该军不俟具报核准,又不俟别军接防,擅离防次,倘前线有失,该军能当此重咎否?等语。

据长沙《大公报》一九二四年二月二十八日《快信摘要》

---

① 此电系报载电文要点,未署日期,据孙中山于2月17日就滇军退回石龙召开军事会议,命令湘军开赴前线,故此电发于17日。

致廖湘芸电

（一九二四年二月二十八日）

电虎门廖总司令，着即来省。孙文。中华民国十三年二月廿八日。

据谭延闿编《总理遗墨》第三辑（印行时间不详，广东省社会科学院藏）影印原稿

致蒋介石电

（一九二四年二月二十九日）

沪执行部转介石兄：军官学校以兄担任，故遂开办。现在筹备既着手进行，经费亦有着落，军官及学生远方来者逾数百人，多为慕兄主持校务，不应使热诚倾向者失望而去。且兄在职，辞呈未准，何得拂然而行？希即返，勿延误。孙文。艳。

据毛思诚《民国十五年以前之蒋介石先生》第七编（一九三七年三月印行）

复张作霖电

（一九二四年三月一日）

曹吴祸粤扰川，罪恶已极，今犹假托和平，愚弄天下，此间决定北伐，届期望同仇敌忾，共扫幽燕，幸勿为伪和平所惑，致堕士气。

据上海《民国日报》一九二四年三月四日《大元帅愿与奉张赋同仇》

致安剑平电①

（一九二四年三月十日）

□□□□,深切时弊,应本此旨广为宣传,以□□吾党之主张,而尽言论之职责。

据《孤星》旬刊第五期一九二四年三月二十五日《南府来电》

致冯肇铭电

（一九二四年三月十一日）

电令:着代理海防司令冯肇铭,即率"江固"并同式各舰来省候命。此令。孙文。

据谭延闿编《总理遗墨》第三辑（印行时间不详,广东省社会科学院藏）影印原稿

致段祺瑞电

（一九二四年三月十四日）

段芝泉先生鉴:大寿伊迩,跻介无缘。特派郭君泰祺来津代致贺忱,不胜遥祝。

据北京《顺天时报》一九二四年三月十六日《为段贺寿电一束》

---

① 此电由大本营秘书处奉孙中山谕代电。安剑平,无锡人,《孤星》旬刊主编。

致胡汉民电

（一九二四年三月十五日）

展堂兄鉴：组安因军事，不便久代秘书长；仲恺专理党事，不能分心。须兄甚急，请偕介石同来。孙文。删。

据毛思诚编《民国十五年以前之蒋介石先生》第七编（一九三七年三月印行）

致东江前线各军长电

（一九二四年三月十五日）①

惠州古称天险，历来并无失守，此迭次猛攻，转伤士卒，□由本帅无谋，累及军士□劳，良用恻然。惟念逆贼一日不除，则军士一日不安，国家一日不靖。此次经军事会议决定变更作战计划，三路进兵，利用左右包抄之策，故左右翼军队人数比中路为较多，而其责任亦较重。各军长统兵有年，深暗〔谙〕军略，各兵士久历戎行，深明大义，当此孤军深入，间道并行，兵贵神速，相机应变，善用乡导，广行搜伏，本其忠勇，出以精明，各军士等务宜同心一德，为国复仇。破城杀贼，在此一举，再造邦家，于斯是赖！庶几戡定南疆，从事北伐，使民国无匕之惊，士民享升平之福。大功垂成，幸共勉之，有厚望焉！

据长沙《大公报》一九二四年三月二十七日《孙陈两军相持之现状》

---

① 此电原未署日期，今所标日期为该电广州电讯日期。

复叶恭绰电

（一九二四年三月十七日）

近日东江战事行将结束，军糈万急，财政整理，亟待臂助。如病势稍痊，迅即回粤办理财政统一事宜。

据《广州民国日报》一九二四年三月十八日《帅座电慰叶恭绰》

致许崇智蒋介石电

（一九二四年三月十八日）

上海。△密。汝为、介石两兄同鉴：东路尽调回省，湘军集中东江，日内开始向潮梅进攻。乃高凤桂忽又投北，北江告急。省中东路部队无人主持，望兄等速回维持大局，幸甚。孙文。巧。（中华民国十三年三月十九日子时）①

据《中山墨宝》编委会编《中山墨宝》第八卷（北京出版社一九九六年版）影印原件

致谢国光电

（一九二四年三月二十七日）

据陈嘉祐电：龙华、永清先后克复，何以正果、麻蚌方面战事失利？其中

---

① 此当为发电时间。

情形未据详报,事关军务,岂容不实不尽,着该军查明电复,并即日率队驰救,务必协攻克复正果。

据北京《晨报》一九二四年三月二十七日《东江连日剧战》

寄汇北京支部经费电

（一九二四年三月二十七日）

兹由广东银行汇一万元,支代表三月份薪水及公费,每人二千,共八千元,又北京支部月费二千元,以后当每月照汇。收到复。孙文。感。（三月廿七日）

据谭延闿编《总理遗墨》第一辑(一九二八年印行,广东省社会科学院藏)

致汪精卫电

（一九二四年三月二十七日）①

电令为代表赴奉天先行酌商一切,并顺为张②祝寿。

据《广州民国日报》一九二四年三月二十七日《汪精卫衔命赴奉》

---

① 此电所标时间系《广州民国日报》刊载日期。
② 张,即张作霖,张时年50虚岁。

致臧致平电①

（一九二四年三月二十九日）②

何成濬、苏世安两部在许崇智未入闽前，暂归臧部署。

据天津《大公报》一九二四年三月二十九日《各地要电》

致何成濬电

（一九二四年三月三十日）

急。漳州，探送何总指挥雪竹兄鉴：漳洲已下，闽局正事发展。为事权统一计，所有留闽讨贼军，及各种民军部队应由和斋兄直接指挥调遣。除直接电告外，请兄传令各部队将领一体遵照。军实饷糈，正在筹发。孙文。

据上海《民国日报》一九二四年四月六日

致戴季陶电③

（一九二四年三月下旬）

电邀南来，勷理党务，藉资臂助。

据《广州民国日报》一九二四年三月三十一日《许、戴来粤近讯》

---

① 此电为报载电文要点。
② 此电所标时间系报纸刊载日期。
③ 戴季陶收到孙中山电邀，于4月3日由沪起程，4月8日抵达广州。

复鲍罗庭电①

（一九二四年四月一日）

北庭本不能代表中国，须特合于民意之政府成立后，中俄方能提挈进行。

据上海《民国日报》一九二四年四月三日《电讯》

致阿卜里刚电②

（一九二四年四月一日）

墨总统阿卜里刚阁下：据敝国侨居顺诺拿省之人民呈诉，顺省议院将施行隔绝华侨于一定区域之法律。此律若经施行，敝国侨民实受莫大之虐待与损失。深望阁下竭力保护华侨在条约上应享之权利，两国邦交实利赖之。孙文。（印）（一日）

据《广州民国日报》一九二四年四月十五日《大元帅保护墨国华侨》

致李济深等电

（一九二四年四月三日）

肇庆李处长济深、梧州黄师长绍雄、郑师长润琦、抄送刘军长玉山均览：

---

① 鲍罗庭，今多译作"鲍罗廷"。全集依据原始档案记载作"鲍罗庭"。鲍罗庭在北京致电孙中山，请注意中俄交涉，并述与北京政府交涉破裂之经过。孙特电复。
② 1923年12月19日，墨西哥顺诺拿省通过一项法律，限令中国华侨与墨人隔绝，并令侨民于四个月内移居墨西哥政府所指定的区域。

元密。前以整军经武,曾饬直辖第七军军长刘玉山,将在省部队移驻三罗,协剿南路匪患。旋复由参谋处嘱暂驻都城,整顿待命,均经先后令达通知在案。乃迭据报告,该部到都城后,被各该部包围,勒缴枪枝等情。该部移驻都城,系政府命令,即有不是,亦应呈候本大元帅核示办理,何得同类相残,自扰自治?着即各守原防,听候解决,毋得妄动干戈,致干宪典。所有收缴枪枝,拘留人员,并着悉数发还礼释。特此电达,仰即遵照,毋违干咎。仍着具报,毋延。切切。大元帅令。

据《广州民国日报》一九二四年四月三日《帅令西江军队息争》

致杨希闵等电

(一九二四年四月十三日)

急。石龙杨总指挥并转朱军长、范军长、蒋军长①暨各将领均览:迭接捷书,欣慰无已。东江逆敌负固期年,赖滇军将士萃三迤英华,壮南天柱石,连番征战,备著勋劳。迩后联合各军,协驱丑虏,三军甫出,敌胆俱寒,义易冠军,至堪嘉慰。博罗既下,惠州可克,残敌之狼狈甚于前,我军之勇慨则盛于曩昔也。所望乘胜穷追,芟夷后患,国人水火,大局未宁,吾人之责任尚重也。特复数言,告我诸将士勉焉。大元帅。元。(印)

据《广州民国日报》一九二四年四月十四日《大元帅电嘉前敌将官》

---

① 杨总指挥、朱军长、范军长、蒋军长,即杨希闵、朱培德、范石生、蒋光亮。

致谭延闿电

（一九二四年四月十三日）

急。广东抄送谭联军总指挥并转宋总指挥①各军长暨各师旅长均览：自去冬石龙一役滞我师徒，该军间关跋涉，仗义增援。巩固北门，克驱丑虏，而东江之师亦振，裨益大局，嘉慰良深。近复仵苦停卒，忘身许国。方张挞伐，即报捷音，以资衡岳钟灵。宏兹英杰，固有应膺其大任者。逆军挠助之余，曷足当貔虎之气。尚望奋其武怒，先竟肃清东路之功。国家前途，仰赖于吾人者，方无暨也。特电致勉，并望告我诸将士。大元帅。元叩。

据《广州民国日报》一九二四年四月十四日《大元帅电嘉前敌将官》

致李根沄电

（一九二四年四月十五日）

石龙速转滇军李师长根沄览：元电欣悉，东江余孽稽诛，联军整军复进。贵师长勇迈直前，克复要隘，风声所树，气壮全军。长驱之势既成，穷寇之追难缓，尚其鼓励将士先下惠城。贵师长年少有为，仗义伊始，勋功遂著，前途正未有艾也。大元帅。删。（印）

据上海《民国日报》一九二四年四月二十五日《帅座电奖李根沄》

---

① 谭联军总指挥即谭延闿，宋总指挥即宋鹤庚。

致杨希闵刘震寰电

（一九二四年四月十八日）

据伍部长朝枢呈称："据驻广州英领事函称：英商亚细亚火油公司代表符鲁士特，前两日乘该公司电船'广西号'离惠，中途为军队枪击不能前进，请电令各军长官准予放行，免受困迫"等语。仰即转饬所部，如见该电船由惠州下驶，立予放行，并妥为保护出境为要。大元帅。巧。

> 据《广州民国日报》一九二四年四月十九日《帅令放行英商电船》

致宋鹤庚等电

（一九二四年四月十九日）

湘军谭总司令即转宋总指挥、鲁军长、谢军长、吴军长、陈军长均鉴：驰骤贤劳，时深系念。前接捷电，曾复数行。兹得删电，益悉种切。河源既下，敌胆应寒。惠城孤军，夫焉能守！地形错杂，萑苻潜伏，妨碍故多。然以诸兄学识更富，经验处置，战局必获裕如，知早筹策及之也。第一路联军作战，本杀贼之心，较前尤勇。故开战三日，遂围惠城，附近之敌，肃清亦净。虽屡顽敌固守，已饬剿抚兼施，计可即下。湘军素称善战，甚盼一往直前。冠南曾克桂、柳。闽南局势尚佳。信〔新〕丰、和平局面，并已派赣军二千人，令往侧击警戒。贵军提师远戍，需用饷弹屡饬源源接济。无线电信已令在西江移拨，即可派来利用交通也。余事当与组安总戎筹计，诸兄尽可放心耳。文。皓。

> 据《广州民国日报》一九二四年四月二十一日《大元帅勉湘军将领电》

告诫惠州城将士电

（一九二四年四月十九日）

自陈逆构叛,佁扰纪纲,窃据偏隅,称兵犯上,劳师挞伐,迄今逾年。本大元帅为国为民,原以罪在渠魁,胁从罔治,方冀能自觉悟,赎彼往愆。乃自去春及今,战祸绵延,闾里骚然,民生憔悴。民何不幸,构兹闵凶!每一思维,辄为惆怅!陈逆炯明,罪浮于盗,二三从寇,黩武累民,均为法所必诛,律无可逭。若夫一般将士,或一时迫势,惑于甘言,附和盲从,致蹈罪罟。本大元帅物与民胞,方矜悯之,何忍不教而诛?所有在惠州城内军队,应不少识时将士,苟能悔罪输诚,本大元帅必予容纳,许以自新,一视同仁,决无歧异;若其怙恶不悛,歧途不悟,是则自取咎戾,应自惕也。特电诰诫,其猛省诸。大元帅孙。效。

据《广州民国日报》一九二四年四月二十一日《大元帅之讨逆檄》

致惠州前线指挥官电

（一九二四年四月十九日）

如陈炯明输诚,可容纳。

据长沙《大公报》一九二四年四月二十六日《快信摘要——广州电》

致樊钟秀电

（一九二四年四月二十三日）①

克日调回省城,仍返原防静候后命。

据《广州民国日报》一九二四年四月二十四日《豫军暂缓南征》

致刘震寰电

（一九二四年四月二十三日）

刘总司令②并转各将领均览:迭接捷音,殊深嘉慰。东江残敌负嵎者几一年,今敌势已摧,我气甚盛,安良除暴,在此一举。务望努力奋斗,协竟全功,前途之事至重也。特此电告,诸盼勉之,并转诸将士。

据《广州民国日报》一九二四年四月二十六日《帅座嘉勉西路将士》

复梁鸿楷等电

（一九二四年四月二十四日）

梁军长、张总指挥、林司令、杨、陈、卓、梁、王③各旅长均鉴:谋密。马电悉。防务统一,系筹饷局专责,该军长等勿庸干涉。至从前每日抵承若干,

---

① 此电所标时间系据4月24日《广州民国日报》云"帅……昨已电樊部"酌定。
② 刘总司令,即桂军总司令刘震寰。
③ 受电人依次为梁鸿楷、张国桢、林若时、杨锦龙、陈锡乾、卓仁机、梁若谷、王经舫。

现批商承若干,应饬范督办查明呈复核夺。至该饷收入局时,自应拨还支配给养,仰即知照。大元帅。敬。(印)

据《广州民国日报》一九二四年四月二十八日《大元帅复梁鸿楷等电》

致彭寿山转刘震寰电

（一九二四年四月二十六日）

石龙西路总部主任①并转刘总司令览:据伍部长朝枢呈称:据驻广州英领事函称:英商亚细亚火油公司代表符鲁士特,前两日乘该公司电船广西号离惠,中途军队枪击,不得前进,请电令各军长官准予放行,免受困迫等情。仰该总司令即转饬所部,如见该电船由惠州下驶,立予放行,并妥为保护出境为要。大元帅。(印)

据《广州民国日报》一九二四年四月二十六日《保护外商之帅令》

致胡汉民电

（一九二四年四月二十七日）

即日来粤,赞襄大计。

据《广州民国日报》一九二四年四月二十八日《大元帅电召胡汉民》

---

① 即彭寿山。

复沈鸿英电

（一九二四年五月一日）

需用子弹,业饬如数造发,饷不继,当并筹。自兄督师回桂讨陆,怀抱大白于天下,盼兄努力。

据长沙《大公报》一九二四年五月十二日《快信摘要》

致胡汉民电

（一九二四年五月八日）

近头痛,医言须静养,惟事繁,非兄来助不可。请即返,并电船期。

据《广州民国日报》一九二四年五月二十九日

复沈鸿英电

（一九二四年五月二十一日）

急。桂林沈总司令冠南鉴:迭接来电,曾经电复,应办之事均经饬办。兹得庚电,备悉贤劳。吾兄为大局除障碍,为桑梓谋幸福,热诚若此。文主持中枢,固乐为之筹策,俾得早告成功者。需用饷弹,除已饬解运者外,再饬续办。陆逆①已摧,如兄毅力持久必能克之。嗣后奠定桂局,微特足弭鄙人西顾之患,从此两粤一家,更觉有裨益于大局也。非惟盼望,亦所赖耳。文。马午。

据北京《顺天时报》一九二四年五月三十一日《孙文病起后之治军》

---

① 陆逆,指陆荣廷。

致留沪国会议员电

（一九二四年五月二十五日）

之前冒雨讲演感受风寒，辱承诸公函电慰问，感愧交并。现经德医调理，已告痊愈。用特专电奉告，以纾廑念，并表谢悃。仍愿诸公努力奋斗为国牺牲，文不敏，愿随诸公后。

据北京《团结报》一九九二年十二月五日古贤《孙中山佚文一则》

致驻京某粤籍议员电

（一九二四年五月三十日）

敬电悉。微恙已痊。和陈①一节，羌无故实。现汝为、展堂业已抵省。余定日内前赴东江督师。沧白赴沪，纯为策应川黔军事。省政暂由树人②代行。承注甚感，特此致谢。文。陷。

据北京《晨报》一九二四年六月二日《孙文口中之粤事》

致杨希闵电

（一九二四年五月三十日）

杨团长、段县长③：艳电悉。臧部④过境，应代办粮秣，妥为招待。臧总

---

① 和陈，指与陈炯明和解。
② 树人，即陈树人。
③ 杨团长、段县长，即滇军第一师补充旅第二团团长杨效钧、翁源县县长段克鉴。
④ 臧部，即臧致平部。

司令、何总指挥①是否同行,应即探询,并将该部官长姓名详询具报。特此电达,仰即转电该团长、县长遵照办理可也。孙文。(印)陷。

据《广州民国日报》一九二四年六月二日《帅令探询臧何行踪》

致何成濬电

(一九二四年六月三日)

翁源县转送何总指挥成濬鉴:所部间关远道,至为劳瘁,着在翁源县属暂事休息待命。此令。大元帅。江。

据《广州民国日报》一九二四年六月四日《帅令何军在翁源待命》

致杨希闵赵成梁电

(一九二四年六月三日)

广州杨总司令、韶州赵师长览:何总指挥所部现抵翁源,业令即在该地暂事休息待命。仰饬驻在军队一体知照。大元帅。江。

据《广州民国日报》一九二四年六月四日及上海《民国日报》一九二四年六月十一日《帅令何军在翁源待命》

---

① 何总指挥,即东路讨贼军留闽总指挥何成濬。

致各军电

（一九二四年六月八日）

粤军东路总指挥何成濬所部间关来粤，盛暑跋涉，自宜择地休养，已令暂驻江村、新街一带整饬待命令。除发外，仰即饬属一体知照。

> 据《广州民国日报》一九二四年六月十日《何部暂驻江村之帅令》

致李济深黄绍竑电

（一九二四年六月二十二日）

万火急。梧州李处长济深、黄副指挥绍雄均览：沈总司令①呈报：围攻桂林，迭告克捷情形，并恳接济饷弹，俾早竟功。当经令饬有司筹拨子弹二十万，饷洋十万元，并着邓代表士瞻先行解运子弹十万发赴桂，以应急需，由军政部给予护照及通行西江军队关卡查验放行各在案。顷据该部驻粤代表陈贞瑞呈称：该项子弹行经梧州，以未接电知致被扣留，请转饬迅速放行等情前来，合亟电达，仰即迅速验放，俾该代表赶运赴桂，以利戎机，勿延为要。大元帅。养午。（印）

> 据《广州民国日报》一九二四年七月五日《帅令验放沈军子弹》

---

① 沈总司令，即沈鸿英。

致李福林电

（一九二四年七月八日）

广州李军长福林览：昨于漾〔阳〕日曾电令师长周之贞，于未率队开赴前方应战时，克日将该部驻扎容桂及马宁之军队，先行集中大良或陈村，听候许总司令命令。如该第二师未奉令离防以前，着该军长所部暂勿进驻大良、陈村，毋违。切切。大元帅。庚电。

据《广州民国日报》一九二四年七月十日《关于李周换防之帅令》

致蒋光亮电

（一九二四年七月九日）

蒋军长光亮鉴：虞电慷慨陈词，洞明症结，目光如炬，正气干云，览竟殊深嘉慰。比年财政紊乱，达于极点，第丁兹多事之秋，自容有难言之苦。执事手提劲旅，讨贼卫民，血战频年，勋劳懋著。独能提倡说论，纳还财政之权，政府固嘉乃勋，地方亦钦明德。所冀武成大告，大局危赖其庥祥。慰此财政修明，袍泽咸引为圭臬。前途万里，有厚望焉。文。佳。（印）

据《广州民国日报》一九二四年七月十二日《大元帅嘉勉蒋光亮》

致 N.C. 巴甫洛娃电（译文）

（不早于一九二四年七月十八日）

巴甫洛娃夫人：您勇敢崇高的丈夫的逝世，我深感悲痛，请接受我衷心的慰问和同情。孙中山。

据俄罗斯《远东问题》杂志一九九六年第一期（海云译）

致 A. N. 雷可夫电（译文）

（不早于一九二四年七月十八日）

人民委员会主席雷可夫先生：巴甫洛夫将军之逝世，我深感悲痛，他是俄国第一位为中国自由事业献身之人。我们邻邦这位勇敢崇高的儿子并未白白献出其生命，他的牺牲使俄中两国关系更加密切，使国民党争取民族自决取得彻底胜利之决心更加坚定。孙中山。

据俄罗斯《远东问题》杂志一九九六年第一期（海云译）

致苏联政府唁电

（一九二四年七月）

沉痛悼念巴富罗夫将军逝世。他是俄国为着中国自由而战的第一位捐躯者。我国近邻——贵国的这位勇敢崇高的儿子并没有白白地牺牲。他的牺牲密切了俄中两国的关系，使国民党更加坚定地把为争取民族自决的斗争进行到最后胜利。

据[苏]贝科夫《军团长巴富罗夫》（一九六五年莫斯科版），转录自中国社会科学院近代史研究所翻译室编《中国国民革命军的北伐》（北京一九八一年版）

致蒋介石电

（一九二四年八月十二日）

黄埔蒋介石司令鉴：△密。械船昨日因潮水不合，今日可来。由永丰、江固押送，到后即促永丰回省，勿延留。江固监视可也。孙文。（侵）（中华民国十三年八月十二日晨八点四十分）

> 据《中山墨宝》编委会编《中山墨宝》第八卷（北京出版社一九九六年版）影印原件

致蒋介石电

（一九二四年八月十二日）

黄埔蒋校长鉴：筹密。起货之外，另要细密检查其他货物有无违禁品，并将所载各货详为报告。孙文。（八月十二日晚九点三十五分）

> 据谭延闿编《总理遗墨》第三辑（印行时间不详，广东省社会科学院藏）影印原稿

复沈鸿英等电

（一九二四年八月二十八日）

万急。八步沈行营沈总司令、桂林邓指挥、陆师长、张、陈、莫三旅长①均鉴：顷接邓指挥等有电，欣悉桂林克复，地方安靖，至为嘉慰。陆逆②收合

---

① 受电人依次为沈鸿英、邓右文、陆云高、张希拭、陈春光、莫显成。
② 陆逆，即陆荣廷。

余烬,窃据汉城,劳我义师,于今半载。兄以貔貅之众,冒暑遄征,尝胆卧薪,停辛伫苦,卒能克复雄诚,挫其凶锋。邕桂既得,逆势益靡,尚望乘胜长驱,奠安全桂,并传谕诸将士咸使闻知。大元帅。全①午。

据《广州民国日报》一九二四年九月二日《帅电嘉奖克复桂林将领》

复许崇智等电

（一九二四年八月二十八日）

非商民复业,无办法可言。帅府顷已下令滇军第二师长廖行超担任西关②治安,第二军军长范石山担任城内治安。

据上海《申报》一九二四年九月三日《广州罢市解决详情》

致麦克唐纳电

（一九二四年九月三日）

麦克唐纳阁下：

汇丰银行广州支行买办陈廉伯近组织一所谓中国法西斯蒂党之团体③,其倾覆本政府之目的现已披露。叛党拟俟由欧来粤之哈佛船所运入口之军械到手即将实行之。

该哈佛轮已于八月十日行抵广州,即被本政府扣留。由是叛党在广州藉罢市名目即已呈现谋叛状态。

---

① 查韵目代日中无"全"字。"全"似"俭"字笔误。按8月24日沈军克复桂林,有(25)日邓右文驰电报捷。盖孙中山于俭日(28)复电。
② 现属广州市荔湾区。
③ 指商团军。

惟时余正拟适当方法戡定叛乱，不意忽接驻粤英总领事致本政府一函，内有数言如下：

"本总领事现接驻粤英国海军舰队领袖军官来讯谓：经奉香港舰队司令命令，如遇中国当道有向城市开火①之时，英国海军即以全力对待。"

夫中国反革命党既屡得英国历来政府之外交的及经济的援助，而本政府又实为今日反革命党之唯一抵抗中心，故余迫于深信此'哀的美敦书'之主旨乃倾灭本政府。对于最近此种帝国主义干涉中国内政之举，余特提出严重抗议。②

孙　文

据上海《民国日报》一九二四年九月十日《大元帅抗议外人干涉内政》

复卢永祥电

（一九二四年九月五日）③

杭州卢督办鉴：△密。闻捷甚喜。此间日内有精练而熟于战斗之飞机师四人由欧到粤。如尊处需此项人才，可先派来应用，信其必能收大效果。如何？候复。孙文。微。

据谭延闿编《总理遗墨》第三辑（印行时间不详，广东省社会科学院藏）影印原稿

---

① 孙中山曾拟军舰炮击商团军驻地的广州市西关地区。
② 北京《晨报》1924年9月5日题为《孙文反抗英帝国主义》的电文是："总而言之，此项最后通牒之真正目的系破坏广州政府，是以不得不严重抗议帝国主义干涉中国内政之最近行动。"（据汤锐祥《护法时期孙中山轶文集》）
③ 此电原未署年月，今据《国父年谱》1924年9月4日卢永祥来电酌定。电文"闻捷甚喜"，系指1924年9月江浙战争爆发。

致叶恭绰电

（一九二四年九月五日）

即行返粤，并共策北伐一切进行事宜。

> 据《广州民国日报》一九二四年九月六日《帅座电促叶恭绰回粤》

复卢永祥电

（一九二四年九月十日）

杭州卢督办鉴：支电奉悉，义正词严，邦人诵仰。曹、吴祸国，稔恶贯盈，除暴锄奸，咸同斯愿。文已宣布国人，一致声讨，躬率师旅，以为前驱，兴师偕作，用寻白马之盟，敌忾同仇，直抵黄龙之洞。伫闻奇捷，以集大勋。文。蒸。

> 据上海《民国日报》一九二四年九月十四日《大元帅与卢总司令讨贼往还电》

复卢永祥电

（一九二四年九月十日）

此间出师，准备妥洽，请努力进行，共维国是。

> 据长沙《大公报》一九二四年九月二十一日《快信摘要》

致唐继尧电

（一九二四年九月十一日）

云南唐省长鉴：民国俶扰，垂十三年。大盗恣横，乱国窃位。西南频起义师，皆以动止参差，大功不立。近者浙、奉举兵讨贼，战端已开。吾辈揭橥大义，倡率天下，已非一朝，尤宜及时奋兴，戡定大难。但军长懋辛等来粤具述伟略，同心戮力，实慰夙怀。爰于本日招集政务、军事联合大会，佥谓：公勤劳国家，功勋丕著，宜有崇号，以董戎行。是〔用〕用〔是〕推公为副元帅，武〔式〕惟提挈之用，以成康济之勋。文聿求友声，欣兹多助，知乐推之有在，信吾道之不孤。群情喁喁，未可谦让。望即宣布就职，以慰岐仰之诚。奖〔将〕率三军，北伐中原，愿共驰驱，以建大业。专电奉达，伫望新猷。文。真。

> 据《广州民国日报》一九二四年九月十七日《大元帅致唐继尧电》

致唐继尧电

（一九二四年九月十一日）

急。云南唐省长鉴：顷电以众志乐推，请早就职，计已达览。川、滇、黔三省军队久在指挥之下，宜正名号，以资统率。拟川滇黔联军总司令请公担任，一切出仰〔师〕计划均请就近主持。文既移驻韶关，誓师北伐，望早定大计，克日兴师。伟画所关，并望指示。孙文。真。

> 据上海《民国日报》一九二四年九月二十三日《西南各省讨贼之大团结》

致卢永祥等电

（一九二四年九月十三日）

十万火急。浙江卢督办、奉天张总司令、天津段芝泉先生、云南唐省长①鉴：自浙江兴师，此间已积极筹备，务期克日入赣，以分贼势。文于元日申刻抵韶，并将大本营移韶，以便统率。经分令各将领迅即会师，共张挞伐。一俟集中完竣，即行分路出发。先以奉闻。孙文。元酉。自韶关发。

据《广州民国日报》一九二四年九月十七日《大元帅出发北征记》

致卢永祥电

（一九二四年九月十四日）

万急。浙江卢督办鉴：顷得捷报，欣悉贵军已克宜兴，常州指日可下，宁城之寇自不足平。从此乘胜北向，歼灭国贼，是在今日。谨电驰贺。孙文。寒。

据《广州民国日报》一九二四年九月十八日《大元帅出发北征记（二）》

---

① 卢、张、段、唐，指卢永祥、张作霖、段祺瑞、唐继尧。

致李济深电

（一九二四年九月十六日）①

电召来粤，俾指示一切，以期布置缜密，遥助前方军事之进行。

据《广州民国日报》一九二四年九月十六日《大元帅电召李济深回粤》

复段祺瑞电

（一九二四年九月十九日）②

上海何总司令③请转天津段芝泉先生鉴：顷诵佳电，本悲天悯人之怀，申伐罪吊民之义，仁言周浃，义闻昭宣。曹、吴祸国穷兵，残民以逞，甘为戎首，举国痛心。文已移驻韶关，宣告邦人，出师入赣，期与浙、奉义军一致讨贼。公志存匡国，谊切同仇。推己饥己溺之仁，作同泽同胞之气。驱共和之障碍，建民国之新元。辱荷德音，弥殷企颂。文。皓。

据上海《民国日报》一九二四年九月二十三日《帅座电复段合肥》

---

① 此电所标时间系《广州民国日报》刊载日期。
② 此电原未署年月，今据电文内容判断，将时间酌定为 1924 年 9 月。
③ 何总司令，即浙护联军第一军总司令何丰林。

致黄明堂电

（一九二四年九月二十二日）

将全部克日开赴韶关集中，听候调遣。

据《广州民国日报》一九二四年九月二十三日《黄明堂部准备出发》

致胡汉民廖仲恺电

（一九二四年九月二十三日）

沿路车站探交胡留守、廖省长同鉴：到省即往与汝为兄商一要事。孙文。（以上明电交车站打并译交）（十三年九月廿三日）

据《中山墨宝》编委会编《中山墨宝》第八卷（北京出版社一九九六年版）影印原件

致许崇智电

（一九二四年九月二十三日）①

急电。广州许总司令鉴：△密。宜速将陈贼电沪全文发表各报，并为严重质问商团，限即日有完满答复。并限陈廉伯三日内回省辩明。否则，取消令无效。款要即日交足，然后陆续还枪于改组商团。如不能办，则六日内当尽缴商团已有之枪，并分别查办通陈之人。展堂今日回省，可与磋商，妥善办理。孙文。漾。

据谭延闿编《总理遗墨》第三辑（印行时间不详，广东省社会科学院藏）影印原稿

---

① 此电原未署年月。据推断，时间应为1924年9月。

致卢永祥电

（一九二四年九月二十四日）

上海卢总司令鉴：△密。养电悉。事变之后，尚有驱除敌众确有把握之言，足见成竹在胸，强毅超人一等，喜慰无极。此间先遣队已出发数日，拟以二旬突袭敌人要害，以为沪军之声援。现在有志北伐而向赣边集中之军队约二万枪，十日可以到达。刻正一面赶筹一月之粮食费。倘能如意，则旬日后便可进攻赣南。此外尚有滇、粤、桂各军，本拟陆续出发，忽闻陈炯明有反攻羊城之举，遂被牵制，暂留后方，致不能同时大举，殊可恨也。孙文。敬。

据中国国民党中央文化传播委员会党史馆藏一般档案 050/380

致吴铁城电

（一九二四年九月二十四日）

电广州吴铁城鉴：漾电悉。枪械既分配无余，则只有待之异日耳。若果能训练部众成为有纪律之师，则断不患枪械之补充也。兄既再担任公安局长，则宜专心致志以巩固后方，前方可不必兼顾矣。务望从此将省城警察改良，将四千裁为二千，加其饷给，使为有用有力之警察与警卫军，协同动作，如能办有成效，则我当担任充分补充枪械便是。孙文。敬申。

据中国国民党中央文化传播委员会党史馆藏一般档案 050/179

致国际联盟主席莫塔电(译文)①

(一九二四年九月二十四日)

鉴于蓝赛·麦唐纳先生在国际联盟近几次会议上曾发表演说,提及乔治亚国②之独立,国际和平及正义等事,联盟或许有兴趣得知,我曾在九月一日就英国政府向我国政府发出最后通牒事,向麦唐纳先生提出抗议。英国政府扬言,如我政府采取必要之措施,镇压帝国主义者和反动分子煽动的广州叛乱,英国海军将采取敌对行动。对我提出的抗议,麦唐纳先生迄未答复。就我所知,他的沉默表示,英国对中国的政策仍将继续以帝国主义的干预行动,支持反革命活动对抗以建立强大而独立的中国为目的的国民运行。

麦唐纳先生在协助广州的叛乱与反动分子之后,再以寻求高加索石油的"诚实经纪人"身分,前往日内瓦鼓吹乔治亚共和国的反革命,也就不足为奇了。孙逸仙。

据香港《孖喇西报》(The Hong Kong Daily Press)一九二四年九月二十六日

复 胡 汉 民 电

(一九二四年九月二十八日)

(急。广州)胡留守鉴:感电悉。△密。团械既有办法,当准照行。只

---

① 底本注:原标题为"孙逸仙与英首相——一封致国际联盟的电报"(Sun Yat Sen and The British Premier:A Cable to League of Nations),电文之前,该报并称"孙总统今天致电目前正在日内瓦举行会议的国际联盟第五届大会主席莫塔(Monsieur Motta),电文内容如下"。

② 乔治亚国,即格鲁吉亚。

望火速从事,使军队立即出发。着组安饬令湘军赶紧集中南始,不可再滞韶关。因初拟湘军由原防进攻三南,故未筹韶关住所,各处现已住满矣。并促组安速来韶助理一切。孙文。(俭巳)(十三年九月廿八日)

> 据《中山墨宝》编委会编《中山墨宝》第八卷(北京出版社一九九六年版)影印原件

复沈鸿英部各将领电

(一九二四年九月二十八日)

八步沈总司令、桂林邓指挥、陆师长、沈师长鉴:邓指挥等马电,欣悉捷音屡奏,耆定成功,卫国救乡,实深嘉慰。此间北伐,各军已入赣南,奉、浙同时告捷,大局发展,胜算可持。望冠兄督饬诸将,迅歼余孽,会师江汉,共定中原,以彰伟绩。前方将士,并希传谕嘉奖。文。勘。

> 据《广州民国日报》一九二四年十月一日《帅电嘉奖沈军将领》

致许崇智蒋介石电

(一九二四年九月二十九日)

急。广州许总司令、蒋参谋长鉴:△密。范小泉所购之驳壳枪一千枝并子弹,可即发还。孙文。艳巳。(中华民国十三年九月廿九日)

> 据谭延闿编《总理遗墨》第三辑(印行时间不详,广东省社会科学院藏)影印原稿

致范石生电

(一九二四年九月二十九日)

广州范军长鉴:△密。兄之械弹,已发令照发矣。孙文。艳午。(中华

民国十三年九月廿九日）

据谭延闿编《总理遗墨》第三辑（印行时间不详,广东省社会科学院藏）影印原稿

致许崇智等电

（一九二四年九月二十九日）

（急。）广州许、杨、刘三总司令①鉴：勘电悉。△密。东江防务，专责成滇、粤、桂三军担任。滇军除赵成梁、朱世贵已在北江外，其他属于滇、粤、桂之部队，暂时概不调动。务期三兄与部下将领协同一致，引敌就近一鼓而扑灭之，即必当乘胜前进，收复潮梅，以固根本，然后再议。现在北伐部队，除湘军全部参加外，其他在东江之零星部队，有愿来者，当限一星期内集中韶关，迟则不要。仰为转知。孙文。（艳巳）（中华民国十三年九月廿九日）

据《中山墨宝》编委会编《中山墨宝》第八卷（北京出版社一九九六年版）影印原件

致许世英电②

（一九二四年九月二十九日）

火急。广州胡留守转许俊人先生鉴：艳电敬悉。请即枉驾，无任欢迎。孙文。艳午。

据中国第二历史档案馆编《中华民国史档案资料汇编》（江苏古籍出版社一九八六年版）第四辑《广州国民政府档案》

---

① 许、杨、刘三总司令，即粤军总司令许崇智、滇军总司令杨希闵、桂军总司令刘震寰。
② 许世英奉命抵粤，孙中山电许去韶关会谈。

致杨希闵等电

（一九二四年九月三十日）

杨、许、刘三总司令鉴：△密。东莞、宝安既撤防，但虎门必当固守，不可疏虞。否则，门户一失，恐牵动全局。且恐北舰直入省河，则广州危险也。孙文。（中华民国十三年九月卅日）

据《中山墨宝》编委会编《中山墨宝》第八卷（北京出版社一九九六年版）影印原件

复沈鸿英电

（一九二四年九月三十日）

沈总司令鉴：漾电悉。桂境肃清，勋望卓著。昨于艳电详答，计已达览。望加意抚绥，陈师湘边，以俟后命。所有在事出力各员及阵亡将士，应即查明分别呈候奖恤，以昭激劝。文。三十。

据《广州民国日报》一九二四年十月二日

致叶恭绰电

（一九二四年十月一日）

上海叶誉虎先生鉴：艳两电悉。△密。我军先遗〔遣〕队樊部已于卅日完全入赣境，拟从间道潜至赣中，以扰敌人后方。此路消息难通，故发现之时地，敌人当较我先知。我之总攻击不日可以进行，并转科儿。孙文。十月一日。

据中国国民党中央文化传播委员会党史馆藏一般档案 050/375

复范石生电

（一九二四年十月三日）

　　范军长鉴：东电悉。频年以财政不能统一，公私交困，各军给养，致难统筹，影响所及，不特东江余孽得偷残生，即北方枭贼，亦藉以势大。今兄独仗大义，慨然交还，风闻所播，全国景仰，欢慰曷极。惟交还之议，倡之有人，交还之事，行之者甚寡。知兄朴诚，不作虚语。但财政机关，分据既久，往往有不肖军吏，视为利薮，或阳奉而阴违，或欲取而姑与；则交还者其名，不交还者其实。甚或多方哗噪，藉端要索，俾政府穷于应付，计吏疲于奔命，则交还甚于不交还。惟望兄热心毅力，贯彻初衷，上以遵从政府，下以援助计吏，俾得统筹时局，渐裕军需；则战守有资，士气自旺。从此勘定大难，皆兄之功也。孙文。江。（印）

据《广州民国日报》一九二四年十月六日《大元帅复范石生电》

致胡汉民电

（一九二四年十月三日）

　　广州胡省长鉴：密。北伐各军次第出发，费需尤急。希即通饬各机关：平日所担任之军队伙食，关于北伐之湘军、豫军、直辖第一军、赣军、广东警卫军、北伐第二军及何总指挥①等军队伙食，须尽先筹发，不得短少拖延。孙文。江。（印）

据上海《民国日报》一九二四年十月十四日《北伐军攻克赣境要地》

---

① 何总指挥，即何成濬。

复陈兴汉电

（一九二四年十月五日）

广州粤汉铁路局陈兴汉兄鉴：定密。电悉。工人、车辆尽离韶关，甚合机宜。我军现注大力于东江，北江当暂取守势，续渐引敌人南下，或要引至琶江亦未定，然后反攻，一鼓尽擒之。故兄对于车辆亦要预备，作同等之计划可也。孙文。微。

据《中山墨宝》编委会编《中山墨宝》第八卷（北京出版社一九九六年版）影印原件

致胡汉民电

（一九二四年十月八日）

广州胡留守鉴：总密。科量阳电悉。此间所持不在总统，而在建国大纲。许世英已面告之。可本此意向津、奉各方表明，主义上决不敷衍。孙文。庚己。（印）

据中国第二历史档案馆编《中华民国史档案资料汇编》（江苏古籍出版社一九八六年版）第四辑《广州国民政府档案》

复蒋介石电

（一九二四年十月九日）

（万万火急。）黄埔蒋校长鉴：△密。两函俱悉。以我推测，或不至如此危急。然我来韶之始，便有宁弃广州为破釜沉舟之北伐。今兄已觉得广州有如此危险，望即舍去黄埔一孤岛，将所有枪弹并学生一齐速来韶关，为北

伐之孤注。此事电到即行,切勿留恋。盖我必不回救广州也。当机立断,切勿迟疑。孙文。青亥。(中华民国十三年十月九日)

据《中山墨宝》编委会编《中山墨宝》第八卷(北京出版社一九九六年版)影印原件

致胡汉民等电

(一九二四年十月十日)

(万万火急。广州分送胡省长、杨总司令、许总司令、刘总司令、古部长、蒋校长、李军长、李公安局长。)

汉民、绍基、汝为、显丞、湘芹、介石、登同①、朗如诸兄同鉴:□密。商人罢市与敌反攻同时并举,是叛迹显露,万难再事姑息。生死关头,惟有当机立断。如果确有其事,则用干部及其他学生协同福军忠勇之士临门劝告。如有不从,即日将货铺充公。此事当向西关最反对政府之店户办起,并请将能作衣服之货物先行运韶。此事务乞照办,万勿犹豫,以招自杀。陈贼②与逆商本不足平,只要诸兄心决胆定,勿为物议所摇,则革命前途幸甚。孙文。蒸辰。(中华民国十三年十月十日)

据《中山墨宝》编委会编《中山墨宝》第八卷(北京出版社一九九六年版)影印原件

致范石生廖行超电

(一九二四年十月十日)

(广州分送范军长、廖师长)△密。小泉、品卓两兄鉴:商人不肯就政府

---

① 绍基、显丞、湘芹、登同,即杨希闵、刘震寰、古应芬、李福林。
② 陈贼,指陈炯明。

所定条例领枪,且供给陈逆以百五十万,约定罢市、反攻同时并举,此非叛逆,尚何为叛逆? 我当当机立断,为严正之解决,先将著名最反对政府之团店警告。如再不从,则先将逆商货屋悉行充公,以警效尤。若犹不能制止,则仰两兄出示,令西关居民限三日内迁移出西关,免遭意外可也。孙文。蒸辰。(中华民国十三年十月十日)

据《中山墨宝》编委会编《中山墨宝》第八卷(北京出版社一九九六年版)影印原件

附录　同题异文①

最速。火急。分送范军长、廖师长。捷密。小泉、品卓两兄鉴:商人不肯就政府所定条例领枪,且借给陈逆以百五十万,约定罢市、反攻同时并举。此非叛逆,尚何为叛逆! 我当当机立断,为严正之解决,先将著名最反对政府之团店警告;如再不听,则先将逆商货屋悉行充公,以警效尤;若犹不能制止,则仰两兄出示,令西关居民限三日内迁移出西关,免遭意外可也。孙文。蒸辰。即。

据四川省文史研究馆藏原件影印

致广州各公团电

（一九二四年十月十一日）

广州。分送工人代表会、工团军、农民自卫军、警卫军、讲武堂、海员工会、粤汉路工人、油业工会、建筑工会、图强产科女校、劳工女子学校等四十余团体鉴:灰电悉。已令胡省长、许总司令、民团统率处李处长②严行查办

---

① 此电是当时广东电报局的正式电文原件,与上一电略有不同,如上电中有"供给陈逆","如再不从"之句,而此电为"借给陈逆"、"如再不听",存在微小差异。这是孙中山在起草电文稿后,在正式发电报时,又作了小的修改。今附录并存。

② 依次为胡汉民、许崇智、李福林。

矣。孙文。真。(印)

据上海《民国日报》一九二四年十月十八日《叛形已露之广州商团军》

致胡汉民电

(一九二四年十月十二日)

(限即刻转到,提前飞送。万万火急。)广州胡留守鉴:△密。刻仲恺到,并接电知省中已有非常之变。我以北伐重要,不能回省戡乱。请兄即宣布戒严,并将政府全权付托于革命委员会,以对付此非常之变,由之便宜行事以戡乱,则小丑不足平也。委员为汝为、介石、精卫、仲恺、友仁、平山。我为会长。兄不在列者,留有余地也。接电即发表,切勿犹豫致误为要。孙文。侵戌。(中华民国十三年十月十二日)

据《中山墨宝》编委会编《中山墨宝》第八卷(北京出版社一九九六年版)影印原件

复范石生电

(一九二四年十月十三日)

十万火急。广东范军长鉴:捷密。真代电悉。械已还而罢市如故,可知商团不为还械,而为推覆革命之势力。兄为革命信徒,乃受其惑,是革命势力不由敌推倒,而自拆倒也。今商团之反迹已明,政府为自存计,已付些(瘵)大权于革命委员会,以应非常之变。望兄此后一德一心,拥护革命,服从革命委员会之命令,以削除反侧。幸甚。孙文。元申。即。

据四川省文史研究馆藏原件影印

致李烈钧电

（一九二四年十月十三日）

　　日本东京李烈钧先生鉴：功密。昨复一电，相机行动。但详细考量，兄为派驻日本联络彼中朝野之士，为发起亚洲大同盟以抵抗白种之侵略而往，为久驻日本，宣传此旨之任务。今忽有回命之请，想彼政府胆小如鼷，不敢接纳吾人之大亚洲主义。果尔，则兄万不宜自行离日，当久驻而为积极之宣传，必待日本政府有明令下逐客而后行，方足揭破日本之真面目。孙文。元酉。（十月十三日）

据谭延闿编《总理遗墨》第三辑（印行时间不详，广东省社会科学院藏）影印原稿

复许崇智电

（一九二四年十月十三日）

　　答电。火急。广州许总司令鉴：3276密。蒸代电悉。军政部为中央政府之一柱石，裁之则无异解散政府。兵工厂为中央之机关，归之粤军则归为省有。将来大军占领武汉，他省引以为例，岂非永无统一之望？北伐目的在统一全国。今始北伐，而自破其目的，此大不可。着该总司令务要兼任，以维政府，有厚望焉。孙文。（十月十三日）

据谭延闿编《总理遗墨》第三辑（印行时间不详，广东省社会科学院藏）影印原稿

复胡汉民电

（一九二四年十月十三日）

万急。广州胡留守鉴：侵电悉。△密。商人既如此，非大加惩创不能挽回大局。着即宣布戒严，停止一切法政、行政，付托全权于革命委员会，使便宜行事，以应非常之变。各军既觉悟纵容商团之非，着令一致服从革命委员〈会〉命令，不得再事犹豫。切切。此令。孙文。元午。（中华民国十三年十月十三日）

据谭延闿编《总理遗墨》第三辑（印行时间不详，广东省社会科学院藏）影印原稿

复胡汉民译转李福林电

（一九二四年十月十三日）

（韶州大本营来电）十万火急。广州胡留守译转李军长鉴：总密。文电悉。枪已发还，罢市愈烈，商团叛形既露，应立即由民团统率长宣布其罪状，令各地民团协力防乱，毋为所惑。孙文。元亥。（印）（中华民国十三年十月十三日十二时到）

据中国第二历史档案馆藏原件

致胡汉民电

（一九二四年十月十三日）

提前。广州胡留守鉴：总密。并电转科儿。侵电悉。联合宣言宜慎，须

致杨虎电

（一九二四年十月十六日）

万急。西村杨师长虎鉴：△密。火〔伙〕食问吴铁城借用，事妥即回韶，并同解邓、杜①两人来营。孙文。铣亥。（中华民国十三年十月十六日）

据谭延闿编《总理遗墨》第三辑（印行时间不详，广东省社会科学院藏）影印原稿

致吴铁城电

（一九二四年十月十六日）

（电吴。）着吴铁城设法接济杨虎所部火食，事妥即令杨回韶。孙文。铣。（中华民国十三年十月十六日）

据《中山墨宝》编委会编《中山墨宝》第八卷（北京出版社一九九六年版）影印原件

致唐继尧电

（一九二四年十月十六日）②

滇。唐副元帅鉴：本日已明令取消讨贼靖国军名目，一律改称建国军。希就近饬令滇、黔各军一体遵照。孙文。铣。（印）

据云南省档案馆所藏原电稿

---

① 邓即邓介石；杜待考。
② 此电原未署年月。按 1924 年 10 月 16 日孙中山下令靖国军改称建国军，今据此确定年月。

致胡汉民电

（一九二四年十月十六日）

（韶州来电）提前飞送。万火急。广州胡留守鉴：总密。据李福林报告：团匪高踞西濠口大新公司楼上放枪，密击我军。着即将该公司占领充公，不必畏惧外人干涉，以彼先破中立故也。务要令到即刻执行。切切。此令。孙文。铣戌。（印）（中华民国十三年十月十六日下午九时卅分到）

据中国第二历史档案馆藏原件

致胡汉民等电

（一九二四年十月十六日）

提前，万火急。广州胡留守、杨、刘、许总司令鉴：捷密。已着杨虎率其全部解杜、邓两犯来韶。铣巳电暂不执行。孙文。铣亥。（印）（中华民国十三年十月十六日下午十二时到）

据中国第二历史档案馆藏原件

致刘震寰电

（一九二四年十月十六日）

万急。广州胡留守转刘总司令鉴：总密。闻足〈下〉归省，具见患难与共之情，至为感叹。多事之秋，正当奋斗，望兄与诸军戮力，共集大勋。孙文。铣亥。（印）

据中国第二历史档案馆编《中华民国史档案资料汇编》（江苏古籍出版社一九八六年版）第四辑《广州国民政府档案》

呈稿核准乃可，不得由沪代表用名义至要。孙文。元亥。（印）

据中国第二历史档案馆编《中华民国史档案资料汇编》（江苏古籍出版社一九八六年版）第四辑《广州国民政府档案》

复叶恭绰郑洪年电

（一九二四年十月十四日）

上海44请飞转誉虎、韶觉兄鉴：△密。元电悉。卢①去系何原因？又铮登台必可大振，望各方为之助力。我军仍决入赣。下电转奉天雨亭总司令鉴：闻子嘉②已走。如是，则我辈更当努力为国奋斗。文到韶已一月，军队集中亦毕。惟自樊部③出发之后，财政竟陷于绝地，其他部队因此不能继出。而樊部独力奋斗已致敌人疲于奔命。若我大军一出，江西直唾手可得也。其奈十日行粮亦不可得，坐失事机，深为抱愧。倘公能即接济三十万，则江西不足平，而长江可牵动。子嘉虽败，不足虑也。切盼好音。孙文。寒申。（中华民国十三年十月十四日）

据谭延闿编《总理遗墨》第三辑（印行时间不详，广东省社会科学院藏）影印原稿

致杨希闵电

（一九二四年十月十四日）

（万急。电杨总司令。△密。广州）绍箕④兄鉴：兄固主张取赣之一人，

---

① 即卢永祥。
② 卢永祥，字子嘉。
③ 樊部，即樊钟秀部。
④ 疑当作"绍基"。杨希闵，字绍基。

乃竟有将赵师①调回之电，不胜诧异。商团之事如果无人包庇，则数十革命党便足压服有余，何必用到牛刀。若为解决内部，则今已非其时。不如舍粤图赣也。赣省实无抵抗力，一樊钟秀已足致彼疲于奔命。若我大军一出，直唾手可得耳。望兄图其远者、大者为幸。孙文。寒申。（中华民国十三年十月十四日）

据《中山墨宝》编委会编《中山墨宝》第八卷（北京出版社一九九六年版）影印原件

致廖仲恺电

（一九二四年十月十四日）

广州廖仲恺先生鉴：函可请到府上面交，同看后付丙，并观其意见如何，详答。杨虎所部三百人火食，请设法接济之。孙文。寒。（中华民国十三年十月十五日②）

据《中山墨宝》编委会编《中山墨宝》第八卷（北京出版社一九九六年版）影印原件

致胡汉民译转杨希闵等电

（一九二四年十月十四日）

无限火急，提前交转广州胡留守鉴：总密。并译转杨、许、刘、范、李、廖③诸兄：今日情况如何，收缴商团枪枝刻不容缓，务于二十四点钟内办理完竣，以免后患。否则，东江逆敌反攻，必至前后受敌。望诸兄负责速行，不可一误再误。盼复。孙文。盐酉。（印）（中华民国十三年十月十四日下午九时前到）

据中国第二历史档案馆藏原件

---

① 赵师，即赵成梁师。
② "十五日"应为发电日期。
③ 杨、许、刘、范、李、廖，即杨希闵、许崇智、刘震寰、范石生、李福林、廖行超。

致蒋介石电

（一九二四年十月十五日）

　　电。火急。黄埔蒋校长鉴：△密。着发给航空局驳壳枪五十支，子弹各二百发。此令。孙文。删午。（中华民国十三年十月十五日）

据谭延闿编《总理遗墨》第三辑（印行时间不详，广东省社会科学院藏）影印原稿

致叶恭绰电

（一九二四年十月十五日）

　　上海叶誉虎：△密。浙局既完，又铮无事，即请来韶襄助。孙文。（中华民国十三年十月十五日）

据谭延闿编《总理遗墨》第三辑（印行时间不详，广东省社会科学院藏）影印原稿

致胡汉民电

（一九二四年十月十五日）

　　（韶州大本营来电）万急。广州胡留守鉴：总密。商团缴械，想已办妥也。未入商团之商店，应严令即日开市，其已入商团者，应分别处罚：为首者没收财产，附从者处以罚金，论情罪轻重，由数百至万元，作北伐军费。宜及此时，迅速办理，免致日久生息。孙文。咸戌。（印）（中华民国十三年十月十五日午后七时三刻到）

据中国第二历史档案馆藏原件

复胡汉民电

（一九二四年十月十五日）

（韶州大本营来电）万火急。广州胡留守鉴：总密。删电悉。商团既用武力以抗政府，则罪无可逭，善后处分，必将商团店户、货物、房屋，悉行充公。其为首之团匪，严行拿办，万勿再事姑息，除贻后患。其在省外之商团，当限期自首悔罪，永远脱离商团，否则亦照在省团匪一律惩办为要。孙文。删午。（印）（中华民国十三年十月十五日）

据中国第二历史档案馆藏原件

致胡汉民等电

（一九二四年十月十五日）

胡留守、杨总司令、谭总司令、刘总司令、许总司令、范军长、胡军长、李军长、廖师长、吴司令①鉴：商团与陈逆勾通，借索械为名，械既发还，罢市愈烈，且当街枪杀学生、工团及无辜平民至数十人之多。迨军队出而弹压，胆敢顽强抵抗，如临大敌。幸我军将士深明大义，一德一心，始能最短时间蒇此凶顽，肆清除陈逆内应。厥功非细，毋任嘉慰。现内应既除，敌气先馁，尚望整乘严防，歼灭逆寇。至省外各处商团，已饬省长限期自首悔罪，若再抗违，即当一律处置，以杜后患。孙文。删。（印）

据上海《民国日报》一九二四年十月二十二日《联军广州平乱记》

---

① 受电人依次为胡汉民、杨希闵、谭延闿、刘震寰、许崇智、范石生、胡思舜、李福林、廖行超、吴铁城。

致杨虎电

（一九二四年十月十六日）

万急。西村杨师长虎鉴：△密。火〔伙〕食问吴铁城借用，事妥即回韶，并同解邓、杜①两人来营。孙文。铣亥。（中华民国十三年十月十六日）

据谭延闿编《总理遗墨》第三辑（印行时间不详，广东省社会科学院藏）影印原稿

致吴铁城电

（一九二四年十月十六日）

（电吴。）着吴铁城设法接济杨虎所部火食，事妥即令杨回韶。孙文。铣。（中华民国十三年十月十六日）

据《中山墨宝》编委会编《中山墨宝》第八卷（北京出版社一九九六年版）影印原件

致唐继尧电

（一九二四年十月十六日）②

滇。唐副元帅鉴：本日已明令取消讨贼靖国军名目，一律改称建国军。希就近饬令滇、黔各军一体遵照。孙文。铣。（印）

据云南省档案馆所藏原电稿

---

① 邓即邓介石；杜待考。
② 此电原未署年月。按1924年10月16日孙中山下令靖国军改称建国军，今据此确定年月。

致胡汉民电

（一九二四年十月十六日）

（韶州来电）提前飞送。万火急。广州胡留守鉴：总密。据李福林报告：团匪高踞西濠口大新公司楼上放枪，密击我军。着即将该公司占领充公，不必畏惧外人干涉，以彼先破中立故也。务要令到即刻执行。切切。此令。孙文。铣戌。（印）（中华民国十三年十月十六日下午九时卅分到）

据中国第二历史档案馆藏原件

致胡汉民等电

（一九二四年十月十六日）

提前，万火急。广州胡留守、杨、刘、许总司令鉴：捷密。已着杨虎率其全部解杜、邓两犯来韶。铣巳电暂不执行。孙文。铣亥。（印）（中华民国十三年十月十六日下午十二时到）

据中国第二历史档案馆藏原件

致刘震寰电

（一九二四年十月十六日）

万急。广州胡留守转刘总司令鉴：总密。闻足〈下〉归省，具见患难与共之情，至为感叹。多事之秋，正当奋斗，望兄与诸军戮力，共集大勋。孙文。铣亥。（印）

据中国第二历史档案馆编《中华民国史档案资料汇编》（江苏古籍出版社一九八六年版）第四辑《广州国民政府档案》

致胡汉民电

（一九二四年十月十七日）

万火急。广州胡留守鉴：总密。铣电悉。沪电希分别回答，并望速筹款北伐，万勿延误。孙文。篠未。（印）

据中国第二历史档案馆编《中华民国史档案资料汇编》（江苏古籍出版社一九八六年版）第四辑《广州国民政府档案》

致蒋介石电

（一九二四年十月十九日）

黄埔蒋校长鉴：中密。请再运七九弹五十万、六五弹二十万来韶，至要！至要！孙文。皓巳。（中华民国十三年十月十九日）

据谭延闿编《总理遗墨》第三辑（印行时间不详，广东省社会科学院藏）影印原稿

致胡汉民电

（一九二四年十月十九日）

电广州胡留守：△密。着胡留守令兵工厂查办员：限于本月二十二日将案查明详报。若有疑似之间，为被查办人不甘服者，务着两造限本月二十四日到韶，由本大元帅询明办理。不准久延，致误军机。切切。此令。孙文。效辰。（中华民国十三年十月十九日）

据谭延闿编《总理遗墨》第三辑（印行时间不详，广东省社会科学院藏）影印原稿

致胡汉民等电

（一九二四年十月十九日）

急。广州胡留守、许总司令鉴：总密。并转精卫、仲恺兄：电均悉。路孝忱部队已调韶，严加整顿，无枪部队，均应一律解散。此次惩乱经过，宜有宣言，想已发布。孙文。皓巳。（印）

据中国第二历史档案馆藏原件

致胡汉民电

（一九二四年十月十九日）

急。广州胡留守鉴：总密。巧电悉。着马超俊交代，交代后即与查办员一齐来韶对质。任黄骚代理兵工厂厂长。孙文。皓未。（印）

据中国第二历史档案馆编《中华民国史档案资料汇编》（江苏古籍出版社一九八六年版）第四辑《广州国民政府档案》

致胡汉民电

（一九二四年十月十九日）

（韶州大本营来电）广州胡留守鉴：总密。准照办理，着留守勒令前来。否则，在省缴械遣散。孙文。效未。（印）（中华民国十三年十月十九日午后四时五十分到）

据中国第二历史档案馆藏原件

致上海谢持电①

（一九二四年十月十九日）

王用宾电悉。兹任张继、王用宾、刘守中、续桐溪、焦易堂为军事委员，此令。孙文。皓。我军先遣队已破遂川、万安，刻向吉安进攻。

据王世燮、王世霖《"谏三"密电与孙中山北上》，载北京
《团结报》一九八八年三月十五日

复蒋介石电

（一九二四年十月二十一日）

黄埔蒋校长鉴：号电悉。△密。刻当注全力于北伐，故七九子弹应全数运韶，至少即日先运五十万来为要。对于新旧枪枝如何处分，尚未见兄答我，前函务期速复。孙文。（马巳）（中华民国十三年十月廿一日）

据《中山墨宝》编委会编《中山墨宝》第八卷（北京出版社
一九九六年版）影印原件

致蒋介石电

（一九二四年十月二十一日）

黄埔蒋校长鉴：△密。再发六五子弹十万、驳壳子弹十万，与前电七九

---

① 王用宾"谏三"电"应设立北方建国军军事委员会，请电派张继、刘守中、续桐溪、焦易堂及宾为该会筹备员"，在孙中山未莅京前"以会议形式处理机要。"请孙中山"中止北伐""回戈北上"，引起孙中山重视，10月19日孙中山从韶州致电上海，由谢持致函王用宾，转抄孙中山电报。

子弹五十万,一并火速解韶为要。孙文。马戌。(中华民国十三年十月廿一日)

据谭延闿编《总理遗墨》第三辑(印行时间不详,广东省社会科学院藏)影印原稿

致胡汉民电

(一九二四年十月二十一日)

朱卓文为查办员之一,马超俊交代后须来韶与查办员对质。厂事暂由黄骚代理。

据上海《民国日报》一九二四年十月二十六日《广州二十二日通讯》

致蒋介石电

(一九二四年十月二十二日)

(万急。)黄埔蒋校长:△密。前电说尚有"七九"一百余万要留为东江之用,今日来电忽云尚存八万,此究何解。此时北伐比东江尤急。赣州一下,东江必不敢反攻。故着解五十万七九弹者,即指留为东江用之弹也。务望即日照数解来,免误时机。又存枪到底如何用法,尚未见复。如兄无计划,则仍照初议全数运韶,以待发落。孙文。(养未)(十月廿二日)

据《中山墨宝》编委会编《中山墨宝》第八卷(北京出版社一九九六年版)影印原件

致古应芬电

（一九二四年十月二十三日）

万万火急。广州古部长鉴：△密。对于电力公司，如查确果有侵吞公家红利等事，当要按法严办。如再有不服法律，仍复图赖，只有将产业充公，以偿公款。此令。孙文。漾午。（中华民国十三年十月廿三日）

> 据谭延闿编《总理遗墨》第三辑（印行时间不详，广东省社会科学院藏）影印原稿

致胡汉民电

（一九二四年十月二十三日）①

前日占领之商团总所、分所、各机关房屋，当悉行充公。纵将来商团改换名目，亦永不发还再作团所之用，当用作党所或书报社，以为此次殉难者之纪念事绩。此令。孙文。

> 据秦孝仪主编《国父全集》第五册（台北近代中国出版社一九八九年版）

复上海各粤侨团体电

（一九二四年十月二十三日）

上海粤侨商业联合会、广肇公所、潮州会馆、肇庆同乡会、南海会馆、番禺会馆、顺德会馆、香山同乡会均鉴：号电诵悉。关怀桑梓，仁言利溥，至堪

---

① 此电所标时间参照孙中山1924年10月23日《致国民党中央执行委员会函》。

钦佩！但真相容有为诸君所未尽明者。查广州商团为陈廉伯党徒把持,勾通逆军谋危政府。始则朦运枪械,继则以武力胁迫罢市。政府虽查获谋乱证据多种,犹复曲予优容,准予发还团械,冀消反侧。乃商团竟于领得大部团械之时,枪杀国庆日徒手巡行之群众数十人,剖腹剜心,备极残忍。一面分队武装出巡,强迫罢市,并潜引逆党土匪入西关作种种军事布置,预备大举。政府万不获已,乃下解散商团之命,并令各军驰往镇压。乃商团以为陈军①不久可至,竟先向我军攻击。政府忍无可忍,下令反攻,幸不数小时乱事即告敉平。讵商团于败窜之余,所引土匪放火劫掠,施其故技〔伎〕,复残杀理发工人以数十计。是此次乱事,商团实尸其咎。事后政府一面严饬各军申明纪律,禁止骚扰,一面责成有司妥筹善后。劳来安集,人心复安,在省百数十万市民共闻共见。惟报纸或以远道传闻失实,或有供奸人利用。诸君明达,事实具〔俱〕在,当勿任彼无稽谰言肆其荧惑也。孙文。梗。(印)

据《广州民国日报》一九二四年十月二十七日《大元帅详述商团谋叛经过——致旅沪粤省同乡电》

致吴铁城电

(一九二四年十月二十四日)

电广州。吴铁城鉴：漾电悉。枪械既分配无余,则只有待之异日耳。若果能训练部众成为有纪律之师,则断不患无枪械之补充也。兄既再担任公安局长,则宜专心致志,以巩固后方,前方可不必兼顾矣。务望从此将省城警察改良,将四千裁为二千,加其饷给,使为有用有力之警察,与警卫军协同动作。如能办有成效,则我当担任充分补充枪械便是。孙文。敬申。(中华民国十三年十月廿四日)

据谭延闿编《总理遗墨》第三辑(印行时间不详,广东省社会科学院藏)影印原稿

---

① 陈军,指陈炯明部。

致胡汉民译转汪精卫电

（一九二四年十月二十五日）

即电广州胡留守：△密。译转汪精卫先生鉴：黄桓事当待第二号信到方可决断。孙文。有午。（中华民国十三年十月廿五日）

据谭延闿编《总理遗墨》第三辑（印行时间不详，广东省社会科学院藏）影印原稿

致许崇智电

（一九二四年十月二十五日）

广州许总司令汝为兄鉴：△密。敬申电悉。北方既有此变化①，我非速到武汉不可。望兄速调张民达全部来韶候命，至要！孙文。有。（中华民国十三年十月二十五日）

据谭延闿编《总理遗墨》第三辑（印行时间不详，广东省社会科学院藏）影印原稿

致冯玉祥电

（一九二四年十月二十五日）

□乱安民，举国展望，此后筹维，须谋根本之计，永奠和平。

据长沙《大公报》一九二四年十一月二日《快信摘要》

---

① 变化，指冯玉祥于10月23日在北京政变，囚禁曹锟。

致胡汉民电

(一九二四年十月二十六日)

广州胡留守鉴：△密。北京事变，上海同志似无所适从，想各省同志或亦同之，不知吾党战争目的已具于《建国大纲》，无论如何，当然贯彻做去，乃同志善忘如此。今遇北方变故，似不得不再发一度宣言，以重提前事，令各同志不致因变而乱步骤。惟措辞论事当要应时，故望转请汪精卫等同来韶关议稿。兄有何意见可告精卫，以备采择为荷。孙文。宥辰。（中华民国十三年十月廿六日）

> 据谭延闿编《总理遗墨》第三辑（印行时间不详，广东省社会科学院藏）影印原稿

致冯玉祥等电

(一九二四年十月二十七日)

北京冯焕章、王孝伯、胡笠僧、孙禹行诸先生均鉴：义旗聿举，大憨肃清。诸兄功在国家，同深庆幸。建设大计亟应决定，拟即日北上与诸兄晤商。先此电达，诸维鉴及。孙文叩。感。

> 据广东省翠亨孙中山故居纪念馆藏原件影印

致段祺瑞电

(一九二四年十月二十七日)

天津段芝泉先生大鉴：大憨既去，国民障碍从此扫除矣，建设诸端亦当

从此开始。公老成襄国,定有远谋。文拟即日北上晤商一切,藉慰渴慕并承明教。先此奉达,诸惟鉴照是荷。孙文。感。(印)

据上海《民国日报》一九二四年十一月八日《大元帅与段芝泉往还电》

复黄绍竑电

（一九二四年十月二十七日）

南宁黄总指挥鉴：敬电悉。兄奋其武勇,全桂底平,殊堪欣慰。今曹、吴已倾,扰桂者无人,兄正可乘此时机,与沈总司令协力肃清余孽,安集流亡,共襄治理,不胜期望之至。孙文。感。

据中国第二历史档案馆编《中华民国史档案资料汇编》(江苏古籍出版社一九八六年版)第四辑《广州国民政府档案》

致孙科电

（一九二四年十月二十八日）

上海飞转奉天孙哲生：△密。父即日往北,请誉虎、韶觉同到天津等候可也。俭辰。(江日补发)(中华民国十三年十月廿八日)

据谭延闿编《总理遗墨》第三辑(印行时间不详,广东省社会科学院藏)影印原稿

复胡汉民电

（一九二四年十月二十八日）

即日返省，筹商办法。① 着汪精卫先行赴沪。

据长沙《大公报》一九二四年十一月十二日《京局变化后之粤局趋势》

致旅沪某西南要人电②

（一九二四年十月三十一日）③

北方时局急转直下，亟应各方彻底合作，俾竟全功。已电促段合肥早日入京主持一切，自身亦决克日赴津，会合段、张筹议善后。

据上海《民国日报》一九二四年十月三十一日《大元帅将赴天津之电讯》

复冯玉祥等电

（一九二四年十一月四日）④

北京冯焕章、王孝伯、胡笠生、孙禹行诸先生鉴：东电奉悉，至佩荩筹。此时所务，一在歼除元恶，肃清余孽；一在勒求治本，建设有序。诸兄开始伟

---

① 指由韶关返广州筹商北上参加冯玉祥、张作霖电请出席和平统一会议事。
② 此电为报载电文要点。
③ 此电所标时间系报纸刊载日期。
④ 此电原未署年月。按内容判断，今将时间酌定为1924年11月。

业,必能克底于成。承邀入都,义当就道,日来已由韶返省部署行事,数日之后即轻装北上,共图良晤。先此奉复,诸维鉴察。孙文。支。(印)

据上海《民国日报》一九二四年十一月十三日《大元帅出发前之各种布置》

复张作霖电

(一九二四年十一月四日)

奉天张总司令鉴:卅电奉悉。大军合围,元恶授首为期不远,至佩伟画。芝老被推统帅,就近统率联军,遥祝指麾若定,迅奏全功。文在此间部署军事,数日可毕,当即轻装北上,共图良晤。先此奉复,诸维鉴察。孙文。支。

据上海《民国日报》一九二四年十一月十三日《大元帅出发前之各种布置》

复加拉罕电

(一九二四年十一月五日)①

值此时日,正百度维新之际,拟将粤事清理后,两三日内即可北上。

据北京《晨报》一九二四年十一月五日《孙文决定北上》

附录 同题异文

大憝既去,百政昭苏,拟将粤事清理,即行北上。

据天津《大公报》一九二四年十一月六日《国内专电》

---

① 此电所标时间系北京《晨报》发表日期。

致谭延闿电

（一九二四年十一月六日）

韶州谭总司令：歌亥电悉。总密。现吴、曹已倒，我当如前约，任方①为湖北总司令，合力破蔡②。江西交回赣人，大本营即日移赣州。如方不欢迎，则当先攻之。以后对付各方面办法，可悉由兄酌夺，不必再请示也。孙文。鱼未。（中华民国十三年十一月六日）

据谭延闿编《总理遗墨》第三辑（印行时间不详，广东省社会科学院藏）影印原稿

致段祺瑞电

（一九二四年十一月七日）

段芝泉先生鉴：曹、吴颠覆，余孽仍狂。出拯苍生，国人属望。文承联军诸公电邀入都，刻因军事部署就绪，准元日由粤启行，经沪北上，藉图良觌，晤教匪遥。先此奉达。孙文。虞。

据天津《大公报》一九二四年十一月十一日《孙中山致段合肥电》

---

① 方，即方本仁。
② 蔡，即蔡成勋。

复冯玉祥等电

（一九二四年十一月七日）

北京冯焕章、胡立生、孙禹行、续桐溪、刘守中、景定成、凌毅、李石曾、李含芳、岳维峻、张之江、李鸣钟、鹿钟麟、邓宝山、李云龙、李蔼如、史宗法、何遂、李乾三、李仲三、周耀武、李养悼、胡德夫、刘廷正、张璧、刘世贤、刘士养、续范亭、徐永昌诸先生同鉴：来电敬悉。前闻诸兄驱逐元恶，为革命进行扫除障碍，已深庆幸。兹悉诸兄更努力建设，期贯彻十余年来未能实现之主义，使革命不致徒劳无功，尤为欣慰。文决日内北上，与诸兄协力图之。先此奉复。孙文。阳叩。

据北京《晨报》一九二四年十一月十二日《孙文阳电补志》

复冯玉祥等电

（一九二四年十一月八日）①

北京冯焕章、王孝伯、胡立笠、孙禹行诸先生鉴：支、鱼电均奉悉。辱承敦劝，感荷不胜。文准于元日由粤起行，经沪北上，共图良举。晤教匪遥，先此奉达。孙文。庚。（印）

据北京《晨报》一九二四年十一月十一日《孙文定十三日北上》

---

① 此电原未署年月，据电文内容判断，今将时间酌定为1924年11月。

致徐谦电

（一九二四年十一月八日）

旧国会须解散，宪法须改订，革除弊政宜严，对于政敌宜恕。冯君①主张与文完全一致，处置清室一举，尤符民意。北京政治污浊，应充分洗涤，勿以苟且瞻徇，转遗后累。

据上海《申报》一九二四年十一月九日《中山电徐谦》

致齐燮元电

（一九二四年十一月九日）②

南京齐抚万先生鉴：闻吴佩孚乘海圻舰欲逃江宁，以燃已死之灰。若公此时仍执迷不悟，与彼同恶，则和平统一无望，而东南祸乱无已，殊深痛惜。若能放下屠刀，则请饬江阴、镇江、乌龙山等处炮台严为防备，俟海圻等舰到时，将人船一并扣留，以待国民会议之解决，则公造福国家，与合肥之赞成共和，可以后先辉映矣。幸为图之。孙文。（九日）青。

据《中山墨宝》编委会编《中山墨宝》第八卷（北京出版社一九九六年版）影印原件

---

① 冯君，指冯玉祥。
② 《中山墨宝》影印原件未署年月，原编者将该电时间定为1923年11月10日。但从电文内称"吴佩孚乘海圻舰欲逃江宁"，又提及"国民会议"等判断，此乃1924年11月第二次直奉大战结束之际，孙中山拟北上进京时所发电文，其时间当为1924年11月9日。

复冯玉祥电

（一九二四年十一月十日）

北京冯焕章先生鉴：庚电①奉悉。昨电已告行期，承派马君②敦促，至荷盛谊。到沪当可会晤。孙文。蒸。（印）

据《广州民国日报》一九二四年十一月十二日《大元帅复冯玉祥庚电》

致冯玉祥电

（一九二四年十一月十一日）

北京冯焕章先生鉴：报载执事鱼日令前清皇室全体退出旧皇城，自由择居，并将溥仪帝号革除。此举实大快人心，无任佩慰。复辟祸根既除，共和基础自固，可为民国前途贺。孙文。真。（印）

据上海《民国日报》一九二四年十一月十四日《帅奖冯玉祥除复辟祸根》

致泽村幸夫电

（一九二四年十一月十二日）③

余此次访问日本，意在赴天津会议之前，先访问在日本之旧友知己，率直

---

① 庚电，指11月8日冯玉祥派代表前来欢迎孙中山北上的专电。
② 马君，指马伯援。
③ 此电所标时间系据《孙中山年谱》（北京中华书局1980年版）。

交换意见。现今之中国正遭遇即将迈上统一路途之重大时机。究将如何达成此一目的？乃识者必须加以深思考虑之事。今者，中国之问题已非单纯中国一国之问题，实际已成为世界问题而受到重视。余对此一时局深深痛感。无论如何，如不与日本提携合作，则决不可能解决。而此种说法，更不可仅仅成为外交辞令中之中日提携合作。中日两国国民必须在真正了解之下救中国，确立东亚之和平，同时巩固黄色人种之团结，藉以对抗列强不法之压迫。余尚未考虑要求"二十一条"条约之废除与旅顺、大连之收回。余尚有具体之方案。

据［日］泽村幸夫《欢迎孙文先生私记》，载《支那》杂志第二十八卷第八号（东京一九三七年日文版）

复湘军各将领电

（一九二四年十一月十三日）

韶州湘军宋总指挥、鲁、谢、吴、陈各军长鉴：真电悉。文于本日启程北上。诸兄为国宣勤，至为慰念。长江余孽犹存，非有摧陷廓清之功，决无根本解决之望。切盼急起直追，以最短时间先定章贡，会师武汉，以集大勋。征韬翘望，伫企捷音。孙文。元。（印）

据《广州民国日报》一九二四年十一月十七日《大元帅复湘军各将领电》

致冯玉祥等电

（一九二四年十一月十八日）

北京。国民军总司令部冯焕章、孙禹行、胡励生兄均鉴：在粤迭奉惠电，无任钦佩。兹已于昨日抵沪，稍迟数日即来津晤教。孙文。

据北京《晨报》一九二四年十一月二十日《各方推段与孙文行止》

致涩泽荣一电

（一九二四年十一月二十日）

契阔多年,恒怀雅度。远闻高节,至慰私衷。特布极拳,曷禁神往。一九二四年十一月二十日。

据纪念涩泽青渊财团龙门社编纂《涩泽荣一传记》资料第三十八卷(一九六一年日文版)(金世龙译)

复许世英等电①

（一九二四年十一月二十一日）

哿电颂悉。文订于养日由沪启程,绕道赴京,如届时芝老已入京,当直接抵京晤教。孙文。马。（印）

据北京《晨报》一九二四年十一月二十五日《孙文昨日抵长崎》

致犬养毅头山满电

（一九二四年十一月二十二日）

今天从上海出发,不日可有拜会的机会。

据上海《新中国报》一九四一年五月二十二日头山满《中国革命与我》

---

① 受电人为段祺瑞的代表许世英、军务厅长张少卿、参政陈宦等。

致涩泽荣一电

（一九二四年十一月二十三日）①

此次为收拾敝国时局,前往北京,将乘二十二日启航之上海丸取道贵国,愿与诸贤恳谈东亚之大局,阁下如能光临神户,幸甚。并望向朝野贤达广为传布。孙文于上海丸。

据纪念涩泽青渊财团龙门社编纂《涩泽荣一传记》资料第三十八卷（一九六一年日文版）（金世龙译）

致奉天国民党总部电

（一九二四年十一月二十七日）

二十八日就道,将乘车经朝鲜达沈阳。

据上海《民国日报》一九二四年十二月十四日《关外民党欢迎孙先生》

致汪精卫电

（一九二四年十一月三十日）

准十一月三十日坐北岭丸自神户出发,计程十二月四日可到津。

据北京《晨报》一九二四年十二月一日

---

① 据《涩泽荣一传记》,11月23日为收到电报日期。

致梅屋庄吉电

（一九二四年十二月一日）①

逗留贵国期间，感谢诸君盛情关照。今后亚洲民族复兴，切望阁下协力。躬祝贵体健康为祷。孙文。

据中国社会科学院近代史研究所藏《梅屋庄吉文件》（显微胶卷）（丁贤俊译）

致涩泽荣一电

（一九二四年十二月一日）②

此次拜访贵国，蒙朝野各界之盛意，谨致谢忱。贵体违和，未及奉候，憾甚。惟愿早日康复，更望今后为两国国民经济之联系多方操持。

据纪念涩泽青渊财团龙门社编纂《涩泽荣一传记》资料第三十八卷（一九六一年日文版）（金世龙译）

致宫崎龙介电

（一九二四年十二月一日）

见到亲爱的同志们，真令人高兴，怎么样，你们也有同感吧！为了大局，大家可要好好保重，保重！

据中国宋庆龄基金会研究中心编《宫崎滔天家藏——来自日本的中国革命文献》（人民美术出版社二〇一〇出版）

---

① 此电所标时间为收到电报日期。
② 据《涩泽荣一传记》，12月1日为收到电报日期。

致天津国民党机关电

（一九二四年十二月一日至三日间）①

三十日已过门司，四日晨定可抵津。

据北京《晨报》一九二四年十二月四日《津门短讯》

复天津各欢迎团体电

（一九二四年十二月五日）

中央公园各团体欢迎联合大会并转各团体公鉴：接函电。承盛意欢迎，极感。刻以胃病，医劝休养数日，行期届时电闻。特此致谢。孙文。微。

据北京《顺天时报》一九二四年十二月七日《孙中山来京期未确定》

致段祺瑞电

（一九二四年十二月五日）

北京段执政大鉴：昨午抵津，承派许俊人②先生代表欢迎，无任感谢。本拟于七日晨入京，藉图快晤。惟因途中受寒，肝胃疼痛，医嘱静养三两日。

---

① 此电时间不详。按孙中山于11月30日离神户，12月1日到门司，3日渡黑水洋，4日抵天津。该电似在途中发出。今据此酌定为12月1日至3日间。

② 许俊人，即许世英。

一俟病愈，即当首途。先此陈谢，诸惟鉴察。孙文。微。

据北京《晨报》一九二四年十二月七日《孙文卧病天津》

复北京各团体联合会电

（一九二四年十二月十四日）

北京各团体联合会诸君鉴：辱承电迓，感慰实深。贱恙少痊，即当就道。特复。孙文。寒。（印）

据北京《顺天时报》一九二四年十二月十五日

附录　同题异文

北京各团体欢迎大会、学生联合会、国民会议促成会筹备会鉴：辱函电迓，感慰实深。贱体小瘳，即当就道。特复。孙文。寒。

据天津《大公报》一九二四年十二月十五日《孙中山复北京各团体电》

复段祺瑞电

（一九二四年十二月十八日）

段执政赐鉴：△密。篠电[1]敬悉。查方本仁自去岁迄今，寇粤四次：第一次春间，奉吴佩孚令，约陈炯明东、北江同时进兵，由赣南突至广州郊外江村；第二次夏间，当我军垂克惠州之际，复侵入韶州、英德，以牵制我军，使惠

---

[1] 篠电，指12月17日段祺瑞致电孙中山，请令北伐粤湘赣各军停止进赣，赣务暂由方本仁主持。

州解围；第三次冬间,乘陈军侵入广州近郊,复进兵取南雄、始兴,第四次今年夏秋间,复与陈炯明约期夹攻,进窥南雄。自吴佩孚失败后,始变计,引北伐军以逐蔡成勋。当蔡成勋未走,对于北伐军,招之惟恐不来;及其既走,则麾之惟恐不去。北伐军将士积愤于前,复被卖于后,愤慨自在意中。且观方本仁所为,何尝体念国事,拥戴我公？不过因利乘便,以遂其据地自雄,沉机观变之欲而已。但既承谆嘱,自当仰体盛意。只以此次离粤,系只身北上与公商榷国事,对于粤中军事久已放弃。兹为解决纠纷起见,拟派李协和回赣一行。协和与赣中诸将甚稔。又新到京、津,熟知近状,到赣之后必能从容斡旋,以副期望也。孙文。巧。

据北京《晨报》一九二四年十二月二十一日《李烈钧即日
入赣》及上海《民国日报》一九二四年十二月二十五日《孙
段电商赣局》

复北京学生联合会电

（一九二四年十二月中旬）

一星期内准可到京。并请其取消不平等条约之主张,乃中国爱国国民当有之运动,绝非所谓过激主义。

据上海《民国日报》一九二四年十二月二十日《中山与各
方态度》

致直隶等省区军民长官电

（一九二四年十二月二十一日）

直隶、山东、河南、山西、陕西、甘肃、奉天、吉林、黑龙江、西安、张家口、归化、热河各军民长官均鉴：文对于时局,主张以国民会议为解决方法,日前发表宣言,谅已鉴察。兹特选派同志分赴各省、区,向民众宣传。每一省、区约二三人，务使国民咸了然于会议之性质及关系，其宣传范围以此为限，不涉及地方政事、军事。所选派之同志皆有文署名、盖印证书为凭，诸希鉴察是荷。孙文。马。

据北京《顺天时报》一九二四年十二月二十四日《孙文热中于国民会议》

慰勉樊钟秀电

（一九二四年十二月二十三日）

光州探送樊总司令鉴：号电欣悉。我兄孤军转战，所向无前，三月之内，由粤而豫，同时出发诸军，望尘莫及。奇功伟迹，嘉慰何似！惟师行五千里，劳苦万状，廑念实深。文四日抵津，原拟七日入京与执政①商榷收拾时局。忽患肝肿，卧病兼旬，尚须调治数日，始能入京。兹已致电胡励生兄，与兄接洽一切。励生兄义烈过人，必能量力接济。吴逆败逃之余尚据鸡公山，我兄若率所部歼此渠魁，以伸公愤，尤所欣盼。特复，问讯起居，并慰问诸将士劳苦。孙文。漾。

据北京《晨报》一九二四年十二月二十七日《樊钟秀部已入豫耶》

复段祺瑞电

（一九二四年十二月二十八日）

北京段执政勋鉴：感电②敬悉。远承慰问，至感厚意。文四日抵津，本拟七日入京，早图良晤，肝病偶发，濡滞兼旬，良用惆怅。数日前曾有入京

---

① 执政，指中华民国临时执政段祺瑞。
② 感电，指12月27日段祺瑞电孙中山"望速驾来都"。

养病之意,嗣因医生劝告:所患已有转机,务须静养。车行摇动于病体未宜,且连日热度升降无定,尤虞冒寒,是以不果。国事未定,固惓惓于心,而病状如此,只能暂屏万虑,从事疗养。容俟告痊,再图承教。专复并谢。孙文。勘。

据北京《顺天时报》一九二四年十二月三十日《孙中山入京消息之两歧》

致段祺瑞电

（一九二四年十二月二十九日）

北京段执政勋鉴:前电谅达。两日以来,所患略减,与医生商酌,决定于三十一日入京。惟养病期内,仍当暂屏一切,以期速愈。知关远注,谨以奉闻。孙文。艳。（印）

据北京《顺天时报》一九二四年十二月三十一日《中山电告来京》

致谭延闿电[①]

（一九二四年十二月三十一日）

文以平民资格来京,对于军事行动,未便干预。方本仁之人格如何,与赣民之感情如何,自有公论。请执事顺从民意而行之。协和功高望重,现将回赣收拾,宜与之合作。

据上海《民国日报》一九二五年一月一日《中山对赣局表示》

---

① 方本仁曾四次犯粤,而段祺瑞竟任其为江西督办,并要求撤退谭延闿之入赣军队,孙中山认为段祺瑞措置失当,因致电谭延闿谓李烈钧将回赣收拾。

致各界通电

（一九二四年十二月三十一日）

军民长官、各团体、各报馆同鉴：文此次北行目的，曾有宣言，谅蒙鉴察。抵津以来，执政招待殷渥，期望綦切。京、津各团体盛意欢迎，所以勖勉之者良厚，至深感荷！原拟早日入都，共图救国，不意肝疾偶发，濡滞兼旬。兹承医生劝告，即日与疾入都，选择医疗。在医疗期内，惟有暂屏万虑，从事休养，以期宿恙早痊，健康早复，俾得发抒志愿，仰副厚望。专此电达，敬祈鉴察为荷！孙文。卅一。（印）

据上海《申报》一九二五年一月三日《孙中山通电》

复段祺瑞电[①]

（一九二五年一月十七日）

段执政赐鉴：

东电敬悉。溯自去岁十一月十三日文发广州，曾对于时局发表宣言，主张以国民会议为和平统一之方法，而以预备会议谋国民会议之产生。迨十七日抵上海，二十一日向神户，三十日向天津，途中在各报电闻栏内，获知执事于十一月二十一日发表召集善后会议及国民代表会议之主张，而未得其详。及十二月四日抵天津，为肝病所困，许君世英造访卧榻，出示马电全文及《善后会议条例》，并云："此条例已于国务会议通过。"当时曾就鄙见所及，竭诚相告，想承转达。自是屡思于入京晤对之际，继续抒其衷曲，无如病久未愈，迁延至今。屈指自接东电至今，已逾半月，距善后会议开会之期已

---

① 此电由孙中山口授、汪精卫等执笔，脱稿后由孙亲自审阅、删改而成。

近,夫今不言,虽欲张皇补苴,亦将无及,故强支病体,罄其所欲言,惟垂察焉。

善后会议于诞生国民代表会议之外,尚兼及于财政、军事之整理,其权限自较预备会议为宽,而构成分子,则预备会议所列,人民团体无一得与。夫十四年来会议之开屡矣,其最大者有六年之督军会议,八年之南北会议,而皆无良果。揆其原因,实由于会议构成分子皆为政府所指派,而国民对于会议无过问之权,既不能选举代表参列议席,甚至求会议公开而不可。坐是会议与人民漠无关系,人民不得不仍守其漠视国事之故习,而人民利害绝不能于会议中求其表现。且政府所指派之人物,类皆为所谓实力派之代表,其各自之利害情感,杂然互殊,往往苦于无调剂之术,故会议之不能得良果,亦固其所。说者谓会议若不为实力派所左右,恐会议之结果不能实行。文则以为会议之能收效与否,全视实力派能听命于会议与否为断。设以巴黎会议言之:法国福煦将军战时统法国之兵不下四百余万,协约国陆军亦归指挥,英国海克将军统兵三百余万,美国巴星将军统兵二百余万,其实力在国内洵无伦比。然一旦战事平息,释兵归伍,对于和平会议绝无干与。其权限分明如此,故能大有造于国家。由是言之,此次共同反对曹、吴各军,诚为劳苦功高,苟于会议之际,退处无权,将益增其荣誉。谓必欲左右会议,夫岂其然?惟当国是纷扰期间,不能以欧美先进为例,且当国民革命之初步,有赖于武力与民意相结合,故预备会议,以共同反对曹、吴各军及政党与人民团体平等同列,此即求吻合于武力与民意相结合之言也。

使预备会议而能实现,则国内智识阶级如教育会、大学校、学生联合会等,生产阶级如实业团体、农、工、商会等,皆得与有军事、政治之实力者相聚于一堂,以共谋国家建设之大计,既可使此会议能表示全民之利害情感,复可导国民于通力合作之途,民治前途必有良果。善后会议所列构成分子,则似偏于实力一方面,而于民意方面未免忽略,恐不能矫往辙、成新治,此鳃鳃之虑所为不安者也。固知于善后会议之后,尚有国民代表会议在;然国民代表会议由善后会议所诞生,则善后会议安可不慎之于始,况其所论议者尚广及军制、财政乎?

文筹思再三,敢竭愚诚,为执事告:文不必坚持预备会议名义,但求善后会议能兼纳人民团体代表,如所云现代实业团体、商会、教育会、大学、各省学生联合会、工、商、农会等,其代表由各团体之机关派出,人数宜少,以期得迅速召集。如是则文对于善后会议及《善后会议条例》,当表赞同。至于会议事项,虽可涉及军制、财政,而最后决定之权,不能不让之国民会议。良以民国以民为主人,政府官吏及军人,不过人民之公仆。曹、吴祸国,挟持势力压制人民,诚所谓冠履倒置。今欲改弦更张,则第一着当令人民回复主人之地位,而使一切公仆各尽所能,以为人民服役,然后民国乃得名副其实也。

凡此所陈,固以为国家前途计,亦以执事与文久同患难,敢附于知无不言、言无不尽之义,尚祈俯察为幸。

孙文　篠

据上海《民国日报》一九二五年一月二十八日《孙先生对善后会议之主张》

复胡汉民等电

（一九二五年二月五日）

展堂、组安、汝为、显丞、小泉、慕羹、仲恺、湘芹、介石、铁城诸兄鉴:大病少苏,闻东江将战,复添系念。望诸兄努力破敌,以安内而立威信于外。引领南望,不尽欲言。文。歌。（印）

据上海《民国日报》一九二五年二月十四日凤蔚《联军攻东江迭克名城》

致犬养毅头山满电

（一九二五年二月十日）

特派萱野氏问疾,至感。由于勇气与自信力,希望战胜病魔,祈释念。

据上海《新中国报》一九四一年五月二十二日头山满《中国革命与我》

致涩泽荣一电

（一九二五年二月十二日）①

得接诚恳之慰问,谨致厚谊。定奋勇气与信心,期胜病魔,幸望释怀。孙文于奉天②。

据纪念涩泽青渊财团龙门社编纂《涩泽荣一传记》资料第三十八卷（一九六一年日文版）（金世龙译）

致李福林电

（一九二五年二月十二日）

河南③李军长鉴:刻据中国国民党农民部长廖仲恺函称:"顺法〔德〕理教乡昨日被福军围政〔攻〕",经已电达在案。今晨据该乡人来报:"昨晚业被攻进入乡,焚劫甚惨,乡民流离,请予拯救"等情。并据该乡农会代表霍秀石等面称:"军队攻入该乡时伤毙会员数人","从严惩办"各等情。究竟

---

① 据《涩泽荣一传记》资料载,2月12日为收到电报日期。
② 奉天,似为"北京"之误。
③ 河南,指广州市珠江南岸,时李福林军部在彼。

该军何故围攻理教乡,又何故仇视农会人员?仰该军长即电令顺德驻防军队先停止军事行动,再呈明核办,勿稍姑纵为要。大元帅。侵。

据上海《民国日报》一九二五年二月十九日《李福林部下偕匪劫乡》

致谢各团体慰问电

(一九二五年二月十七日)

径复者。中山先生病大有转机,日渐康复。荷蒙派员慰问,至深感谢!特嘱奉答,并希释念。顺颂公安。孙行辕秘书处启。

据上海《民国日报》一九二五年二月十九日《各界慰问孙先生》

致胡汉民电

(一九二五年二月二十六日)

粤事重要,东江正有捷报,可勿来京。

据上海《民国日报》一九二五年三月一日《廿七日广州电》

致杨希闵电

(一九二五年三月三日)

转绍基总指挥鉴:卧病兼旬,得捷音①胜于良药。右翼深入,击破洪、

---

① 捷音,指东江联军右翼部队直扑潮汕的捷报。

叶①；须使中、左并进，乘胜击林②。潮、梅可定，鄙怀固慰，亦兄等两年来之志也，望兄图之。慕羹、品爵、济民诸兄均致意。孙文。江。（印）

据上海《民国日报》一九二五年三月十日凤蔚《联军直趋潮汕大捷报》

---

① 洪、叶，即洪兆麟、叶举。
② 林，即林虎。